王朝风云之

东汉王朝

DONGHAN
WANGCHAO

李 楠 —— 编著

历史度尽劫波
文明生生不息

中国文史出版社

图书在版编目（ＣＩＰ）数据

　　东汉王朝 / 李楠编著 . -- 北京：中国文史出版社，
2021.1

　　（王朝风云；5）

　　ISBN 978-7-5205-2267-0

　　Ⅰ . ①东… Ⅱ . ①李… Ⅲ . ①中国历史—东汉时代—
通俗读物 Ⅳ . ① K234.209

　　中国版本图书馆 CIP 数据核字 (2020) 第 174226 号

责任编辑：詹红旗　　戴小璇

出版发行：中国文史出版社
社　　　址：北京市海淀区西八里庄 69 号院　　邮编：100142
电　　　话：010- 81136606　81136602　81136603(发行部)
传　　　真：010-81136655
印　　　装：廊坊市海涛印刷有限公司
经　　　销：全国新华书店
开　　　本：1/16
印　　　张：22
字　　　数：338 千字
版　　　次：2021 年 3 月北京第 1 版
印　　　次：2021 年 3 月第 1 次印刷
定　　　价：66.00 元

"凤凰台上凤凰游,凤去台空江自流。吴宫花草埋幽径,晋代衣冠成古丘。"李白一首《登金陵凤凰台》,可生动反映中国历代王朝的没落与沧桑。

中国是一个拥有 5000 年悠久历史的文明古国,王朝众多,更迭频繁。其间上演过无数令人感慨的悲喜剧,也创造了举世瞩目的中华文明。

这套《王朝风云》丛书,旨在全景展现中华民族从原始社会、奴隶社会到封建社会的历史跨越,以真实丰富的史料,鲜活生动的叙述,让一个个风格迥异的王朝如戏剧般轮番登场,上演从夏商周到晚清近代历史的荣光与波折。使读者从王朝演变的故事中深刻地体味历史的魅力,领悟中华文明博大精深的文化内涵。

丛书着重讲历史脉络,以历代政权更迭及政治、军事斗争为主,努力把中国历史中最精彩、最生动的内容奉献给广大读者。同时,为增强系统性,一定程度地反映历朝历代的掌故、习俗、科技、文化等内容。

《王朝风云》丛书共 15 部,此为第五部《东汉王朝》,主要描述了从公元 25 年刘秀称帝到 220 年汉献帝禅让皇位这段时间里,中华大地上发生的丰富多彩的故事。

西汉末年,权臣王莽篡位,建立新朝,但社会动荡不安,许多人纷纷起兵反抗他的统治，刘秀就是在这种情况下起兵称帝。经过东征西讨，终于统一了全国，建立了稳固的东汉政权。

东汉又叫后汉，东汉王朝定都洛阳，东汉自光武中兴到汉献帝被废，历14帝，凡196年而亡，其中未满16岁即位的皇帝竟多达9人，占总数的四分之三，并且自和帝之下，皇帝均为幼年即位，这成为除外戚专权、宦官干政外东汉政治的又一大怪象。184年爆发了黄巾之乱，在农民起义的打击下，东汉名存实亡。190年，又逢"董卓之乱"，皇帝大权旁落……

东汉的政治充满了众多未解的谜题。皇室的威严逐渐退出舞台，朝堂变成了皇帝、宦官、外戚三方角逐的场所。这样带来的副作用，便是偌大的国家，最终分崩离析。

东汉初期，由于光武帝刘秀比较开明，一直注意勤俭，注重发展农业，继任皇帝刘庄基本上沿用刘秀生前的治国策略，使中国再次出现了繁荣的景象，被称为"光武中兴"，为中国经济和文化的发展做出了贡献。

东汉末年，国家经济遭到了严重破坏，人民生活在水深火热之中，而灵帝刘宏只顾自己荒淫享受，贪官污吏又巧取豪夺，终于官逼民反，爆发了声势浩大的黄巾起义。东汉政权在黄巾起义的沉重打击下，迅速衰落、瓦解，最后崩溃。

东汉时期，科学技术比较发达，"四大发明"之一的造纸术便是在此时由宦官蔡伦发明；世界上第一架观测地震的地动仪也是在此时诞生。其间还有许多可歌可泣的英雄人物，如马革裹尸的马援、投笔从戎的班超、忠诚耿直的董宣、唯物主义者王充等。

总之，东汉时期的历史丰富、生动，本书以浅显易懂的文字再现了当时的时代风云，值得读者细细品味。

了解历史，反思历史，是为了更好地借鉴历史、把握未来。

目 录

第二编　东汉王朝与皇室风云

第三编 军政巨擘与名人纪事

第一章 军事名将

第二章 文化名人

第 三 章　名人纪事

第四编　社会发展与科技文化

第 一 章　政治与军事

第一编

王莽篡汉与起义风暴

　　盛极必衰，这是古往今来所有事物必须经历的一道轮回。或因本身缺憾，或因人为推动，无人能逃脱这轮回的怪圈。

　　王莽的新朝开创了中国历史上通过禅让称帝成功的先河，因为传统史观相对于通过战争革命取得政权，比较鄙弃禅位这种移转政权的方式，所以王莽一直被中国史学家误认为是"伪君子"。中国古代史学家对新朝的评价几乎都是负面的，尤其是《汉书》视王莽为逆臣贼子。后世亦是按汉书观点评价王莽，直到清末之后，评价才有所改变。

　　边境的烽烟，四郡的义兵，朝廷的阴谋，使王莽焦头烂额，手忙脚乱，疲于应付，终至落了个粉身碎骨的下场。

第一章　王莽代汉

一、阶级矛盾由来久，江河日下回天迟

1. 汉武帝末年的农民暴动

西汉社会经济发展的过程，同时也是愈来愈严重的土地兼并过程，也是农民重新走上流亡道路的过程。还在所谓文景之治的升平时期，就隐伏着深刻的阶级矛盾。贾谊为此曾警告文帝说："饥寒切于民之肌肤，欲其亡为奸邪，不可得也。国已屈矣，盗贼直须时耳！"贾谊笔下的"盗贼"，指的就是行将出现的农民暴动。

汉武帝统治时期，一方面社会经济发展到颇高的水平，非遇水旱，则农民大致可以勉强自给；另一方面，豪强之徒兼并土地、武断乡曲的现象，比以前更为严重。官僚地主无不追逐田宅、产业和牛羊、奴婢，交相压榨农民。武帝外事四夷，内兴功利，在完成了辉煌事业的同时，也耗尽了文、景以来府库的积蓄，加重了农民的困苦。贫困破产的农民，多沦为豪强地主的佃客、佣工，受地主的残酷剥削。农民卖妻鬻子，屡见不鲜。针对这种情形，

汉武帝

董仲舒曾建议"限民名田""去奴婢，除专杀之威"和"薄赋敛，省徭役"。他认为，如果富者足以表现尊贵而不至于骄奢，贫者足以维持生活而不至于忧苦，那么，财富不匮，上下相安，维持统治就容易了。显然，董仲舒的思想和建议，着眼于地主阶级的长远利益而不符合其眼前利益，所以无法实行。从此以后，农民的困苦更为深重。

武帝前期，东郡（治今河南濮阳）一带有农民暴动发生。以后流民愈来愈多。元封四年（公元前107年），关东流民达到200万口，无户籍者40万口，天汉二年（公元前99年）以后，南阳、楚、齐、燕、赵之间，农民起义不时发生，南阳有梅免、百政，楚有段中、杜少，齐有徐勃，燕赵之间有坚卢、范主之属，大群至数千人。在关中，也有所谓的"暴徒"阻险。起义农民建立名号，攻打城邑，夺取武库兵器，释放死罪囚徒，诛杀郡守、都尉。至于数百为群的农民，在乡里抢夺地主的粮食财物，更是不可胜数。汉武帝派"直指绣衣使者"分区镇压，大肆屠杀，但是农民军散而复聚，据险反抗，不屈不挠。汉武帝又作《沉命法》，并规定太守以下官吏如果不能及时发觉并镇压暴动，处以死罪。

在农民反抗斗争逐渐兴起的时候，汉武帝刘彻认识到要稳定统治，光靠镇压是不行的，还要在施政上有所转变，使农民得以喘息。他寄希望于"仁恕温谨"的"守文之主"卫太子（即以后所称的戾太子）。他曾对卫太子之舅、大将军卫青说："汉家庶事草创，加四夷侵凌中国，朕不变更制度，后世无法，不出师征伐，天下不安。为此者不得不劳民。若后世又如朕所为，是袭亡秦之迹也。太子敦重好静，必能安天下，不使朕忧。"但是此时汉武帝还没有实现这一转变的决心。在他迟疑不决的时候，征和二年（公元前91年）直指绣衣使者江充以穷治宫中巫蛊的名义逼迫卫太子，激起卫太子在长安的兵变。结果，江充被杀，卫太子也兵败自缢而死。经过这一段曲折过程以后，武帝追悔往事，决心"与民休息"。他在征和四年（公元前89年）断然罢逐为他求仙药而伤民糜费的方士，拒绝在轮台（今新疆轮台）屯田远戍，停止向西修筑亭障，并且下诏自责，申明此后"务在禁苛暴，止擅赋，力本农，修马复令（养马者得免徭役）以补缺，只求不乏武备而已"。同时，他还命赵过推行代田法，改进农具，以示鼓励农业生产。这样，农民暴动暂时平息了。

2. 昭、宣时期社会经济的恢复和发展

武帝死后，霍光辅佐8岁的昭帝，继续实行武帝晚年的政策，"与民休息"。短短的几年内，流民稍还，田野益辟，政府颇有蓄积，西汉统治相对稳定。

昭帝始元六年（公元前81年），御史大夫桑弘羊等与郡国所举贤良、文学60余人辩论施政问题。贤良、文学力主罢盐铁、酒榷、均输官，以示节俭，并进而对内外政策提出许多主张。这就是有名的盐铁之议，桓宽的《盐铁论》一书，即根据这次辩论写成。贤良、文学之议，对于"休养生息"政策的继续实行，对于安定局面

汉昭帝

的继续维持，起了促进作用。但是他们关于盐铁等方面的具体要求，多未被西汉政府采纳。同年七月，诏罢郡国榷酤和关内铁官，其余盐铁等政策，仍遵武帝之旧。

汉宣帝刘询是戾太子之孙，起自民间。他继位后慎择刺史守相，平理刑狱，并继承昭帝遗法，把都城和各郡国的苑囿、公田假给贫民耕种，减免田赋，降低盐价。这些政治、经济措施，使阶级矛盾继续得到缓和，农业生产开始上升。由于连年丰稔，谷价下降到每石5钱，边远的金城、湟中地区，每石也不过8钱，这是西汉以来最低的谷价纪录。过去，每年需要从关东漕运粮食600万斛，以供京师所需，宣帝五凤年间（公元前57—公元前54年）大司农从三辅、弘农、河东、上党、太原各郡籴粟运京，关东漕卒因此罢省半数以上。这是三辅、河东等地农业有了发展的具体说明。沿边许多地方这时都设立了常平仓，谷贱则籴，谷贵则粜，以调剂边地的需要。更值得注意的是，沿边的西河郡（今内蒙古东胜附近）以西共11郡以及二农都尉，都因长期的屯田积蓄，到了元帝初年，有了可供大司农调拨的钱谷。

官府手工业继续得到发展。齐三服官，蜀、广汉以及其他各郡工官，东西织室的生产规模都很庞大。铜器及铁器制造等手工业呈现繁荣景象。所以班固称赞宣帝时技巧工匠器械，元、成间很难赶上。

汉宣帝被封建时期的历史学家称为"中兴之主",刘向赞扬他"政教明,法令行,边境安,四夷清,单于款塞,天下殷富,百姓康乐,其治过于太宗(即文帝)之时"。但从另一方面看来,当时西汉统治集团积弊已深,豪强的发展和农民的流亡,都已难于遏止,所以阶级斗争的形势外弛内张,实际上比文帝时要严重得多。胶东、渤海等地,农民进行暴动,早已发展到攻打官府、抢夺囚徒、搜索朝市、劫掠列侯的程度,连宣帝自己也承认当时民多贫困,盗贼不止。

3. 西汉末年阶级矛盾的尖锐化

西汉末年,阶级矛盾日趋激化。成、哀之时,数以百万计的流民衣食无着,辗转于死亡线上,甚至嫁妻卖子以求生存。为了抑制兼并趋势,缓解社会矛盾,哀帝时师丹提出了限田之议。在贵族官吏的反对下,限田计划未能实现。侥幸没有踏上流亡之路的劳苦大众,在官府及地主的剥削压榨下,食不果腹,衣不蔽体,在水深火热之中苦苦挣扎。加上元帝以后频繁的自然灾害,广大民众的生活已苦到无法活命的地步。

元帝时,西汉社会险象丛生。农民由于受乡部胥吏无端勒索,尽管由政府赐给土地,也不得不贱卖从商,实在穷困已极,就只有起为"盗贼"。元帝为了怀柔关东豪强,消除他们对西汉王朝的"动摇之心",甚至把汉初以来迁徙关东豪强充实关中陵寝地区的制度也放弃了。儒生京房曾问元帝当今是不是治世,元帝无可奈何地回答:"亦极乱耳,尚何道!"

成帝时,西汉王朝走上了崩溃的道路。成帝大兴徭役,加重赋敛。假民公田的事不再见于记载。外戚王氏逐步控制了西汉政权,帝舅王凤、王商、王音、王根等兄弟4人和王凤弟王曼之子王莽相继为大司马、大将军,王氏封侯者前后共达9人,朝廷中重要官吏和许多刺史、郡守,都

汉元帝

出于王氏门下。外戚贪贿掠夺最为惊人。红阳侯王立在南郡占垦草田至几百顷,连贫民开辟的熟田也在占夺之列。王立把这些土地高价卖给国家,得到的报偿超过时价1万万钱。外戚在元帝时势力还不很大,资产千万者不多,他们后来家财成亿,良田满野,宅第拟于帝王,都是在成、哀的短期内暴敛的结果。其他的官僚也依恃权势,大占良田,丞相张禹买田至400顷,都有泾渭渠道灌溉,地价极贵。土地以外,他们的其他财物也极多。哀帝宠臣董贤得赐田2000余顷,死后家财被斥卖,得钱竟达43万万之巨。

商人的势力,这时又大为抬头。长安、洛阳等地多有资财数千万的大商人。成都大商人罗裒垄断巴蜀盐井之利,还厚赂外戚王根、幸臣淳于长,依仗他们的势力,在各郡国大放高利贷,没有人敢于拖欠。

成帝即位不久,今山东、河南、四川等地相继爆发了农民和铁官徒的暴动。建始四年(公元前29年),有东郡茌平(今山东茌平)侯毋辟领导的暴动。阳朔三年(公元前22年),有颍川(今河南禹县)铁官徒申屠圣等的暴动。鸿嘉三年(公元前18年),有自称"山君"的广汉(今四川金堂)郑躬所领导的暴动。永始三年(公元前14年),有尉氏(今河南尉氏县)儒生樊并等和山阳(今山东金乡)铁官徒苏令等的暴动,苏令暴动经历19郡国,诛杀长吏,夺取库兵,声势最为浩大。

哀帝时,西汉王朝的危机更加严重。师丹建议限田、限奴婢。孔光、何武等人拟定了一个办法,规定诸王、列侯以至吏民占田以30顷为限;占奴婢则诸王最多不超过200人,列侯、公主100人,以下至吏民30人;商人不得占田,不得为吏。这个办法受到当权的外戚官僚们的反对,被搁置起来了。

农民处境如当时的鲍宣所说,"有七亡而无一得""有七死而无一生"。哀帝采纳阴阳灾异论者的主张,企图用"再受命"的办法来解脱西汉统治的危机。他自己改称"陈圣刘太平皇帝",改元"太初元将"。这充分暴露了西汉统治者空虚绝望的心情。

两极分化导致阶级矛盾的激化。面对一无所得、只有死路一条的悲惨命运,民众只有揭竿而起,用武装斗争来争取改善自己的境遇。成帝时,先后爆发了颍川铁官徒申屠圣、山阳铁官徒苏令以及广汉人郑躬、尉氏人樊并领导的四次工徒、农民起义。哀帝时,农民武装此起彼伏,越来越壮大。

有的活动于天子脚下的三辅地区，甚至放火焚烧了武帝茂陵，冲天大火在未央宫中都可以看到。随着社会危机的加深，此时还出现了从关东直到京城到处传行西王母等的怪事。人们甚至在京城中，半夜里举着火把，爬上屋顶，无目的地猛劲击鼓，拼命叫喊。这是社会失去向上力，民众失去信念，唯恐天下不乱的心理状态的生动反映。农民起义的地火已在岩层下冲腾奔涌，即成喷发之势。在燎原烈火中焚毁行将就木的腐朽皇朝，已只是时间问题了。

二、向使当初身便死，一生真伪有谁知

王莽篡权是中国历史上一个传奇事件，王莽作为这个传奇事件的主人公也有一段传奇的经历。"向使当初身便死，一生真伪有谁知"，王莽善于收买人心，明里一套，暗里一套，阴险狡诈，篡权自立，实为天下第一伪君子。

1. 王莽擅政夺权

王莽的曾祖父是汉武帝时镇压农民起义的刽子手。他的姑妈是汉元帝的皇后，汉成帝的生母。成帝时，王家先后有九人封侯，王莽的四个伯、叔相继担任"大司马"，大权几乎全归王家掌管，地方的高级官吏也几乎都是王家任用的人。王家当政20多年，形成了一个皇室以外最强大的政治集团。他们从皇帝那里获得大量的封地，同时掠夺了无数私田，各有成百上千的奴隶，还同大商人、高利贷者勾结起来，共同残酷地剥削广大劳动人民。

绥和元年（公元前8年），王莽接任他叔父"大司马"的职位。第二年，成帝死，侄子刘欣（哀帝）继位。由于最高统治集团内部的斗争，王莽一度失势。公元前1年，哀帝死，王莽东山再起，就同他的姑妈一起立了一个9岁的皇族成员当皇帝（即平帝，公元1—公元5年在位），王莽掌握了

王 莽

实际政权。他一方面任命自己的亲信担任重要官职，另一方面大封西汉的宗室和功臣的后代，取得上层豪强的拥护。他又扩充"太学"，修筑学舍一万多间，并在各郡、县设立学校，还征集通晓天文、军事、医学等各种专门知识的儒生数千人到首都，以争取地主阶级知识分子的拥护。王莽还玩弄一些欺骗人民的手法，例如，公元2年发生旱灾，他"献出"钱100万、田30顷，"救济"灾民；还在首都造些房子给贫民居住，等等，以此来笼络人心。

西汉统治集团的成员看到他们的代表人物王莽，既能维护他们的利益，又善于搞些欺骗人民的把戏，所以他们大都拥护王莽，急急忙忙把他抬了出来。公元5年末，王莽毒死汉平帝；第二年，立了一个只有两岁的皇族成员（一般史书称他为"孺子婴"）做皇帝。王莽自己任"摄皇帝"，代行皇帝的职务。

拥护王莽的地主阶级及其知识分子，纷纷制造"谶"语、"符命"，说王莽应该当皇帝。王莽就以此作为他发动宫廷政变的合法依据。公元9年，王莽废掉了孺子婴，夺取了西汉政权，建立了短命的"新朝"。

2.沽名钓誉，哗众取宠

王莽的先人，本是被秦所灭的齐国王氏子弟。汉武帝时，这个家族一位叫王贺的做了一个绣衣御史的小官。王贺生子禁。王禁妻妾众多，生有四女八男，其中王政君是王禁嫡妻李氏所生。王政君19岁入宫侍奉太子刘奭。宣帝甘露三年（公元前51年），王政君生一子，名骜，字太孙。刘骜3岁时宣帝去世，太子刘奭即位，是为元帝，立刘骜为太子，王政君为皇后。王政君荣登"国母"的宝座，她的父母、兄弟、姊妹成了皇亲国戚，封爵授官。王禁封为阳平侯。元帝竟宁元年（公元前33年），汉元帝一命呜呼，太子刘骜即位，是为成帝，尊皇后王政君为皇太后；任命帝舅王凤为大司马大将军领尚书事，总理朝政；封王崇为安成侯，王谭、王商、王立、王根、王逢时为关内侯，唯王曼已卒，未得封赏。自此开始，以皇太后王政君为首的王氏，把持了大汉帝国的权柄。

成帝大封诸舅以后，王氏外戚一个个贵显无比，鲜衣怒马，趾高气扬，过着骄奢淫逸的贵族生活，唯王莽一家过着孤贫寒酸的生活。王莽，字巨君，生于元帝初元四年（公元前45年），因其父王曼早殁未能蒙受皇恩。但王莽恭俭有礼，拜名儒、沛郡陈参为师，孜孜不倦地攻读经书。在家里，他恭谨地侍奉寡母和寡嫂，教育亡兄留下的侄儿；在社会上，他广交名人儒士，小心翼翼地侍奉执掌朝廷大权的伯父与叔父。阳朔三年（公元前22年），王莽的伯父王凤生病，王莽在侧侍候，不离左右，亲自尝药，照顾备至，几个月未解衣带，这更增加了王凤的好感。这位权臣弥留之际嘱托太后和成帝授给王莽一官半职。就在这一年，王莽做了黄门郎，不久升为射声校尉，这是个职掌弓器兵的大官，秩二千石。其时他年仅24岁。

永始元年（公元前16年），他的叔父成都侯王商上书成帝，愿分自己的户邑以封王莽。长乐少府戴崇、侍中金涉、胡骑校尉箕闳、上谷都尉阳并、中郎陈汤等一班名士，也都盛誉王莽。于是，成帝封王莽为新都侯，食南阳新野之都乡1500户，晋官为骑都尉光禄大夫侍中。骑都尉是个武官，秩俸与射声校尉相同。光禄大夫和侍中都是加官：加上光禄大夫一官，便可参与朝政，议论国家大事；加上侍中一官，便可在皇帝左右侍奉。年方30的王莽，成为朝中很有权力的大臣。王莽绝非那种志骄意满之辈，他爵位越尊，节操愈谦，散舆马衣服，赈施宾客，家无所余；收赡名士，交结将相卿大夫，有时还做出一些沽名钓誉、哗众取宠的事来。

绥和元年（公元前8年），王莽的叔父、任大司马大将军的王根处在重病之中，他数次上疏请求离职养病。新的大司马大将军会落在谁头上呢？与那些终日追逐声色狗马的王氏子弟相比，王莽显得人品出众，靠着王氏外戚多年来的势力，他是能够获得这一高位的。但也有强劲的对手，他叫淳于长。此人亦是王氏外戚之一，而且当时的官位和权势都超过了王莽。为谋得高位，他说服太后，立成帝宠妃赵飞燕为皇后。成帝对淳于长的斡旋之功甚为感激，便赐淳于长以关内侯的爵位，不久，又再封为定陵侯。淳于长由是大见信用，贵倾公卿。然而，淳于长没有王莽那般远

王　莽

见卓识，志骄气满，骄奢淫逸起来。他与寡居的被废许后的姐姐许嬿私通，又娶她为小妾，并多次致信贿赂他向成帝说情恢复婕好地位的许后，对她百般戏弄。结果，淳于长的这些阴私被王莽侦知。王莽利用在王根左右殷勤侍疾的机会赢得王根支持，上奏成帝。结果，淳于长不仅失去了马上就要到手的大司马大将军的位子，连卫尉的官职也丢掉了，被赶回自己的封地。后成帝又以大逆之罪把淳于长毙死狱中，妻子流放，红阳侯王立也被赶回封地。王莽彻底击败了对手淳于长。王根推荐王莽代己辅政。同年，成帝擢王莽为大司马，代王根辅政。这年，王莽38岁。

3. 党同伐异，步步高升

登上这个一人之下、万人之上的高位后，王莽仍旧克己修行，延聘贤良名士幕僚，赏赐的钱财全用来飨士，而自己更加俭约，他母亲生病，公卿大臣派其夫人前来探视，出来迎接客人的王夫人，穿着短衣布裙，那些贵夫人竟把她当作王莽家的奴婢了。

不料，王莽在大司马的位子上坐了一年多一点，就被赶下台来。绥和二年（公元前7年）成帝去世，无子，元帝傅昭仪之孙、定陶恭王刘康的儿子刘欣即位，是为哀帝。哀帝即位，傅、丁两家成了皇亲国戚，与王氏外戚在权益的分配上发生冲突。太后为了维持政局的稳定，便让王莽辞职就国。哀帝从小就听说王氏外戚骄盛，心中十分不满。但自王凤出任大司马以来，王氏外戚把持朝政已达26年，势力盘根错节，哀帝不敢马上触动王氏外戚，便下诏书，盛誉王氏外戚辅政保国之功，也把王莽夸奖了一番，加以挽留，还加封王莽户邑350户。

后来，王氏外戚与丁、傅外戚不断发生冲突。有一次，王莽又上书辞职，向哀帝和傅、丁外戚示威。这次，哀帝恩准了，他赐给王莽一些黄金，让他在京师闲居。过了两年，又把他赶回南阳新野都乡封地。但是，哀帝未能彻底剪除王氏外戚的势力，特别是不敢丝毫触动太皇太后王政君，给王莽留下了卷土重来的机会。

蛰居南阳新野都乡的王莽，结交士人，沽名钓誉，等待时机，准备东山再起。王莽初回封国，南阳太守为了结交他，特地选了儒学名士孔休做王莽的新都相。王莽对孔休很是礼敬，并赠剑笼络。王莽的二儿子王获杀死了一个奴隶，这本来算不了什么大事，但王莽痛斥儿子，叫王获自杀以偿命。王莽的这些行为为他赢得了极大的声誉，朝野上下为王莽喊冤叫屈者以百数，请求哀帝恢复王莽的官职。元寿元年（公元前 2 年），发生日食，周护、宋崇等借此大做文章，为王莽大唱赞歌。哀帝迫于社会舆论的压力，以侍奉太皇太后的名义，征王莽回京师长安。

一年后，哀帝寿终正寝。哀帝无子嗣，太皇太后下令把汉王朝的军政大权交给王莽。王莽奏免了大司马董贤，自己重登了大司马的宝座。继立的平帝年幼，元后临朝称制，委政王莽。王莽以成帝赵皇后杀害皇子、哀帝傅皇后骄奢的罪名，迫令她们自杀，又把丁、傅两家外戚赶出京师。他还不准平帝的母亲卫氏入京。这样，王莽大权独揽，玩平帝于股掌之上。他排斥异己，结党营私；又沽名钓誉，广施恩惠；同时，不断向太皇太后要更尊贵的名号。平帝元始元年（公元 1 年），他获得"安汉公"的称号。

王莽大权在握，立即把专横一时的外戚董贤铲除，把董贤和外戚丁氏、傅氏的亲属都免官爵，徙远方，改善了当时的政治状况。王莽还重视荒政，为救济灾民曾一次捐献钱百万、田 30 顷。在他的带动下，有官僚、豪富 230 余人捐献田宅，用以救灾。他又废呼池苑（今甘肃华亭）为安民县，以安置灾民。灾民可分得田宅、器具、耕牛、谷种、粮食等。他还扩大太学，广招太学生；网罗学有专长的士人有数千之多，安置在长安，给予优待。对汉宗室和功臣的后裔以及年老致仕（退休）的高官，都给予照顾。于是在他掌权不久，就得到多数贵族、官僚、地主和儒生们的爱戴，希望他能有一番作为，以稳定社会秩序，保住封建地主阶级的统治。广大劳动人民希望社会安定，能够生活下去，对他也产生过一些幻想。

王莽对当时的社会问题比较重视，是贵族、官僚集团中的一个比较有见识的人物，也有改善社会、政治状况的要求。但他又有强烈的树立自己的权威的要求。这虽有为了改革需要的一面，但其不择手段的做法，也暴露了他个人的野心。他辅政之后，以周公辅成王的故事比附自己。当时，年迈的太皇太后仍握有相当大的权力。对这位

王莽青铜卡尺

太皇太后，王莽是不敢惹的。于是，他指使爪牙上书，说太后至尊，不宜操劳过度，一些小事就不必亲躬了。太皇太后采纳了这个建议，规定唯有封爵一事须奏闻于她，其他事皆由安汉公和公卿大臣平决，自此之后，朝政大权完全为王莽所把持。

正在这时，王莽长子王宇不满其父的专横，便和他的老师吴章、妻弟吕宽密谋劝谏。王莽探知事情真相后，大怒，将王宇送进监狱，王宇饮药自杀。王宇妻怀子，也被抓进监狱，待分娩后再处决。接着，王莽穷治吕宽之狱，从中央到地方，凡王莽认为异己者，一律指为吕宽党羽而逮捕治罪。连元帝的妹妹敬武公主、梁王刘立、红阳侯王立及平阿侯王仁，也都被胁迫自杀。曾与王莽争夺大司马一职的前将军何武，忠于汉室不附王莽的前司隶鲍宣，与卫氏相善的护羌校尉辛通、函谷都尉辛遵、水衡都尉辛茂及南阳太守辛伯等都下狱致死，牵连被处死者达数万人。吕宽之狱，使王莽进一步清除了异己。

为进一步稳固自己的权位，王莽费尽心机，使女儿成为汉平帝的皇后。不久，王莽便获得了"宰衡"的称号，位上公。王莽十分得意，让御史给他刻了一枚"宰衡太傅大司马"的印章。

受此殊礼后不久，王莽觉察出日渐长大的平帝对自己的不满，便先下手鸩杀了平帝，拥立了年仅两岁的刘婴做"孺子"，自己做起"摄皇帝"来。王莽代汉自立之心，已是路人皆知，东郡太守翟义、长安人赵明等起兵反抗王莽，相继被镇压。年迈的太皇太后有名无权，已经没有什么力量能阻止王莽代汉自立了。

4. 窃取王鼎，代汉自立

居摄三年（公元 8 年），梓潼县一个无赖哀章见王莽有代汉而立之势，决定来一次大的政治冒险。他伪造了两个铜匮，一个上写着"天帝行玺金匮图"，另一个上写着"赤帝行玺某传予皇帝金策书"。"某者"，指汉高祖刘邦。书中说，王莽继汉而立，为真天子，太皇太后应遵奉天命。图、书中都写着王莽 8 个大臣的名字，又自造了王兴、王盛两个名字，还有他自己的名字，说这 11 个人是新王朝的辅佐。一天黄昏，哀章穿着黄衣，拿着铜匮，跑到汉高祖刘邦的祀庙，把两个铜匮交给仆射。仆射马上报告王莽。次日清晨，王莽郑重其事地来到高庙，拜受铜匮，又戴上皇冠去谒见太后，说明自己将承天命代汉而立。然后，来到未央宫前殿，在皇帝的宝座上坐下来，宣布自己代汉而立，定国号为"新"，以十二月为始建国元年正月。

王莽当了皇帝后，把衣服、旗号的颜色改成黄色，然后又照金匮藏书中指示的11个人名单，一个个地找到朝中封官。11人中大多数是已经当了官的人，那个叫哀章的无赖汉也在其中。还有一个叫王盛、一个叫王兴的人怎么也找不到，最后找到了，原来一个是守城门的，一个是走街串巷卖烧饼的，两个人做梦也没想到自己会做大官。

始建国元年（公元9年）元旦，在未央宫前殿隆重地举行了新朝皇帝登基大典。王莽率公卿朝见太皇太后，奉上"新室文母太皇太后"的玺绶，去掉汉朝的封号。立妻子王氏为皇后。王莽有四子：宇、获、安、临。王宇、王获皆已自杀，王安神志恍惚不清，王莽便立王临为皇太子，封王安为"新嘉辟"；封他的孙子、王宇的6个儿子皆为公。大赦天下。又下诏策命孺子婴为"安定公"，以平原（今山东平原西南）等五县百里之地，人万户，作为安定公的封邑，在那里立刘氏宗庙，奉汉正朔；以孝平皇后为安定太后。宣读完策令之后，王莽拉着年仅5岁的刘婴流涕唏嘘，说："当初周公居摄，成帝长大后便还政了。我原也欲效法周公，无奈天命难违，不得如意。"哀叹良久，中傅把刘婴带下殿，北面称臣。接着，王莽从太皇太后手里拿到了"汉传国玺"。王莽自阳朔三年（公元前22年）步入仕途以来，从黄门郎、射声校尉、骑都尉光禄大夫侍中、大司马、摄皇帝、步步高升，最终代汉而立，建立了他的新朝。

三、王莽新政蕴危机，内忧外患风暴起

1. 王莽新政

王莽代汉而立后，依照《周礼》设计了一套对社会进行"复古"改革的蓝图，试图缓解自西汉中叶以来的社会危机，巩固新朝地主阶级的统治，是为"新政"。

首先，王莽便依照夏、商、周三代的井田制模式，进行土地改革，颁布了"王田令"：更名天下田地曰"王田"；禁止土地买卖；一家男口不满8人而田过900亩者，把多余的土地交出来，分给族人邻里；过去没有土地的，按一夫一妇100亩受田；敢有违犯此令者，流放边远地区。

为了抑制奴婢的增多，在颁布"王田令"的同时，又颁布了"私属令"：

更名奴婢为"私属";禁止买卖奴婢;不听令者,流放边远地区。

颁布"私属令"的次年,即王莽始建国二年(公元10年),王莽又依据《周礼》颁布了"五均""赊贷"和"六管"。"五均",是由政府来管理工商业经营和物价。"赊贷",是发放贷款。贫民遇有丧葬、祭祀,或欲经营工商业而无资金的,可向钱府丞贷款。祭祀限10天归还,丧事限3个月归还,不收利息;工商贷款岁息1/10,或月息3%。后来,王莽又下令由国家专卖盐、酒、铁;由国家铸钱;由国家管理山林川泽,收山泽税。这五项国营实业,加上国家办理"五均"和"赊贷",合称"六管"。这个政策基本上是武帝实行过的办法,只是多了一个赊贷。目的是抑制兼并,扶助贫弱,实际上成了地主和官僚商人掠夺人民财富的一种手段。

其次,在官僚制度上,王莽也进行了改革。他以传说中的上古官制蓝本,兼采汉代官制,融会贯通,制定了新朝的官僚制度。在中央,设置四辅、三公、四将、九卿和六监;在地方,分全国为9州、125郡、2203县。州,设州牧;郡的长官,按爵位的高低分为卒正、连率和大尹;县,设县宰。

最后,改变币制,禁止私铸钱币,国家垄断铸币权。王莽多次改变币制,货币繁杂,而比价又极端不合理,例如他发行的大钱,每个还不到五铢钱两个半重,却要当50个五铢钱使用。这实际上也是掠夺财富的一种手段,很多人因此倾家破产。此外,王莽还无端挑起对匈奴和东北、西南境内少数民族的战争,造成人民大批死亡,更加深了人民的痛苦。

王莽货布

王莽在经济、政治等方面进行的一系列改革,特别是"王田令"和"私属令",的确抓住了问题的核心。但是,他没有提出切实可行的改革措施。他的改革方案富于幻想,却根本是行不通的。王莽的"新政"不但加重了劳动人民的负担,也触动了官僚地主、富商大贾的利益,后者原是对王莽抱有极大希望的,他们原想换一个新皇帝来维护他们的既得利益,并能获取更大的利益。王莽的新政可说是危机四伏。

2. 内忧外患

王莽登上龙座不久，就发现他的龙座不稳。危机首先来自边陲。王莽称帝后，认为天无二主，土无二王，少数民族首领称王违反古典，背于一统。他派五威将出使各少数民族。其中北出者到匈奴单于庭，收回汉朝发的印玺，更授新朝的印章。单于看了很不满意，因为"玺"为帝王所用，而"章"乃臣子之物，索要旧的印玺。五威将陈饶当场将旧玺椎碎。单于大怒，挥骑南下攻略，周边其他各族也相继举兵。边陲烽烟四起，鼓角齐鸣。王莽大怒，征发各郡国士兵，分六路进军匈奴。六路大军并出，战线东西绵延3000多里，共募天下的囚徒、丁男、甲卒30万人。从江淮到北部国防线上，出征的将士，运饷的役夫，络绎不绝。30万大军无法同时集结，先期到达的便屯留边境，等待后续部队的到来。这些屯居边境的将士，大肆骚扰当地百姓，抢劫财物，勒索钱粮。内地各郡催征军饷，搜尽锱铢，民不聊生。这样，对匈奴的战争还未开始，边境和内地就乱了起来。为了对付混乱局面，王莽给他的大臣加授将军称号，遣著武将军逯并等镇抚要害城镇，派中郎将、锈衣执法各55人到达边陲做监军使者，整饬军纪。谁知这些官员到达边境后，与带兵将领串通一气，索取贿赂，劫掠百姓。一群饿虎又加上一帮饿狼，边陲鸡犬不宁。

外患未除，内乱又起。王莽手下有三个得力干将：王舜、甄丰和刘歆。他们三个原是汉朝的大臣，王莽出任大司马后，引为心腹。但是，在王莽想做"摄皇帝"之时，他们不大赞成，持观望态度。王莽代汉自立后，王舜、甄丰、刘歆都成了开国元勋，但内心却十分恐惧。特别是甄丰，性格刚强，桀骜不驯。王莽首先觉察出甄丰对他代汉而立不满，决定拿这个大爪牙开刀。于是，甄丰从大阿、右拂、大司空降为更始将军。甄丰父子对此极为愤慨。甄丰的儿子甄寻当时是侍中京兆大尹，他想给老子报一箭之仇，就伪造了一个符命，说新朝应分陕地为两部，立两伯治理，以甄丰为右伯，太傅平晏为左伯，如周召故事。王莽气得发昏，但权衡一下，决定暂时隐忍不发，宣布照符命行事。谁知，当甄丰准备动身赴任时，甄寻又上一道符命，说王莽的女儿、故汉平帝后、黄皇室主当作他的妻子。王莽

王莽小布一百钱币

忍无可忍，勃然大怒，"黄皇室主是天下母，甄寻的符命是欺天"，称其"罪不容诛"，下令逮捕甄寻。甄寻逃跑，甄丰自杀。一年之后，甄寻在华山被捕。王莽的爪牙发现：甄寻的手上刺着"天子"二字。王莽叫人把刺字的那条胳膊截下来送给他验看，看后说："这哪里是什么'天子'？乃是'一大子'或'一六子'，六者，戮也，表明甄寻父子应当斩首！"随即下令将甄寻杀掉。此案还涉及国师刘歆的儿子刘棻、刘泳，大司空王邑的弟弟王奇和刘歆的门客丁隆等数百人，王莽一一把他们送上了断头台。

这次事变对王莽震动很大，他感到手下的爪牙不可靠，疑神疑鬼，慎加防备。每次外出，都要先派卫士在京师反复搜索，名曰"横搜"。始建国四年（公元12年），为了一次外出，竟在京师大搜五天！为防备大臣谋反，王莽限定大臣入宫随从吏员的数目。一次，太傅平晏入宫，随从人员超过了规定人数，被守宫门的仆射严加斥责，出言不逊。平晏的戊曹士一气之下把仆射绑了起来，王莽闻知此事后，气得火冒三丈，立即命令执法发骑数百，把太傅府团团围住，勒令交出戊曹士，当即将他处死，这才罢休。

就在这时，后院起火。王莽的孙子王宗欲取而代祖，他画了自己穿着天子衣冠的全身像，又刻了有"维祉冠存己夏处南山藏薄冰""肃圣宝继""德封昌图"字样的三个印章，明示要代祖父王莽做皇帝。他又与舅舅吕宽的家属私下交通。事情泄露后，王莽大怒，派有司按验。王宗自杀。从此，王莽对儿孙们也不放心了，要把他们从身边赶开。

地皇元年（公元20年），一场飓风把王莽视为神圣的王路堂毁掉了。

王莽借题发挥，杜撰出洋洋洒洒的一篇诏文，大讲了一通灾变符命，借机废掉了皇太子王临，把他贬为统义阳王，赶出京师；贬"新嘉辟"王安为新迁王，也驱出京师。

王临确有篡弑之心。原来，王莽连杀王宇和王获，王莽妻悲痛难已，哭瞎了眼睛。王莽便叫太子王临居宫养侍。王莽妻有一个侍婢，叫原碧，王莽与之私通。王临养侍其母时，也与原碧私通。他担心事泄被诛，就与妻子、刘歆的女儿刘忻策划杀死王莽，承袭帝位。谁知，王临还未下手，王莽就借大风吹垮王路堂一事，把他撵出京师，皇太子的位子也失掉了。地皇二年（公元21年），王莽那位瞎眼皇后病危。王临给母亲写了一封信，说："皇上对子孙太严酷了，前些年大哥、二哥都是30岁那年被迫自杀身亡的。今年，儿臣也30岁了，诚恐欲于室中自保全，而不可得耳，不知命丧何处！"王莽探视病中的妻子，发现了这封信，大怒，更疑心王临有不轨行为了。不久，瞎眼皇后病亡。王莽安葬妻子之后，下令逮捕原碧，严加拷问。原碧一一招供，王莽自觉家丑不可外扬，把参与拷审原碧的官员全部秘密处决，尸体掩埋狱中，又给王临送去了毒药，勒令自杀。王临不肯喝，拔剑自刎。

王莽一一击败了想暗算他的人。但与此同时，农民起义的烈火开始燃遍大江南北。对这些起义者，王莽试图用招安的方式，兵不血刃地平息。遭到拒绝后，王莽又试图用迷信手段镇服义军，结果毫无效用。王莽见厌胜术不灵，便加紧武装镇压。他在全国推行军事一体化，设置前后左右中五大司马，州牧赐号大将军，郡卒正、连率、大尹为偏将军，县宰为校尉。王莽授给中央和地方长官以统兵镇压农民起义的军事权力，把全国变成一座大军营，从而进一步激化了阶级矛盾。

从此，王莽的新朝危机四伏，四面楚歌。

四、焦头烂额疲应付，粉身碎骨留骂名

边境的烽烟，四郡的义兵，朝廷的阴谋，使王莽焦头烂额，手忙脚乱、穷于应付。不过，在应付这些事变中，王莽虽无雄才大略、沉着机敏、有

力措施，却也千奇百怪、妙法迭出，花样翻新，一出出闹剧扮演得前无古人、后无来者。

一个在王莽左右侍候的郎官上疏，说要天下太平，须继立"民母"。他还声称黄帝就是因为娶了120个妃子而成了神仙。王莽御阅后，马上派遣中散大夫、谒者各45人分行天下，采择民间淑女。

一个爪牙见主子如此惊悸，便献计说："当年黄帝曾建华盖而成机。"王莽听后，立即命工匠造一九重华盖，高8.1丈，装上4个看不见的轮子，用6匹高头大马拉着，300个穿黄衣戴黄帽的力士挽着。王莽每逢外出，就让这辆登仙车在前面开道，挽车的300力士齐声呐喊："登仙！登仙！"站在车上的几个力士奋力击鼓，煞是热闹。

王莽的大爪牙崔发献上一计："据《周礼》和《春秋左氏传》说：'国有大灾，则哭以厌之。'《周易》也说：'先号啕而后笑。'应哭天以求救。"黔驴技穷的王莽率领群臣来到长安南郊，王莽仰天叹曰："苍天既然授命于我，为什么不歼灭众贼？若是我的过错，请打雷劈死我！"说完，号啕大哭，昏了过去。醒来后，又伏地叩头不已。为了壮大哭天的声势，王莽命令太学生和黎民百姓每天早晚两次到南郊哭天，派人做粥招待哭天的学生和百姓。凡是哭得悲伤，并能诵读王莽告天策文者，授予郎官的职位。几天之内，就有5000多人得到这个官职。

地皇四年（公元23年），绿林军拥立刘玄为皇帝，年号"更始"。王莽听说后，犹如五雷轰顶。为了掩饰内心的惊恐不安，他在四面楚歌声中举行了盛大的婚礼。他把胡须染成黑色，以示自己富于春秋。用三万金聘娶杜陵史家的女儿为皇后，亲自到未央宫前殿迎接，成同牢之礼于西堂。同时，册立了和嫔、美御、和人，位视三公；嫔人9名，位视九卿；美人27名，位视大夫；御人81人，位视元士。

连年的兵燹，官吏的敲诈勒索，官兵的抢掠，造成空前的全国饥荒，饿殍遍地，尸骨狼藉。王莽派出很多大夫谒者教黎民煮草木为酪，煮出的酪又不能吃。王莽又叫人建了一个大谷仓，置卫士荷戟守卫，美其名曰："政始掖门。"王莽说，这样暴涨的谷价就可以跌下来。饥民从四面八方涌入京师长安。王莽煞有介事地设"养赡官"救济饥民，这些"养赡官"都是吸吮民脂民膏的好手，他们把象征性的一点点赈济粮米中饱私囊，饥民饿死者十有七八。王莽任命的管理长安市场交易的中黄门王业，乘机勾结富商大贾，贱买贵卖，大发横财。一天，王莽听说长安城中饿殍满地，就问王业这是怎么回事。王业说："那只是一些流民。"他拿来一个粱饼肉羹给王莽看，说"城中居民都吃这个"，王莽竟信以为真。

眼见军事上连吃败仗，王莽玩了一个新花招：遣风俗大夫司国宪等分行天下，宣布废除井田、奴婢、山泽、六管之禁。王莽本人也搞不清哪些该废除，干脆说："自即位以来，凡是不利于民的政令，全部收回。"但为时已晚，因为釜水已经沸腾，抽薪也无济于事。

地皇三年（公元 22 年），以绿林、赤眉为主体的各路农民起义军，铺天盖地向王莽统治的腹心地带——洛阳、长安杀奔而来。是年二月，王莽派到东方前线的军事统帅景尚，做了义军的刀下鬼。王莽再派太师王匡、更始将军廉丹到东方督军围剿起义军，王莽军大败，廉丹被杀。是年六月，王邑、王寻统率的王莽军主力在昆阳（今河南叶县）与绿林军展开决战。王莽军大败，王寻被杀，王邑带着数千残兵败将逃回洛阳。昆阳一战，王莽军主力丧失殆尽。义军乘胜进击，直逼长安，王莽君臣惊慌失措，举朝震恐。

地皇四年（公元 23 年）十月初一，起义军攻破长安城的宣平门，拥入城中。次日，长安城中的两位少年朱弟和张鱼率领一些人火烧宫门，用斧头劈开敬法殿的小门，冲入皇宫。王莽逃到宣室前殿，身穿深青透赤的衣服，佩带着玺，手里握着虞帝匕首，天文郎捧着占时刻的栻站在他身旁，不断报告时刻的进度。威斗随时刻转动，王莽随斗柄而坐，嚎叫着："天生德于予，汉兵其如予何！"

三日凌晨，群臣簇拥着王莽出了西白虎门，逃入渐台，欲凭借周围的池水进行最后的挣扎。王莽抱着符命、威斗，随从的公卿大臣有千余人。王邑昼夜血战，士卒死伤殆尽，也逃到渐台。义军追至渐台，围了数百重，与据台顽抗的王莽党徒激战，强弩对射，矢下如雨。王莽党徒箭尽，义军

大泉五十

渡水冲上渐台，双方展开肉搏战。王邑父子、王巡、王揖、赵博、唐尊、王盛等都死于乱枪之下，王莽躲进了一个小房间。黄昏，长安商人杜吴冲进王莽藏身房内，一刀结果了他的性命，摘去绶带。校尉公宾就学过《礼经》，见杜吴拿的绶带是皇绶，问知王莽所在，跑进那个房间，割下王莽首级。义军众人争先砍斫王莽尸身，把王莽的尸身剁成肉酱。

　　王莽改制是地主阶级在严重危机下的一次自救运动，企图通过改制，强迫大地主、大商人放弃一部分利益，限制土地兼并和农民奴隶化的继续发展，使封建经济得到适当调整，缓和当时已经激化的阶级矛盾，以巩固新莽政权。但由于大地主、大官僚、大商人的顽强反抗，而王莽又未能坚持到底，中途放弃改革。再加上王莽用人不当，吏治腐败，贪官污吏利用改革"侵渔百姓"，以致"农商失业，食货俱废"，造成社会经济更大混乱，人民生活更加悲惨。随着王莽改制的破产，一场酝酿已久的农民大起义终于爆发了。

　　天凤四年（公元17年），长江中游的荆州地区连年灾荒，饥民们在新市（今湖北京山）人王匡、王凤兄弟的领导下发动起义。几个月就发展到七八千人。因为这支起义军最初驻扎在绿林山（今湖北大洪山）中，故称为"绿林军"。绿林军到处攻打地主武装，夺取地主的粮食财物，赈济贫民，深受群众欢迎，很快发展到5万人。地皇三年（公元22年），绿林山一带瘟疫蔓延，绿林军死亡过半，乃离开绿林山，分散活动。一路由王常、成丹等率领，西入南郡，叫作"下江兵"；一路由王匡、王凤等率领北向南阳，叫作"新市兵"。这时平林（今湖北随县）人陈牧、廖湛也聚众千余人起义，号"平林兵"。七月，新市兵进攻随县，与平林兵汇合。绿林军的战斗沉重地打击了王莽在南方的统治。

　　天凤元年（公元 14 年），琅邪郡海曲县（今山东日照）吕母率领 100 多人首举义旗，自称将军，占领海曲县城，杀县令，起义军发展到数千人。天凤五年（公元 18 年），琅邪（今山东诸城）人樊崇率领 100 多人，在莒县（今山东莒县）起义。这一年，山东大饥，贫苦和饥饿的农民纷纷前来参加，起义军很快发展到几万人。吕母死后，她的军队加入了樊崇的队伍。他们活动于泰山、沂蒙山区。这是一支贫苦农民组成的起义军，作风淳朴，"无文书，旌旗、部曲、号令"，但组织纪律却很严明，他们相约"杀人者死，伤人者偿伤"，保护人民的生命安全。他们在作战时，为了同敌军相区别，每人都用赤色涂眉，故史称"赤眉军"。赤眉军在东方的发展，引起了王莽的惊恐。地皇三年（公元 22 年），王莽派更始将军廉丹、太师王匡率军向赤眉军发动进攻。王莽军队所到之处，烧杀抢掠，无恶不作。当时流传着这样一首歌谣："宁逢赤眉，不逢太师；太师尚可，更始杀我。"起义军与王莽军在成昌（今山东东平西）展开激战，王莽军大败，廉丹被杀，王匡逃走。起义军乘胜追击，一直打到无盐（今山东东平东），杀敌万余。这次战役后，赤眉军势力大增，人数发展到十几万人。他们转战于山东、河北、河南、安徽等省交界的广大地区，瓦解了王莽在东方的统治。

　　在绿林、赤眉起义的同时，黄河以北广大地区的农民也纷纷起义，其中比较著名的有"铜马、大肜、高湖、重连、铁胫、大抢、尤来、上江、青犊、五校、檀乡、五幡、五楼、富平、获索等，各领部曲，众合数百万人"。他们到处捕杀官吏，镇压豪强，动摇了王莽在北方的统治。

　　正当各地起义风起云涌的时候，一些豪强地主和刘姓贵族，也乘机举兵反对王莽，以图"复高祖之业"。他们之中有加入平林兵的西汉宗室、破落贵族刘玄；有组织"舂陵兵"的南阳著名地主兼商人刘縯、刘秀兄弟。这支舂陵兵后来与平林、新市农民军联合了。到地皇四年（公元 23 年），绿林军已发展到 10 万人。为了更好地联合各路起义军共同推翻王莽政权，绿林军的领袖决定建立自己的政权。这一年的二月，刘玄在王匡、王凤等人的支持下在洛阳称帝，建号更始。不久，起义军内部分裂，刘玄杀死刘

缤。刘秀则北上图谋发展。同年，刘玄派王匡等兵分两路进攻洛阳、长安。十月，长安城破，王莽被杀，新莽政权宣告垮台。

公元24年春，刘玄由洛阳迁都长安，随后大封宗室，日夜饮酒作乐。义军将领对此大为不满。于是绿林军部分将领与赤眉军联合，大败刘玄军，赤眉军拥立刘盆子为皇帝，建立了另一个政权。公元25年秋，绿林军、赤眉军联合攻入长安杀死刘玄，更始政权灭亡。但由于关中豪强地主隐匿粮食，城中缺粮，加上刘秀的进攻，义军被迫撤出长安。公元27年，赤眉军在宜阳被刘秀绞杀。

刘缤被杀后，刘秀极力克制自己，避免与刘玄冲突。地皇四年，刘玄派刘秀到黄河以北招抚义军。刘秀到河北后，得到当地地主阶级的支持，并利用分化、利诱等手段，收编了河北义军，壮大了自己的势力，在河北站稳了脚跟之后，刘秀便派军南下镇压义军，并着手建立政权。公元25年，刘秀在鄗称帝，建元建武，不久移都洛阳，史称东汉。此后，又经过十余年的时间，消灭了各地的割据势力，完成了全国的统一。

第二章 起义烽火

一、天灾人祸民难活，绿林赤眉大起义

王莽改制是地主阶级在严重危机下的一次自救运动，企图通过改制，强迫大地主、大商人放弃一部分利益，限制土地兼并和农民奴隶化的继续发展，使封建经济得到适当调整，缓和当时已经激化的阶级矛盾，以巩固新莽政权。但由于大地主、大官僚、大商人的顽强反抗，而王莽又未能坚持到底，中途放弃改革。再加上王莽用人不当，吏治腐败，贪官污吏利用改革"侵渔百姓"，以致"农商失业，食货俱废"，造成社会经济更大混乱，人民生活更加悲惨。随着王莽改制的破产，伴随着严重的天灾，一场酝酿已久的农民大起义终于爆发了。

始建国三年（公元 11 年）以后，北方的并州、平州不断有零星农民聚众起事。天凤二年（公元 15 年）五原、代郡一带出现了数千人的暴民队伍，他们转掠州郡，活动了一年多才被镇压下去。天凤四年（公元 17 年），各地农民起义接连爆发。临淮人瓜田仪起义于会稽长洲。吕母起义于山东海曲。吕母本是工商业者，因儿子以小罪被县宰杀害，吕母散其家财，招聚饥民，进行反暴政斗争。她率领众人攻陷海曲县城，杀掉了县宰。此后她自称将军，以海岛为根据地，继续进行武装斗争，部众达到万人。南郡人张霸、江夏人羊牧也于这一年举起了义旗。几年之间，各地义军掀起的反抗浪潮风起云涌，此起彼伏，汇成浩大声势。荆州的绿林，山东的赤眉、力子都，南郡的秦丰，平原的迟昭平，巨鹿的马适求，黄河以北的铜马、大肜、高湖、重连、铁胫、大抢、尤来、

上江、青犊、五校、五幡、五楼、富平、获索各部互相呼应，规模浩大，遍及全国。绿林、赤眉两支义军声势最为壮大，是推翻王莽政权的两支主要军事力量。

鄂西连年大旱，人死无数。求生的农民成群结队到低洼的沼泽地中寻找一种叫作凫茈的草根果腹。新市人王匡、王凤在调解饥民争端中建立起威信，遂被饥民推为首领，于天凤四年（公元17年）举起了反抗的旗帜。江夏郡的马武、王常、成丹等人闻讯后，前来投奔，也成为义军首领。几个月内，这支队伍就集合了六七千人。他们以现在当阳境内的绿林山为根据地，被称为"绿林兵"。地皇二年（公元21年），荆州官府派两万大军前来征剿，王匡等率领义军在今湖北京山大败官军，歼敌数千，获取大量辎重粮食。这个重大胜利给了义军和百姓很大鼓舞，他们乘胜攻拔竟陵，转击云杜、安陆等县，打开粮仓，赈济难民。当他们返回绿林山时，队伍已达五万余人。

次年，一场大瘟疫在鄂西扩散，义军染疾而亡者将近半数。将领们经过研究，决定分兵两路进行战略转移。一路由王常、成丹率领向西进入南郡，称"下江兵"。一路由王匡、王凤、马武及朱鲔、张卬等人率领向北进入南阳郡，称"新市兵"。战略转移扩大了义军的影响，给义军发展带来了新的转机。这时，平林人陈牧、廖湛也聚集千余人响应起义，称"平林兵"。鄂北豫南成了义帜纵横之地。

绿林兴起的第二年，山东、苏北一带也爆发了武装起义。当时，青、徐大饥，饥民们无以为生，往往自发组织起来，抢掠度日。山东莒县难民为统一行动，推举琅邪人樊崇为首领，尊之曰"三老"。他们在作战时，为了同敌军相区别，每人都用赤色涂眉，故史称"赤眉军"。樊崇率众以泰山为根据地，辗转作战。不到一年就聚众万余人。这时，同郡逢安和东海徐宣、谢禄、杨音等人也率众万余人加入樊崇的队伍。他们进攻莒县，转掠姑幕，打败了田况所率的四万征剿大军，消灭敌人万余。这支义军起初并没有明确的战略目标，组织也很简单。《后汉书·刘玄刘盆子列传》说："初，崇等以困穷为寇，无攻城徇地之计。众既寝盛，乃相与为约：杀人者死，伤人者偿创。以言辞为约束，无文书、旌旗、部曲、号令。其中最尊者号三老，次从事，次卒吏，泛相称曰臣人。"其实当时大多数义军情况都与此相似："四方皆以饥寒穷愁起为盗贼，稍稍群聚，常思岁熟，得归乡里。众虽万数，宣称巨人、从事、三老、祭酒，不敢掠有城邑，转掠求食，日阕而已。"

王莽派出更始将军廉丹、太师王匡，率领十万大军开赴山东，征讨樊崇领导的义军。这些官兵"所过放纵"，给百姓造成了更大的灾难。东方的人民愤怒地控诉："宁逢赤眉，不逢太师，太师尚可，更始杀我。"义军没有被官兵的汹汹气势吓倒，他们决心与官兵决一死战。为避免作战时与敌军相混，他们用矿物把自己的眉毛染成红色，由此得名"赤眉军"。赤眉军与官兵在成昌展开激战，获得全胜，一直把官军追杀到无盐，斩敌万余，杀死了官兵统帅廉丹。战后，赤眉大军十余万围莒县，转东海，在楚、沛、汝南、颍川、陈留等地流动作战。今山东、苏北、皖北及河南、河北的部分地区都成了赤眉军活动区域。

二、贵族地主入义军，推立新帝称更始

正当各地起义风起云涌的时候，一些豪强地主和刘姓贵族，也乘机举兵反对王莽，以图"复高祖之业"。他们之中有加入平林兵的西汉宗室、破落贵族刘玄；有组织"舂陵兵"的南阳著名地主兼商人刘縯、刘秀兄弟。

地皇三年（公元 22 年），汉宗室在避罪逃亡中加入平林军。刘玄字圣公，是刘秀的族兄。他在义军中先任安集掾，后称更始将军。同年，汉宗室、南阳大地主刘縯、刘秀兄弟也在舂陵组织起七八千人的地主武装，举起了反王莽大旗。贵族地主的加入，壮大了反王莽斗争的力量。他们具有较高的文化修养，较强的组织能力与丰富的斗争经验。在他们的组织和影响下，起义队伍面目焕然一新，战斗力量有了很大增强，斗争目标也更为明确。但他们的加入也造成了起义成分的复杂，他们的影响逐渐改变着农民起义的性质。

刘縯兄弟起兵后，联合王常等人率领的下江兵，于地皇四年正月击败王莽前队大夫甄阜、属正、梁丘赐所率大军，两名莽军统帅及数万官兵被杀。刘縯又率兵在清阳大败王莽纳言将军严尤、秩宗将军陈茂所率大军，进而围攻南阳的中心宛城。这两仗沉重地打击了王莽的军事力量，也显示出义军的实力。以前，义军组织机构很不健全，没有部曲编制、旌旗号令等。

现在则队列整齐，旗幡招展，所到之处发表文告，安顿民心，号召反王莽。这使王莽感到了更大的威胁。

农民起义联军在斗争中迫切感到，只有集中力量，在统一的领导下进行战斗，才能尽快取得反王莽斗争的胜利。但是，在选择要立皇帝的人选上，起义军内部的意见分歧很大。以起义农民为主干的绿林军，自然也受到全国"百姓思汉"思潮的影响，因而他们只有在起义军中的刘氏宗室中，选择他们所要立的皇帝。当时有二个人是立皇帝的重要人选，即刘玄和刘縯。从刘縯的情况来看，他本人具有军事、政治才能。在南阳，同王莽军作战中，已充分显露出来。并且，刘縯还受到起义军中和军外豪强的支持。正如《后汉书·宗室四王三侯传》说："诸将会议立刘氏以从人望，豪杰咸归于伯升。"支持刘縯的不仅有豪强，还有农民军将领。可是，大多数农民军将领不同意立刘縯，"诸将遂共议更始（即刘玄）为天子"。农民军将领选择刘玄，而排斥刘縯，正是绿林军内部农民和豪强斗争的表现。从刘玄的情况来看，他也是南阳春陵侯的宗亲。刘玄出身的家庭，无疑属于豪强之列。尽管如此，但刘玄有两点可以为农民军将领所接受。其一，刘玄很早便参加了绿林军的起义。《后汉书·刘玄传》说：地皇三年七月，"（王）匡等进攻随，未能下。平林人陈牧、廖湛复聚众千余人，号平林兵，以应之。圣公因往从牧等，为其军事安集掾"。正因为如此，刘玄同农民军将领来往密切，也为农民军将领所熟悉。正如《东观汉记·刘玄传》说："然汉兵以新市、平林为本，其将帅素习圣公，因欲立之。"其二，刘玄本人性格懦弱。《后汉书·宗室四王三侯传》说："新市、平林将帅乐放纵，惮伯升而贪圣公懦弱。"由于刘玄的这种性格，自然便于农民军将领完全对他进行控制。

在绿林军中，农民军将领的势力强大，所以他们实际掌握了立皇帝的权力。这样，在对农民军最高领导权的确认上，农民军将领取得了胜利。而豪强支持的刘縯，则被排除在最高领导权之外。刘縯鉴于这种形势，还试图采取在起义军中缓称帝的策略，来扭转他所处的不利地位。

刘縯貌似顾全大局的做法，却遭到了起义军中的实力派张卬的激烈反对。他拔剑击地说："疑事无功。今日之议，不得有二。"正是在起义军大多数农民军将领的支持下，地皇四年（公元 23 年）二月，刘玄即了皇帝位。

农民军在清水边设起坛场，为刘玄举行登基大典，欢庆自己政权的诞生。刘玄宣布改年号为更始，大赦天下，封王匡、王凤为公，朱鲔为大司马，刘縯为大司徒，陈牧为大司空，其余将领封为九卿。一个有地主分子参加的农民政权就这样建立起来了。这是取得反王莽斗争胜利的关键一步，也是断送农民起义前途的关键一步，当然更是历史必然选择的关键一步。

更始五铢

更始政权的建立，使绿林军有了统一的指挥，这自然有利于反抗王莽斗争的发展。然而，就其政权的实质来看，并不是纯粹的农民政权，而是农民和豪强共同执政的联合政权。在更始政权的职官设置上，是分为三个等次。刘良为国三老，王匡为定国上公，王凤为成国上公，这是最高等次。朱鲔为大司马，刘縯为大司徒，陈牧为大司空，这是第二等次。"余皆九卿、将军"，这是第三等次。在最高和第二等次中，农民军将领明显占多数。刘玄虽然同刘縯有矛盾，可是，他仍要顾及南阳豪强的意志，所以刘縯仍在三公中任大司徒职。在更始政权中，权利的这种分配，很明显，豪强是占有一定地位的。但是，由于农民军将领也占据了很多重要的职位，使豪强阶层独自控制政权的企图落空，由于更始政权的这种构成，就使政权内部，农民和豪强派系的斗争，在一开始就存在着。

刘縯在同绿林军农民军将领争夺最高领导权的斗争中，处于不利地位。他虽然担任了大司徒的重要官职，可是，却没有掌握最高权力。刘縯的这种处境，自然要影响到刘秀在更始政权中的地位。加之，刘秀虽然是南阳地方豪强武装反王莽的积极组织和发动者，但是，在同南阳王莽军的几次作战中，尚未充分显露出他的政治、军事才华。由这些因素

决定，刘秀在更始政权中，不能据高位，掌大权，只能居于九卿之列。他被刘玄授予了太常偏将军的官职。太常一职，在秦代称奉常，"景帝更名太常"，"掌宗庙礼仪"。九卿职加将军名号，诚如胡三省说："九卿将军，职为九卿，各带将军之号，仍王莽之制也。"将军的名号，也反映出官位的高低。刘玄在设太常将军时，不只专任一人，他还任命了舂陵侯的嫡子刘祉为太常将军。其官位，显然在刘秀之上。因为，当时"偏将军处左，上将军处右"。刘玄以刘祉、刘秀分任太常将军和太常偏将军，其原因，正在于他们是舂陵侯的嫡子，或宗亲，让他们负责宗庙、礼仪，是再合适不过的人选。这样来看，刘秀即使任太常，实际也不是正职，所以他在九卿中，也处于下位。可见，在更始政权建立时，刘秀的地位并不显赫。不过，更始政权是在战争环境中创立的，其头等要务乃是行军作战，因而刘玄任命的这些官职，只反映他们在政权中的位置，多数官员并不能实施他们的权力。统军作战，则是他们的主要责任。刘秀自然也不例外。更始政权建立后，一面派刘縯、刘秀等人兴兵北伐，一面发布复兴刘氏江山的政治号召。于是"海内豪杰翕然响应，皆杀其牧守，自称将军，用汉年号，以待诏命。旬月之间，遍于天下"。

三、昆阳之战终大捷，击溃新莽主力军

刘玄被立为更始皇帝之后，遂以灭新复汉为号召，一面以主力约10万人围攻宛城，另派平林兵之一部攻新野；一面于是年遣约2万人，由王凤率领，以及廷尉大将军王常、五威将军李轶、太常偏将军刘秀等人，向颖川（今河南禹县）、洛阳等地进击。是月，王凤等人即连克昆阳（今河南叶县）、定陵（今河南郾城西北）、偃（今河南郾城）等地。此时，青州、徐州方面的赤眉军，听说刘玄称皇帝号，也纷纷自称将军，声势益壮。王莽听说后，大为恐惧，一面遣其太师王匡、国将哀章等率军进讨青、徐；一面派司空王邑、司徒王寻等人赶赴洛阳，征发各州郡精兵，成立讨伐军，进讨绿林军。除了由各州郡牧守自己率军之外，还征用了自称懂得兵法之人36家，以备军吏。又以长人（巨人）巨无霸为垒尉，并带了许多猛兽，像猛虎、豹、犀牛和大象之类，以助军威，企图一举消灭绿林军。到夏初，各州郡到达洛阳集中的精兵已达43万人，号称百万，并立即开始南

进。其余在道者，旌旗、辎重千里不绝，声势浩大，自古出兵之所未有。

五月，王邑、王寻军进抵颍川，与严尤、陈茂军会合。此时，汉军王凤所部刘秀所率数千人也已进抵阳关（今河南禹县西北），欲进窥洛阳。及闻王邑大军南下，便闻风而退。两天后，王莽军先头部队已进抵昆阳城郊。王凤等诸将见王莽军声势浩大，都向后撤退，急忙入据昆阳城，惶怖不安，怀念妻子，并想散归诸城。刘秀说："如今兵谷既少，而外寇强大，只有并力作战，方可希望成功。如果分散据守，势无俱全。而且宛城还未攻破，其势不能相救。昆阳若被攻破，一日之间，我军各部便会被消灭。如今不同心共胆，共举功名，反而想守保妻子财物吗？"诸将大怒，说："刘将军何敢如是？"刘秀笑着站到了一边去。这时，探马来报："王莽大军快要到达城北，军阵数百里，不见其尾。"诸将平时很轻视刘秀，此时形势危急，手足无措，只好说："再请刘将军谈谈怎么办？"刘秀便又为他们图画成败，诸将听后，皆许诺听从。当时，城中汉军只有八九千人，刘秀让王凤和廷尉大将军王常坚守昆阳，自己乘夜和五威将军李轶等13骑从南门冲出，到外面去调集援兵。当时已有一部分王莽军进至城下，刘秀他们几乎出不去。

王寻和王邑率军进至昆阳城下，立即挥兵将昆阳城包围起来。严尤劝王邑说："昆阳城小而坚，如今假号称帝者在宛。若我军大军急进，他们抵

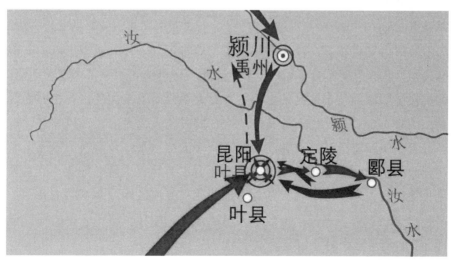

昆阳之战示意图

敌不住，必然败走。宛败，昆阳城可不战自下。"王邑说："我过去围困翟义，因未能活捉他，让皇上责备我。如今率百万之众，遇城而不能下，非所以示威也。当先屠此城，喋血而进，前歌后舞，这样难道不快活吗？"便未听严尤的建议，挥兵将昆阳城包围了数十层，列营以百数，钲鼓之声闻数十里。挖地道，或用冲车撞城；积弩乱发，矢下如雨，城中人皆负门板而行走。王凤等人恐惧，请求投降，王寻和王邑则不允许，自以为功在漏刻之间，并不以军事为忧。严尤又建议说："兵法云：'围城要留一个缺口。'应让他们逃出一部分，以恐惧宛下之军。"王邑又不听。

这时，王莽棘阳守长岑彭和前队将军严说共守宛城数月，内无粮草，外无救兵，不得已向汉军投降。但这个消息尚未传到昆阳前线。刘秀等人到偃、定陵等县将在那里的绿林军全部调出，得到1万余人。六月，刘秀与诸将连营而进，刘秀自率步骑千余为前锋，进至距王莽大军四五里的地方摆开阵势。王寻、王邑见状，也派出数千人迎战。刘秀单骑率先突入敌阵，斩杀数十人。诸将高兴地说："刘将军平时见到小股敌人十分胆怯，如今遇到大敌，反而勇敢起来，真是奇怪！"刘秀继续向前突进，诸将率军紧随其后，大败王莽军，杀敌1000余人。初战小胜，绿林军士气大振，无不以一当百。刘秀便率敢死士3000人从城西水上高处居高临下，冲击王莽军的中坚。这时，王寻和王邑仍然十分轻敌，自率万余人出营列阵，而下令军中各部没有命令不得妄动。及两军交战，绿林军奋勇向前，王邑所率莽军被打得大败，而王莽军其他各营眼见王邑军败，却不敢擅自发兵相救。汉军乘锐冲击，遂将王寻杀死。城中王凤、王常等将领见状，也率军打开城门，鼓噪而出，内外夹击，喊杀声震天动地。拥挤在昆阳城外狭小地区的王莽数十万大军因而陷于大乱，自相惊扰践踏，伏尸百余里，死伤不计其数。恰在此时，天色大变，狂风骤起，雷声震天，屋瓦皆飞，雨下如注。昆阳城外的滍川水（今沙河）暴涨，虎豹皆股战不已。王莽军入溃水中被淹死者以万计。王邑、陈茂、严尤等见大势已去，率一部分骑兵踏着遍地的死尸渡河逃跑。余下的王莽军士卒各自奔还本郡。王邑只率数千人退还洛阳。绿林军将王莽军的辎重全部缴获，运了几个月才运完。

昆阳之战，使王莽军的主力被彻底击溃，关中震恐。于是，海内豪杰翕然响应，皆杀其牧守，自称将军，用汉之年号，以待诏命，旬月之间，遍于天下。

四、铲除异己埋隐患，大封宗室丧权威

当昆阳决战前夕，更始元年（公元23年）五月，刘玄等已攻克南阳并建为都城。刘縯的部将刘稷对刘縯未当上皇帝不满，公开攻击刘玄并拒不服从调动，刘玄等抓住刘稷准备惩办，又遭到刘縯的极力反对，于是刘玄便将刘縯、刘稷一并处死。刘秀听到这一消息，考虑到自己处境危险，立即从前线赶回南阳请罪。他既不同刘縯的部属交往，也不谈昆阳的战功，对刘縯的被杀也毫无悼念表示，饮食言笑一如平常。刘玄觉得不便再加株连，便给他一个破虏大将军的官职，封武信侯，实际上被剥夺了军权。

昆阳大捷的消息一传开，全国闻风振奋。各地豪杰纷纷起来响应更始政权，杀掉王莽的地方官吏，自称"将军"，用更始年号，等待着刘玄的诏命。不过十天半月之间，王莽政权便号令不出都门了。更始元年八月，刘玄命王匡领兵北攻洛阳，命申屠建、李松领兵西取武关（今河南西峡西）进攻长安。这时，析县（今河南西峡）人邓晔、于匡领导百多人在南乡起兵，而王莽政权的县宰正带兵数千在守备武关。邓晔派人去招降说：刘家的皇帝已经登基，你还看不清形势吗？县宰请降，邓晔便接管了这支军队，自称辅汉左将军，向武关进攻，王莽政权的都尉也投降了。邓晔挥军北上，攻杀王莽的右队大夫（即弘农太守），占领湖县（今河南灵宝西），关中震动。王莽无计可施，大司空崔发建议说：古书上讲国家遇到大灾，就痛哭流涕来加以抵制，现在也应当哭告上天，以求救助。王莽果然率领群臣到南郊祭天的地方，大讲自己历来所得到的祥瑞符命，最后仰天大呼：皇天既然授命于我，就应当显灵消灭众贼；假如是我不对，愿天降雷霆劈死我。于是捶胸顿足大哭，直哭得上气不接下气，又连连叩头。他还把自己的功劳写成告天的文书，让京城的儒生百姓聚会，早晚痛哭祷告，政府准备食品招待。凡是悲痛异常和能背诵告天文书的，都给官当，竟然有5000多人入选。

另一方面，王莽当然也还要组织武力进行顽抗。他任命了9名将军，

错 刀

率领近卫军精兵数万人往东迎敌，却先把他们的家属集中到宫内作为人质，赏赐也很菲薄，军队更无斗志。开到华阴（今属陕西），便被邓晔击败，六军溃散，剩下三军退保京师仓。邓晔迎入刘玄派来的李松，联合进攻京师仓未得手，便在华阴休整。弘农小吏王宪被邓晔任命为都尉，率领数百人北渡渭河绕向长安进攻。这支小队伍却得到沿途民众的热烈响应，长安周围属县各组织起数千人，自称汉将，包围了长安城。王莽此时已无兵可派，更赦免诸狱囚徒，分给武器，让他们饮猪血立誓效忠，叫史谌带领出城去抵挡。但这支军队刚走过渭桥便一哄而散，史谌只得空手回城。九月初，起义民众入城，王邑等虽然还在顽抗，各官府的人却都跑光了。城中少年朱弟等也起来参战，他们拿起武器冲向宫廷，放火焚烧殿门。王莽在部分侍卫簇拥下逃到渐台，追来的群众把他包围了数百重，最后王莽被商人杜吴杀死。王宪便自称大将军，统管进城的各路义军。3 天之后，李松、邓晔等进入长安，申屠建也赶到了。他们认为王宪得到皇帝玺绶没有及时上交，又掳掠了很多宫廷妇女，使用皇帝仪仗，便把他抓来杀了。申屠建还宣称：长安周围的民众狡猾，共同杀害了自己的君主（指王莽）。这就使得附近属县人心惶惶，纷纷武装割据自保。申屠建等攻不下来，只好向刘玄报告，后来还是刘玄来到长安宣布大赦，才逐渐平定下来。

当王莽的脑袋传送到南阳时，王匡等已攻克了洛阳。更始元年十月，刘玄到洛阳，随即派遣使者到全国各地进行招降安抚。东方农民起义军主力赤眉得到消息，主帅樊崇率将领 20 余人随使者到了洛阳。刘玄虽然封他们为列侯，但没有确定具体封国，特别是不懂得抓兵权的重要，对广大的赤眉军缺乏妥善安置，发生了逃散现象。樊崇等便迅速回到军中掌握住部队，并恢复独立行动，这一失策对更始政权造成了眼前的直接威胁。当时黄河以北有成百万分散活动的农民起义队伍，还有不少地方割据势力，需要慎重对待。经过磋商，刘玄决定派刘秀以代理大司马的名义渡河去镇慰州郡。虽然刘秀是赤手空拳凭一个"钦差大臣"的名义去闯开局面，但在政治上却有了宝贵资本，后来得以发展为取代更始政权的强大力量。不过这两点当时显然并未引起陶醉在胜利中的刘玄及其大臣们的注意，他正忙于派人去长安整修宫殿。更始二年（公元24年）二月，刘玄自洛阳迁都长安，随后大封宗室功臣刘祉、刘赐、刘嘉、王匡、王凤、王常、成丹、陈牧、廖湛、申屠建、李通、李轶等十余人为王，以李松为丞相，赵萌为大司马执政。刘玄威信不高，赵萌专权于内，李轶擅命于外，诸王又各自掌管赏罚大权，随意封官赐爵，使得地方上无所适从，这样就不能形成一个集中统一的领导核心以恢复正常的统治秩序，更始政权逐渐丧失了政治威望。

五、刘玄无能唯享乐，刘秀隐忍建汉国

1. 昏庸的刘玄

汉军战胜新军，结束了王莽新朝的统治。

王莽完了，刘玄可以安心、像模像样地当他的皇帝了。他兴致勃勃地来到长安，看到宫室损失不大，仅未央宫被焚毁，后宫宫女犹在，钟鼓、帷帐、舆辇、太仓、武库、官府、市街，一仍其旧。他高兴地住进长乐宫，叫百官前来朝见。有的将领迟到，他居然有此一问："你们抢到了多少东西？"左右侍官听到皇帝竟然如此问话，都哑然相对。许多将领一进长安，就把王莽后宫的妇女拉来强奸。他们穿着朝服，驾着皇宫的车驾，到处游荡。老百姓刚为推翻王莽而感到高兴，现在又为眼前的情景感到寒心。刘玄在长安住了一阵子，不久迁都洛阳，住进洛阳宫中。他日夜和宠臣赵萌的女儿饮酒作乐，好不自在。群臣有事找他，他竟气得手拍桌子。有一次，某将请示一件事，刘玄醉得不成样子，不能回话，叫手下人隔着帷帐替他回答。将领听出不是刘玄的声音，出来后怒不可遏说："成败还不知道，就如此放纵！"有人批评赵萌专权，刘玄拔出剑来就要杀这人，吓得大臣们再也不敢多说一句废话。刘玄喜欢奉承拍马，谁奉承得好，就可封官，即使是烧饭的伙夫，也可以给好官做。

这些出身三教九流的人，穿着五颜六色的官服，在大街上摇摇摆摆，到处耀武扬威，横行霸道。长安、洛阳流传着这样一首民谣："灶下养（伙夫），中郎将。烂羊胃（小贩），骑都尉。烂羊头，关内侯。"这些新贵贪婪性特别强，老百姓对他们非常害怕。一支原来为民除害的南方农民起义军，在很短的时间内就变质为豪强率领的害民军。

2. 刘秀收取民心

刘秀率领的部队，在一片混乱之中却获得了民心。他奉刘玄之命，行使司隶校尉的职权，来到洛阳，整修官府。刘秀按原来汉朝的制度，置僚属，作文书，把一切事务办得有条不紊。部下也都遵守法令，不去扰乱百姓。当初，三辅人民迎接更始帝刘玄时，看见他的将领们头戴官帽，身着女人绣衣，实在不堪入目。现在看见刘秀的部队规矩严整，遵法守纪，好像又看到了汉家官仪，都很振奋。一位老吏感动得落下眼泪，说："想不到今生还能看到汉家威仪！"老百姓的心开始向着刘秀。他们感到，只有刘秀才能中兴汉家天下，更始帝刘玄是成不了大事的。

对刘秀来说，栖身在更始政权中，总不是长久之计。在王莽的统治被推翻以后，各地局势非常复杂。刘秀虽然感到他大显身手的时候到了，可是，他又没有更大的力量可以公开同更始政权对抗。这样，他便乘更始帝刘玄派官员，平定洛阳以外的地区时，要求前往河北地区。在更始政权中，刘玄虽然对刘秀已不存戒心，可是，以朱鲔为首的九位农民军将领，始终不放心刘秀。所以，当刘赐提议，在诸宗室中，刘秀是最合适的人选，并且刘玄也多次打算派刘秀前去河北时，"朱鲔等以为不可"。朱鲔等人不赞成刘秀前往河北，仍然是他们同南阳豪强集团斗争的继续。他们唯恐刘秀一旦离开洛阳，

光武帝刘秀

掌握河北，便会成为难以根除的后患。尽管朱鲔等农民军将领极力反对，可是，刘秀也不是无机可乘。因为更始政权虽然建立不久，但是，在刘玄周围，也形成了他自己的亲信集团。他们并不愿意完全受制于农民军将领。比如，刘玄的左丞相曹竟和他的儿子曹诩，就甚得刘玄信任，掌握着用人大权。刘秀的亲信冯异劝刘秀"厚结纳之"。所以，尽管朱鲔等农民军将领极力反对，可是刘玄听信曹竟父子的建议，最后仍派遣刘秀"以破虏将军行大司马事"，让他在十月"持节北渡河，镇慰州郡"。由此可见，刘秀可以前往河北，正是他巧妙地利用更始政权内部诸多矛盾的结果。

刘秀可以以更始政权的名义，平定河北，是他准备在发展自己个人势力上，迈出的极为重要的一步。从此，刘秀开始可以根据自己的意志来行动，同更始政权的关系逐渐疏远，也使自己摆脱困境。宋人叶适对刘秀在绿林军中的这一经历曾这样评论说："昔高祖乘虚入关，赴怀王之约，然虏王离，烧涉间，降章邯，收天下权者，乃在项羽，固非光武比也。不幸落群盗手，更始立，伯升死，俯首受役，事柄索然，岂如高祖尚得蜀汉以为资乎！其难一也。"

叶适把绿林军看作盗贼，是他阶级局限所致。可是，他对刘秀在绿林军中艰难的处境，所做的概括是对的。虽然刘秀在这一时期的活动是困难的，可是，他凭着自己的才干，能够在更始政权中，与自己的政敌虚与委蛇，最终脱离了危险的处境。在对内、对外的错综复杂的斗争中，刘秀纵观全局，善于韬晦，富于政治斗争的经验，开始逐渐显露出来了。

然而，更始帝刘玄却每况愈下。将军李淑曾上书劝谏他，应当改制度，用贤才，斥退三教九流的不才之辈。刘玄看到谏书大怒，立刻把李淑投入大牢。这样一来，关中的部下都离心离德，怨叛之心渐起。将领外出作战，不再听刘玄的命令。

3. 傀儡皇帝刘盆子

当绿林军拥立刘玄当了皇帝之后，赤眉军首领樊崇率领自己的军队也来归顺刘玄，后来觉得自己也是一支起义军的领袖，怎么能受刘玄管制呢？再说，刘玄也不一定是正宗的汉朝皇族的子孙，自己也可以到民间去寻找到一个真正的皇族子孙，将他立为皇帝，这样既可以号召天下的起义军，又可以和刘玄相对抗，自己的地位也会比现在高得多。

　　樊崇下令，在自己的军中或民间寻找汉朝皇族的真正子孙，一下子找出70多人。经过仔细筛选，最后选定三人，一个是西安侯刘孝，一个是刘茂，一个是刘盆子。刘茂和刘盆子是亲兄弟，樊崇决定在这三个人中选定一个当皇帝。

　　到底谁才是最佳人选？起义军将领之间始终没有达成共识，最后决定由三人摸阄，准备三个书札，两份空着，一份写着"上将军"三个字，谁摸到有字的，谁就当皇帝。三个人按年龄大小排列，刘孝年龄最大，先摸；刘盆子这时才15岁，最后摸，可偏偏被刘盆子摸到了有字的一封，起义军将领们一齐跪下磕头，自称臣子。

　　刘盆子原来是樊崇起义军中右校刘侠卿的放牛娃，正在放牛时被请来的。他披头散发，衣服破得不成样子，平时看到这些起义军将领们威风凛凛的样子就很害怕，现在忽然看他们一齐向自己磕头，却不知如何是好，慌忙跑到自己原来住的地方，还要去看管牛马。樊崇送去皇帝的车马，又把刘盆子拖出来。刘盆子当了皇帝后，还是个小孩脾气，经常偷跑出去和放牛娃们玩耍。樊崇没办法，只好把刘盆子找回来，关进一间屋子中，不让他出门。刘盆子当的是个名义上的皇帝，关于起义军中各项事宜，仍然是樊崇说了算数。

　　樊崇立了刘盆子为皇帝后，认为一个天下不能有两个皇帝，便发兵进攻长安，很快便攻破长安城，将刘玄和他的大臣们一起捉住。刘玄对着15岁的放牛娃刘盆子下跪投降，刘盆子也不知道怎么说话才好，还是丞相徐宣教他说了两个字"免礼"，刘玄才敢站起来。

　　刘玄被樊崇活捉之前，绿林军的首领王匡、张卬等人早已投降了赤眉军，这时候坚决主张杀掉刘玄。樊崇一开始表示不赞成，后来，听说刘秀当了皇帝，大军迟早要往长安进发，便授意王匡等人，假借打猎为名，把刘玄带出城去，在打猎过程中吊死。刘玄从被拥立为"更始帝"开始，总共只当了两年多的皇帝。毫无本事的刘玄，依靠刘氏宗室身份，一步登天，当了皇帝，纵情享受了一阵子，最后落得个可悲的下场。后来，刘秀做了皇帝，下令把他改葬于霸陵。刘玄这才有了个像样的葬身之地。

　　刘盆子当了皇帝之后，只是个傀儡，朝政之事根本轮不到他插手。刘盆子还有一个哥哥叫刘恭，原来是刘玄的大臣，当赤眉军立刘盆子当皇帝的时候，刘玄把刘恭关进监狱，是赤眉军攻破长安才把刘恭救了出来。刘恭是个很有主见的人，他知道弟弟是个傀儡，便告诉他，让他早点辞掉这个皇帝的差使，也许能保全性命。在一次赤眉军大会上，刘恭对起义军将领们说："我弟弟被各位立为皇帝，我们很感激，可是一年多来，他什么也不会做，只怕将来对国家有害，情愿从现在起退出皇帝位，回家当个老百姓去！"刘盆子也解下玉玺大印，向众人磕头，说自己只是个不懂事的孩子，情愿交出大印，回家种田、放牛去。樊崇等一班将领坚决不同意，强拉硬拽，又将刘盆子扶到位子上坐好，硬把大印给他系好，刘盆子大声哭喊，也没有丝毫用处。

4. 刘秀称帝

随着刘秀实力的增强，刘秀手下的将领们也纷纷劝说刘秀离开刘玄，自立为帝。

尽管刘秀听了这话，心里暗自高兴。可是他又不能表露得太明显，因为如果此时他草率称帝的话，会让人觉得名不正言不顺。如果有一道"符谶"的话，就万事俱备了。

所谓"符谶"，就是当时人们认为是来自上天的旨意。

刘秀的心思被他的一位朋友看透了。他马上找来了一条"赤伏符"，一本正经地很谨慎地给刘秀解释这道符。

"这正是上天给您的指示，只有您做了天下的皇帝，百姓才能免于战祸，安居乐业啊！"

众将领一听这话，马上顺水推舟道："请您顺从上天的旨意吧。就是为了天下苍生，您也不能推辞吧！"

刘秀一听，乐坏了，可他老谋深算，故意沉吟片刻，装出不得已的样子，沉声说道："既然如此，那就择日登基吧！"

光武帝

公元25年的一天，刘秀举行了盛大的登基大典，这一年，刘秀才32岁。

在这盛大的大典上，刘秀庄重而又不失威严地高声对群臣宣布："我是汉高祖的第九代子孙，因此我的王朝仍要称为汉。"

历史上为了把它和刘邦建立的汉朝区别，就把刘秀所建的汉朝叫作后汉，也叫东汉，这主要是因为后汉的都城在洛阳的缘故。

公元27年，光武帝刘秀派出冯异为征西大将军，扫荡赤眉军的势力，在宜阳（今河南境内）打败了赤眉军主力，赤眉军首领樊崇等率兵投降。光武帝刘秀见刘盆子很可怜，赏赐给他金钱财物，让刘盆子在自己叔父刘良手下当了个小官。刘盆子倒也一辈子平安度过，无忧无虑。

第二编
东汉王朝与皇室风云

东汉王朝（公元 25—220 年）由汉光武帝刘秀建立，他推翻了王莽所建立起的新王朝，重新恢复由刘氏统治的汉王朝。从公元25年刘秀称帝起到220年曹丕代汉止，因国都洛阳在西汉国都长安的东面，史家称此汉朝为东汉，乃为区别于西汉之前汉。

东汉又叫后汉，东汉王朝定都洛阳，东汉自光武中兴到汉献帝被废，历 14 帝，凡 196 年而亡，其中未满 16 岁即位的皇帝竟多达 9 人，占总数的四分之三，并且自和帝之下，皇帝均为幼年即位，这成为除外戚专权、宦官干政外，东汉政治的又一大怪象。184 年爆发了黄巾之乱，在农民起义的打击下，东汉名存实亡。190 年，又逢"董卓之乱"，皇帝大权旁落……

东汉的政治充满了众多未解的谜题。皇室的威严逐渐退出舞台，朝堂变成了皇帝、宦官、外戚三方角逐的场所。这样带来的副作用，便是偌大的国家，最终分崩离析。

第一章 / 皇权更迭

一、扫平全国归一统，光武中兴开盛世

光武帝刘秀（公元前5—公元57年），字文叔，南阳郡蔡阳县（地在今湖北枣阳市南）人。光武帝是历史上一个很有能力的皇帝，他不仅统一了原来四分五裂的中国，还使国家变得日益强盛。因此，他做皇帝的这段时间，历史上称作"光武中兴"。

1. 刘秀建国

刘秀出生时传说有赤光照堂中，尽明如昼。9岁时他的父亲去世，由叔父刘良抚养长大。年轻时的刘秀，高个头，高鼻子，前额有点突出，相貌堂堂一表人才。《后汉书·光武帝纪》是这样记载的："身长七尺三寸，美须眉，大口，隆准，日角。"他从小喜欢务农，处事谨慎，讲信用，性情温和。他的哥哥刘縯与刘秀的性格迥然不同，性情刚毅，不事家业，刘氏皇族的意识特强，对新莽政权极端不满，破产散财，交结雄俊人物，颇有取天下的野心。因此刘秀常被哥哥嘲笑，笑他胸无大志。

新莽末期，连年灾荒，各地农民揭竿而起，天下大乱。地皇三年（公元22年）十月，刘縯在春陵起兵，而刘秀和李通的从弟李轶在宛城起兵。他的哥哥再也不敢小瞧他。十一月，刚起兵的刘秀等人的军队就与官军相遇，由于指挥不当，结果大败。但由于起义军很得人心，不久便发展到十余万人。于是将领们都主张拥立一个刘姓的皇帝，以此统一号令，顺应人心。南阳一带的豪杰都认为刘縯最为合适。但新市、平林军的将领们大都散漫放纵，害怕立刘縯做皇帝后失去人身自由，便把懦弱的刘玄拥立为皇帝。刘玄登位后即封刘秀的哥哥刘縯为大司徒，封刘秀为太常偏将军。

南阳一带的情况引起了王莽震惊，他急忙调兵遣将，集结了43万人马，命司空王邑与司徒王寻率领兵马前往镇压。由于王邑、王寻过于轻敌，被刘秀率军击得溃不成军。这次战争也成了王莽政权的丧钟。更始元年（公元23年）九月，刘玄的军队相继拿下长安和洛阳，王莽政权灭亡，刘玄定都洛阳。

定都后，刘玄需要派一员亲近大将代表朝廷去河北一带宣示朝廷旨意。刘秀领命去了河北。在河北，刘秀考察官吏，按其能力升降去取，自由施展。他还平反冤狱，废除王莽苛政，恢复汉朝的官吏名称，通过这些措施使得他很快巩固了在河北的统治地位。刘玄发觉后，急忙让使节赶到河北封刘秀为萧王，并命令刘秀停止一切军事行动速速回京。但刘秀以"河北未平"为由拒绝回京，刘秀与刘玄从此分裂。

由于这时爆发了赤眉起义，刘秀利用机会加大收编起义军，壮大自己的力量，而刘玄这时也被起义军击败。刘秀经过几年的战争后使割据的局面得到了统一，并于建武元年（公元25年）称帝，史称汉光武帝。

2. 平定全国

（1）扫平关东。

建武元年（公元25年）十月，刘秀定都洛阳。此时的长安，极度混乱，赤眉军拥立傀儡小皇帝刘盆子建立了建世政权，拥兵30万众，进逼关中，更始遣诸将与赤眉大军交战，均大败而归，死伤甚重，三辅震动！不久，更始向赤眉请降，获封为长沙王，后为赤眉缢杀。刘秀闻绿林、赤眉两大起义军发生了火并，也派邓禹西入关中，以观时变。此间，三辅大饥，人相食，城郭皆空，白骨蔽野，赤眉数十万大军拥在长安，不日粮草即告匮乏，只得撤出长安西走陇右以补充粮草，结果为割据陇右的隗嚣所败，恰是严冬，"逢大雪，坑谷皆满，士多冻死"，赤眉数十万大军只得东归再次折回长安，并击败了进驻那里的邓禹军，迫使其退出长安，但此时的赤眉军也遭受了极大的消耗。见邓禹的西征军不利，刘秀遣冯异前往关中，代替邓禹指挥西征大军。冯异到后，邓禹联合冯异部与赤眉再战，结果再次大败，冯异只率少数人弃马步行才得脱身归营，而邓禹则败走宜阳。冯异收拢归散的部下，坚壁清野，待机再战。不久，冯异军与赤眉再次大战于崤底（今渑池西南），双方均倾众而出，一直大战到太阳偏西。在此之前，冯异提前选精壮之士换上与赤眉军一样的装束，伏于道路两侧，此时见双方皆已

力衰,伏兵杀出,赤眉大军惊溃大败,被冯异迫降者8万余人。崤底之战,使得赤眉军再遭重创,加之粮草已尽,不得已再次转向东南方,力图补充粮草和人马,摆脱困境。

早在崤底之战前,刘秀鉴于关中大饥,人相食而陬嚣的重兵又陈于西方的局面,料赤眉必向东或南方向运动,遂遣破奸将军侯进等屯新安(今渑池东),建威大将军耿弇屯宜阳(今宜阳西),在东、南两个方向堵截赤眉东归或南下之路。不久,刘秀得知冯异在崤底大破赤眉,而赤眉军主力十多万众南下走宜阳,刘秀乃亲自引大军驰援宜阳一线,与耿弇等人会合,共同阻击赤眉南下。刘秀亲率六军,于宜阳前线将大军摆开阵势,大司马吴汉精兵于最前,中军在其后,骁骑兵和带甲武士分陈于左右两侧。赤眉大军兵士疲敝,粮草缺乏,士气低落到了极点,自崤底失败后一路从关中折向南,至宜阳,正迎面撞上刘秀布下的重兵,兵困粮乏的赤眉军根本无力再战,而后面又有冯异的大军,再回关中已无可能。在已陷入绝境的情况下,尚有十几万兵马的赤眉大军无奈在宜阳被迫请降,并向刘秀呈上了得自更始帝之处的传国玉玺和更始的七尺宝剑。赤眉降后,上缴的兵器和甲胄堆放在宜阳的城西,与旁边的熊耳山(山名,因似熊耳而得名,在宜阳以东)一样高。至此,起自新莽天凤五年,纵横山东十余年的赤眉军被刘秀扼杀在了血泊之中。

在与赤眉军在关中激战的同时,刘秀在关东(即函谷关以东)一线亦派遣以虎牙将军盖延为首的诸将对梁王刘永进行了东征。刘永,西汉梁孝王刘武的八世孙,其家世代为梁王,据梁地,故在梁地素有威名,声望极大。王莽摄政之时,其父梁王刘立因结连平帝外家卫氏,被王莽所杀。更始帝立,刘永复被册封为梁王,据旧地。后更始政乱,刘永遂据国起兵,以其弟刘防为辅国大将军,招揽沛人周建等豪杰为其将帅,攻下齐阴、山阴、沛、楚、淮阳、汝南等28城,并遣使拜董宪为翼汉大将军(后又封海西王)、拜张步为辅汉大将军(后又封齐王),与其连兵,遂专据东方。更始败亡之后,刘永自称天子,在睢阳登基。对于刘秀来说,近在东方睢阳的刘永是对其威胁最大的军事集团,刘永所在的睢阳距洛阳近在咫尺,时刻威胁着京师洛阳的安全。

自建武二年(公元26年)始,刘秀先后派虎牙将军盖延和建威大将军耿弇分别平定了割据睢阳的刘永和青州的张步,特别是耿弇与齐王张步的战斗，极为惨烈，"城中沟堑皆满，八九十里僵尸相属"。其间，刘秀还亲征海西王董宪，于桃城之战大获全胜。到建武六年（公元30年）初，关东基本上为刘秀所定。

（2）平复陇西。

自建武元年（公元25年）至建武六年（公元30年）初，经过近六年的东征西讨，刘秀已经基本上控制了除陇右和巴蜀之外的广大中原之地，基本上统一了中国的东方，与西北陇右的隗嚣、西南巴蜀的公孙述形成了鼎足之势。

建武六年（公元30年）四月，光武帝至长安，告隗嚣将派建威大将军耿弇等七将军从陇西攻蜀。隗嚣反对，并派大将王元率兵据陇坻（今陕西陇县西北），伐市塞道阻止汉军进攻。四月，汉军沿渭北平原翻陇山仰攻陇坻，结果大败。王元跟踪追击，幸马武率精骑断后，使汉军得以撤回。刘秀留耿弇守漆县（今陕西彬县），冯异守栒邑（今陕西旬邑东北），祭遵守汧县（今陕西陇县南），另调吴汉由洛阳西进，在长安集结兵力。隗嚣乘胜派行巡攻栒邑，王元取肝县，均被击败。时割据河西的窦融已归附刘秀，进攻金城（今甘肃兰州市西北），击破助隗嚣的羌族豪强何封等部，隗嚣腹背受敌。隗嚣大将马援也在隗嚣反汉时归附于汉。光武帝给其精骑5000，招降隗嚣部属和羌族豪长，从内部分化瓦解隗嚣。隗嚣上书刘秀表示亲善，企图以此作为缓兵之计，未遂。即派使向公孙述称臣。

建武七年（公元31年）春，公孙述立隗嚣为朔宁王，出兵援陇。秋，隗亲率步骑3万进攻安定郡（郡治高平，今宁夏固原），进至阴架（今甘肃泾川东）。另派部队进攻肝县，企图夺取关中，冯异、祭遵分别击败。次年春，来歙率军2000，秘密从番须、回中，袭占略阳，威胁隗嚣所据冀县。隗嚣集中精锐反攻略阳数月未克。闰四月，刘秀利用隗嚣顿兵坚城、士卒疲惫之机，进兵高平第一城，窦融也率河西步骑数万前来会师。汉军分路挺进陇山，招降瓦亭守将牛邯等隗嚣大将13人。16属县、10余万军队皆降，略阳围解。隗嚣率残部逃奔西城。汉军占领天水郡。适值农民军余部复起，京师骚动，刘秀赶回洛阳。同年十一月，岑彭水灌西城时，隗嚣部将王元、行巡、周宗率蜀援军5000人赶到，从高地反击，汉军措手不及，王元等突入西城，迎隗嚣入冀。时汉军补给困难，粮食已尽，各部被迫出陇西。隗嚣收拾残部，一时又夺占陇西数郡。九年（公元33年）正月，隗嚣死。

部众拥立其少子隗纯为王。

建武九年（公元 33 年）八月，耿弇、寇恂攻破高平第一城。十月，来歙、盖延攻破落门，王元只身逃奔公孙述，隗纯等投降。此战，历时 4 年，陇西始平定。

（3）攻略川蜀。

平陇战后，刘秀即从南、北两个方向，对益州的公孙述展开攻势。

建武十一年（公元 35 年）三月，大司马吴汉率荆州兵 6 万，马 5000 匹，于荆门与岑彭会合，沿长江西上入蜀；来歙、盖延率诸军自陇西南下攻河池入蜀。南线岑彭军溯江西上，攻克荆门，俘程汛，斩任满，田戎退守江州（今四川重庆市北嘉陵江北岸），彭遂由三峡，长驱直入江关。沿途郡县降附，大军直迫江州。

建武十一年（公元 35 年）六月，北路来歙军大败王元、环安军，攻破下辨（今甘肃成县西北）、河池，挺进蜀中。公孙述派人刺杀来歙，刘秀乃派将军刘尚继续率军南下。江州城固粮多，不易攻破，岑彭遂留兵围困，自率主力直指垫江（今四川合川），攻破平曲（今四川合川东）。公孙述令其将延岑、吕鲔、王元、公孙恢率军拒守广汉（郡治樟潼，今属四川）、资中（今四川资阳），另派侯丹率 2 万人拒守黄石（今四川涪陵东北横石滩）。岑彭留臧宫于平曲拒蜀兵主力延岑，而自率军折回江州，溯江西上，袭破黄石，倍道兼行 2000 余里，迂回岷江中游，占领武阳（今四川彭山东），进击广都（今四川成都市南，岷江东北岸）。公孙述派人刺杀岑彭。刘秀命吴汉率兵 3 万赶到前线，接替岑彭指挥。

建武十二年（公元 36 年）一月，吴汉败蜀军于鱼腹津（今四川眉山之岷江渡口），进围武阳，歼灭蜀援军 5000 余人。西上再破广都，逼近成都。吴汉求胜心切，率 2 万步骑进攻成都，兵败。吴汉随即改变战术，乘夜秘撤到锦江南岸与副将刘尚合兵，并力对敌，转败为胜。此后，吴汉根据刘秀敌疲再攻的战术，与蜀军战于成都、广都之间，歼灭公孙述大量有生力量，兵临成都城下。十一月，臧宫攻克繁（今四川成都郫都区西北）、郫（今四川成都郫都区）与吴汉会师，合围成都。公孙述招募 5000 敢死士交延岑指挥，准备决战。延岑在市桥（今四川成都市南郊）大败吴汉。吴汉隐蔽精锐，示弱诱敌。公孙述贸然出击，蜀军大败，公孙述重伤死。延岑见大势已去，率成都守军降。

自建武元年至建武十二年（公元 36 年），刘秀登基后用了 12 年的时间终于克定天下，使得自新莽末年以来四分五裂、战火连年的中国再次归于一统。

3. 光武中兴

刘秀建立东汉王朝，以"中兴"汉家相标榜。在他即位之初，就废除了王莽制定的一切制度和政策，基本上恢复了西汉时期的制度和政策。

由于战乱，社会经济凋敝，社会动荡不安。在这样的情况之下，刘秀为了较快地稳定社会秩序，以巩固统治，于是和刘邦初建西汉时一样，也以"黄老无为"作为他的政治指导思想。在总结前朝的基础上，确立了一套新的治国方略，其核心是好儒任文、以柔治国。

（1）虽置三公，事归台阁。

刘秀削弱三公的权力，加强尚书台的权力。东汉初年，中央最高的官职是三公，就是司徒、司空和太尉。司徒是由丞相改称的，管民政，权力比丞相小得多。司空是由御史大夫改称的，不再管监察，而是改管重大水土工程。太尉管军事。太尉一职应改称司马，因刘秀曾任刘玄的"行大司马事"，为避讳而未改。三公的职位虽高，徒有虚名，并无实权。权力集中于尚书台，尚书台则直接听命于皇帝。尚书台下分六曹，每曹有尚书 1 人，秩 600 石。

每曹置侍郎 6 人，称尚书侍郎或尚书郎，秩 400 石；置令史 3 人，称尚书令史，秩 200 石，各有职掌。这是一个组织完善的、具体而细致的中央政府，尚书令的权力在日益加强。章帝以后，已有"尚书出纳王命，赋政四海，权尊执重，责之所归"之说。至此时，尚书台已是决策和发号施令的中枢机关，三公、九卿只受成事。

（2）退功臣，进文吏。

东汉初年，功臣众多，封侯者百余人，其中功绩较大，在明帝时得以图像于云台的共 28 人。列侯封地大者 4 县，超过汉高祖对功臣侯的封赏。但是在政治上，光武帝则一反汉高祖以功臣任丞相执政的办法，不给功臣实权实职，剥夺他们的兵权。功臣除了任边将的以外，多在京城以列侯奉朝请，只有邓禹、李通、贾复等少数人，得与公卿参议大政。鉴于王莽代汉，光武帝不让外戚干预政事，不给他们尊贵地位。马援功勋虽大，但因身为外戚，甚至不得列入云台 28 将之中。

光武帝

所谓"进文吏",是指选择任用懂得文法吏事的人为官吏。刘秀很重视隐居山林、不仕王莽的士人。他认为这些人既熟悉封建制度，懂得治国安民之术；又情操高尚，有较好的声誉。刘秀在东汉初年即因采取了这项措施而"总揽权纲"。

（3）加强监察制度。

为了强化官僚机构，以适应中央集权的需要，东汉王朝进一步加强了中央和地方的监察制度。中央的主要监察机构是御史台，自从御史大夫转官司空之后，其属官御史中丞便成了御史台的长官。御史台职司察举百官"非法违失之事"，权限极大。司隶校尉也主"察举百官"，并纠察京师附近各郡，权力也很大。在公卿朝见时，尚书令、御史中丞、司隶校尉专席同坐，号称"三独坐"。各州刺史则负责对地方官吏的监察。东汉分全国为13州，各州设刺史一人。刺史有固定治所，有庞大的僚属，可以直接向皇帝奏事，其职权比西汉刺史大得多，事实上成了地方上的最高长官。

（4）集军权于中央。

为了削弱地方军权，加强中央对军队和地方的直接控制，东汉初裁省了内地各郡管理地方兵的都尉，由太守兼管。后来又废除了地方兵的更戍制度，原来的戍卒改由招募而来的中央职业军担任。中央职业军兼负保卫京师和征伐之责。各主要城市的关隘、河津也由中央派兵驻守。

（5）解放奴婢。

奴婢是破产农民转化来的。奴婢的大量存在，标志着大量的劳动人手被迫离开了社会生产，转向于贵族、官僚、地主、商人的家内杂役。这对封建国家来说，是很不利的。奴婢问题是西汉中后期的重要社会问题之一，汉哀帝和王莽时期都没有解决。

刘秀称帝的次年，就下令解放奴婢。从建武二年（公元26年）至十四年（公元38年），共下令6道。解放奴婢的范围，包括因贫穷而"嫁妻卖子"者、王莽时没入官者、被掠者等。有违抗命令而不解放奴婢者，以"略人法从事"。刘秀还在建武十一年的二月、八月、十月中，3次下令禁止残害奴婢。如二月的诏令曰："天地之性人为贵，其杀奴婢，不得减罪。"

刘秀前后6次发布解放奴婢、3次发布禁止残害奴婢的诏令，对稳定社会秩序，恢复发展社会经济，都起了巨大作用。

（6）精兵简政。

刘秀在进行统一战争时期，国家的财政十分困难，他采取了"开源节流"的政策。开源主要是向人民征收"十一之税"，又组织兵士屯田，以积储军粮。节流主要是精兵简政。他于建武六年（公元30年）六月下令曰："夫张官置吏，所以为人也。今百姓遭难，户口耗少，而县吏职所置尚繁，其令司隶、州牧（刺史）各实所部，省减吏员。县、国不足置长吏可并合者，上大司徒、大司空二府。"就在这年，裁并了400多个县，约占刘秀当时实际控制县数的1/3。又"吏职减损，十置其一。"大约减少了官员数万人。至这年十二月，国家财政好转，又恢复田租三十税一之制。

第二年二月，刘秀又大量地复员军队，大批劳动力回到农业生产上来。还鼓励流民回归故乡，要官府关心他们的生活和生产。又把荒地、公田赐给贫民。这样，社会秩序逐渐恢复。在他统治10余年后，全国出现了较为安定的局面。历史上称作"光武中兴"。

（7）度田令。

东汉初年，在农民大起义之后，土地问题稍有缓和。当时刘秀亦未想对这一问题做进一步解决。他于建武十五年（公元39年）下令各州、郡，清查人们占有田地的数量和户口、年纪。这样做有两个目的：一是限制豪强大家兼并土地和奴役人口的数量；二是便于封建国家征收赋税和征发徭役。当时，许多大地主拥有武装，号称"大姓""兵长"，他们隐瞒的田地和依附于他们的人口很多，反对清查。地方官吏惧怕他们，有的贪于贿赂，就互相勾结，任凭地主谎报；而对农民，不仅丈量田地，还把房舍、里落都作为田地进行丈量，以上报充数。一些"郡国大姓"甚至公开反对度田。青、徐、幽、冀为尤甚。光武帝以度田不实的罪名，处死了曾任汝南太守的大司徒欧阳歙、河南尹张伋以及其他郡守10余人。接着，"郡国大姓及兵长群盗处处并起，攻劫在所，害杀长吏，郡县追讨，到则解散，去复屯结"。

显然，这是大姓、兵长对度田的抗拒。光武帝发兵威胁他们，把捕获的大姓、兵长迁徙到他郡，赋田授廪，割断他们与乡土的联系。经过这次斗争后，豪强武装转为隐蔽状态，割据形势相对缓和了。度田与按比户口的制度，在形式上也成为东汉的定制。

度田虽然取得了一些成就，但是豪强势力并没有被根本削弱，土地兼并仍在继续发展，广大农民生活仍然很痛苦。在这种情形下，光武帝忧心忡忡，甚至不敢贸然举行封禅，他说："即位三十年，百姓怨气满腹，吾谁欺，欺天乎！"

光武帝刘秀通过集权加强了中央的统治，通过休养生息使人民安心从事生产，经济得到发展，社会比较稳定，这一历史时期被称为"光武中兴"。

虽然光武帝统治时期，经济上达到了"中兴"，但是，他的政权是建立在世家豪族的基础上的。所以在他继位之后，就宣称要以"柔道"治天下。所谓的"柔道"，实则就是扶植和保护世家豪族的利益。

建武十五年（公元39年），刘秀为了稳定封建统治秩序，加强专制主义中央集权，针对当时"田宅逾制"和隐瞒土地户口的严重现象，下令全国检核土地户口。郡县守、令不敢触动贵戚官僚和世家豪族，反而在清查过程中"多为诈巧，不务实核"，"优饶豪右，侵刻羸弱"。结果，激起各地农民的反抗，郡国的豪强大姓也乘机作乱。对此，刘秀采取了不同的对策。对于农民的反抗斗争是进行分化和镇压，对于大姓兵长，则在处死度田不实的河南尹张伋等十几名郡守之后，即下令停止度田，向豪强地主让步。光武帝在其统治末年还"宣布图谶于天下"，企图以儒家学说与谶纬神学的混合物作为思想武器，加强对人民思想的统制。

建武中元二年（公元57年）二月，光武帝在洛阳南宫前殿去世，享年62岁。

4. 刘秀教子

南阳郡新野县的阴丽华美貌庄重，刘秀早年就有"娶妻当得阴丽华"的愿望。昆阳战后次年，刘秀乃如愿娶阴氏为正室。婚后次年，刘秀为巩固与真定王刘扬的联盟，再娶刘扬外甥女郭圣通并以之为正室，亦宠之。郭氏与阴氏并为刘秀生下五子，及刘秀即位之初，并为贵人。

建武二年（公元26年）因阴氏族小辞后，郭氏因得立为皇后，其长子刘强遂立为皇太子。刘秀因此甚感有愧于阴氏，益加宠遇。至建武十七年（公元41年），光武乃废郭氏，立阴氏为后。

建武十九年（公元43年），刘秀又以阴氏长子东海王刘阳聪敏有君人之度，皇太子刘强又上表辞位。乃废刘强为东海王而以刘阳为皇太子。刘阳改名刘庄，即日后之汉明帝。

别看刘秀戎马半生，可他十分厌恶战争。他觉得是战争使百姓颠沛流离，无家可归；也是因为战争，国家才四分五裂，江山才动摇不定。

有一天，太子刘庄问他："父皇，您给儿臣讲讲您是如何平息战乱的事吧！将来儿臣也可以像您一样，驰骋沙场，平息叛乱！"

光武帝听了很不高兴，大皱眉头，训斥自己的儿子说："一个好皇帝应该做的是如何安邦定国，使百姓安居乐业，你怎么小小年纪就喜欢战争呢？"

刘庄继位后，东汉更加兴盛了，他谨记刘秀的教诲，不轻言开战。

刘秀在位时，不但爱惜百姓，还注重勤俭，减少后宫的开销。他本人也把精力花在处理朝政上，经常会熬到深夜。

皇太子担心他的身体，就劝阻他说："您整天这样不知疲倦地处理天下事务，身体怎么能行呢？请父皇一定要多加休息！"

刘秀从书桌上抬起头，语重心长地对儿子说："皇帝就是应该以国家为重，以百姓为重。如果贪图安逸的话，怎么能做一个好皇帝呢？"

太子刘庄频频点头称是，应声说道："儿臣谨记父皇的教诲，绝不会让您失望的！"

刘庄做了皇帝后，像他父亲一样，致力于治理国家，东汉也因此逐渐强大。

5. 衣锦还乡

所谓"衣锦还乡"就是说一个人做了官，发了财之后，往往要衣着锦绣，回乡向昔日的亲友炫耀。

当初，汉高祖刘邦当了皇帝之后，就曾经浩浩荡荡回家，显示威风。

光武帝刘秀平定中原、统一中国以后，也搞了一次衣锦还乡，乘机宣扬东汉王朝的国威。

清人绘汉光武帝晚年画像

建武十九年（公元43年），光武帝南巡（指帝王离开都城，在国内其他地方巡视）。这次出巡，耗费了上万两白银，声势十分浩大。

刘秀此次南巡的路线是先到南阳，再向西至汝南，最后去拜祭"皇考"（"考"是指已经故去的父亲，皇帝的已经过世的父亲叫"皇考"）生前曾担任过县令的南顿。

除了这三个地方以外，还有一个地方是刘秀出行必定要去的地方——湖阳。

刘秀的舅舅樊宏住在湖阳。在天下尚未安定之前，战事非常频繁，刘秀每每御驾亲征，经过南阳时，就绕道去拜望樊宏，而且还要大加赏赐。如今天下太平，一片繁荣，就更要去拜望一下舅舅了。

皇帝的御驾浩浩荡荡地驶入湖阳县界，并且顺着湖水（今称颍水）一路前行。过了没多久，就看到一片美丽的田园风光。湖水北面坡上种满了密密麻麻的果树，各种各样的花把北坡装点得特别漂亮。山坡下面，是一片片湖水相通的硕大的池塘。东西长大约有10里，南北宽近5里。这么一片地方，当地人称"樊氏陂"。

刘秀本来在建武五年（公元29年）时封樊宏为长罗侯，建武十三年（公元37年）又封樊宏的胞弟樊丹为射阳侯，他的儿子为玄乡侯。建武十五年（公元39年），又改封樊宏为寿张侯。

光武帝

尽管一门三侯，已经权高位重，十分罕见，可这次刘秀又追封其已去世多年的外祖父樊重为寿张敬侯，并赐钱2000万，专为立庙以彰其功。后来，舅舅樊宏死了之后，也被追谥为恭侯，赐钱1000万，刘秀亲自为他送葬，场面之宏大自不用多说。

第二年，樊宏少子樊茂为平望侯，并赏赐樊鯈等7人钱5000万。樊氏的后人在其先辈的基础上更加显贵。

樊鯈在明帝时任长水校尉，权倾朝野，无人敢惹，正如他自己所说："女可以配王，男可以尚主。""尚"即娶，意思是说，樊家的女儿可以嫁给皇帝的儿子，樊家的儿子可以娶皇帝的女儿。言下之意，樊家可谓无冕之王，豪门显赫，可见一斑。

刘秀在樊家庄园住了3天，第四天便启程西行。因为要从湖阳到汝南的话，无路可走，所以必须折回南阳，向东而行。浩浩荡荡的队伍走了2个时辰（相当于现在的4个小时）还没有离开樊家的土地。可见，樊家范围的大小，委实不同寻常。

400年后，尽管这一带的土地已经不知转换了多少人之手，可这里的水塘依然被称为樊氏陂，樊氏家族昌隆之久，由此可想而知。

6. 刘秀去世

刘秀当政的晚年，国家已经有了相当大的发展了，百姓生活比以前好了很多，土地也开发得越来越多，天下一片安定富庶的景象。

建武三十年（公元54年）时，朝中的文武大臣便建议刘秀去泰山封禅。

古代的皇帝都把自己比作天子，即上天的儿子，而且还会受到上天的庇护和保佑。

如果天下百姓已经富足，国家已经强大，这个皇帝就应该"封禅"。所谓封禅就是一种祭天祭地的典礼，由皇帝代表天下黎民百姓来感谢上天的恩赐。

其实，封禅是皇帝炫耀自己功绩的一种手段。即使是许多昏庸的皇帝，尽管百姓生活困苦，食不果腹，他们也还会去泰山封禅。把封禅的地点选在泰山，是因为人们觉得在所有的山中泰山最高，所以离天也最近。这样，天就可以听到人们对它的功劳的称颂了。

报天之功叫作"封"，感谢地的功劳，叫作"禅"。

祭地的地方选在离泰山很近的梁父山上。

梁父山比泰山要低一些，这是因为人们觉得地不如天那么高贵，也不如天的功劳大。

刘秀听了大臣们的提议大为不悦。他觉得自己的政绩并不像大臣们吹嘘的那样好，百姓也不是像他们说的那样富庶，天下也不是人人口中称颂的那样太平。

于是，刘秀下诏昭告天下说："朕做皇帝已经有30年了。如今，天下的百姓还不像以前那么富足，这是朕的过错。天下并不像想象的那样好，难道我们还能欺骗上天吗？"

同时，刘秀还在朝上郑重告诫群臣说："从今以后，如果还有向朕提起封禅的事，或者阿谀奉承，讲一些没有依据的赞美之词，朕决不宽恕！"

然而，刘秀的决心并不是像他在诏书中写的那样坚决。

两年以后，有人向刘秀献上一本符谶书。书里提到黄帝（远古时代传说中著名的皇帝）成仙的故事，说黄帝之所以会成为神仙，就是因为去泰山封禅。刘秀一看，很是心动，得道成仙是人人向往的事啊！所以，刘秀便亲自去泰山封禅，并把这一年改为中元元年。

中元二年（公元57年），光武帝刘秀逝世。享年62岁，在位33年。当天，皇太子刘庄即位，称为明帝。

刘秀临终之前，曾经留下遗诏嘱咐自己的丧事要像前汉文帝那样，一切都要简简单单，节省开支，不要浪费百姓的财力。而且，还说各地的刺史或者其他官吏都不要因为要来奔丧而跑到京师来，荒废了自己的政务，还是一切以百姓为重。

历代以来的皇帝都希望自己的墓园占地广阔，规模雄伟。因为他们觉得，即使是在死后，他们也依然还是皇帝，坟墓也就要建得像王国一样了。而且，更残忍的事是皇帝去世会要求有人陪葬，叫作"人殉"，就是用活人殉葬。只有这样，皇帝才觉得即使在阴间，也会有很多人来服侍他，跟活着的时候没什么区别。

汉朝很多皇帝的坟墓都修得很壮观，但是在前汉末年农民起义的时候，起义军都纷纷挖掘这些皇帝陵墓，来表示对他们的愤恨。真是死后不得安生啊！

前汉皇帝中只有汉孝文帝实行了薄葬。坟墓占地面积少，修建得也很小，不像其他帝王那么奢侈。因此，在农民起义过程中，只有他的坟墓没有被掘开。

早在建武二十六年（公元50年），将作大匠（官名）窦融就请示刘秀如何修建帝陵。刘秀决定效法汉孝文帝，不追求铺张，一切从简，还不要用活人陪葬。他在诏书中说："我的陵墓占地不要

光武帝陵石辟邪

太大，只要二三顷地就可以了，而且也不要修得太高大，不需要修建陵池，只要有雨水能淌下来就行了。"

刘秀从起兵反新到去世，一直很注意勤俭。他建立东汉以来，重新统一中国，消灭了战乱，让百姓过上了安定的生活，使中国再次出现了繁荣的景象。

终其一生，刘秀还是一个比较开明的皇帝，为中国经济和文化的发展做出了贡献。他被称为"中兴皇帝"是很有道理的。

二、反客为主夺太子，英明勤政汉明帝

汉明帝刘庄（公元 27—公元 75 年），幼名刘阳，是东汉光武帝刘秀的第四个儿子，东汉第二代皇帝。

1. 反客为主

少年时师从经学大师桓荣学习，10 岁时，就能背诵和理解古典名著《春秋》。由于较早地在刘秀身边学习和观察政务活动，增加了他的才干。

建武十五年（公元 39 年），刘秀下令检查天下的垦田和户口，并命令刺史、太守们逐一汇报。到汇报这一天，12 岁的刘阳站在刘秀身后，观察上报官吏的神色。而刘秀仔细检查着文书，翻着翻着，在陈留县的吏牍中发现了这样一句话："颍川、弘农可问，河南、南阳不可问。"刘秀莫名其妙，问下面的官吏们，大家也说不出个所以然来。这时，站在刘秀身后的刘阳得到父亲的允准，站出来说："河南是首都所在，中央高级官吏都住在这里；南阳是陛下的故乡，陛下的亲戚多居住于此。因此对这两个地方的田亩数字，负责检查的官员们当然不敢多问。"刘秀恍然大悟，惊叹 12 岁的孩子有如此锐利的眼光。

刘阳 15 岁那年，原武县（今河南省原阳县）出现了一支农民起义军，大概有几千人，打起了反对东汉的旗号。起义军劫杀官吏，打击地主，声势浩大。刘秀得知这一情况，焦急万分，因为原武离洛阳很近，弄不好会波及到洛阳，到时候麻烦就更大了。

所以，刘秀当机立断，派了一员大将火速赶往原武县，镇压这支起义队伍。谁知，起义队伍死守原武城墙，不开城门，官兵攻了许多次，都没有办法进城，而且损失惨重。

消息传到洛阳，刘秀更加忧虑了。进不了城，就灭不了叛乱，时间长了，

对长途跋涉的官兵更加不利。刘秀思前想后也没有一个可行的方法，于是，便召集满朝文武共同商议攻打敌军的有效方法。

大臣们七嘴八舌地纷纷提出自己的看法。

这个说："前去攻城的大将不会领兵打仗才会久攻不下，所以，应该改换将领。"

那个说："一定是士兵怕死，不敢登梯爬上城墙，所以才会失败。陛下应该惩罚那些临阵退缩的士兵才对。"

还有的说："陛下如果悬赏招募不怕死的勇士，那么他们一定会奋力冲锋上阵，用不了多久，原武就可以攻下了。"

刘秀听了他们的议论，仍然是愁眉紧锁，都觉得不大可行，既没点头同意也没摇头否决，沉思半天，也无法选择。他眼一瞥，看到了坐着的刘阳，便抱着试试看的态度，问刘阳："依我儿之见，父皇该怎么办呢？"

刘阳站起来，不急不忙地回答道："守城的队伍不过是些毫无见地的农夫，没有什么长远的打算，意见也不会完全一致。其中肯定有人已经后悔跟随别人参加叛乱。可是，官军围攻太严，想逃也跑不出来。"

刘阳很肯定地建议说："如果我们能把围城的官兵撤去一些，就会有人逃出来。这样一来，叛军的军心一定会动摇的。到那时候，攻取原武县就易如反掌了。"

汉明帝刘庄

刘秀仔细地听完刘阳的论述，意味深长地看了刘阳一眼，觉得刘阳说得蛮有道理，所以决定试一下。

果不出所料，围城的官兵稍微一有松动，城内就有小股起义军不断从城中逃出来，刘秀的军队假装不知道，这样，越来越多的义军从城里跑了出来。估计时间差不多了的时候，刘秀便下令守城的将军攻城。

这个时候，农民起义军的数量也减少了，人心也因为逃乱而越来越涣散，根本没有什么抵抗力了。官兵们轻而易举地进入原武城，平息了叛乱。

经历了类似的几件事情以后，刘秀越来越偏爱刘阳了，于是有了以刘阳为帝位继承人的打算。但由于这时刘强是太子，刘秀在刘强没有任何错误的情况下是不能废除他的。所以刘秀左右为难。

建武十七年（公元41年），刘秀以"怀势怨怼、数违教令"的罪名，废黜了郭皇后，另立阴丽华为皇后。皇太子刘强觉得母亲被废，大势已去，不得已上书刘秀，请求让位，出镇藩国。刘秀觉得时机成熟，于是在建武十九年（公元43年），下诏封刘强为东海王，立东海王刘阳为太子，改名为刘庄。建武中元二年（公元57年），刘秀去世，刘庄正式继帝位，史称明帝。

2. 有为皇帝

汉明帝刘庄崇尚儒学，他命令皇太子、诸侯王及大臣子弟、功臣子弟，都要读经。又为外戚樊氏、郭氏、阴氏、马氏诸子弟立学校于南宫，聘任高明的经师传道授业。明帝在"五经"之中，又独重孝经，倡导"以孝治天下"，甚至命令宫门、羽林的守卫士兵都要背诵孝经。对礼仪制度，明帝也非常重视，他亲自与东平王刘苍讨论，制定了祭祀天地和祖先的仪式，按等级建立了一套天子、王侯、百官的车服制度。

明帝还十分提倡尊师重道，明帝为太子时，曾跟博士桓荣学过《尚书》，继位以后仍尊桓荣以师礼。明帝这样做当然是出于师生之谊，然而更重要的是为天下树立表率，向社会倡导一种尊师重道的风气。

在对待周边游牧民族的侵扰问题上，由于社会的安定和国力的恢复，明帝一改光武朝的守势，采取积极进攻的战略。永平八年（公元65年），北匈奴骑兵进攻河西诸郡，焚烧城邑，杀掠甚众，人民深受其害，以致河西城门昼闭。永平十五年（公元72年），北匈奴又侵犯河西，而且胁迫西域小国随同入寇。面对北匈奴势力的猖狂侵扰，明帝派遣窦固和耿秉出屯凉州（东汉治陇县，今甘肃清水县北），作为北伐的准备。永平十六年（公元73年），明帝命令诸将率同南匈奴及乌桓、鲜卑等少数民族组成的骑兵部队，出塞北征，揭开了东汉政府同北匈奴战争的序幕。这次出征，窦固西出酒泉，在天山（今新疆吐鲁番城北）击败匈奴呼衍王部，追至蒲类海（今巴里坤湖），占据了伊吾卢城（今新疆哈密）。

为了巩固军事活动的成果，窦固命令假司马班超和从事郭恂到西域诸国开展外交活动。班超和郭恂率领36人，先到鄯善，在鄯善国击杀匈奴

汉明帝敬师图

派往该国离间汉与鄯善国关系的 100 多名使者，迫使鄯善王声明从今以后依附汉朝，永无二心，并且纳子为质。班超随着质子回到首都洛阳，明帝下诏提升他为军司马，命令其继续经营西域。从此以后，西域遂成中原统一帝国的一部分，得到长足的发展。

刘庄在位期间，吏治清明，境内安定。加以多次下诏招抚流民，以郡国公田赐贫人、贷种食，并兴修水利。因此，史书记载当时民安其业，户口滋殖。刘庄及其子章帝刘炟在位时期，被称为"明章之治"。

3. 严防外戚

刘庄即位不久，就发布诏书昭告天下："朕自觉能力有限，继承先帝这样伟大的事业，实在很惭愧，每天都担心国家社稷，不敢贪图安逸，荒废时光。先帝受上天的命令，实现了国家的中兴，他的品德可以和古代贤王相提并论。先帝统一了中原四方，国家上下齐心，是社稷的幸事。朕从先帝手中继承了这样伟大的国家，可是却不懂得稼穑的艰难，只怕会有辱先帝的教诲。"

由此可见，刘庄是极其敬仰自己的父皇的，事事都想效法他，国家的政策和处理事务的传统也基本上没有大的变动。

刘秀在世时，尽量不提升亲属做高官，因为他们本来就是皇亲国戚，权力已经比其他的高官大了，如果再让他们做高官，参与国家政务，那么他们很容易玩弄权术，最后难以控制，威胁刘家的皇位。

刘庄刚刚当上皇帝，他的三姐馆陶公主就经常上殿和刘庄闲话家常。

有一天，馆陶公主又像往常一样来见刘庄。寒暄了几句之后，公主欲言又止，犹豫了半天开口对刘庄说："陛下继承了皇位，可千万别忘了兄弟姊妹啊！"

刘庄有些惊讶，点着头忙不迭地回答说："皇姐这是哪儿的话，朕怎么敢忘记情深意真的兄弟姊妹呀！"

馆陶公主点点头，表示很满意刘庄的回答。于是又接着说："我有一个请求，希望皇上能够成全。"

刘庄不大以为然地说："有什么要求，皇姊尽管提吧。只要朕能做到的，朕一定会为皇姊办到的。"

馆陶公主听了刘庄的许诺，更加高兴了，放心地开口要求道："姐姐的儿子今年已经16岁了，而且聪明过人，伶俐可爱。就请陛下给他一个机会为国效力吧！"说白了，就是赐我儿子一个官位吧！

刘庄一听，心里想，弄了半天，不是要财宝呀！可是这官可不能说当就当，更何况先帝在世的时候，就不任命亲属为高官，我怎么能违背祖训呢？可是……

刘庄笑眯眯地对馆陶公主说："皇姊有所不知，先帝就不曾允许近亲做高官，朕也不好违反祖上的规矩。再说，皇甥年纪还小，这么早就委以重任，怕别人会说长道短。所以，皇姊，你看……"

馆陶心里马上就不乐意了，刚才还答应得很爽快，现在立马就不行了。公主冷下脸，不发一言，毕竟很没面子嘛。

刘庄一看，自己也不好意思了，便下令赏赐馆陶公主钱千万。馆陶公主的脸色这才有所缓和，儿子的官虽未谋到，可有了这么丰厚的赏赐，也算没有白来。馆陶公主跪下谢恩，领了厚赏，喜滋滋地回去了。

刘庄就是这样对待皇亲国戚的求官要求的：给他们丰厚的赏赐，却不让他们做重臣。刘庄用这种方法保证皇家地位的牢固。大臣阎章才学出众，工作突出，

汉明帝

但因妹妹是后宫嫔妃，刘庄为不破坏外戚不封侯参政的规矩，硬是不提拔阎章。

但同时，刘庄又委任开国元勋邓禹为太傅，同母弟东平王刘苍为骠骑将军，光武朝太尉赵憙保留原职，使宗室、功臣、官僚集团都有了自己的政治代表。同时对生母阴太后、异母郭圣通都非常尊重，平等对待，赢得了外戚和臣下的好评。

4. 打击宗室

光武帝时，对同姓宗室王限制比较严格。自己的10个儿子虽然都封王，但封地都比较小，较之西汉的同姓王差得很多。而且在郡国内，没有任何实际的权力。明帝的同母弟刘荆是光武诸位皇子中比较有才能的一个，他给废太子刘强写信，说他无罪被废，应该从自己的封地东海起兵，像汉高祖那样取天下、即皇位。刘强接到书信后吓坏了，马上把信交给刘庄。刘庄没有追究此事。后来羌人和东汉作战，刘荆又四处活动。刘庄又让他去封地。去了封地，他问相士，我长得像先帝，先帝30岁当皇帝，我如今也已30，可以起兵吗？吓得相士赶快告诉郡国的官员，刘荆害怕，自投监狱。刘庄又没有追究。后来刘荆又使巫祭祀祝诅，被郡国的官吏报告，惶恐之下自杀。

光武帝与许美人所生的楚王刘英，在明帝当太子时就和明帝关系不错。刘英结交宾客，又在封国作金龟玉鹤，刻文字为符瑞，积极准备造反。被一个叫燕广的人告发，有司奏请要求诛杀他，刘庄不忍，只是把他罢免流放。后来刘英自杀。刘庄发现刘英结交士人官吏的名录，为此兴了大狱，株连了很多人。

郭皇后生的两个儿子刘康和刘延也在封国结交宾客，图谋不轨，但因为不像刘荆、刘英那么严重，所以只是被削减封地。

5. 严苛驭下

刘庄对下面的官员非常严厉，因为父亲光武帝施政时对大臣比较宽松，是由于他的威望高，而明帝是没有他父亲那样的威信的，靠他的威望驾驭自己父亲那些老臣，显然是不够的。所以他对于官员是很苛刻的，这在两汉诸帝中是不多见的。

内朝小吏误记了西域属国贡献的贡品，亲自查账发现失误的刘庄派人把犯错的尚书郎招来，并亲自手持木杖责打惩罚。直到尚书台长官闻讯来说情，请求皇帝惩罚自己管教失职之罪，刘庄才平息愤怒。虽然刘庄对臣下的态度过于严厉、督责过度苛刻，却有效地保证了纲纪整肃、吏治谨严、行政效率提高、中央地方政绩明显。

6. 限制豪强

光武中兴后鉴于王莽篡位，所以对外戚还是有所限制，但同时他又利用外戚来防范宗室。在大司马吴汉死后，光武想让自己的小舅子阴兴接任大司马，因为大臣的反对才作罢，但死后仍然让自己的女婿梁松辅政。

明帝即位后，一改光武为政时的柔道，而大刀阔斧地代之以刚猛。刘庄根据光武帝生前的意思，画28将于云台，但对自己的岳父马援却不予收入，这就给大臣们一个信号，就是自己要限制和约束外戚；而且，他在位时，他的三个大舅子、小舅子马廖、马光、马防都位不过九卿。

随后他就开始处理外戚和豪强们，功臣、大司空窦融不善于约束自己的家人和子弟，结果子孙多不法。窦融从兄子窦林坐欺罔及臧罪，下狱死。窦融的长子也是光武的驸马窦穆因为封地离六安国比较近，就想占据六安，于是假传阴太后的旨意，让六安侯刘盯休妻而娶自己的女儿。后来此事被明帝知道，窦穆被免官，窦氏人中，除了窦融留京，全被迁回故郡。窦融也被刘庄斥责，吓得窦融也辞职回家养病。窦穆等后来被赦免，允许回京城居住，但明帝派人严格监视他们。窦穆心怀不满，口出怨言又贿赂官吏，结果他和两个儿子窦宣、窦勋都死在狱中。

太后阴丽华的弟弟阴就的儿子驸马阴丰，杀了公主，虽然阴太后还在，但刘庄也不徇私情，将阴丰杀死，阴就夫妇也自杀。

刘庄又杀了河西功臣梁统的儿子，同时也是自己姐夫的梁松，原因后汉书上说的是，松坐怨望、县飞书诽谤。

汉明帝

史载刘庄"性褊察"，就是脾气暴躁。他的性格根本不像父亲光武帝刘秀和母亲阴丽华。但刘庄确实是一个非常勤政的皇帝，史载其"乙更尽乃寐，先五鼓起，率常如此"，驾驭下有术，大权不旁落。他即位后继续执行了其父休养生息的政策，他的为政风格和清世宗很接近，都是对手下的官吏非常苛切，对百姓却恰好相反。

永平十八年（公元 75 年）秋天，明帝开始染病，不久病逝于洛阳东宫前殿，享年 48 岁。庙号显宗，谥号孝明皇帝，葬于显节陵。

三、兴父业"明章之治"，纵外戚种下恶果

汉章帝刘炟（公元 57—公元 88 年），汉明帝刘庄第五子，母贾贵人。东汉第三位皇帝。

刘炟的生母为贾贵人，因为明帝马皇后无子，加上贾贵人为马皇后同母异父的姐姐，所以刘炟幼年为马皇后收养，就以马氏为外家。明帝永平三年（公元 60 年），刘炟才 4 岁，即被立为皇太子。永平十八年（公元 75 年）的秋天，明帝去世，刘炟继皇帝位，时年 19 岁。次年，建元建初。

章帝继位后励精图治，注重农桑，兴修水利，减轻徭役，衣食朴素，实行"与民休息"，"好儒术"，使得东汉经济、文化得到很大的发展。此时思想活跃，政治清明，经济繁荣。两度派班超出使西域，使得西域地区重新称藩于汉。其统治时期，与汉明帝共称"明章之治"。但过于放纵外戚，种下了日后外戚专权和宦官专政的远因。

章帝继位伊始，首先对朝廷三公做了一些调整，原太尉赵熹改任为太傅，司空牟融为太尉，超迁蜀郡太守第五伦为司空。

此时，边关再起纷乱，焉耆、龟兹、车师等联合北匈奴，攻打中央政府的军政驻地，形势颇为吃紧。刘炟召群臣商议对策，众人皆欲暂缓，唯有司徒鲍昱力主马上增援。刘炟采纳鲍昱的意见，派兵西进，解救了边关危机。不过对于是否继续经营西域，刘炟举棋不定，大臣们也有争论。由于确实存在人力和物力上的困难，刘炟最终还是放弃了西域，诏令滞留西域的汉朝人员回国。

这时班超住在疏勒国，也接到撤退的诏书，他收拾行装，备好马匹，准备返回久别的祖国。西域人民十分爱戴和尊敬班超，听说他要回国，疏勒国人民惊惶不安，因为班超对付匈奴有办法，班超一走，又要永无宁日了。

疏勒都尉引刀自刎挽留，班超虽然难过，但王命在身，只好拨转东行。不久到了于阗国，于阗人民拦道迎接班超，听说他要东归，都失声痛哭，就近的人们伏地抱着班超坐骑的马腿，不让他离开。班超无奈，只好留下来，同时上书章帝，请求他留屯西域。最终章帝同意了班超的请求。

班超在西域团结各族人民，有效地遏止了北匈奴的侵扰。西域各国除龟兹外，都愿意臣服于汉。建初六年（公元 81 年），班超在疏勒上书汉章帝，请求派兵支援，降服龟兹，实现"断匈奴右臂"的战略意图。章帝支持班超的计划，征集吏士前往。适时有平陵人徐干自告奋勇地到朝中上书，愿意立功异域。章帝大喜，立即命令他为假司马，率领 1000 多人组成的远征军，西去驰援班超。

在西域诸国中，乌孙最为强大，班超又请求章帝遣使慰问乌孙国王。章帝同意，派遣使臣前往乌孙。乌孙国王非常高兴，于建初八年（公元 83 年），派遣使者回访汉朝，表示友好。在西域，汉朝得到这样一个大国的支持，章帝觉得非常称意。于是他提升班超为将兵长史，授予他代表东汉政府在西域行事的权力。由于同汉朝中央政府保持密切的联系，特别是由于乌孙的内附，使班超在西域的威望大增。西域诸国都愿意接受班超的节制，这样就为以后的东汉政府再次打通同西域的密切交往铺平了道路。

建初元年（公元 76 年），兖、豫、徐等州发生了严重的旱灾，赤地千里，饥民遍野。章帝一方面调集国库粮食紧急救援饥饿中的人民，另一方面又把大臣们召集到一起，商量解决问题的办法。司徒鲍昱痛陈时弊，尚书陈宠也上疏建议章帝进一步宽缓刑罚。章帝听从了他们的建议，大赦天下，宽缓刑罚。使阶级矛盾得到一定程度的缓和，社会秩序也比较安定，较为顺利地渡过了自然灾害造成的困难局面。

东汉光武、明帝两朝，鉴于西汉王莽篡位的教训，不允许外戚封侯干政。马太后的兄弟马廖、马防、马光，在明帝朝虽通籍为官，然而马廖官不

汉章帝

过做到虎贲中郎，马防、马光不过为黄门郎，一直不曾晋升。也许是出于对马太后的感激之情，章帝一继位，就越级提拔马廖为卫尉，马防为中郎将，马光为越骑校尉。马氏兄弟同时升迁，得意忘形，趾高气扬。而一些没有骨气的官僚和清客也争相趋附。马家宾客盈门，车如流水。司空第五伦看到后族势力过盛，乃上疏劝谏说："臣听说近代光烈阴皇后，虽然友爱兄弟，却命她的哥哥阴就、阴识出京就食封邑，不得结交宾客。其后明帝继位，杜绝了外戚请托之风。臣听说卫尉马廖以布三千匹，城门校尉马防以钱三百万，结交三辅。其行为不应经义，逾制干法，臣冒死自表，望陛下省察，思上忠陛下，下全后家，天下幸甚！"第五伦的上疏，被搁在一边。

章帝继位之初，就想为帝舅们封侯拜爵，马太后怕有碍成法，引起非议，坚决不许。建初二年（公元77年），天久旱不雨。一些附炎马氏的官僚士大夫，乘机上书，说由于不封外戚，才引起阴阳失调，天气干旱，请求章帝诏封马氏兄弟。章帝欲依从此议，马太后坚执不从。马太后发布晓谕道："凡上书言封外戚者，都希望献媚于我谋求好处。西京王氏五侯同日而封，结果当天黄雾漫天，未听说因此而降落雨水。凡外戚贵盛到极点，很少有不倒台的。所以先帝在世慎防舅氏，令其不在枢机之位。先帝又常言，我子不能与光武皇子等同，现在有关部门怎么拿马氏擅比阴氏呢？且阴氏三侯，或勇猛诚信，或多所方略，皆有功于国家。马氏兄弟的德才不及阴氏远矣！知臣莫若君，况三人都是我的亲兄弟呢。我怎么能上负先帝之旨，下负先人之德，重蹈西京败亡的覆辙呢？特此布告天下。"章帝看了诏书，感慨之余，仍不死心，再向太后面请道："汉兴之后，舅氏封侯，与诸子封王一样，已成定制。太后原意是谦虚退让，为何不让我奉献加恩三舅的美意呢？且舅舅们年事渐高，身体多病，如有不讳，将使我遗恨无穷。望太后省察，宜及时册封，不该拖延！"马太后和颜悦色地劝说章帝道："我怎么一定要表示谦退，不让你加恩于外戚？但反复考虑，实在不应加封。从前窦太后欲封王皇后兄，遭到丞相周亚夫的反对，说高祖有约，无军功者不侯。今马氏无功于国家，怎能与佐汉中兴的阴、郭二家比同？再看富家贵族，禄位重叠者，如木再结实，根必受伤，绝难持久。我已对此深思熟虑，勿再提加封之事。况且你刚接帝位，天气异常，灾害频仍，谷价腾贵。正应为此事考虑，如何安辑百姓，渡过难关。怎么放着正事不干，先营封侯外戚呢？"

建初三年（公元78年），马太后去世。就在这一年，章帝册立故大司徒窦融的曾孙女为皇后，外戚窦氏的势力迅速发展起来。在章帝后宫里，嫔妃们之间为争取宠幸也展开了微妙的斗争。原来窦皇后虽得到章帝的宠爱，却没有生子，而后宫宋贵人，却已生下一男，起名刘庆。章帝就立刘庆为皇太子。另外，前太仆梁松的侄女梁贵人，也生有一子，起名为刘肇。于是窦皇后买通了宫中侍女，做证诬告宋贵人造作蛊毒，诅咒皇上。另一方面，窦皇后又将刘肇据为己有。皇帝迷恋窦氏的美貌，对她的话深信不疑。下诏废黜宋贵人及皇太子刘庆，另立刘肇为皇太子。宋贵人不久含冤自杀，刘肇的生母梁贵人因父亲梁竦、伯父梁松坐罪身死，忧愤成疾，不久也死去。这样，窦皇后牢牢地稳固了自己的地位。

宫外，外戚集团之间也为实际的政治和经济利益开始了争斗。由于马太后的去世，马氏兄弟在朝中已失去了内援，往日聚集在马氏门下的食客也渐渐散去。三兄弟中，只有马廖还能洁身自好。其余马防、马光，不知形势已变，仍大起宅第，购置洛阳周围美田，骄盈过制，更激起新近得宠的窦氏兄弟的嫉妒和仇恨。不利于马氏兄弟的流言时时传到章帝的耳中。章帝起初尚不在意，听得多了，就常常对马氏兄弟加以训诫。马廖当然不满，于是致书友人，论时过之境迁，人情之淡泊。这封信的内容，被窦氏探听到。窦氏乘机上书，状告马廖心怀怨悱，并告马防、马光，奢侈逾僭，浊乱圣化。章帝看到奏本后，罢免了马氏三兄弟的官职，令他们徙就封邑。随着马氏的沦落，外戚窦氏的地位升了起来。窦皇后的哥哥窦宪被任命为侍中、虎贲中郎将，弟弟窦笃为黄门侍郎。窦氏兄弟出入宫省，赏赐累积，交通宾客。对此形势，司空第五伦曾表示过忧虑，他清楚地看到，西汉中后期威胁皇权终于导致倾覆的外戚政治势力，在章帝的纵容下，又重新得志。第五伦上书直陈道："臣才学空疏，而居辅弼之任。受陛下重托，常思进忠言大义，以报国家。臣见虎贲中郎将窦宪，以皇后亲戚，出入宫省，典司禁兵。并交结游客，以张声势。而出入贵戚之门的，大多为品行低下之徒，少安贫守节之士。更有毫无志气的士大夫中的丑类，争相攀附，云集其门。臣望陛下严格约束窦宪，令其闭门自守，不得妄自交结士大夫，以防患于未萌。这样才能使陛下的江山永固，贵戚之福禄长存。"

但是第五伦的一片苦心，并未被章帝重视，也不能抑制窦氏外戚势力的恶性膨胀。窦宪依仗妹妹在宫中的地位，横行跋扈，杀人越货，欺凌诸王、公主及前朝皇后阴、马诸家，甚至用极低的价钱强夺沁水公主的园田。这才引起章帝的重视。一日，章帝命窦宪同出巡游，路过沁水公主园田。章帝故意问："公主园田今属谁家？"窦宪知事情败露，支支吾吾，不敢正视。章帝始知传闻是实。回到宫中，召窦宪痛斥道："你私自夺取公主园田，可知犯何罪？我怕你如此骄横，与秦朝赵高指鹿为马有何两样？从前永平年间，先帝尝令贵戚阴党、阴博、邓迭三人，互相纠察，使其不敢犯法。现在贵如公主，尚遭到你的掠夺，何况普通的平民百姓？我要抛弃你，就如对待一只雏鸡、一个臭老鼠差不多，有何可惜！"窦宪慌忙伏地请罪。窦氏势力才有所收敛。

为了重建光武、明帝两朝约束外戚的政策，章帝特调铁面无私、刚正不阿的周纡进京，任洛阳令。周纡一上任，就命令属吏通报京师豪强的名单。属吏们只报了一些街坊头面人物。周纡大怒，直言训斥道："我要的是皇亲国戚如马、窦诸家的名单！照你们所报，不过是一些菜贩子，欺行霸市的小人物，何足计较？"属吏受训斥，不敢隐瞒，将马、窦之家的不轨子弟姓名，一一列上。周纡过目后，抬头嘱咐道："本洛阳令只知国法，不顾贵戚。你等如舞文弄法，包庇马、窦子弟，休来见我！"周纡又严申禁令，声明不论谁人犯法，严惩不饶。于是洛阳城中的外戚子弟，行为有所收敛，不敢轻易犯法。一天黄昏时分，黄门侍郎窦笃出宫回家，路过止奸亭，亭长霍延截住窦笃车马，定要检查一遍才许经过。窦笃的随从仆人，平常作威作福狐假虎威，根本不把一个小小的亭长放在眼里，将霍延推开。霍延拔出佩剑，高声大喝道："我奉洛阳令手谕，无论皇亲国戚，夜间经过此亭，必须查究放行。你们是些什么人，敢在此撒野！"窦氏仆从还要与他争论，这时，一直坐在车中的窦笃大声叫道："我是黄门侍郎窦笃。从宫中请假回家，可以经过北亭吗？"亭长听窦笃通报了姓名，才准许放行。第二天入宫，窦笃劾奏周纡纵吏横行，辱骂贵戚。皇后又在章帝面前哭诉。章帝早知所言不全是事实，又碍于皇后情面，下诏将周纡逮捕候审。周纡在审判时，理直气壮，据法痛斥窦氏恶行。廷尉做不了主，只好据实录向章帝汇报。章帝又命令将周纡释放，暂免去其洛阳令官职。不过，章帝对周纡的忠直也非常了解，不久又任命他为御史中丞。章帝在这件事情的处理上，游移不定，对外戚的势力发展，他有所警惕，但又下不了决心狠狠处理。东汉中期的外戚专政，在章帝朝已埋下了祸根。

从汉武帝独尊儒术以来，围绕着"五经"，产生了许多只会围绕着经文转，只会将前人解释经文的内容世代相传的章句之徒。他们或出于学术或出于政治上盈利的目的，形成了观点互异的学派。对封建统治者来讲，这种局面不利于思想上的专制和政治上的统一。章帝做太子时，十分爱好儒学，对经文、章句的歧义，就很不以为然。做了皇帝后，他下决心来一次整顿。建初八年（公元83年），章帝接受了杨终的建议，亲自在白虎观召集将、大夫、博士、郎官和诸儒开会，议定"五经"异同，最后由章帝自己拍板，决断是非。这次会议的讨论记录，后来由班固整理成书，名为《白虎通德论》，或简称为《白虎通》《白虎通义》。白虎观会议以及《白虎通》所标榜的"正经义"，包含两层意思。一层是用谶纬来正经学，其目的也就是利用政治力量，使谶纬迷信合法化，使它具有和经学同样崇高的学术地位；另一层是用官方意志来正经学，以便更好地为封建统治者服务。所以《白虎通》也是一部把儒学思想法典化的著作。在这之前，官方提倡的今文经学章句烦琐，歧义迭出，现在则有了统一的而且是被最高统治者认可的权威的解释。

建初九年（公元84年），章帝改年号为元和。就在这一年，国家财政出现了严重困难，尚书张林建议恢复盐的专卖政策和均输之法，以增加中央政府的财政收入。尚书仆射朱晖等表示坚决反对，说："均输之法，和一般商贾的行为没有两样，盐利归了政府，则人民穷困而怨结，不是英明的君主所该实行的。"章帝已经听信了张林的意见，听了朱晖的反对意见大怒。朱晖等一看苗头不对，吓得自己蹲到监狱中去待罪。三天后，章帝也许觉得有些过分，又下诏书叫他们出来。

东汉在明帝和章帝统治时期，实行息兵养民的宽松政策，使得社会稳定，经济发展，是汉王朝比较繁荣的一段时期，史称"明章治世"。

章和二年（公元

敬陵壁画

88 年），章帝去世，时年 31 岁，在位 13 年。葬于敬陵，庙号肃宗。

四、汉和帝设计夺权，创永元劳谦有终

汉和帝刘肇（公元 79—106 年），即汉和帝，公元 88—106 年在位，东汉第四位皇帝。

1. 登基为帝

刘肇，是汉章帝刘炟第四子。其母梁贵人是褒亲愍侯梁竦之女，建初二年（公元 77 年）入宫。建初四年（公元 79 年），生下刘肇。后梁贵人被窦皇后诬陷，忧郁而死。窦皇后亲自抚养刘肇，视如己子。

建初七年（公元 82 年）六月十八日，汉章帝废皇太子刘庆为清河王，改立刘肇为皇太子。

章和二年（公元 88 年）二月三十日，汉章帝去世，皇太子刘肇继位，即为汉和帝，尊嫡母窦皇后为皇太后，因刘肇年幼，由窦太后临朝称制。

窦太后把哥哥窦宪由虎贲中郎将提升为侍中，掌管朝廷机密，负责发布诰命；让弟弟窦笃任虎贲中郎将，统领皇帝的侍卫；弟弟窦景、窦环均任中常侍，负责传达诏令和统理文书。这样，窦氏兄弟便都在皇帝周围的显要地位，从而掌握了国家政治的中枢。

窦太后将政权统于自己一人之手，独断专横，强予决策。对于伐北匈奴，尚书、侍御史、骑都尉、议郎等都极力上谏，甚至指责窦太后"奈何以一人之计，弃万人之命"，也没有挡住太后为袒护窦宪而出兵。重创北匈奴后，是否继续设立北单于，朝臣坚决反对，但由于窦宪奏请设立，窦太后不顾大多数人反对，同意奏请。

窦太后还把大批窦氏家族子弟和亲朋故友，任为朝官或地方官，从而上下勾结，专权放纵，报复打击，为所欲为。其弟弟窦景放纵奴仆胡作非为，甚至白天公然拦路抢劫，侮辱妇女，而"有司莫敢举奏"。

窦氏为维护专权，安插了大量党羽，因此朝廷上下多有附臣与亲信。当初，刘肇在长安召见窦宪，朝臣甚至议论称之"万岁"，尚书韩棱愤怒指责"礼无人臣称万岁之制"，才算止住了这场闹剧。这一方面说明窦氏权势的贵盛，另一方面也说明时臣趋炎附势的风气。因而，和帝执掌政权后，立即清理窦氏残党余孽，太尉宋由因为窦氏党而被罢免，后自杀。其他亲朋故旧，凡是依仗窦家的关系而做官的，统统被罢免回家。

窦宪还养了许多刺客定点清除那些具有宿怨私仇、持有不同政见、可能危害窦氏的人。在汉明帝永平年间,窦宪的父亲窦勋犯罪,韩纡审理此案,考实窦勋坐狱被诛。窦太后当政时,韩纡已死,窦宪即派刺客刺杀了韩纡的儿子,并带回他的首级拿到窦勋坟上祭奠。周荣为尚书袁安府吏,袁安上书言窦宪骄纵、窦景腐败、不宜立北匈奴单于等奏议,均出自周荣之笔。窦宪门客徐齮非常嫉恨他,于是当面威胁他。

2. 设计夺权

窦太后刚愎放纵,早已引起了一些正直朝臣的不满。他们不断上书进谏,有时甚至以死抗争,仅据《资治通鉴》统计,短短的近五年时间,大臣就针对各种问题上书十五六次。

窦氏父子兄弟同为九卿、校尉,遍布朝廷。穰侯邓叠和他的弟弟步兵校尉邓磊,母亲元氏,窦宪的女婿射声校尉郭举,郭举的父亲长乐少府郭璜等人相互勾结。其中元氏、郭举都出入宫廷,而郭举又得到窦太后的宠幸,他们便共同策划杀害刘肇。刘肇暗中了解到他们的阴谋。

当时窦宪兄弟掌握大权,刘肇与内外臣僚无法亲身接近,一同相处的只有宦官而已。刘肇认为朝中大小官员无不依附窦宪,唯独中常侍、钩盾令郑众谨慎机敏而有心计,不谄事窦氏集团,便同他密谋,决定除掉窦宪。由于窦宪出征在外,怕他兴兵作乱,所以暂且隐忍而未敢发动。恰在此刻,窦宪和邓叠全都回到了京城。当时清河王刘庆特别受到刘肇的恩遇,经常进入宫廷,留下住宿。刘肇即将采取行动,想得《汉书·外戚传》一阅。但他惧怕左右随从之人,不敢让他们去找,便命刘庆私下向千乘王刘伉借阅。夜里,刘肇将刘庆单独接入内室。又命刘庆向郑众传话,让他搜集皇帝诛杀舅父的先例。

永元四年(公元92年)六月二十三日,刘肇临幸北宫,下诏命令

汉和帝

执金吾和北军五校尉领兵备战，驻守南宫和北宫；关闭城门，逮捕郭璜、郭举、邓叠、邓磊，将他们全部送往监狱处死。并派谒者仆射收回窦宪的大将军印信绶带，将他改封为冠军侯，同窦笃、窦景、窦瑰一并前往各自的封国。刘肇看在窦太后面子上不愿正式处决窦宪，而选派严苛干练的封国宰相监督他。刘肇确认窦宪、窦笃、窦景到达封国后勒令他们自杀。

刘肇成功夺回政权，再现了汉宣帝刘询诛霍禹的故事。

3. 永元之隆

在一举扫平了外戚窦氏的势力后，刘肇开始亲理政事，每日临朝听政，深夜批阅奏章，从不荒怠政事，故有"劳谦有终"之称。刘肇当政时期，曾多次下诏赈济灾民、减免赋税、安置流民、勿违农时，并多次下诏纳贤，在法制上也主张宽刑，并在西域复置西域都护。

刘肇深感吏制建设对一个政权的重要性，因而非常重视官吏的选拔任用。据统计，他当政时期，曾四次专门下诏纳贤。这既反映出东汉吏制的空虚与堕落，也表现出和帝为改变这种现状而做出的积极努力。

刘肇当政时期，在法制上主张宽刑，他任用的掌管刑狱的廷尉陈宠，便是一个富于同情心的仁爱之人，每次断案，都依据经典，而"务从宽恕"。

刘肇对有过失之人，也能根据情况，从宽处理。永元九年（公元97年），窦太后死，由于宫廷紧守秘密，和帝为梁贵人所生的事实始终没予公开。太后死后，梁家才敢奏明朝廷，为梁贵人讨一个说法。这时和帝也才知道了自己的身世之谜。但在如何安置窦太后的问题上，三公上奏："请依光武黜吕太后故事，贬窦太后尊号，不宜合葬先帝。"刘肇却念及窦太后对自己的养育之恩，认为"恩不忍离，义不忍亏"，不应有所降黜，于是不降尊号，谥为章德皇后，而对梁贵人、宋贵人的问题也都妥善安置。梁贵人被追封皇太后。

东汉时期，为了加强中央集权，在宫廷内设置了中常侍、黄门侍郎、大黄门、小黄门等宦官职务。他们负责掌管传达皇帝的号令和诏书，阅览尚书进呈的文书。

在刘肇夺回政权的过程中，中常侍钩盾令郑众直接参与了策划和实施，在论功行赏时，郑众自然是首功。于是，郑众被升迁为大长秋。"长秋"是汉代皇后的宫名，用以名官，称其官署为"长秋寺"。这是皇后近侍官首领，一般由皇帝亲信充任，负责宣达旨意，管理宫中事务。而在进行策勋班赏的过程中，和帝注意到，郑众总是推辞的多，接受的少，这种谦逊仁爱之心，很得刘肇的赞赏。因此，和帝以后便经常同他讨论国家大事，国家一些大政方针的决策便较多地掺杂着宦官的力量，所以史书上说"宦官用权自此始矣"。

汉和帝十分体恤百姓疾苦，多次下诏理冤狱、恤鳏寡、矜孤弱、薄赋敛，告诫上下官吏反省造成天灾人祸的自身原因。元兴元年（105年），垦田面积达732万多顷，为东汉之最，户籍人口达5325万多人。刘肇亲政期间东汉国力达到鼎盛，时人称为"永元之隆"。

元兴元年（106年）十二月二十二日，汉和帝病死于京都洛阳的章德前殿，时年27岁。刘肇驾崩后，他出生仅100余日的儿子刘隆继位，次年改元延平，是为汉殇帝。延平元年（106年）三月初五，葬刘肇于慎陵（位于今河南孟津），上庙号为穆宗，谥号孝和皇帝。初平元年（190年）被撤除尊号。

五、短命皇帝数孝殇，内忧外患汉安帝

1. 汉殇帝刘隆

汉殇帝刘隆（105—106年），字盛，汉和帝刘肇少子，东汉第五位皇帝。

刘隆的父亲汉和帝刘肇在世的时候，生了许多皇子，但大都夭折。汉和帝以为宦官、外戚在谋害他的儿子，便将剩余的皇子留在民间抚养。元兴元年十二月（106年1月），汉和帝在章德前殿去世，此时刘隆刚出生100余日。按照传统，继承皇位的应是汉和帝的长子刘胜，但刘胜自幼生有怪病，多年不愈，汉和帝皇后邓绥认为他不适合做皇帝。于是立刘隆为皇帝，是为汉殇帝，改年号为延平，封其兄刘胜为平原王，邓绥进升为太后，并由邓绥临朝听政。

延平元年八月辛亥日（106年9月21日），在太后邓绥发号施令之际，

汉殇帝

仅当上 220 天皇帝的刘隆悄然离世，年仅 1 岁，因夭折而亡，故上谥号为"孝殇皇帝"，死后葬于康陵。汉殇帝是中国帝王中即位年龄最小、寿命最短的皇帝，他被史家称为"八月皇帝"或"百日皇帝"。

2. 汉安帝刘祜

刘祜（公元 94—125 年），汉章帝刘炟之孙，清河孝王刘庆之子，母左小娥。东汉第六位皇帝，在位 19 年。

永元六年（公元 94 年），刘祜出生于清河（今山东聊城清河县）。

延平元年（106 年），汉殇帝不幸早夭。邓太后与她的哥哥车骑将军邓骘密谋，决定迎立清河孝王刘庆的儿子刘祜，邓骘又去与太傅张禹、司徒徐防等大臣们商议，征得他们的同意便连夜持太后节召刘祜入宫。这一年，刘祜刚满 13 岁，是为汉安帝。第二年改年号为"永初"。

元初二年（115 年），立贵人阎姬为皇后。

永宁元年（120 年），立皇子刘保为皇太子。

此时，虽说是刘祜当皇帝，但实际政务大权仍然握在邓太后和邓骘手中。邓太后所依靠的是宦官鄛乡侯郑众和尚方令蔡伦。朝臣见朝政被外戚和宦官掌握，于是密集一批对此同样不满的官僚士大夫，准备发动政变，要杀死邓骘及郑众、蔡伦，废黜太后和汉安帝，另立平原王刘胜为帝。消息不慎走漏，邓太后先发制人，镇压了叛乱。

永宁元年（120 年），汉安帝已 26 岁，郎中杜根上奏太后，说汉安帝已经成年，应该独立处理政务。邓太后闻奏大怒，命令用布袋将杜根蒙头盖脸套起，用棍棒击杀，然后抛尸城外。太后的弟弟、越骑校尉邓康，也劝其退居深宫，不再干预政事。邓太后仍然固执己见。邓康见太后不纳谏，称病不朝。邓太后一怒之下，将邓康免官，并开除了邓康的族籍。

不过，在东汉几个得势的外戚集团中，邓氏的表现是比较好的。邓太后以立安帝定策之功，奖励有关官员，当然也包括邓骘，增封了 3000 户食邑。邓氏兄弟辞让不受，以至于使者来时都躲起来，最后只好作罢。平时，邓氏兄弟也小心谨慎，奉公守法，勤劳王事。这当然与邓太后对她的家族严格要求有关。但即使如此，也不能消除皇权和外戚势力的尖锐矛盾。

建光元年（121 年），邓太后去世，汉安帝亲政。三月戊申日，追尊父亲清河孝王刘庆为孝德皇，母亲左小娥为孝德后，祖母宋贵人为敬隐皇后。这时，在汉安帝周围已形成了以乳母王圣、中黄门李闰、江京为首的宦官集团。汉安帝早就不满受制于邓太后的地位，太后的死对他来讲无异于一次政治上的解放。太后死后不久，有几个以前受过太后惩罚的官人诬告太后兄弟邓悝、邓弘、邓阊阴谋废汉安帝，另立平原王为帝。这一诬告正中汉安帝下怀，邓悝等被判为谋反罪处死，邓骘因不知情，被免官归郡，受郡县官吏的逼迫而死。因邓骘无罪遇害，大臣们不服，大司农朱宠等仗义执言，为其鸣冤叫屈。为平息官员们的怨气，汉安帝又假惺惺地谴责州郡官员，并命令妥善安葬了邓骘。

在外戚与宦官的斗争中，宦官集团又一次得势。汉安帝封江京为都乡侯，封李闰为雍乡侯。汉安帝乳母王圣及其女儿伯荣更加受到宠爱，生活奢侈，贪污受贿，随便出入宫廷，干预政事，无恶不作。伯荣有一次到汉甘陵去，沿途前呼后拥，郡县官员夹道迎送。甚至有的郡守和王侯迎着伯荣的车子叩首行礼。

这时期官僚集团与宦官的矛盾日益尖锐，以杨震为代表的朝臣多次上疏要求汉安帝约束和惩戒飞扬跋扈的宦官，但安帝总是置之不理。而被揭发的宦官们则乘机诬告，最终杨震被迫自杀。

就在内忧外患四起之时，皇宫中为争夺帝位继承权又开始了殊死的斗争。汉安帝的阎皇后多年不育，永宁元年（120年），汉安帝立宫人李氏所生之子刘保为太子。李氏在此以前已被阎皇后鸩杀。阎皇后怕太子即位以后会追究杀母之仇，处心积虑地要将刘保除去。阎皇后与樊丰等宦官串通一气，先将太子乳母王男、厨监邴吉定成死罪，除去太子的羽翼，然后又向汉安帝进谗言，说刘保行为过恶，不宜处太子之位。汉安帝宠爱阎皇后，于是有了废立之心。太子的废立要经大臣们讨论，大将军耿宝秉承阎皇后意旨，力主废黜刘保。太常桓焉、廷尉张皓则反

汉安帝

驳说："人生年未满十五，过恶尚未及身，望陛下为太子选德行高操的师傅，辅导以礼义，自然行为有方。"只是汉安帝并不觉悟，竟废黜了刘保，另封他为济阴王。

延光二年（123年），西部传来消息，北匈奴和车师联兵，进攻河西四郡。大臣们都主张放弃西域，退回玉门关内。只有从边疆回京城汇报情况的敦煌太守张当力排众议，廷尉陈忠也认为西域归属汉朝已久，轻易放弃就会失去人心，不如在敦煌置校尉，增加河西四郡的兵力以抵御匈奴的侵扰。汉安帝采纳了张当、陈忠的意见，并派班超之子班勇为西域长史，率领500士兵出屯柳中城。班勇到西域后，依靠河西四郡和西域属国的军事支援，击退匈奴，降伏车师，使中原和西域的交通再次畅通。

边疆多事的同时，国内也灾害连年，人心浮动。在汉安帝登基的那一年，就有18个郡国发生了地震，41个郡国发生了水灾，28个郡国受风暴和冰雹的袭击。延光三年（124年），京城和23个郡国发生了地震，36个郡国发了大水，下了冰雹，人民困苦不堪。

延光四年（125年），汉安帝携同阎皇后和贵戚南下游玩，三月庚申，行抵宛城，忽然得病，身体时冷时热，病势沉重，只好下令回京。三月时到达叶县（今河南省叶县南），这时已呈弥留状态。他想嘱咐后事，已经说不出话来，只能睁眼盯视着皇后，慢慢死于车中，终年32岁。皇后不敢对外宣布安帝驾崩的消息，所在上食、问起居与往常一样。庚午日回到宫中。辛未晚上才发丧。当年葬于恭陵，庙号恭宗，谥号孝安皇帝。初平元年（190年）被撤除尊号。

六、梁氏专权三傀儡，稀里糊涂把命丧

1. 汉顺帝刘保

汉顺帝刘保（115—144年）是东汉第七位皇帝。汉安帝刘祜的儿子，母亲为宫人李氏（被汉安帝皇后阎姬毒杀，后追谥恭愍皇后）。

汉安帝在永宁元年（120年）立刘保为皇太子。

延光三年（124年），汉安帝的乳母王圣、大长秋江京和中常侍樊丰诬陷太子刘保的乳母王男和厨监（古代宫廷的厨官）邴吉，王男和邴吉被杀，太子刘保经常叹息二人被杀。王圣等人惧怕日后刘保继位，会报复他们，于是王圣与樊丰、江京勾结又诬陷太子刘保，刘保因此被废为

济阴王。

延光四年三月初十（125年4月30日），汉安帝到章陵祭祀，途经叶县时突然病逝，皇后阎姬和兄弟阎显以及江京、樊丰等人谋划说："如今汉安帝在道路上驾崩，济阴王刘保在朝内，万一被公卿知道后立为皇帝，反而成为大害。"于是假称汉安帝患急病，把汉安帝遗体挪到卧车中，所到之处上食询问起居照旧。三月十三日，车驾驱驰，回到皇宫。三月十四日晚上，才为汉安帝发丧，尊阎姬为皇太后，由阎姬临朝摄政，任命大鸿胪阎显为车骑将军、仪同三司。

阎姬想长久独揽朝政，图谋立幼年皇帝，便与阎显等人在宫中定下计谋，拥立汉章帝之孙、济北惠王刘寿之子北乡侯刘懿为皇帝，史称少帝。刘保因为被废黜，不得上殿亲临汉安帝灵堂参与丧礼，悲号不食，内外百官都为之哀痛。

延光四年（125年）十月，刘懿病重，阎显兄弟和江京等人都在刘懿身边。江京将阎显带到没人的地方对他说："北乡侯一病不起，国家继承人的事应该及时确定。先前没有立济阴王刘保，如果立他，以后必定要怨恨，又为什么不早做准备征调其他王子，从中挑选立为皇帝的人呢？"阎显认为很对。十月二十七日，刘懿去世，阎显与江京等奏请太后阎姬秘不发丧，征调济北王、河间王的王子。

刘保得知消息后，把宫门紧闭，屯兵自守。十一月初四晚上，济北王、河间王王子还没有来到京城，中黄门孙程等19名宦官合力斩杀江京等人，迎立刘保继位，是为汉顺帝。汉顺帝将阎显、阎景、阎晏兄弟及其党羽全部诛杀，把阎姬迁到离宫居住，其家属迁往比景县。

孙程等19位宦官拥立刘保有功全部被封为侯。由于汉顺帝的皇位是靠宦官得来的，所以将大权交给宦官。刘保本人虽然温和但是软弱。后来宦官又与外戚梁氏勾结，开始了长达20多年的梁氏专权。宦官、外戚互相勾结，弄权专横，汉朝政治更

汉顺帝

加腐败，阶级矛盾日益尖锐，百姓怨声载道，简直是民不聊生。

建康元年八月初六（144年9月20日），汉顺帝刘保在玉堂前殿去世（死因不明），时年29岁。汉顺帝死后，其子刘炳继位，是为汉冲帝。同年九月十二日，葬汉顺帝于宪陵，庙号敬宗，谥号孝顺皇帝。

初平元年（190年）有司奏请，和帝穆宗、安帝恭宗、顺帝敬宗、桓帝威宗无功德，不宜称宗；又恭怀皇后、敬隐皇后、恭愍皇后并非正嫡，不合称后，都请撤除尊号。

2. 汉冲帝刘炳

汉冲帝刘炳（143—145年），字明，汉顺帝刘保之子，母虞贵人，东汉第八位皇帝，144年八月—145年正月在位。

建康元年（144年）四月十五日，刘炳被汉顺帝立为皇太子。

建康元年（144年）八月初六，汉顺帝去世，当时汉顺帝的皇后梁妠因没有儿子，因此立年仅一岁的皇太子刘炳为帝，尊梁妠为皇太后。

由于汉冲帝年幼，所以由皇太后梁妠临朝摄政。建康元年（144年）八月十三日，任命太尉赵峻为太傅、大司农李固为太尉，总领尚书事务。

汉冲帝继位后，外戚梁氏把持朝政，梁妠的哥哥大将军梁冀飞扬跋扈，朝廷腐败，民不聊生。当时九江郡还发生过暴乱。

汉冲帝继位不久便患病，梁冀征召汉章帝刘炟玄孙、渤海孝王刘鸿之子刘缵到洛阳都亭，准备等汉冲帝去世后，就立他为皇帝。

永熹元年正月初六（145年2月15日），汉冲帝在玉堂前殿去世，年仅两岁。梁太后与梁冀立刘缵为帝，是为汉质帝，借此再度以皇太后身份临朝摄政。正月二十一日，汉冲帝被安葬于怀陵，谥号孝冲皇帝。

3. 汉质帝刘缵

汉质帝刘缵（138—146年），一名刘续，河南洛阳人。东汉王朝第九位皇帝（145—146年在位），汉章帝刘炟玄孙，渤海孝王刘鸿之子。

刘缵曾祖刘伉为汉章帝长子，因其生母地位卑贱，被剥夺皇位继承权，建初四年（公元79年）被封为千乘王（封国在今山东省高青县附近）。

永熹元年（145年）正月，年仅2岁的汉冲帝因病去世。当时梁太后之弟梁冀拥立年仅8岁的汉章帝玄孙刘缵为帝，承汉顺帝嗣。

刘缵即皇帝位之后，梁太后依然以皇太后的身份临朝称制，而朝政基本上控制在其兄梁冀手中。梁冀主持朝政期间，专横跋扈，无所不为，引起了一些正直朝臣的抵制，以太尉李固为首的许多士族官僚纷纷上书批评梁冀的所作所为，力求矫正时弊，但都遭到了梁冀的打击和压制。

梁冀在朝廷上颐指气使，气势凌人，不可一世，刘缵虽然才8岁，也看他很不顺眼。在一次朝会中，他当着群臣的面叫梁冀"此跋扈将军也"，表示自己的义愤，惹得梁冀大怒。退朝后，梁冀衔恨在心，觉得刘缵虽小，但为人聪慧早熟，又是一朝之主，担心刘缵年长后难以支配，决定害死他。本初元年（146年）闰六月，梁冀让安插在刘缵身边的

汉质帝

亲信暗中把毒药掺在刘缵食用的煮饼之中。刘缵吃过毒饼，顿觉气闷肚痛，赶紧召太尉李固进宫。李固问刘缵气闷肚痛的缘由，刘缵当时还能够说话，说："刚刚吃了煮饼。肚子烦闷，如果有水喝还能活下来。"当时梁冀在旁边，说："恐怕会呕吐，不可以喝水。"未几刘缵中毒身亡，死于洛阳宫中。年仅9岁，死后的谥号为"孝质皇帝"。

汉质帝死后，大将军梁冀持节迎立蠡吾侯刘志入南宫即皇帝位，是为汉桓帝。本初元年（146年）秋七月，葬孝质皇帝于静陵。

七、汉桓帝三断大狱，除内嬖诛杀外臣

汉桓帝刘志（132—167年），字意，生于蠡吾（今河北省博野县）。汉章帝刘炟曾孙，河间孝王刘开之孙，蠡吾侯刘翼之子，母亲系刘翼姜匽明。东汉第十位皇帝。

因父亲去世，刘志年龄不大即袭爵为侯。以后的情况史载阙如，只知道他曾从甘陵（今山东东平南）人周福读经，受过比较好的教育。

桓帝后来所以能做上皇帝，完全是外戚梁氏一力促成。质帝本初元年（146年），顺烈皇后梁妠以皇太后身份到刘志帝洛阳城北的夏门亭，准备把她的妹妹嫁给刘志。但婚礼尚未举行，太后的哥哥、身为大将军的梁冀，因新立才8岁的质帝聪明，指责他是"跋扈将军"，竟将质帝毒

死了。因此，朝中又要议立新帝。当时梁冀考虑到刘志年方15岁，容易操纵，提出要策立刘志；而太尉李固、司徒胡广、司空赵戒为了削弱梁氏，则主张迎立比较年长的清河王刘蒜。特别是李固，为人刚直不阿，早在冲帝死后，就主张迎立刘蒜。他当时对梁冀说："我们策立皇帝，应选择年龄大的、聪明仁厚又能够亲理政务的，希望将军能细致考虑国家大计，借鉴周勃、霍光策立文帝、宣帝的长处，吸取邓氏、阎氏立殇帝、北乡侯的教训。"但梁冀不听，坚持立了质帝。现在李固等人又重议立清河王，梁冀召集三公、中二千石、列侯一起来讨论此事。结果李固、胡广、赵戒及大鸿胪杜乔都认为清河王"明德著称"，且血缘与质帝最近（为质帝兄），应立为嗣；梁冀心里愤愤不得意，却苦于找不到别的理由反对，只好宣布暂停讨论。

到了晚上，梁冀还在恨恨不平。这时，宦官中常侍曹腾等人闻讯前来为梁冀献策。他们对梁冀说："大将军几代和皇帝有婚姻之亲，虽掌握朝政，但宾客纵横，也多有过错。如果真策立清河王，此人很严明，大将军不久就要大祸临头。"梁冀非常赞成他们的意见。第二天重会公卿讨论，梁冀严厉逼迫群臣策立刘志。那些公卿在梁冀的淫威下只好顺从，只有李固坚持己见。为了消除阻力，梁冀就让梁太后下诏罢免了李固。这样，在闰月庚寅（146年），梁冀终于持节，以诸侯王青盖车，迎刘志入南宫继皇帝位。刘志就这样在外戚梁氏的一手操纵下做了皇帝。梁太后临朝听政，梁冀把持朝政。

桓帝继位后，第二年改元建和，三年又改元和平，但仅仅一年就改元元嘉，三年后改元永兴，二年后改元永寿，四年后改元延熹，十年后又改元永康。但当年即病死，在位共21年。

桓帝的爱好不多。他除了爱好音乐，善弹琴鼓笙外，晚年曾对黄、老之学和佛教产生浓厚兴趣。

桓帝的生活相当腐朽。他不仅喜欢"微行"，而且生活糜烂。桓帝后宫中有宫女多达万人，尽管他曾接受光禄勋陈蕃的建议，放出宫女500余人，但这仍远远低于所留宫女的数量。他在位21年，所封贵人就有十几人之多，才女更是无数。而且除了众多的嫔妃，他还先后立了三个皇后：一个是梁皇后，一个是邓皇后，还有一个是窦皇后。

除了外戚，桓帝的宗室也有众多的亲属。首先是他的父、祖。他们虽已早故，但桓帝称帝后，仍然大加封赠。他在继位的第二年，就下诏追尊父亲刘翼为孝崇皇，葬陵曰博陵；祖父刘开为孝穆皇，祖母赵氏为孝穆皇后，葬陵曰乐成陵。接着，他因母亲匽明尚在，尊为博园贵人。到和平元年（150年），梁太后去世，桓帝即尊母亲为孝崇皇后，遣司徒持节奉策授与玺绶，称永乐宫。置太仆、少府以下官员和虎贲、羽林卫士，分巨鹿九县为母亲汤沐邑。三年后，母亲去世，他又为母亲大办丧事，命兄弟平原王刘硕主丧，礼仪制度和恭怀梁皇后一样，起庙与刘翼合葬博陵。桓帝对于父、祖的追尊，实际主要是为了表明皇权的神圣而已。

桓帝没有儿子，生有三女。长女刘华，延熹元年（158年）封为阳安长公主，嫁不其侯辅国将军伏完。次女刘坚，延熹七年封为颍阳长公主。小女刘修，延熹三年封为阳翟长公主。桓帝有两个弟弟、一个姐姐和一个妹妹。二弟刘硕，建和二年（148年）梁太后立为平原王，留居博陵，奉刘翼后嗣，并尊刘翼夫人马氏为孝崇博园贵人。刘硕生活放荡，嗜酒，屡有过失，桓帝于是令马氏管理王家事务。至建安十一年（206年），曹操罢平原国，国除。三弟刘悝，建和元年（147年）七月从兄渤海王刘鸿去世，因无子被太后立为渤海王。延熹八年（165年），因"谋为不道"，桓帝以亲弟不忍治罪，贬为瘿陶王，令邑仅一县。桓帝临死前，遗诏复令刘悝为渤海王。灵帝继位后，至熹平元年（172年），因遭中常侍王甫陷害，被迫自杀，妃妾11人、子女70人都死在狱中。姐姐即长社长公主，嫁耿霸玄孙耿授为妻；妹妹即益阳长公主，嫁寇荣从侄寇尚为妻。另外桓帝还有12个伯父和叔父。其中3人封诸侯王，9人封为亭侯。历史记载比较清楚的，有刘政、刘德、刘博和刘淑。

桓帝在位21年，前13年基本是一个傀儡皇帝。在当时，梁太后临朝听政，梁冀把持朝政，他几乎难以置喙。尽管梁太后在和平元年（150年）曾下诏归政，但梁冀专横跋扈，桓帝还不得不仰其鼻息。因此，桓帝的真正亲政，实际是他在位的后8年。而在这8年中，曾发

汉桓帝

生很多重大事件。用度辽将军皇甫规的话说，就是"三断大狱，一除内嬖，再诛外臣"。所谓"三断大狱"，一是诛灭梁冀，二是废免邓氏，三是禁锢党人；"一除内嬖"，就是抑制宦官；"再诛外臣"，则是诛杀南阳太守成瑨和太原太守刘瓆。

梁冀在策立桓帝后，权力达到了顶点。他先是以天上出现灾异让梁太后策免太尉杜乔，继而又罗织罪名杀了李固和杜乔。加之桓帝对他极尽尊崇，委以朝中大权，规定他可"入朝不趋，剑履上殿，谒赞不名，礼仪比萧何"；又增封其食邑为四县，比邓禹；赏赐金钱、奴婢、彩帛、车马、衣服、甲第，比霍光；还封其弟梁不疑为颍阳侯、梁蒙为西平侯，其子梁胤为襄邑侯，其妻孙寿为襄城君，并加赐赤绂，比长公主。这样一来，梁冀更加专横暴虐。朝中大小政事，无不由他决定；百官的升迁任免，都要先到他家里谢恩，才能到尚书台办理手续；地方郡县每年进献的贡品，要先把上等的送给梁冀，然后才把次等的献给桓帝，结果他"威行内外，百僚侧目，莫敢违命，天子恭己而不得有所亲与"。此外，梁冀和妻子孙寿都穷奢极欲，搜刮财富，修建豪宅，残忍贪暴，激起的民愤极大。

桓帝对于梁冀的横暴也早有怨恨，只是由于他的两个妹妹都在自己身边，还不敢发作。到延熹二年，梁冀二妹梁皇后也死了。因此，桓帝就开始策划诛灭梁氏。他去上厕所的时候，单独叫着宦官唐衡，问他宦官中有谁和梁冀不和。唐衡回答有单超、左悺、徐璜和具瑗。桓帝于是与他们五人密谋，决定诛除梁冀，并用牙齿咬单超手臂出血为盟。八月，桓帝来到前殿，即召尚书入殿，宣告要惩办梁冀。他命尚书令尹勋持节率丞郎以下守宫廷，收符节送省中；命黄门令具瑗将御林军1000余人和司隶校尉张彪共同包围梁冀住宅；命光禄勋袁盱持节收梁冀大将军印绶，徙封为比景都乡侯。梁冀、孙寿即日自杀，而梁、孙家族全部弃市。其他公卿大臣因牵连而死的数十人，故吏宾客被罢免的有300多人，一时"朝廷为空"，百姓莫不称庆。当时没收梁冀的家财，拍卖后值钱30多亿，等于当时东汉王朝半年的租税收入。

桓帝诛灭梁冀以后，宦官单超、左悺、徐璜、具瑗、唐衡五人，因谋诛梁冀有功，被同日封侯，世称"五侯"。单超任车骑将军，位同三公。大权从此又落入宦官手中。他们挟持桓帝，滥行淫威，使得"中外服从，上下屏气"，乃至顺我者昌、逆我者亡。单超早死，四侯专横，民间称他们是"左回天，具独坐，徐卧虎，唐两堕"，作威作福，鱼肉人民。

宦官四侯及其亲属的专横，不仅遭到朝中正直官员的反对，而且也引起了桓帝的担忧。因为他们势力的过分强大也威胁到了皇权。所以，他对四侯又慢慢开始限制。桓帝先是重用宦官侯览、段珪、苏康、管霸，分夺他们的权力；继而借他们残害人民，对他们进行打击。延熹八年（165年），司隶校尉韩演奏言左悺罪恶，及其兄太仆南乡侯左称"请托州郡，聚敛为奸，宾客放纵，侵犯吏民"，桓帝即立刻准奏。结果左悺和左称都被迫自杀。韩演又奏具瑗兄具恭有臧（贪污）罪，桓帝也下令征诣廷尉。具瑗只好上还东武侯印绶，自己来到监狱向桓帝谢罪。桓帝下诏贬他为都乡侯，后来就死在家中。接着，桓帝又下诏单超、徐璜和唐衡的袭封者，都降为乡侯；其子弟分封者，一律免爵。这就是所谓的"一除内嬖"。

桓帝对于宦官五侯的抑制，只是为了强化皇权。他并不想清除宦官，在对他们略为抑制后，大权还是交给了他们。而新被重用的宦官，在上台后，也同样是残暴专横，鱼肉人民。在这种情况下，为了维护东汉王朝，也为了自己的政治出路，一部分正直的官吏和一些太学生及郡国生徒，就联合起来发起"清议"。他们议论政治，品评人物，在舆论上对宦官集团猛烈抨击。同时，一些比较开明的官吏在自己的职权范围内，也极力打击宦官势力。南阳太守成瑨、太原太守刘瓆，就是两个著名代表。

延熹九年，成瑨在南阳逮捕了富商张汜。此人倚仗宦官权势横行乡里，正遇上桓帝宣布大赦，而他在功曹岑晊和中贼曹吏张牧的支持下，为了打击宦官，竟置大赦不顾，杀了张汜，并收捕其宗族宾客200多人也都杀了，然后才向桓帝上奏。同样，刘瓆在太原逮捕了与宦官相勾结的小黄门赵津，也不顾赦令，将赵津拷杀。这样引起了宦官集团的强烈愤怒。侯览立刻就指使张汜之妻上书讼冤，其他宦官也接着纷纷潜告。于是，为了保障中央对地方的控制，同时也是给家奴出气，桓帝就将成瑨、刘瓆一齐逮捕，命有关部门审理。最后两人都被弃市。这就是所谓"再诛外臣"。

在打击宦官的正直官吏中，比成瑨、刘瓆更有名的，是襄城（今河南方城）人李膺。当时，襄城（今河南方城）人李膺是反对宦官集团斗争的领袖。他任河南尹时，因打击阉党而被下狱，司隶校尉应奉上书为他求情，又被赦免，后来即任司隶校尉。宦官张让的弟弟任野王令，贪残无道，杀死一位孕妇，畏罪躲在张让家中。李膺知道后，即率吏卒到张让家搜出处死。因此，很多宦官都害怕李膺，休假时不敢走出宫门。李膺敢于打击当权的宦官，名声越来越高，士大夫能得到他的接待，被认为是极大的荣誉，称之为"登龙门"，他与太尉陈蕃、南阳太守王畅都受到士大夫阶层的敬重。以李膺为首的反宦官斗争激怒了当权的宦官集团。延熹九年（166年），宦官派人诬告李膺等交结太学生、都国生徒"共为部党，诽讪朝廷，疑乱风俗"。桓帝大怒，于是诏令全国，逮捕"党人"，收执李膺、陈实等200多人。有的党人逃走，桓帝就悬金购赏。一时间，使者四出，相望于道，反宦官的斗争遭到严重挫折。第二年，在窦武等的表请下，桓帝对"党人"略为宽恕，下诏将其赦归田里，但规定他们都终身禁锢，不得做官。这就是桓帝时著名的"党锢"。以后灵帝时又进行了一次"党锢"，对"党人"的迫害也更为残酷。

桓帝所以禁锢"党人"，目的是强化皇权，以巩固刘氏王朝。但实际上，这不但没有起到巩固统治的作用，反而加速了东汉王朝的灭亡。桓帝还有一项卖官鬻爵的弊政。当时由于统治阶级的奢侈腐朽，国家财政已基本枯竭。在这种情况下，桓帝一方面采取对农民加重剥削的办法来解决财政困难，如延熹八年令郡国有田者每亩交十钱为税；另一方面也采取一些应急措施，主要就是减借百官俸禄，借王、侯国租税和卖官鬻爵。这项弊政对当时影响极坏，不仅贪污成了合法行为，直接破坏了吏治，而且由于贪官污吏的搜刮，也加重了人民的负担，并为灵帝时更大规模的卖官鬻爵开了先河。

和以前相比，桓帝时期的阶级矛盾、民族矛盾更为尖锐。仅据不完全统计，桓帝在位的21年内，各族人民的大小起义就有40多次。这些起义后来虽然都被镇压，但是人民并没有屈服。当时有一首民谣就说："发如韭，剪复生；头如鸡，割复鸣。吏不必可畏，小民从来不可轻。"人民的反抗怒火只是被暂时压抑而已。所以，到灵帝中平元年（184年），随着东汉王朝的统治更加腐败，终于就爆发了黄巾

东汉车马人物石刻画像

大起义。

永康元年（167 年）十二月二十八日，汉桓帝在德阳前殿去世，时年 36 岁。建宁元年（168 年）二月十三日，葬于宣陵，上谥曰孝桓皇帝，庙号威宗。

八、荒淫无耻汉灵帝，认阉作父终被废

汉灵帝刘宏（157 或 156—189 年），生于冀州河间国（今河北深州）。东汉第十一位皇帝（168—189 年在位），汉章帝刘炟的玄孙。早年世袭解渎亭侯。

桓帝除去梁冀之后，便立邓猛为后。可是桓帝又开始宠幸郭贵人。

邓皇后和郭贵人争风吃醋，经常在桓帝面前说对方的坏话。郭贵人是新宠，本来就比较得势，再加上邓皇后太过偏激，桓帝越发讨厌起邓皇后，一怒之下，把邓皇后打入冷宫。邓皇后不久就气愤而死。桓帝后来在众大臣们的极力要求下，很不情愿地立窦武的女儿窦妙为皇后。永康元年（167年），汉桓帝刘志驾崩，皇后窦妙临朝问政。桓帝无子继位，窦妙与其父窦武等商议，最终选择了刘宏继承大统。窦妙派侍御史、守光禄大夫刘儵、奉车都尉曹节等人前往河间国迎接刘宏登基。

建宁元年（168 年）正月，刘宏随迎驾队伍抵达洛阳城外夏门万寿亭，由窦武率文武百官迎接。次日，刘宏继位，改年号建宁。刘宏继位时年仅12 岁，窦太后临朝听政。以太傅陈蕃、大将军窦武及司徒胡广三人共参录尚书事。追尊父亲刘苌为"孝仁皇"，陵墓为"慎陵"，母亲董氏封为"慎园贵人"。

大将军窦武因定策刘宏继位有功，其族人加官进爵，从此窦氏外戚权倾一时。

窦太后执政，主要依赖于父亲窦武和被封为太傅的陈蕃。窦武和陈蕃同心协力，共同治理朝廷。陈蕃注意到，宫中的宦官势力很大，把持着许多实权部门。因此，便向窦武建议道："宦官握有实权，才搅得天下不宁。如果杀死他们，那么天下也就太平了，百姓也不会再抱怨什么了！"

窦武没想到陈蕃与自己不谋而合。于是，两人便开始着手减轻宦官手中的权力。把一些反对宦官专政的大臣重新任做高官，共同商讨治国大计。虽然陈蕃坚决要除去宦官，可是窦太后犹豫不决，说："历代先皇的朝廷中，

东汉舞蹈俑

宦官都参政，如今贸然诛杀，岂不是不尊重先皇遗制？"窦武虽说反对宦官专政，可是也没有采纳陈蕃的意见。但二人在不久后即达成一致意见，密谋铲除宦官。

八月，窦武指使尚书令尹勋等弹劾并逮捕黄门令魏彪，为进一步弹劾宦官罗列罪名。九月初七，窦武返回家中休息，而尹勋秘密写给窦武的奏章被长乐五官史朱瑀获得，事情泄露。朱瑀将此事通知宦官王甫、曹节等，众宦官歃血为盟，当晚发动政变。史称"九月辛亥政变"。至次日清晨，宦官取得政变全面胜利，窦武、陈蕃等人均被灭族，未被处死的族人则流放到交州。窦太后则被迁徙到南宫云台居住，受到百般虐待，没多久就离开人世。建宁二年（169 年）三月，尊慎园贵人董氏为孝仁皇后。

从此之后，宦官再一次成为朝中的主力。灵帝不理政事，朝中大小事务都交给宦官去打点。

刘宏执政期间，多为蛮族、妖道在偏远地区叛乱，被卢植、臧旻、朱儁等人平定，刘宏认为天下稳如泰山，便安心享乐，鲜问政事。刘宏不喜欢处理朝中事务，只喜欢四处修建新苑，到各地去游玩，变着戏法玩。

刘宏做皇帝时，皇室已经有了很多苑囿了。里面应有尽有，什么珍奇异宝，飞禽走兽无所不有；各种建筑物也修得非常精致。可刘宏非但不满足，还想再修两座新苑。朝中有大臣反对说："如今百姓无田可耕，陛下不应该再抢夺他们的土地了，否则他们真的就无立锥之地了。"刘宏有些犹豫，可是他身边的宦官为了讨他开心，便说："陛下修的苑囿并不大，只不过因为这个苑囿归陛下一人享有，所以百姓才会觉得陛下占了他们很大的地方。"刘宏一听，觉得很有道理，就立即下令动工修建。工程浩大，而国库又早已亏空，没有钱，怎么修？

董太后知道后就建议灵帝卖官赚钱。根据官职的大小，规定不同的价钱，明码标价。只要是想做官，就必须交钱，否则即使品德再优秀的人，也别想做官。卖官不是董太后发明的。邓太后时，卖官现象就已经出现了。可现在，灵帝已经把卖官作为一种选拔官吏的制度了，当然它也是一种增加国家财政的手段之一。买到官的官吏上台后，又拼命征取捐税，好尽快把买官花去的银两收回来。这样说到底，受罪的还是无辜的百姓。不堪重负的农民便纷纷起兵反抗官吏的残暴和横征暴敛，东汉很不太平。

然而，灵帝不但没有注意到人民的反抗情绪，反而自己还带头征收许多苛捐杂税。

中平二年（185年），宫中起了一场大火，整个宫殿被烧得片甲不留。灵帝想修复这个宫殿，却又不舍得自己花钱。宦官张让、赵忠看穿了灵帝的心思，就进言道："现在国库空虚，无法拿钱去修复此宫。但是如果天下每亩田多出10个钱，那宫殿就可以修好了。"刘宏听了，觉得确实可行，便下令各郡照此办理。

然而在执行过程中，这项命令又被改成按人口交税，因为这样才能让农民而不是地主负担。官吏和宦官也想从中渔利，于是他们往往向农民征收几十倍于此的税额，大部分的税额就被装到他们自己的口袋里。宫殿越修越大，越修越华丽。

一天，灵帝玩得高兴，便说："张常侍是我父亲，赵常侍是我母亲！"陪同灵帝游玩的宦官听了哈哈大笑。灵帝是历史上唯一一位称宦官为其父母的皇帝。

光和二年（179年）四月，中常侍王甫及太尉段颎下狱而死。十月，司徒刘郃、永乐少府陈球、卫尉阳球、步兵校尉刘纳密谋诛杀宦官，事情泄露，都被下狱处死。

光和三年（180年），刘宏力排众议，立何氏为皇后。何皇后父亲何真被追封为车骑将军、舞阳宣德侯；母亲被接入宫中居住，封为舞阳君；她的大哥何进和二哥何苗也被招入朝廷担任要职，何氏家门荣极一时。灵帝昏庸无能，信任宦官，不但汉朝人民怨声载道，而且少数民族人民也吃了不少苦。

灵帝对周围的少数民族实行高压政策，不仅向他们征收重税，还想派兵征服他们，宣扬大汉国威。本来，灵帝时汉朝的国力已经不允许长途远征了，可是灵帝不顾这些，只是一味地想凭借战争镇压少数民族的起义。这些战争，耗费了汉王朝大量的人力、财力和物力，国家更加衰弱，而且

给汉族人民也带来了巨大的灾难。

当时的情况非常悲惨，男子被征去当兵打仗。田里的麦子熟了，都得依靠女子来干活。官僚们生活奢靡，百姓则负担着各种各样的赋税，穷困潦倒。

灵帝依旧以为天下安乐，百姓富足，在宫里过得舒舒服服，从不知道宦官已经把他的天下搞得乌烟瘴气。人民起义的火种已经慢慢地燃烧起来。

光和七年（184年），太平道教主张角发动黄巾起义，天下八州太平道教徒揭竿而起，州郡失守，朝廷震动。刘宏在北地郡太守皇甫嵩及中常侍吕强的建议下，宣布解除党锢，组织政府军平定叛乱。至年底，由皇甫嵩、朱儁等人率领的政府军剿灭各地黄巾军，刘宏为表天下安宁，于是改元中平。但同时，凉州的北宫伯玉、李文侯、韩遂、边章等人又起兵叛乱。

中平二年（185年），刘宏先后派皇甫嵩、张温前往凉州平定叛乱，不但没有平定，反而让凉州叛军越发壮大。

中平四年（187年），凉州沦陷，凉州刺史耿鄙、汉阳太守傅燮先后战死。同年，渔阳郡人张纯、张举联合乌桓在幽州发动叛乱，斩杀护乌桓校尉箕稠、右北平太守刘政、辽东太守阳终。

天下此起彼伏的叛乱，让刘宏逐渐从西园享乐中走出来。

中平五年（188年）十月，刘宏在洛阳平乐观举行阅兵仪式，自称"无上将军"，骑马持剑检阅军队。

中平六年（189年）二月，皇甫嵩在陈仓大败凉州叛军王国等人。三月，幽州牧刘虞平定张纯叛乱。四月十一日（5月13日），刘宏在南宫嘉德殿驾崩，年仅33岁，谥号孝灵皇帝。其长子刘辩继位，是为汉少帝。六月十七日（7月17日），葬于文陵。

少帝在位时期，东汉政权已经名存实亡，他即位后不久即遭遇以何进为首的外戚集团和以十常侍为首的内廷宦官集团这两大敌对政治集团的火并，被迫出宫，回宫后又受制于以"勤王"为名进京的凉州军阀董卓，终于被废为弘农王，成为东汉唯一被废黜的皇帝，其同父异母弟陈留王刘协继位为帝，是为汉献帝。被废黜一年之后，刘辩在董卓胁迫下自尽，时年仅15岁（一说18岁），其弟献帝追谥他为怀王。

九、一生傀儡汉献帝，禅位曹丕终汉室

汉献帝刘协（181—234 年），字伯和。东汉最后一位皇帝。

光和四年（181 年），刘协踏着东汉的亡国之音来到了人世。他的母亲王美人是赵国（今河北邯郸市西南）的平民，后汉书评价其母为"丰姿色，聪敏有才名，能书会计"，很受汉灵帝的宠爱。然而作为一个没有后台的妃子，受皇帝宠爱也会招来杀身之祸。她的被宠引起了当朝何皇后的疯狂嫉妒。当王美人刚刚生下刘协后，何皇后就用药酒毒死了她。

汉光武帝刘秀所创建的"中兴王朝"，到桓、灵二帝统治时期就已经是穷途末路，外戚干政与宦官专权所造成的政治腐败，已经是东汉王朝无法医治的顽疾。汉灵帝病死后，太子刘辩继位后，何太后（即那个毒死献帝生母的狠毒女人）临朝，其兄何进掌握政权。从此，宦官和外戚便展开了一场争夺大权的拉锯战。先是何氏兄妹密谋召并州牧董卓领兵入京，用武力铲除宦官势力。然而，却被宦官先发制人，将何进杀死。

董卓接到何太后的密令后，赶赴洛阳的中途，宦官已经挫败了何进的密谋活动。司隶校尉袁绍这时并不同意远召董卓入京，认为利用现有的兵力已足以铲除宦官。袁绍带领一队人马包围皇宫，拘捕"诸阉，无少长皆斩之"，少数逃跑者最后也被迫"投河而死"，彻底消灭了宦官专权的日子。宦官已除，其时董卓已无进京的必要，少帝刘辩也派使臣传达停止前进的诏旨。可是，心怀异图的董卓还是直奔洛阳而来。在中平六年（189 年）八月，董卓率领他的凉州军团开进了洛阳城，东汉的国都从此受到了恐怖的威胁。

同年九月，董卓废少帝刘辩为弘农王，8 岁的娃娃刘协登上了皇帝的宝座，董卓先后自为太尉、相国，总揽了东汉王朝的军政大权。董卓这时也暴露出本性的贪得无厌、心狠手辣的狰狞面目。他"身先士卒"，"奸乱公主，妻略宫人"，更是放纵手下胡作非为，烧杀抢掠，无恶不作。献帝成了他的一具政治玩偶。

凉州军团的行径遭到了朝廷内外的怨恨，于是，各地讨伐军此起彼伏，初平元年（190 年）正月，以袁绍为首的关东（即函谷关以东地区）州郡纷纷起兵，组成了讨伐董卓的联军。

凉州军团善战，但无奈其兵力远不如关东联军多，且远离本土，补给

艰难，作战形势极为不利。于是他们不得不主动撤退，迁都长安，强迫献帝及其嫔妃出宫。又"驱徙京师百姓悉西入关"，并放火焚烧洛阳宫庙及人家。这一天，东汉历经200年精心经营的名都顿成一片废墟。

董卓的倒行逆施激起广大臣民的愤怒。初平三年（192年）四月，司徒王允诱使吕布刺死董卓。将这个恶贯满盈的刽子手暴尸街头、破肚燃灯，遗臭万年。但天下并没有因此而太平，董卓的旧部在李傕、郭汜、张济、樊稠的统率下，打着为董卓报仇的旗号，在六月攻破长安，王允等公卿百官及士民万余人惨遭杀害。献帝刘协又成为李傕等凉州悍将手中的傀儡。

董卓的各旧部本来地位相近，现在取得了政权就开始各怀鬼胎，很快就升级为武力争斗。他们都知道谁控制刘协，谁就是胜者。这其中数李傕的势力最强，这一年，他强迫献帝从南坞迁移到北坞。兴平二年（195年），关中地区旱灾严重，饥荒让无数百姓流离失所。再加上连年兵灾战祸，人们纷纷四处逃亡。七月，郭汜、杨定、董承等领兵护送献帝一行东返洛阳。建安元年（196年）七月，这一行人终于到达了洛阳。当刘协东奔西跑之际，在中原地区，袁绍和曹操正在进行着频繁的政治斗争和军事斗争。孙策占据江东，刘表占据荆州，公孙瓒盘踞辽东……这其中，被人们评价为"治世之能臣，乱世之奸雄"的曹操已经是北方军阀中一支举足轻重的力量。这时的曹操力排众议，毅然决定派大将曹洪前去迎接汉献帝，不久又亲自来到洛阳，保卫京都和皇帝，曹操开始掌握了朝政大权。后来曹操接受董昭等人的建议，决定迁都许县（今河南许昌）。至此，这个苟延残喘的东汉朝廷总算有了个安身立命之处。

汉献帝禅陵

献帝刘协虽然处境艰难，但只要东汉王朝在名义上存在着，他的政治影响依然不容忽视，谁将献帝控制在自己的手中，谁就可以"挟天子以令诸侯"。曹操掌握了献帝，即掌握了政治上的主动权。献帝此时虽然没有行使皇帝的权力，但也总算还有个名分。

然而，这样的日子依然没过多久，随着建安二十五年（220年）正月曹操的病逝，汉朝也就开始了最后的终结，曹操的儿子曹丕继承了魏王位。十月，献帝逊位，将皇帝玺拱手奉献给曹丕。曹丕祭天登基，改称天子，封献帝为山阳（县治今河南焦作市东）公，并"邑一万户，位在诸侯王上，奏事不称臣，受诏不拜，以天子车服郊祀天地，宗庙、祖、腊皆如汉制，都山阳之浊鹿城"。

魏明帝青龙二年（234年）三月，刘协去世，时年53岁。八月，曹魏以汉天子礼仪葬于禅陵。做了一辈子傀儡的刘协终于走到了人生的终点，也让汉室就此终结。

第二章 后宫硝烟

一、娶妻当娶阴丽华，政治联姻郭圣通

阴丽华（公元 5—公元 64 年），南阳郡新野县（今河南新野）人。光武帝刘秀原配，东汉第二任皇后。春秋时期名相管仲后裔，汉明帝刘庄的生母。

阴丽华出生在一个显赫的家族，阴氏家族是曾经辅佐了齐桓公成就了一代霸业的春秋名相管仲之后。到了第七代子孙管修的时候，从齐国迁居楚国，被封为阴大夫，以后便以"阴"氏为姓。秦末汉初，阴家举族迁到了新野。

阴氏家族是当时南阳新野的豪门大户。阴家所占有的土地达 700 余顷，车马和奴仆的规模可以同当时分封的诸侯王相比。虽然富甲一方，但是因为阴氏在秦、西汉时期已经数百年没有出过高官显宦，因此并没有什么政治势力。

阴丽华虽然有着富足的家境，但却并未能像其祖先那样能够安享太平盛世。阴丽华所生长的时代，是一个被班固称为"天地革命"的大变革、大动荡时代。王莽改制失败后，兵戈四起，天下大乱。

刘秀是西汉开国皇帝高祖刘

（清）吴友如所绘《古今百美图》之阴丽华

邦的九世子孙，长沙定王的后裔。其先祖从诸侯王降为列侯，到他父亲刘钦这一辈，只能在济阳做县令而已。建平元年（公元前6年），刘秀出生。刘秀9岁这年，父亲刘钦去世了，不得已刘秀和哥哥刘𬙋、刘仲寄居到叔父刘良家中。然而，这个时候的社会局面已经是政治腐朽、经济凋敝，民不聊生、危机四起。外戚王莽利用这一形势，玩弄权术，于公元9年夺取政权，建立新朝。

刘秀倒是安于现在的生活，可他的长兄刘𬙋却和他不同。刘𬙋身材高大健美，性格慷慨豪放，勇武刚毅，喜欢结交四方侠士。刘𬙋血液里藏着不安分的因子，是个天生的领袖人物，他的梦想就是像先祖刘邦那样在乱世有所作为，建立功勋，干出一番惊天动地的大事业。如此，身形修长、容貌俊美，如翩翩公子一般的刘秀，常常遭到哥哥的讥笑，刘𬙋把他比喻成汉高祖刘邦的那位庸庸碌碌的二哥刘仲。起初，刘秀听了也并不在意，依然在众人心目中维持着老实人的形象。不过，在哥哥的激励下，刘秀也逐渐有了"愤而有志于天下"的想法。当同龄的朋友都纷纷成婚聘娶、沉浸于室家之乐的时候，20岁的刘秀却作出了另一个决定：游学长安。在长安，他确实学习了大量典籍，可不久盘缠用罄，他又回了南阳。这个时候他开始和大姐夫邓晨往来密切起来。由于阴丽华的母亲也是邓家人，于是，他结识了阴丽华。阴丽华美貌又孝顺，小小年纪便已远近闻名。

阴丽华小刘秀10岁，她的美貌给了刘秀极为深刻的印象，以至于后来刘秀一次无意中看到了执金吾率众出行，盛大的场面深深地震撼了刘秀。一时间，刘秀思潮涌起，不禁感叹道："仕宦当作执金吾，娶妻当得阴丽华。"意思是做官就要做执金吾这样大排场的官，娶妻子的话就要娶阴丽华那样美貌的女子。执金吾的官职在百官中并非最大，但是在声势与排场方面，执金吾则居于百官之首。可以说，执金吾的声势与阴丽华的美貌都给了当时还是一介书生的刘秀以很大的冲击。这段故事成为中国古代帝王情感生活中最富浪漫色彩的传奇之一。

有道是"乱世出英雄"，王莽虽篡权有术，却治国无方，他"增重赋敛，刻剥百姓"，法令严苛残酷，并且朝令夕改，法无常制。天凤四年（公元17年），王莽的政权已经在水、旱、蝗、雹等各种天灾人祸间摇摇欲坠了。许多活不下去的老百姓只好铤而走险，揭竿而起，希望能在乱世中建立一份属于自己的伟大功勋。

地皇三年（公元22年），刘家兄弟正式起兵。他们先投靠了绿林军，初期还算顺利，攻城略地手到擒来。但不久刘秀即遭遇了第一次惨烈的败仗，被王莽的正规重骑兵击溃，大姐刘元和三个外甥女死于乱军之中。但是挫败只是暂时的，在得到援兵后他们随即攻下了宛城。绿林军推举了刘秀的一位族兄刘玄称帝，就是所谓的更始皇帝。

在消灭王莽的过程中，刘秀的功劳最大。地皇四年（更始元年，公元23年），绿林军被困昆阳城，是刘秀带领13人突围出去，率领3万多援军回来将王莽的42万军队打得落花流水。昆阳一战，刘秀一夜成名。这年六月，刘氏兄弟因为屡立战功，遭到了当时的起义军领袖刘玄猜忌，刘縯被更始帝刘玄和拥戴他的绿林军将领斩杀。刘秀极为震惊，为了保存实力，强忍着悲痛赶到宛城，向更始帝刘玄谢罪。回到宛城后，刘秀不表昆阳之功，亦不与刘縯部属私下接触，同时不为刘縯服丧，饮食、言笑一如往常。也就在这时，刘秀终于达成了他多年的心愿，在宛城迎娶阴丽华为妻。此时，刘秀已经29岁，阴丽华19岁。在这段前途暗淡、生死未卜的日子里，刘秀更是见识到了这个女人的坚韧和忠贞，他们的感情进一步加深。

刘秀的忍耐使家族得到了生存的机会。不久，他被更始帝封为武信侯，但是军权却被剥夺了。

同年九月，王莽被义军斩首，新朝覆灭。得到消息的更始帝刘玄心花怒放，准备先迁都洛阳，并封刘秀为"行司隶校尉"，为自己打前站。此时，王莽政权刚刚灭亡，一片混乱的洛阳城里，谁也不知道会有怎样的危险在潜伏。更何况刘秀此时没有兵权，仅仅带着1200名军士去洛阳，如果真遇到了危险，那是只有死路一条的。刘玄作出这个决定，其实就是再次对刘秀起了杀心。

刘秀知道，即使自己能逃过此劫把洛阳清理好，自认为坐定天下的刘玄也可能像对待哥哥一样对待自己。因此，在前往洛阳的前夕，刘秀不顾阴丽华的反对，强令将她送回了新野娘家。刘秀之所以要将阴丽华送回娘家，而不是让她和自己一同去洛阳，理由很简单：他已经做好了最坏的打算，万一死在刘玄的手上，即使刘家被抄灭，远在新野的阴丽华也能够逃过此劫。

于是，满怀眷恋不舍和对丈夫前途生死的恐惧。阴丽华在亲兵护送下，离开刘秀返回新野。

在去往洛阳的路上，刘秀经过父城。在父城很有影响力的冯异听说刘秀经过，非常高兴，亲自打开城门热情相迎，不但向刘秀推荐了诸多人才，还主动表示自己愿意接受刘秀的统领。刘秀收编了冯异的军队，在父城短暂停留之后，刘秀来到了洛阳。在冯异的协助下，他很快就将一片混乱的洛阳城恢复了正常的秩序，并且修复了官署和宫室，派人向宛城的更始帝刘玄回报。得到消息的刘玄虽然懊恼刘秀居然没死，但是对自己能进京登基却不免喜出望外，很快就选了个黄道吉日"迁都"洛阳了。

更始政权由宛城迁都到洛阳，当时刘秀的职位是司隶校尉，负责维持京城上下治安。不久后，他又兼任大司马之职，被派到河北去平定农民起义军。此后，刘秀逐渐建立起自己的武装，展开独立的军事活动与政治活动。

就在此时，刘秀的另一位皇后，郭圣通出场了。说起郭圣通，先要来说说她的舅舅西汉末年的真定王刘扬，他的军事势力在当时也不可小觑，坐拥十万大军。而刘秀要想击败在河北的主要障碍王郎，就必须要和当地的武装势力合作。在昌城投靠刘秀的刘植愿意以同宗的名义，前去游说刘扬，让他与刘秀联合作战。而刘植带回来的消息却是刘扬对刘秀的才干非常钦佩，愿意主动归附，但是条件是要跟刘秀联姻。最终刘秀同意迎娶刘扬的外甥女郭圣通加强双方的互信。政治联姻本来就是利益需要，也只是刘秀扩大实力必行的一个手段，但这件事却改变了原配阴丽华的一生。

与真定的这场联姻确实也给刘秀带来了不小的收益，虽然真定军的加入并没有大幅提高刘秀军队的战斗力，但刘秀和王郎的力量对比发生了微妙的变化，不少城池也受到刘扬归附刘秀以及刘秀与真定联姻的影响而改变了原先的立场，使得刘秀得以顺利拿下这些地方，战场形势继续朝着有利于刘秀的方面转化。其后，上谷、渔阳两郡突骑投刘秀，给予刘秀对抗王郎的决定性力量，加之更始帝尚书令谢躬的军队配合，经过连场激战终于攻克邯郸，消灭了王郎政权。

之后，刘秀继续平定河北的征程，发幽州兵，成功击败并收编了以铜马军为主的大量河北农民军部队，使军力增至数十万。这些被收编的农民军部队成为刘秀军队的主要组成部分，刘秀本人也因此得到了"铜马帝"的称号。在与各部农民军作战的同时，刘秀也将谢躬等更始帝在河北的势力顺利剪除。此后，刘秀继续转战平定河北各地，终于形成了"跨州据土，带甲百万"的庞大势力，也有了称帝的雄厚资本。

更始三年(公元25年)六月,刘秀称帝,年号建武。同年剿灭更始帝刘玄,并建都洛阳。随后,刘秀做的第一件事,就是派侍中傅俊前往新野迎接阴丽华。阴丽华到来不久,刘秀便封其为贵人,与郭圣通相同。又更封其兄阴识阴乡侯,使阴丽华的娘家在建武政权的爵位高于郭圣通娘家。

这一年对郭圣通而言也是不平常的一年,丈夫称帝,自己也生下了刘秀的第一个儿子刘强,可谓风光无限;但自己的舅舅刘扬不满刘秀食言和骗婚的劣行,起兵造反,被刘秀的大将耿纯击败而死,自己痛失娘家最有力的靠山,更恍然明白自己原来只不过是舅父谋反的工具。虽然丈夫没有追究郭氏家族,但她的处境也是十分不利的。

郭圣通作为连接真定王室与刘秀之间的桥梁,在刘秀建国过程中,起到了一定的作用,并且一直伴驾左右。而郭氏家族也并没有参与刘扬谋反,仍然有从龙之功。东汉初年的功臣宿将,除了少数几人在刘秀去河北之前便跟从他,均是刘秀离开洛阳之后,从各地慕名追随而去的,只知皇帝身边有一位身世显赫的郭圣通,而不大清楚原配阴丽华。

最重要的是,郭氏有子,对于拼上全家性命跟着刘秀打天下的群臣来说,继承人才是保障王朝传承,保住胜利果实最重要最有实际价值的东西,他们不太可能因为阴丽华是原配就支持她当皇后。

按理说,刘扬的叛变,帮助刘秀解决了一个大难题,他觉得自己终于可以理直气壮地立阴丽华为皇后了。这时候,阴丽华的皇后就名正言顺了,可是阴丽华却拒绝了。为什么呢? 原来三年前被迫离开刘秀的时候,阴丽华最大的失落,就是自己居然没有为丈夫孕育一个孩子,就眼巴巴地看着他去赴生死之险,万一他死在了战乱之中,那他不是连一丝血脉都留不下来了吗?

汉代襦裙

在阴丽华的坚持和刘秀对全局的考虑下,建武二年(公元26年)六月,郭圣通成为东汉王朝第一任皇后;她所生的儿子刘强,成为第一任皇太子。

当封后拜天的仪式结束,刘秀和盛装的郭圣通返回内宫的时候,阴丽华按照妾室的礼仪，向丈夫和正妻行三跪九叩的大礼。这是国家制度，刘秀没有办法制止，但是和郭圣通一起端坐上方的他，只觉得难堪无比、如坐针毡。而郭圣通眼看丈夫心神不定的样子，刚刚成为皇后的喜悦也冷了半截。

从此以后，刘秀在两个女人中间，过起了他从前做梦也没有设想过的"幸福生活"，享起了他压根就不想要的"齐人之福"。但是他心里对阴丽华的愧疚却越来越深，每当他看见阴丽华坦然地向郭圣通跪拜请安的时候，就更不是滋味，难受得够呛。

而此时东汉王朝的天下还没有完全平定，刘秀经常要率军出战。而自己离开之后，阴丽华少了自己的照顾，面对嫡妻会是怎样的场面？刘秀简直不敢想象。于是，他所能想出来的唯一办法，就是每当自己离开洛阳统兵出征的时候，把阴丽华也带走，尽可能地不让她与郭圣通单独相处，尽可能地减少她向郭圣通自称姬妾的机会。

建武四年（公元28年）五月，就在刘秀征讨彭宠的战役中间，阴丽华在元氏县中军帐里，生下了她和刘秀的第一个孩子：未来的汉明帝刘庄。

刘秀也仍然没有忘记郭圣通，他对郭圣通仍然有一定的感情。此后，郭圣通也陆续为刘秀生育了不少孩子，除了刘强，后来还有刘辅、刘康、刘延、刘焉，一共五个儿子。

不过，即使在生儿育女方面，刘秀似乎也不情愿让阴丽华输给郭圣通。阴丽华也同样为刘秀生下了五个儿子：刘庄、刘苍、刘荆、刘衡、刘京，以及若干个女儿。

如果说，刚开始的时候，郭圣通对阴丽华的姐妹情谊还满怀感激，但随着时间慢慢推移，她的心情却在慢慢地转变。尤其是当阴丽华生下儿子、而且是一大群儿子之后，郭圣通的心思更是急剧地转变。这时候，阴丽华的母亲去世了，家人也被盗贼杀害了一些，刘秀为了安慰阴丽华颁发了一份诏书。在诏书中，对阴丽华大加赞扬，当然说的也都是事实，并且很明白地说郭圣通的后位是阴丽华让的。

这道诏书对阴丽华是安慰，对郭圣通，却是一个刺激。刘秀在为阴丽华哀伤，而郭圣通却在为自己哀伤。她怎么都想不通，相貌年华都不如自己的阴丽华，为什么能在丈夫眼里那么的重要，自己10年的努力，依然不能真正取代阴丽华在丈夫心目中的地位。

建武九年（公元33年），郭皇后已经完全失宠，被刘秀疏远。尚书令

申屠刚在任期间多次谏言让郭圣通所生的太子刘强就东宫，却被刘秀拒绝，并最终把申屠刚贬黜出京。

建武十三年（公元 37 年），蜀地平定后，刘秀大封功臣外戚，但其中却不包括郭圣通的外戚族人，其弟郭况直到建武十四年（公元 38 年），才升任城门校尉。建武十五年（公元 39 年），阴氏和刘秀的母族樊氏增封，却没有包括郭圣通的弟弟郭况。而刘秀封皇子为公，阴丽华的长子刘阳封东海公，东海国据 23 县，为诸子之中最大的。郭圣通因为日渐失宠，她的外戚也始终不像阴家兄弟那样受到刘秀的亲信和重用，因此越来越对刘秀感到怨恨和不满。

建武十七年（公元 41 年），也就是在天下平定四年之后，光武帝决定废皇后郭圣通，立贵人阴丽华为后。刘秀认为她心怀怨恨，对她性情的评价是像"鹰鹯"、无后妃之德，认为她在自己死后不会善待阴丽华母子；而阴丽华是原配，与自己情深意重，应该侍奉宗庙，居国母之位。因此在国家政局稳定之后，便开始行废立之事。西汉废后之后立新后，间隔少则半年，多则两年，但因郭圣通生有五个嫡子，郭圣通被废之后，刘强仍然可以以长子身份合法居于太子位之上。为了解决这个问题，刘秀将废立皇后同时进行，并强调因皇后失德而导致中宫异位，进而致使国本动摇，是异常之事，不是国家之福，因此不得庆祝，将废后引起的政治动荡减到了最小。

郭圣通因过失远远小于前代废后，在被废之后即被封为中山王太后，移居皇宫北宫居住。刘秀给了郭氏一个"王太后"的身份而不是将她废为庶人，并且给其娘家诸人封侯，赏赐他们大批金钱，亲自莅临郭府，后来又给郭圣通的儿子们增封。一来，郭氏家族在刘秀即位之初有从龙之功，身为外戚谨慎小心十余年，郭圣通也诞育皇家子嗣，对皇室宗族有功，行为上并无严重过失，刘秀是历史上著名的善待功臣、心胸宽广之人，甚至自己杀兄仇人更始帝的三个儿子都册封为侯，自然会对郭圣通和郭家格外厚遇；二来他接受了太子的老师郅恽的进谏，尽量减少废后异储的负面影响，做到"无令天下有议社稷"。

诏书一下，导致郭圣通所生的长子刘强一下子由嫡长子变成了庶长子，而刘庄则由庶子变成了嫡长子。此时嫡庶异位，他在太子位上便名不正言不顺了。刘强因此十分不安，听从了郅恽的建议，多次上书表示要让出太子之位。

刘秀的废后诏书终结了郭圣通无名的怒火。她终于发现自己彻底地失去了曾经拥有过的一切。自己曾经最害怕的事情，终于降临到了自己的头上。她几乎可以预见，接下来就是冷宫、举族流放、母子一起死于非命。这样的记录，在她的母亲出身的西汉皇家几乎是家常便饭。刘秀与阴丽华、郭圣通之间的特殊关系，东汉王朝的开国元老以及文武百官们都十分清楚，面对如今这样的局面，他们都无话可说。就在郭圣通惶恐不安的时候，刘秀的又一道诏书来到了她的面前。她原以为这一定是贬居冷宫甚至逼令自杀的旨意了。

谁知道一切都完全出乎她的意料之外。刘强继续他的太子之位，郭氏所生的次子刘辅升为中山王，封地额外增加一郡——这一郡的收入，则是为郭圣通准备的生活费用，她由皇后改称"中山王太后"，和儿子一起生活。

建武十九年（公元43年），刘秀改立阴丽华的儿子刘庄为太子，前太子刘强退位为东海王。

建武二十八年（公元52年）六月，又发生了一件震动朝野的大事。更始之子寿光侯刘鲤怨恨刘盆子害死自己的父亲，于是通过郭圣通之子刘辅结交宾客，杀了刘盆子之兄故式侯刘恭。刘秀震怒，不顾郭圣通刚刚去世，下诏大捕诸王宾客，甚至造成一家三口伏尸于郭圣通灵堂的惨剧；并将刘辅下诏狱三日，受牵连而死的多达数千人。

同年八月，郭圣通的前四子刘强、刘辅、刘康、刘延和许美人之子刘英皆就国，阴丽华诸子都留在洛阳，明帝即位后数年，才陆续就国。

东汉一朝，阴氏一门四侯（有五侯之说）、牧守数十，从地方富户一跃成为东汉著名政治家族。

建武中元二年（公元57年），刘秀驾崩。汉明帝刘庄即位后，对阴氏、郭氏的族人一视同仁。当时在京师洛阳，郭氏家族与樊氏、阴氏、马氏，并称为"四姓小侯"。并且，明帝让郭圣通最小的儿子刘焉可以得以往来于京师。就连到了章帝时代，身为阴丽华嫡系子孙的汉章帝还亲自到郭氏家中，大会郭氏族人，君臣非常和睦。阴氏黯然地做了16年的贵人，也就是"妾"的地位，但仍能如此不偏不倚地厚待郭氏一族，一则是因为虽然为妾多年，却一直备受宠爱，没有受什么委屈；二来，她身为管仲后人，注重家风品行之外，并且还与她自身的品性有极大的关系。因为刘秀、阴丽华和刘庄

东汉女性服饰

用理性、平和、宽容的态度对待废后易储，也让东汉后来的三位废太子皆得以保全，甚至汉顺帝刘保被废太子后又重新登上帝位。

刘庄即位后，尊皇后阴丽华为皇太后。阴丽华作为东汉开基之后，在政治上是没有建树的。唯一做过的一件政治大事就是帮助刘庄册立开国功臣马援的小女儿为后，也就是被尊为中国历史上贤后典范的东汉明德皇后。

阴丽华的五个儿子，除了刘衡早死之外，刘庄是开创明章之治的明君，刘苍是传颂千古的贤王，但也有不让她省心的儿子——刘荆。刘秀驾崩后，刘荆便伪造郭况给刘强的信函，鼓动刘强谋反。刘强因恐惧直接将送信之人和书信封起，上交给明帝。明帝是眼中不揉沙子的个性，很快查明是刘荆所为，于是将刘荆贬为广陵王，遣就国。因为是同母弟，对其格外优容，刘荆三番四次意图造反，刘庄都不加追究，仅仅下诏不得臣属吏人了事，甚至连食租都不减。阴丽华去世三年后，刘荆用巫妖诅咒，被检举后自杀。

阴丽华的弟弟阴就因为受姐姐、姐夫宠爱而骄纵非常。在永平朝担任少府之职，车驾曾经冲撞禁卫，车府令徐匡收捕驾车人，反而获罪，刘庄虽然赦免了徐匡，但仍然把他降职。有一次刘苍在正月朔旦入宫朝贺，少府应该依照旧例给璧，阴就竟然不给，后来刘苍的属官朱晖把璧骗到手拿走了。

由于阴就骄横，其子阴丰脾气狷急，娶了郦邑公主。有一次小两口吵架，阴丰杀死了公主。阴丰被处死，阴就夫妻身为父母应当连坐，两人因此自杀，他的封国新阳侯国被取消。刘庄因阴氏为皇帝舅氏，格外优容，不对其一门加以极刑。

刘荆屡屡生事，以及阴就家出事，也许是阴丽华在晚年遭遇的最大不幸。

永平七年正月二十日（公元 64 年 3 月 1 日），在后位 24 年之久的阴丽华崩逝，享年 60 岁，谥号"光烈"。二月初八，与刘秀合葬原陵，葬礼极为隆重。阴丽华是中国历史上皇后谥号制度之第一人，自此以后皇后谥号为帝谥加上本谥成为历代定制，沿用至唐初，长达 600 年。

阴丽华与郭圣通都是东汉开国皇帝刘秀的皇后，一个是陪他走过峥嵘岁月，度过重重危机的初恋情人阴丽华；一个是因为政治联姻嫁给刘秀，在平定河北的过程中起到举足轻重作用的郭圣通。巍巍汉宫见证了两个女人在有意无意间关于爱情与权力的一场角逐。这两个女人，虽然一立一废，但她们都是中国后妃群中最幸运的人，即使是被废离异的郭圣通，也不例外：在同样离异的后妃中，她是唯一没有被囚入冷宫，没有母子俱丧，过得最自由的一个。

二、马明德深明大义，辅二帝母仪天下

马明德（？—公元 79 年），汉明帝刘庄皇后，也就是马皇后。伏波将军马援第三女。本名已经无从考证，后人以她的谥号——明德来称呼她。

俗话说，每个成功男人的身后都站着一个伟大的女人，但不是每个成功的帝王身后都有这样的贤后德妃在默默支持他。对于东汉的第二位皇帝——汉明帝来说，他很幸运地拥有这样一位皇后。

史书上关于这位皇后事迹的记载，就是那么几件，屈指可数，但这些就足以使她位列中国古代贤后之列，为后世人所景仰了。

马明德是个大美女。马援是马明德的父亲，史载马援"明须发，眉目如画"，是个地道的美男子，看来，这马明德倒是遗传了父亲的优良基因。可是，历史告诉我们，马明德能当上皇后，起决定作用的不是她的相貌，而是其内在品质。

马明德能够入宫并当上皇后，与其父伏波将军马援之死有关。

马援是一个能征善战的将领，东汉开国名将之一。"丈夫为志，穷当益坚，老当益壮""男儿当死于边野，以马革裹尸还葬"等流芳千古的名句皆出自他之口。可是，此人有一个致命的缺点，就是为人太实在，不会圆滑处世，因此得罪了不少人。这也为后来马家衰败及马明德入宫奠定了基础。

刘秀登基不久，马援被封为新息侯。一日，马援生病了，满朝文武赶紧到其府上探望，一个名叫梁松的人也去了。梁松虽然年轻，但身份却很显贵，乃堂堂驸马爷。他来到马援病榻前，客客气气地问了声好。若是个圆滑之人，见当朝驸马行礼，肯定得作受宠若惊状，诚惶诚恐地道谢，可马援眼皮都没抬，只是"嗯"了一声，无任何还礼之举。

梁松走后，马援的儿子问父亲："您为什么不能对梁松客气一点儿呢？好歹他也是……"不等儿子说完，马援将头一扬说："我可是跟梁松他爹平辈论交的，就算他身份比我高贵，他也是晚辈，你见过长辈给晚辈行礼的吗？"

梁松当众丢了面子，心里不免恨起这个倚老卖老的人。事隔不久，马援写信教训侄儿，在信中，他把朝中大臣包括驸马爷评论了一番。不料，这封信落入他人手中，并被呈送皇帝，以证明朝臣杜季良与驸马梁松、窦固有不法勾当。刘秀见信大怒，立即把两个女婿召来痛骂了一顿。

梁松这次可是恨透了马援。但马援清正廉洁，并没有做违法之事。所以，在马援生前，梁松没敢轻举妄动。建武二十四年（公元48年），马援病死在出征途中。梁松闻讯立刻上书，称马援南征交趾的时候，趁乱掳掠一车民间珍宝，并私藏起来，罪大恶极，应受严惩。

这纯属栽赃陷害。马援当年奉刘秀旨意平定交趾时，确实带回一车东西，但车上装的是薏苡仁，而不是什么珍宝。可惜马援已逝，死无对证。于是，那些马援生前得罪的人便开始借此事添油加醋、煽风点火。光武帝刘秀一生英明，却在此时相信了小人的谗言，追缴马援的新息侯印绶，且不许他葬入祖坟。

马家顷刻衰败，马援的子女也从"功臣之后"变成了"罪臣之后"。马援夫人蔺氏经此灾劫，变得精神失常，未能持家。家事皆由年仅10岁的马三小姐马明德操持。马援侄儿马严等人见叔父家的破败，建议送三位小姐进宫以求重振家声。在蔺夫人默许下，三名女儿被

马明德

送进宫。

　　光武帝刘秀念及马援生前的功劳，恩准了蔺氏的请求，从马援的三个女儿中选择了年纪合适的三女儿——马明德入太子宫。"明德"并不是这位马三小姐的闺名，其真正的闺名已经无从考证，因此就暂且以她的谥号——明德来称呼她。

　　据说，马明德小的时候，曾经患过一场重病，疾病缠绵很久也不得痊愈。其母蔺氏非常担忧，便请筮者来占卜。筮者答复说："这个女孩子，虽然满面病容，但是仍然掩不住贵重之气，她未来的大富贵是不能言传的。"听了这话，蔺氏半信半疑，又召来相士给所有的女儿们看相。给几位马小姐都看过之后，相士一言不发，最后看到了马明德，相士大惊失色，说："我日后定要向这个小姑娘俯首称臣，这个女孩是大富大贵之人啊。"听到这里，蔺氏大喜。

　　马援去世的时候，马明德只有 10 岁。祸不单行，就在父亲去世不久，马家的两个儿子马客卿、马惠敏也先后早夭。迭遭打击的蔺氏因悲伤过度而精神失常，状况时好时坏，根本处理不了家里的事情。为了给母亲分忧解难，马明德就开始处理家务，她待人接物、内外咨禀，如同大人一样，把一切处理得井井有条，左邻右舍无不惊叹。

　　小小年纪就如此干练，马明德的聪明才智自然非同一般。于是，她初入宫门，便被刘庄之母——皇后阴丽华慧眼相中，就和刘秀商量，让她入了太子宫中。

　　这一决定出乎很多权贵的意料，而对于马家来说却是个天大的意外惊喜。更出人意料的是，马明德一入太子宫，便得到了皇后阴丽华的格外照顾。阴皇后非常欣赏马明德的斯文有礼、品貌端庄、孝顺温和，经常对其赞不绝口。马明德的品行也得到了未来皇帝刘庄的喜爱。马明德第一次出现在太子面前时，太子 32 岁。刘庄对马氏的宠爱超过了其他的嫔妃，甚至为了能天天看到她，让她住在自己寝宫的后室。

　　虽然刘庄对马明德几近专宠，可是多年夫妻，马明德始终没有生育一男半女。这不但令刘庄着急，更令马明德感到担忧。

　　建武中元二年（公元 57 年）二月，光武帝刘秀驾崩，时年 30 岁的太子刘庄继位，马明德被册封为仅次于皇后级别的"贵人"。为什么封她为贵人而不是直接立为皇后呢？这是因为马明德尚未生下一男半女，刘庄有

意立她为后，可是担心育有皇子的嫔妃反对，就借口为父守制，闭口不谈立后之事。

新皇即位后，一些王公大臣们纷纷将自己的女儿送进宫中，期盼着能够借此成为皇亲国戚。在这些新入宫的女子中，有一位贾氏，容貌不俗，被刘庄所召幸，不久便为刘庄生下了皇子——刘炟。虽然贾氏为自己生下了儿子，但刘庄依旧宠爱马明德。刘庄见马明德盼子心切，常独自垂泪，很是心疼。为了安慰爱人，就依例将生育了皇子的贾氏晋封为贵人之后，也把贾氏所生的儿子刘炟交给了马明德抚养，并宽慰她说："人未必当自生子，但患爱养不至耳。"大意是说，这世上并不是每个人都能够生育孩子，只要用慈爱之心去养育，别人的孩子一样会成为孝顺你的好孩子。

马明德感谢丈夫对自己不孕的体谅，悉心抚养这个孩子，对他的关怀无微不至，虽然她的宫中婢仆成群，她仍然事事亲力亲为，以至于劳累憔悴。马明德在这个孩子身上所付出的母爱，远远超过宫中其他妃嫔养育亲生孩子的付出。

刘炟也从小亲近自己的养母。马明德和刘炟虽然名为养母养子，实际上却比许多亲生的母子还要亲近，彼此间毫无芥蒂。由于刘庄对马明德的宠爱，他希望能让马明德成为自己的皇后。但是马明德毕竟没有亲生儿女，贸然立为皇后容易引起其他育有亲生儿子的妃嫔家族的非议反对。于是，在继位为帝三年的时间里，刘庄都没有册立正式的皇后。

永平三年（公元60年）春，刘庄为父守制的时间也满了，再不立皇后可说不过去了。后宫之事不仅仅是皇帝的私事，也是国家的大事。于是有关部门的人员便上奏明帝，要求册立皇后。这时的汉明帝后宫中，生育了皇子的嫔妃至少有三人，除了贾贵人，还有两位嫔妃生育了千乘哀王刘建和陈敬王刘羡。除此之外，宫中还有一位阴贵人。虽然她此时尚未生育皇子，但她是皇太后阴丽华家族的女子，与刘庄是表兄妹之亲。从理论上来说，她们都比未育的马明德有资格当皇后。可刘庄心里的皇后人选只有一个，那就是他最钟爱的马贵人。刘庄为此寝食难安。皇太后阴丽华适时地站出来，她一直就非常喜欢马明德的才学品行，觉得在后宫中只有马明德适合做皇后，于是下诏说："马贵人德冠后宫，宜立为后。"同年二月，马明德被册立为皇后，她的养子刘炟同时被册立为皇太子。

马皇后没有忘记她的父亲马援遭人排挤的教训，她虽然做了六宫之主，但她还是像以前那样谦虚谨慎、平易近人，一点儿也没有皇后的架子。马皇后生活俭朴，日常里穿的是粗帛衣裙，不喜穿大红大绿艳丽颜色的衣服，不佩戴珠光宝气的饰物。除非有重大的、需要她出面的典礼仪式，她才会穿戴皇后的礼服和配饰。那些每天忙着争奇斗艳的后宫嫔妃们不知底细，以为皇后穿的是什么新款名贵的绮罗，及趋前一看，无不惊呆，她们都认为皇后穿得太寒酸了，马皇后笑着对她们说："可别小看这粗帛衣料，质地不坏，穿上也很舒服，染上颜色，也不容易掉色，经久耐穿。"马明德深知骄奢之风不可长，遂以身作则，给皇族公卿做表率。嫔妃们无不赞叹，纷纷以马明德为榜样，厉行节约，减少了很多不必要的宫廷开支。

汉明帝刚即位的时候还很年轻，喜欢四处游玩，马皇后则总是好言好语地劝告他，希望他能够专心政事。有一次，明帝去一个花园赏花，把自己所有的妃子都带去了。唯独马皇后没有来。那些妃子平时都很敬重马皇后，这时见她没来，就纷纷请求派人去请她。明帝却摇了摇头说："还是不要叫她了，她不喜欢游玩。即使来了，她也不会高兴的。"就因为马皇后一直在明帝身边督促他，所以明帝游玩的时间就少多了。

马明德喜欢读书，并且涉猎范围极广，《易经》《楚辞》《春秋》以及董仲舒深奥的著作，她都钻研过。一次，明帝就想测试一下她的品行和才学，就把一些大臣们的奏章拿来给马皇后看，询问她意见。马皇后仔仔细细地看过奏章以后，果然一条一条清清楚楚地列出了各种事情的处理办法。明帝见了非常佩服，此后，凡是在朝廷上遇到了难以解决的事情时，明帝就会回来和马皇后商量，听取她的意见。但是，在讲明了自己的意见后，马皇后还是让汉明帝自己作决定，遵循着后宫不能干预朝政的祖制。

汉明帝在位期间，在马皇后的辅佐下兢兢业业地管理着国家大事。永平十八年（公元75年）八月，汉明帝驾崩，太子刘炟即位，是为汉章帝。马明德荣升皇太后。

为表达对养母的感恩之

龙川汉墓出土的陶屋

情，刘炟一即位，便想封马明德的三个兄弟为侯，但却遭到了马明德的婉言谢绝。一些善于溜须拍马的大臣认为，皇太后拒绝加封娘家人，不过是做官样文章。凑巧的是，第二年夏天，东汉发生了旱灾，这些大臣立即上奏汉章帝，声称大旱是因为马家未受封赏上天不满所致，要缓解旱情，一定要加封马太后的家人才行。汉章帝心里清楚这是胡说八道，但因晋升舅舅的提议正中他下怀，便打算采纳此建议。

马明德知道后，一向随和的她也发怒了，立即下了一道措辞严厉的懿旨，大意是说：天降大旱，跟太后家族封不封爵有什么关系？凡是提出要给外戚封爵的人，都是想献媚于我和皇帝，想从中捞取好处……前几天，我路过我娘家所在的濯龙门一带，看见从各地前来给我娘家人请安的络绎不绝，车如流水，马如游龙。我娘家的奴仆都穿得十分光鲜、整齐，相比之下，我这个太后的侍从可差远了。为了惩戒他们，我削减了这些人的俸禄，希望他们能有所悔悟，谁料他们竟不思悔改，难道是想让大汉覆亡吗？

马明德再次谢绝了汉章帝对马氏家族的封赏，同时也为后世留下了一则成语：车水马龙。

在马明德的影响下，东汉国力在汉章帝时期趋于繁盛。《续烈女传》中称赞马明德"在家则可为众女师范，在国则可为母后表仪"，所言极是。

建初四年（公元79年），马太后在洛阳逝世，谥号"明德皇后"，与汉孝明皇帝刘庄合葬于邙山之上的显节陵。

在历朝历代中，都是母以子贵，后宫中无子却居于后位而不被倾覆者可谓凤毛麟角，非大智大爱者不能居之。马皇后一生节俭、朴素、谦逊、知书达理、深明大义，她的所作所为，对明帝、章帝两朝的政治都有着积极的影响，因此也赢得了世人的赞誉。

三、窦皇后辣手除敌，霸后宫多行不义

1. 入宫为后

西汉末年的王莽复古改制，在农民大起义的浪涛中彻底失败了。不久，在南阳起兵的汉室皇族后裔刘秀，乘机壮大了实力，并打败了起义军和各地割据势力，于公元25年在高邑（今河北高邑）称帝，重建刘汉政权，史称东汉。东汉初年，战事平息，于西汉末年遭受严重破坏的社会经济，又有了较大程度的恢复和发展。然而，豪强地主势力也随之不断发展，成

为操纵东汉政权的一支强大力量。豪强势力的急剧上升，不仅造成了豪强地主和广大农民的尖锐对立，同时，也促使统治阶级内部争权夺利的斗争更加激烈起来，因而便出现了东汉前中期以后外戚、宦官争夺政权的斗争。汉章帝刘炟正是在这样的一种社会大环境下登基称帝的。同历史上的大多数封建帝王相似，章帝也是一个好色之徒，登基不久，便下诏征选天下美女，以充后宫，供其享用。在他征选的佳丽中，就有后来为他所宠幸，成为皇后、皇太后的窦氏。

窦氏出身于东汉著名的官僚兼外戚世家。祖籍扶风平陵。她的祖父窦融，是佐助汉光武帝刘秀"中兴汉室"的名臣，为名列云台的 28 员大将之一，曾官拜大司空，封安丰侯。因窦融功勋卓著，光武帝刘秀便把自己的女儿内黄公主许配给他的长子窦穆为妻。后来，窦融的长孙窦勋又娶东海王刘强的女儿沘阳公主为妻。当时，窦氏一门已是"一公、二侯、三公主、四二千石"，显赫无比。在京都洛阳城北，华丽的住宅连成一片，几占洛阳城半。宅内车马无数，婢奴成群。窦家成了外戚勋臣中的"大户"，无人可比。由于窦氏权倾朝野，富甲一方，其子孙中便有不少纨绔子弟，他们依仗父祖之荫，贪赃枉法，横行不羁。到汉明帝执政时，窦穆、窦勋父子双驸马，均因触犯刑律而被革职下狱，定为死罪。其余凡为郎官者，全被免职，赶出洛阳城。窦氏家道开始衰败。只有窦勋之妻沘阳公主因出身皇室，被恩准留居洛阳。这沘阳公主是后来汉章帝皇后窦氏的母亲。

窦氏家族陡然衰败，公爹和丈夫的惨死，对生性好强、胸怀大志的沘阳公主的打击相当沉重。伤痛之余，她又不甘心就这样由锦衣玉食的贵族沦为市井平民。她与驸马生有一双漂亮的女儿，她现在寄希望于女儿能帮她重振家威。她决心把如花似玉的一对女儿培养成人，送进皇宫，有朝一日成为六宫之主，光宗耀祖。沘阳公主这样想，也这样做了。她从此足不出户，闭门课女。

沘阳公主的两个女儿果不负母亲的期望，几年过后，不仅出落得亭亭玉立，美如天仙，而且知书达礼，才艺双全。尤其是姐姐，天性聪慧，更具才情，写一手好书法，邻人亲友，无不称奇。不久，窦家姐妹的芳名便传遍京城洛阳，也传入了皇宫。

永平十八年（公元 75 年），汉明帝病逝，太子刘炟继位，是为汉章帝。建初二年（公元 77 年），21 岁的汉帝章开始征召天下美女，以充后

东汉越窑青瓷绳索纹罐

宫。章帝听说这次被选入宫的美女中有沘阳公主的两个女儿，心中便格外留意。因为他在做太子时即已耳闻沘阳公主家有对才色俱佳的姊妹花。此时，他迫不及待地坐在御座上，等待一睹芳容。不一会儿，由黄门太监领进两位娉娉婷婷的少女，在章帝座前跪下。有人告诉章帝，此二女即是沘阳公主之女。章帝瞪大眼睛，上前仔细打量，心里感叹：果然名不虚传！二位少女花容月貌，光彩照人，尤其是姐姐，更是与众不同。她面容秀丽，举止端雅，更有一种自然成熟之美。章帝真是一见钟情，立即令人引她二人去拜见皇太后。太后见这二位佳人美貌不俗，也非常高兴。她知章帝早已有意，便让章帝册封二位为贵人，入宫伴寝。

姐姐大窦贵人入宫之后，很快便取得章帝的宠幸。在后宫之中，她"进上有序，风容甚盛"，压倒群芳，独占风流。她为了争得皇帝专宠，爬上六宫之主的宝座，深知不仅要献媚于皇帝，对颇有威望的马太后及身边的宫婢太监也得多加笼络。为此，她在生活上精心关照马太后，问寒问暖，礼尚有加，深得太后好感。对待身边宫人，她能做到八面玲珑，和颜悦色，从不喝骂训斥，因此，她在后宫中"人缘"极好。虽然窦贵人这样做，有她的目的，但另一方面也说明，无论是对谁而言，谦恭都是一种美德。

功夫不负有心人，大窦贵人入宫不足一年即建初三年（公元78年）三月，在宫中的一片赞誉声中，实现了她和她母亲沘阳公主的愿望，登上了皇后的宝座。

2. 铲除对手

章帝除了窦皇后外，还有几位贵人。两位宋贵人和两位梁贵人，都是姊妹俩。年纪大一些的宋贵人生了皇子叫刘庆，被立为太子，年纪小一些的梁贵人也生了一个皇子叫刘肇。

以前讲究"母凭子贵"，意思是说，母亲原来地位一般，但是因为生了儿子，便因此变得高贵起来了。

窦皇后虽然有皇上宠爱，却没有生育皇子，她便担心自己在宫中的地位。后来，她便把梁贵人的儿子刘肇过继给她，由她养育。可尽管如此，窦皇后还是觉得不放心。

因为宋贵人的儿子是太子，所以窦皇后最担心宋贵人会抢夺自己的位子。于是，在她的母亲沘阳公主的帮助下窦皇后设计陷害了宋贵人。她向章帝告发说："宋贵人心狠毒辣，为了让自己的儿子早日登上皇位，就请人用'厌胜'之术诅咒陛下和臣妾，还请皇上将其治罪。""厌胜"就是用诅咒的方法咒人患病遭灾，很迷信的，根本不可能。

没过多久，章帝就听从窦皇后的话，废了刘庆，立刘肇为太子。同时，还把两位宋贵人打入冷宫，并且派宦官去审问她们的罪行。姐妹俩不堪受辱，都服毒而死。

按理说，窦皇后应该满意了，但是她又担心，如果将来刘肇长大，知道自己是梁贵人所生。那么，他继承皇位之后，对自己以及窦氏一家都很不利。于是，窦皇后便多次在章帝面前讲梁贵人的坏话。一次两次，章帝也许不会在意，可时间一长，章帝就相信了窦皇后的话，慢慢疏远了两位梁贵人。不久，窦皇后的哥哥窦宪还派人写匿名信诬告梁贵人的父亲意图谋反，梁竦被下狱，最后死在狱中。梁贵人的家人则被流放到很远的地方，两位贵人家破人亡，无依无靠，不久就忧郁而终。

这样，在章帝的后宫之中，几乎没有人可以威胁到窦皇后的地位了。

3. 多行不义

窦氏临朝，自然大权在握，她开始提拔重用自己的兄弟子侄，掀开了东汉历史上外戚专权的一页。章帝在位时，还比较注意抑制外戚的权力，一般很少滥加封赏，对外戚中有犯科触律者，亦不姑息。比如，皇后的弟弟窦宪，得知明帝女儿沁水公主家有块肥田，便想强买，公主不敢得罪，只有忍气吞声，以最低廉的价典给了窦宪。许多人见了，都敢怒不敢言。只有当朝大司空看不过眼，斗胆上奏章帝，章帝听了非常生气。过了几天，章帝故意带窦宪外出巡游，当路过已换了界牌的沁水公主田园时，指问窦宪是怎么回事，窦宪吓得不敢言语。回到宫中，章帝严厉斥责了窦宪，若不是其姐窦皇后讲情，差一点将其下狱治罪。此后，章帝对窦宪日见疏远。所以说在章帝时期，窦氏兄弟并未得到高升。但章帝一死，窦太后掌权，情况就发生了根本性变化。窦太后害怕朝权落入外廷大臣之手，便立即为

和帝下诏，将自己的兄弟窦宪、窦笃等人统统提拔重用，委以要职。尽管有太傅邓彪执掌中枢，但实际大权已落入窦氏家族手中。凡朝报奏章，先由窦宪、窦笃阅后，报请太后批复，再交大臣执行。朝中官员们赏罚升降，也必经窦氏兄弟之手。

和帝永元二年（公元 90 年）七月，窦太后下诏，封窦宪为大将军，位在三公之上，封冠军侯，食邑两万户。窦笃及另外几个兄弟，亦全都封侯，食邑 6000 户，并分任执金吾、光禄勋等朝官要职。窦氏兄弟权倾朝野，刘氏王朝简直成了窦家天下。窦太后仍不满足，她把窦家的姻亲家属，统统拉入朝中，授予高官。如窦宪的三个叔父，窦宪的女婿及亲家等，都做了少尉、校尉等官职。就连窦家的奴仆侍卫也狗仗人势，耀武扬威，鱼肉乡里。位高权重的大将军窦宪竟然公开僭越，出门时使用皇帝的仪仗，一些献媚者还呼他"万岁"。朝臣为之侧目，但谁也不敢公开弹劾。

多行不义必自毙。窦氏外戚专权擅政，不仅引起了朝臣们的不满，也引起了 14 岁的和帝刘肇的警惕。他眼见几个舅父专权自恣，深知将来必为大患。所以，从永元四年（公元 92 年）开始，和帝便开始考虑并实施翦除专权的窦氏外戚的计划。和帝在心腹宦官郑众及哥哥、清河王刘庆的帮助下，瞒着太后，以迅雷不及掩耳之势在几天之内首先解除了窦宪的兵权，并将其逐出京师。同时，处置了窦氏的党徒爪牙。等窦太后知道了消息，已经晚了，窦氏集团已经被灭掉。太后又哭又骂，也都无济于事。她万万没有料到，当年争宠夺后位，所战必胜，今天竟然败在一个 14 岁的娃娃皇帝手中，不禁又气又恨，郁愤难平。不几日，便气得病倒床上。5 年后，即永元九年（公元 97 年），窦太后在清冷的后宫中，带着一腔怨恨和无奈，离开了人世。

四、邓太后临朝称制，苦经营终难善后

邓绥（公元 81—121 年），南阳新野人，东汉王朝著名的女政治家，东汉王朝第四代皇帝汉和帝的第二任皇后。邓绥系出名门，其祖父正是向光武帝刘秀进献了"图天下策"的东汉开国重臣、云台二十八将之首的太傅高密侯邓禹。

1. 二次走进大汉皇宫

史家不会轻易赞美一个人的外表，更不会给予什么溢美之词，然而，

《后汉书》却将两汉王朝所有后妃美貌的最美形容词，都毫无保留地给予了邓绥。

邓绥是东汉和帝的第二任皇后，天姿聪颖，性情柔婉。6岁就通读史书，12岁精通儒家经典《诗经》《论语》。邓绥格外重视教育，她首先是在宫中开办讲习，让宫人都增加学识。除了因渴望权力而错误地选择储君之外，作为一个政治家的邓绥是合格的，在她治理国家的近20年时间里，东汉王朝顺利地度过了天灾人祸不断的10年。

东汉和帝有过两任皇后，第一任皇后姓阴，邓绥是第二任。这一对皇族夫妻之间有着复杂的亲戚关系：光武帝刘秀的皇后是阴丽华，和帝的阴皇后就是阴丽华哥哥的曾孙女。而邓绥的母亲是阴丽华皇后的堂侄女。也就是说邓绥是小阴后的表姨妈。

汉和帝刘肇是章帝第四子，登基时只有10岁，家国大事都掌握在嫡母窦太后手里。不过，他14岁那年第一次选择后妃，却是由他自己决定的。皇帝选妃是一件大事，而窦太后却在这个关键时候失去了控制力，这还得从汉章帝说起。

章帝18岁时称帝，建初二年（公元77年），窦氏姐妹、梁氏姐妹同时被选入宫，和早已入宫的宋氏姐妹一起，成为章帝初年后宫中的六名贵人。窦氏家族在汉明帝刘庄时期，曾同时拥有一公、两侯、三公主、四位二千石大臣。窦氏姐妹以振兴家族为目的对章帝百般逢迎，终于在建初三年（公元78年），大窦氏被册立为皇后。

她和妹妹都没有生子，而宋大贵人生下的皇三子刘庆在建初四年（公元79年）被册立为太子。后来梁贵人生下了刘肇，窦皇后立即宣称刘肇是自己的儿子，然后借"生菟巫蛊"案陷害宋大贵人。建初七年（公元82年），宋贵人姐妹含冤自杀，小太子刘庆被废为清河王，窦皇后的养子刘肇当上了新任太子。次年，窦皇后暗中派人诬告梁贵人的父亲梁竦谋反。梁竦屈打成招，死在狱中，刘肇生母梁贵人姐妹双双毙命，梁家被尽数流放。

东汉酒樽

然而，长辈们的恩怨并没有影响到刘庆和新太子刘肇之间的兄弟情谊。章帝虽对宋贵人负心，但是并没有因此影响到他做刘庆的好父亲。他废了刘庆的太子位，但对于刘庆的成长仍然给予了相当的关注：刘庆仍然享有与太子一样的服饰、车马、宫室。章帝还特地要求他们出则同车，入则共帐，兄弟之间培养出了相当深厚的感情。公元88年，章帝去世，时年仅10岁的刘肇即位，窦皇后晋为皇太后，窦太后的兄弟窦宪得以把持朝政。

窦宪性情暴烈急躁，睚眦必报，动辄对人喊打喊杀。当初窦氏兄妹的父亲窦勋犯法，曾经被韩纡审判定罪，被汉明帝刘庄处斩。因为韩纡已故，窦宪竟派人将韩纡的儿子杀死去祭窦勋之墓。第二个倒大霉的是刘畅。刘畅是东汉王朝的长房侯爵，生得俊俏风流，能说会道。他奔章帝之丧进京与寡嫂窦太后见了面。这一见之后引得窦太后频频召见，两人言笑甚欢，眉来眼去。窦宪怕妹妹将权力交到新欢的手里，派出刺客将正在做鸳鸯梦的刘畅杀了。窦太后追查得知窦宪杀人的动机居然是太后宠信小叔子。她恼羞成怒，立即下令将窦宪幽禁。

窦宪知道闯了大祸，为求自保他请求出击匈奴立功赎罪。窦宪出征大获全胜，终结了延续数百年的汉匈之战，立下了大功，被封为大将军，食邑二万户。窦宪越发骄横跋扈。永元四年，窦宪权欲熏心：为了永保富贵，图谋叛逆。

14岁的和帝觉察了窦宪的不轨，便向异母哥哥、前废太子清河王刘庆求助。刘庆对窦太后一族恨之入骨，当然竭尽全力。在他的策划下，和帝于当年六月二十五日将窦氏家族一网擒拿。窦家败落，窦太后从此深居宫廷，再不敢过问和帝的任何事情，在孤寂和恐惧中度过了她的余生。永元九年，窦太后去世，和帝生母梁小贵人的堂兄梁禅上书，痛陈刘肇的真实身世。刘肇这才恍然大悟，为冤死14年的生母以礼改葬，谥"恭怀皇太后"，姨妈梁大贵人也同时雪冤，姐妹同葬西陵。同时也为清河王刘庆生母宋贵人平反。总算刘肇不忘多年养育之情，仍然上谥窦太后"章德太后"，合葬汉章帝敬陵。

14岁的刘肇除去了窦氏外戚，成了东汉王朝真正的皇帝。然后面临的即为选秀问题，这第一次选秀的两位入选者一位是小阴氏，另一位就是邓绥。

邓绥天姿聪颖，性情柔婉。她的祖母非常喜欢她，对她的一切起居都亲自过问,在她5岁之时,这位太傅夫人还亲自为她剪头发。由于老眼昏花,头发没剪出样子,倒把小孙女的额头给弄伤了。旁边看的人都替她疼,5岁的邓绥却一声不响,仍然全程配合,还显出一副欢喜的模样。事后,婢仆们都问这个孩子:"你难道不痛吗?"邓绥回答道:"怎么会不痛。但奶奶因为爱怜才为我剪发,我如果哭喊,就让奶奶为我伤心难过,我不愿让她伤心,所以才忍耐。"听到的人都为这个孩子的懂事而啧啧称奇,然而对比她的早慧,这只是区区小事而已。邓绥6岁就通读史书,12岁精通儒家经典《诗经》《论语》,她一心读书求学,和兄长们对答,常将饱学的哥哥们都难倒。

由于邓绥聪慧好学,才华超群,家人都称她为"诸生"。父亲邓训更是对女儿异于其他女子的言谈举止暗自称奇,认为她将是儿女中最有前途的,事无巨细都与这个小女孩商量后再行。然而,就在邓绥中选即将入宫的前夕,邓训却一病不起,离开了人世。邓绥遭遇父丧,坚持要守孝尽哀,推迟了进宫的时间。

在三年守孝期间,邓绥严守儒家孝仪。按儒家礼仪,父母之丧是最严酷的"斩衰之丧",能够完全履行的多半有做超人的潜质。然而,邓绥作为一个13岁的少女,不但一丝不苟地完全履行了严酷的孝子礼,还有超额表现:整整三年居丧期间,她都按照周年之丧的规矩,早晚哭泣、不食盐菜。当三年丧满之时,邓绥已经憔悴不堪,连亲友都认不出她来。守孝期满,邓绥又过起了正常的生活。被三年丧期磨灭姿容的邓绥很快就恢复了她作为青春少女应有的绰约风姿。

转眼间又一次的妃嫔选聘开始了。大约就在这段时间,邓绥做了一个奇怪的梦,梦中她以手抚天,还抬头饮用青天上的钟乳。这奇异的梦境立刻引起邓家人的注意,占梦者曰:"昔日帝尧曾经梦见自己攀天而上,商汤也梦见登天而食,这都是千古帝王的先例。做这样的梦前途大吉大利难以言传。"一家人听了这样的回话,顿时喜出望外。为了更有把握,又找来相士专为邓绥看相。结果相士一见邓绥,当场目瞪口呆,连声道:"小姐生相乃是成汤之格,有主理天下之份!"

永元七年(公元95年),邓绥的名字再一次列在了入宫的名单上。然而,就在一家人满怀期待的时候,永元八年(公元96年)的二月,一个意外的消息传到了他们耳朵里:第一批被选入宫的阴贵人,被正式册立为皇后。原来，小阴氏以表妹之亲，又生得美貌聪慧、颇有学识书艺，很得和帝的喜爱，几乎专宠后宫，因此，和帝特地在第二批宫人入宫前夕，将心爱的小阴贵人册立为皇后。这消息令邓家人不知所措，好比被冷水浇过一样。带着家人的极高期望，永元八年冬，16岁的邓绥带着少许失落走进了大汉皇宫。

2. 登后位步步惊心

邓绥身高七尺二寸，姿态优雅，容颜姝丽，美色夺目，是后宫中当之无愧的第一美人，后宫女子在她面前都黯然失色。和帝心花怒放，立即将邓绥封为仅次于皇后的贵人，入住嘉德宫，二人更是如胶似漆。和帝发现邓绥不仅是美色无双，更有渊博的才学、柔顺守礼的性情，越发割舍不下。他将自己原本都给了表妹阴皇后的热情，逐渐地分转到了邓贵人的身上。

阴皇后当然立即就感觉到了丈夫的变化，她不能忍受和帝如此迅速地移情别恋。小阴氏入宫初期并没有限制和帝对其他宫人的亲近，也因此和帝与其他寻常宫人生下过许多儿女。小阴氏所不能接受的，恐怕是丈夫的心里真正地装了其他人。更何况丈夫的新欢出身高贵不亚于自己。邓绥成了小阴氏的劲敌。和帝似乎也觉得自己有些愧对表妹，在邓绥得宠后将小阴氏的父亲阴纲特别晋封为吴防侯。然而不幸的是，这只是他无法重燃旧情后的折价补偿，对于男女之情，他能够给予小阴氏的却是越来越少。到后来，皇后宫中甚至再也看不见和帝的影子。丈夫来得越少，小阴氏就越恨邓绥，一心只想找到邓绥的过失，动用皇后的权威处治她。

然而，邓绥不但对其他妃嫔都谦逊友善，就连宫中仆役下女，她都温和相对。后宫有好几个皇子都夭折了，邓绥表现得比和帝还要痛心。眼见阴皇后的妒恨一天比一天强烈。她当然知道邓绥多次向和帝推荐宫女的事情，而问题也正在这里：举荐宫女，这样露脸示好的事情，原本应该是皇后的分内工作，却都被邓绥代劳了，可偏偏邓绥严守礼法，从不轻言妄动，阴皇后找不到她任何行为上的纰漏。

一次，邓绥得了病，和帝为示宠爱，特地准许她的母亲和兄弟们进来探视，而且不限时日。这对于一入深宫便隔绝亲情的后宫女子来说，是天大的喜事，然而邓绥却立即敏锐地感觉到这特殊待遇背后可能会隐藏着的祸事，于是她婉言谢绝了，这不能不说她处处小心、深具心机。

每当宫中举行宴会的时候，所有的女人都不愿放过这个在皇帝面前展示美色的机会，她们都会巧加装扮，个个艳光四射、花枝招展。而邓绥在这种时候却总是衣着朴素，从不加多余的新奇妆容配饰，偶尔衣服颜色与阴皇后相同，她都要立即更换，不敢与皇后略有相似。

小阴氏娇小玲珑，邓绥为了表示谦恭，只要阴皇后在场，她就要竭力掩饰自己修长的身型，偻背弓腰，唯恐显得"高人一头"。和帝如果向后妃们询问什么事情，邓绥也绝不当众抢阴皇后的风头，一定要让阴皇后先发言。邓绥的楚楚可怜是如此明显，就连和帝都有些看不过去，叹息道："修德之劳，乃如是乎！"事实上，后妃之间即使有争宠妒恨的现象，也犯不着这样在形迹上表现出来，而邓绥如此小心谨慎的做法，更是只能用"过分"两个字来形容。看在和帝的眼里，效果当然只有一个：阴皇后恃嫡妻之势，欺凌了自己心爱的女人。于是阴皇后就是浑身长嘴也说不清了。

邓绥能够恪守孝仪，她的天性无疑是有些内向固执但又克己的。然而回想邓绥入宫前的占梦看相，不难想象，她其实是有备而来，带着整个邓氏家族的梦想入宫的。而她作为小阴皇后中表之亲的姨妈，从小玩在一起，打交道也不是一天两天了，和小阴氏彼此之间非常了解。因此，要让人相信她真是诚心诚意地奉事小阴皇后、把小阴氏看成是自己的主人，实在是比较难的事情。在后宫生活日久，她也由内向柔顺一步步向阴忍转变。

小阴氏越来越觉得，表姨妈是在以退为进，将自己一步步逼上绝路。每当邓绥按宫规前来进谒皇后之时，她简直恨不得将这位所谓的表姨妈撕成碎片。偏偏邓贵人的脸上永远平静如水，心思却又深不可测，小阴氏一点办法都没有。她不但恨邓绥，更恨透了刘肇。对于她来说，现在刘肇已经不再是当年的恩爱丈夫，而是一个被邓绥迷惑、随时都有可能废掉自己，将自己丢进万丈深渊的危险人物。

永元十三年（101 年），和帝刘肇忽然患病，甚至到了危殆的地步。小阴氏不但没有为丈夫伤心焦虑，反而认为老天长眼，要在自己还没被赶下皇

东汉釉陶虎子

后宝座之前，收走刘肇的性命了。她多年郁积的愤怒终于等到了发泄的机会，忍不住对自己的亲信密言："皇子年幼，我是皇后，大事自然都将掌握在我的手中。我一旦大权在握，就要对姓邓的大开杀戒，不让邓家再有一个人活在世上！"然而被妒恨烧红了眼睛的小阴氏没有想到，自己信任的贴身宫女，早已经成为邓绥的间谍。这一席话立即就被飞报到了邓绥的耳朵里。

邓绥其实早已知道皇帝假如不起，阴皇后就不会放过自己，她可能早已不止一次想过可怕的结局，但是当阴皇后的毒誓传入耳中时，她仍然被吓住了。于是，嘉德宫里一幕好戏就上演了。

邓绥在自己宫中众多侍从宫女的面前失声痛哭，对他们说："我竭尽全力侍奉皇后，仍然不能得到她的认可，如今竟获罪到这步田地。虽说女人没有为丈夫从死的义务，但是当年周公祈求替死周王，越姬也愿为丈夫替身。我决定效法古圣先贤，一来可以报答皇上的恩情，二来可以疏解宗族之祸，三来也不至于使皇后像当年吕雉那样制造'人彘'，损害阴家的名声。"说完，她就要当众喝下毒药自尽。嘉德宫里的宫女侍从，怎么肯、又怎么敢让主人在自己眼皮底下死掉。所有的人都拼了命地去阻止邓绥。正在又扯又拉乱成一锅粥的时候，一宫女假说皇上已经转危为安，眼看病愈有望了。邓绥自然也就立刻放下了手里的毒药。

次日，和帝果然痊愈。所有的事情，都被汇报给了和帝，阴皇后的毒辣和邓贵人的可怜，让和帝的精神大受刺激。他再也不顾虑什么旧情亲谊，终于下定了废后的决心。永元十四年四月，有人向皇帝告发说阴皇后与外祖母邓朱合谋巫蛊，对皇帝不利。消息当然得到了和帝的高度重视，他要严查到底。追查的结果是阴氏家族覆没，收缴了阴皇后的玺绶，并将她幽禁在冷宫"桐宫"中。做了七年皇后的小阴氏不能承受如此大的落差，不久在桐宫中死去。

所有的人都知道，下一位皇后肯定是邓绥无疑。然而两家人之间千丝万缕的联系，以及那场瞒不过明眼人的巫蛊之狱，不能不使自幼浸润在儒家教育中的邓绥矛盾重重，这所有的一切虽然是箭在弦上不得不发，但事过之后，她仍然认为自己在这样一场伤及亲眷的大狱之后正位中宫，无论如何也不是什么好名声。一向爱惜羽毛的邓绥为了不成为众矢之的、不让旁人非议自己，在阴氏被废后自称患上重病，避开众人的眼光，闭门不出。

然而和帝心意已决。当年十月辛卯，邓绥终于在她 21 岁的时候，登上了东汉王朝皇后的位置。

3. 开始女皇生涯

在邓绥做皇后前，各郡国都四处搜刮珍奇宝物向后宫进贡，宫中也以奢华为风尚，百姓不知为此遭了多少罪。邓绥一即后位，就下令取消进贡珍玩的陋习。当然，郡国向帝后进贡是一种必需的礼节，不能完全禁绝，于是她定下规矩，岁贡只收纸墨，其他不能入宫。和帝想要给邓绥的亲人加官晋爵，她也多次推辞，因此在和帝一朝，邓皇后的大哥邓骘只做了个小小的虎贲中郎将。

然而，永元十三年（101 年），那场几乎夺去性命的大病，已将和帝的健康摧毁。就在邓绥当皇后的第三年冬，和帝刘肇就驾崩于章德前殿，享年 26 周岁。24 岁的邓绥成了寡妇，也成了东汉王朝的又一位太后。

要做太后，第一个前提就是得有皇帝。然而此时的和帝后宫中并没有一个皇子的身影。朝中的大臣们都面面相觑，不知该如何是好。邓绥却向公卿们宣布了一个惊人的消息：和帝早有皇子，只是养在民间。原来，和帝前后有十余名皇子夭折，到后来他自己都开始疑心后宫中另有玄机，有人暗中加害自己的子嗣。但是猜测归猜测，深宫幽暗，怎样追查也查不出个所以然来。和帝终于放弃了追查。再有皇子降生就秘密抱出皇宫寄养民间。邓绥作为最清楚内情的人，立即派人从民间将皇子接回皇宫。

被接回来的皇子有两位，一个是 8 岁的刘胜，一个是刚满百日的刘隆。按照儒家"嫡长制"的继承法则，刘胜是当然的小皇帝。然而多年来一向表现得循规蹈矩、讲究儒家道义、淡泊名利的邓绥，在这个时候忽然变得让所有的人都不认识她了。

在邓绥看来，刘胜已经 8 岁，孩子这么大了，自己如何养得亲，只有襁褓中的刘隆，才有可能让自己像当年的马明德皇后那样，养出一个完全只认自己做母亲、认自己的家族做舅家的皇帝。于是，她做出了一个完全违背儒家和皇家习惯的决定：迎立少子刘隆为帝，8 岁的哥哥刘胜被封为平原王。即使这样，邓绥仍然觉得不放心。史书上这样形容邓绥的心思：太后以帝幼弱，远虑不虞。对于邓绥来说，"不虞"也许就是刘胜原本在情在理的即位之事。她不能让事情脱离自己的掌握。为了防止这样的意外，她要来一个双保险：万一刘隆当真又重蹈了十几个哥哥的覆辙，那么谁能

继位？难道能让刘胜补上？自己已经否认了他一次，他重新做上皇帝并成年掌权后，他和他的亲信以及外戚家族是绝对会大行报复的。延平元年（106年）三月，在举行了和帝的葬礼之后，和帝的四个兄弟：前废太子清河王刘庆、济北王刘寿、河间王刘开、常山王刘章，都要带着家眷返回各自的封国。然而就在他们打算起身的时候，邓太后宣布了一个让人们意外的命令：留下前废太子刘庆的长子、13岁的刘祜。

有了刘祜做后备，邓绥的第二道保险在四月也开始了：大哥邓骘提拔为上蔡侯、车骑将军、待遇等同三公，成为百官之长并掌管兵权；弟弟黄门侍郎邓悝则顶上大哥的空缺为虎贲中郎将，与大哥上下呼应；另两位兄弟邓弘、邓阊都晋封为侍中，成为文官中的首领级人物。

当初邓绥做皇后的时候，主动推辞兄长升官机会的举动到这里已经真相大白：那全是做出来蒙骗皇帝的假象而已。在她做皇后的时候还发生过这样一件事：和帝想要追封邓绥的父亲邓训，三公之一的司空陈宠坚决反对。当时邓绥表现得十分谦恭柔婉，毫无怨言，和帝也仍然坚持追封了邓训。照说事情就应该到此为止。谁知邓绥早已记恨，等到她成为太后，陈家就算是晦气罩了顶。陈宠倒是死得早，他的儿子陈忠却没法摆脱困境。在邓绥摄政期间，无论他如何尽忠职守，都得不到晋升的机会。

所有的准备都做足了，邓绥开始了自己名义上的太后、事实上的女皇生涯。话说回来，除了在选择储君的问题上有私心杂念之外，邓绥实在是勤政爱民的，她忧国忧民的程度，远远超过历史上绝大多数的男性君主。

六月初，37个郡与封国大雨成灾，邓绥当即颁布诏书，削减各种御用衣服车马、珍肴美味和各色奢靡富丽的用品。还下令除了供奉皇陵祠庙以外，不得使用精白米麦，自己以身作则，每日早晚只吃一次肉食。以往太官、汤官的固定费用每年将近二万万钱，也削减至数千万钱。各郡、各封国的贡物，都将数量削减一半以上。宫廷内部也开源节流：上林苑的猎鹰、猎犬全部卖掉；各地离宫、别馆所储存的存米、干粮、薪柴、木炭，也一律下令减少。六月二十一日，邓绥又再次下诏，遣散了部分宫人，多年来因为刑法严峻而被罚没入宫为奴婢的皇族成员一律免罪，成为自由的平民。

尽管邓绥久居深宫，却早已广泛留意民间的消息，因此在七月十五日她又颁布一道敕令，疾言厉色地对主管官员训斥道："近来水灾为患，然而各地官员为了粉饰太平，求取前途虚名，往往隐瞒灾情，报喜不报忧，明明是作物失收农田毁坏，报成垦田增加；明明是百姓流散，却报成是增加户口；隐瞒辖区内的重大犯罪，使不法之徒得不到惩处；不按规定任免官吏，举荐名不副实的'人才'。最终将这些祸害转嫁在百姓身上。而你们这些京官却与地方官员互相包庇勾结，既不知畏天更不知愧疚于人。从现在起，对不法官员的惩罚将加重。你们这些二千石高官必须认真核查百姓所受的伤害，免除他们的赋税。"

在管理宫内事务方面，她也展现出了自己的聪明才智。据说，和帝刚去世的时候，宫中丢失了一篚大珍珠，邓太后认为如果拷打追逼定然会有冤屈，因此特地将有嫌疑的宫人都召到面前来讯问，同时察言观色，果然水落石出。和帝有一个男宠名叫吉成，因和帝最为宠爱，早已招得其他男宠切齿妒恨，于是他们趁着和帝去世的机会，共同诬蔑吉成要对皇帝之死负责，说他行了巫蛊之事。吉成被掖庭拷问之后，果然俯首认罪，证据分明。结果邓绥却起了疑心，认为吉成对和帝一向忠诚，此事不合情理，坚持要亲自核实。终于还了吉成一个清白。后来她还亲自到洛阳寺察勘有无冤狱，一个死囚临去时张口欲言的瞬间就被她看在了眼里，并立即追查出确实是一桩被拷打出来的冤案。

4. 一生辛劳未得善终

就在邓绥施展才华整顿国家和内务的同时，意外发生了。八月初六小皇帝刘隆夭折了。文武众臣都认为应该让8岁的刘胜继承皇位。邓绥却在初八深夜，用已封王的皇子才能坐的青盖车将刘祜接进宫中。第二天，翘首等待刘胜出现的百官没有料到，被仪仗引导上殿的居然是清河王的儿子刘祜。邓绥随即又撰写了册立皇帝的诏命当场宣读。宣布由这位清河王子登上皇帝宝座、邓太后仍临朝摄政。

永初元年（107年），大长秋郑众和中常侍蔡伦两人时常仗势干预朝政。三公之一的周章对此非常不满，几次直言进谏。然而邓太后都不予理睬。周章也明白，邓太后是利用他们来干预一些令她不满的朝臣决议的。周章想起易储的旧恨，越发怒不可遏。于是他开始暗中联络官员，密谋发动政变，拥立平原王刘胜为皇帝。这场政变还未能开始就被扑灭了。周章被迫自杀，被牵连的人数不胜数。

然而令邓绥始料未及的是，随着年龄的增长，她一心保举登基的过继儿子刘祜却越来越不听话，她一心提防的刘胜反倒在永初七年，没有留下子嗣就死去了，年仅 15 岁。邓绥当初甘冒奇险，坚持不立刘胜，无非就是怕他成人后与自己这个嫡母生分，不能让自己和家族永掌大权。可惜的是万万没有料到，刘胜会早离人世。邓太后回想往事，懊悔失落之情溢于言表。于是她开始用另一种方法来弥补自己的庶子。她没有像对待其他无子的亲王那样来个"无子，国除"，而是为刘胜过继了一个儿子刘得。谁知刘得也福薄，当了六年亲王也死了，而且又是无子。邓绥在多方比较之后，于永宁元年（120 年）四月十四日选出了才德貌俱佳的河间王子刘翼，再立为刘胜的后嗣，并且留在宫中多方照顾抚养。

邓绥的用心仅仅是出自对刘胜的补偿、为丈夫多延续一支传承。然而看在安帝刘祜的眼里，却是可怕的隐忧。这时安帝已经 27 岁了，遵照邓绥的意旨，他册立了邓绥弟弟邓弘的姨妹之女阎姬为皇后，并对阎姬毒杀太子生母的行径不闻不问。然而即使如此听话，邓绥仍然对他十分不满，认为他不足以托付国家大事，坚持不肯将权力交出。安帝的乳母王圣对此深为忧虑，担心正在盛年的邓太后有意废黜养子，这才是她给刘胜屡次过

邓绥戒饬宗族图

继子嗣的原因所在。王圣经常和宦官李闰、江京一起在安帝的耳边絮叨。安帝本来就心里七上八下，被这么一搅，就更是恐惧，对养母满怀怨恨。

然而安帝总还是个皇帝。皇帝已年将而立，仍然受制于太后，对于这样反常的现象，无论是朝臣还是邓氏家族的成员，都非常不安。但是大多数人都不敢向邓太后提出归政的建议。因为这方面的前车之鉴多如牛毛。

早在邓太后摄政初期，杜根就与另一位郎官共同上书，请求太后归政。结果邓太后没等看完就勃然大怒，下令将两人装入囊中当众打死，然后丢到城外荒野去。邓太后对自己的家族约束是非常严格的，绝不允许他们有任何非分之想，还特地颁布法令，宣布外戚犯法一律严惩，就连自己的亲哥哥邓骘也不例外。准确地说，她从来没有完全把权力交给自己的外戚，而是一直牢牢地掌握在自己的手里。总体来说，在管理家族方面她还是操作得宜的。从另一方面，她也希望能用这种方式，使自己的家族不重蹈从前外戚垮台的悲剧。

在和帝和殇帝刘隆相继去世，王朝内部发生变化的时候，鲜卑、南匈奴及西北方的羌人曾趁机叛乱，以致生灵涂炭。鲜卑和南匈奴的战事倒还算小，羌人却是一个大问题。

邓绥派哥哥邓骘统兵五万出征羌人。谁知邓骘没有父亲的能力和威望，打了大败仗，还使羌人一直侵入陕西山西地方。邓骘自觉取胜无望，就听了谒者庞参的意见，上书太后要放弃甘肃，退守陕西山西。满朝公卿囿于邓氏之威，竟"皆以为然"。只有郎中虞诩坚决反对，并竭力向三公之一的太尉张禹进言，张禹终于明白事理，出首坚决反对弃土之举。有了太尉的倡议，果然公卿们都敢于"皆从"了。

邓骘兄弟觉得颜面扫地，便暗箱操作，将虞诩打发到朝歌去。当时朝歌有以宁季为首的数千人造反，邓氏认为虞诩去朝歌是死定了，就连虞诩的亲朋好友闻讯都很是哀伤。只有虞诩笑着说："这是我的好机会。如果不是遇上盘根错节的问题，怎么能够显示宝剑之利！"果然，虞诩到朝歌之后，没有损伤什么兵力，很轻松地就把叛乱给平定下来了。

正好就在这一年，邓骘和邓绥的母亲阴氏去世了。邓骘治军实在棘手，便向邓太后上书，请求退出军职，为母亲守孝。邓绥并不情愿，不想让军权交到别人手里，但又确实知道哥哥无法取胜，便向自己的老师班昭请教。班昭说："照规矩是应该守孝的，假如您连这都不答应，那日后绝不可能保

持住谦让的名誉。"邓绥终于接受了班昭的意见,在几次换将之后,终于在任尚手里将羌人暂时收服。

任尚所用的兵法,都出自虞诩的建议。这消息很快传入邓绥耳中,她就任命虞诩为武都太守,入甘肃平羌,终于取得大胜,并且将荒芜的武都治理得井井有条。然而没过多久,由于任尚与太后之弟邓遵发生争执,自己又立身不谨,而被邓太后处斩。虞诩也随即被找了个小过失免了职。

事实上,这时的邓家已经完全变质。早在一年以前,三公之一的司空袁敞,就因为不肯依附邓氏,失了邓绥的欢心,而被罗织冤狱,最后竟被迫自杀。在这两件事之后,邓绥的另一位堂弟邓康觉得堂姐权欲过重,家族也贵至极处,满则溢,盈则亏,想要劝她及早退步抽身。于是几次三番地向太后上书,请求还权皇帝。奏章递上,却再等不到下文,邓康心中着急,干脆称病不去上朝。邓太后倒还有些亲亲之谊,派一个贴身侍女前去看望。这位侍女原本是邓康家的奴婢,没想到她如今得了太后的宠信,因此趾高气扬地宣称自己是奉旨而来的"中大人"。邓康出来迎接。一看竟是当年唯唯诺诺的奴才,顿时大怒,狠狠地斥责了她一顿。这位中大人跑回宫中就向邓绥进谗言,说邓康装病而且还出言不逊,邈视太后。邓绥立即下传命令,将邓康免官遣返,开除出邓家宗祠。

经过这几桩事情,再也没有谁敢提让邓太后归政的话头。然而邓太后毕竟是个凡人,她不可能是万年不倒的金身。就在处置了邓康的第二年,建光元年(121年)春,40岁的邓绥患病不起,很快就在三月十三日离开了人世。

安帝多年来都活在邓太后的阴影下,对她早已由当初的感激转成了怨恨。改朝换代、清理旧势力的工作很快就卓见成效。安帝将邓太后家族大加修理,邓氏家族的灭顶之灾,实在是来得太快太离谱。邓太后一生聪明、大权独揽,然而就像所有被卷进权力旋涡的人一样,她终于无法保障自己身后的变化。

除了因渴望权力而错误地选择储君之外,作为一个政治家的邓绥是高尚的,在她治理国家的近20年时间里,东汉王朝顺利地度过了天灾人祸不断的10年。她年仅40岁就去世,与这10年的辛苦有极大的关系。她对安帝的评价也是对的,当她去世之后,安帝果然如她所预料的那样,宠信宦官和外戚,东汉王朝更迅速地走了下坡路。

五、德义为先顺烈后，临朝听政纵狼兄

梁妠（106—150年），安定乌氏（今甘肃平凉西北）人，大将军梁商之女，汉顺帝刘保的皇后。

1. 立为皇后

梁妠少年时善于做女工，喜好阅读史书，9岁时能背诵《论语》，研习韩婴所传《诗经》，书中的大义都能领略。经常以列女图放置于左右，自我监督和警戒。她的父亲梁商十分惊异，私下对他的弟弟们说："我们的祖先成全赈济河西，存活的百姓数不胜数。虽当时皇上没有过问表彰，但积了阴德必然得到好的报应。假若吉庆恩惠子孙后代，或者会让这个孩子富贵吧！"

永建三年（128年），梁妠与她的姑姑一同选入掖庭，时年13岁。梁妠入宫时，相工茅通看见她后，十分惊讶，再行拜礼祝贺说："这正是所谓日角偃月之相，这种极尊贵的面相，是臣所从未见到过的。"太史卜兆得寿星房宿之象，又筮得《坤》变《比》的吉卦，于是汉顺帝封梁妠为贵人。梁妠经常被特殊召去侍奉汉顺帝，从容地对汉顺帝说："帝王要像温暖的阳光广泛地施舍才是德，后妃要像螽斯不妒忌不专宠独占才是义，子孙众多，蛰蛰然幸福就由此兴起。希望皇上把云雨之恩泽均匀地撒在所有后妃身上，使后妃像鱼一样按先后轮次以进，使得小妾我免遭诽谤之罪。"由此汉顺帝更加敬重她。

阳嘉元年（132年）正月二十八日，有关主管官员上奏汉顺帝请求立梁妠为皇后，汉顺帝采纳奏议，于是在寿安殿立梁妠为皇后。梁妠少年时就聪明贤惠，深知前代的兴衰得失的道理，她虽然是凭德义而进位为皇后，却不敢有骄横专宠的思想，每当出现日食、月食（古人认为是不祥之兆）时，她总是换穿素服，检讨自己的过失。

2. 临朝听政

建康元年（144年）八月初六日，汉顺帝去世，梁妠因没有儿子，所以立汉顺帝与虞美人所生之子刘炳为皇帝，是为汉冲帝，尊梁妠为皇太后。汉顺帝当时继位时年仅两岁，所以由梁妠临朝听政。

汉冲帝继位不久便患病，梁妠的哥哥大将军梁冀征召汉章帝玄孙、渤海孝王刘鸿之子刘缵到洛阳都亭，准备等汉冲帝去世后，立他为皇帝。永

东汉原始瓷灶

憙元年（145年）正月初六，汉冲帝去世，梁妠与梁冀定策宫中。正月十八日，梁妠派梁冀持符节，以王青盖车迎刘缵入南宫。正月十九日，封刘缵为建平侯，当日即皇帝位，是为汉质帝，仍然由梁妠秉持朝政。

当时有扬州、徐州大寇侵扰州郡，西羌、鲜卑及日南蛮夷攻打城池强抢暴掠，赋税征敛频繁，使官民财力困乏枯竭。皇太后梁妠日夜勤劳，推心置腹地依靠贤能之士，委任太尉李固等人，选拔重用忠良人才，努力推崇节俭。那些贪财罪恶的人，多被诛除或废黜。朝廷又分兵讨伐侵扰的贼寇，群寇消灭平定。因此天下肃然安定，宗庙祭祀得以安宁。但是皇太后梁妠的哥哥大将军梁冀专擅朝权滥施暴力，忌妒陷害忠良，多次用邪说歪理使梁妠疑惑甚至失误。梁妠又过分相信宦官，对他们多有封赏和宠幸，因此天下人士都很失望。

3. 还政去世

本初元年（146年），梁妠征召汉章帝曾孙、河间孝王刘开之孙、蠡吾侯刘翼之子蠡吾侯刘志到洛阳城夏门亭，打算将自己的妹妹嫁给刘志。同年闰六月，大将军梁冀毒死汉质帝，梁妠与梁冀决策宫中，立刘志为皇帝，梁妠继续临朝听政。

和平元年（150年）二月二十日，梁妠还政于汉桓帝，并且病情严重，于是乘坐辇车到宣德殿，召见宫中与朝廷官属及梁氏众位兄弟，下诏书说："我素有心下气血淤结之疾，近日以来，又加上浮肿，影响饮食，渐渐地疲惫困顿，近来让宫内宫外的人们劳心请求祷告。我自己揣度，一天天一夜夜地越来越虚弱，不能与诸位大臣们相处始终。已经立了新的皇帝，承继大统，恨不能长久地教养，亲眼看见他的结果。现在我把皇帝、将军梁冀与他的兄弟托付给诸位大臣们，希望各自努力。"二月二十二日，梁妠去世，时年45岁，谥号顺烈皇后。三月，梁妠与汉顺帝合葬于宪陵。

六、窦妙拥立尊太后，家族失势遭软禁

窦妙（？—172年），扶风平陵（今陕西咸阳西北）人，大将军窦武长

女，汉桓帝刘志第三任皇后。

1. 拥立灵帝

延熹八年（165 年）二月，汉桓帝废黜皇后邓猛女。同年，窦妙被选入掖庭，受封为贵人。同年十月二十日，汉桓帝立窦妙为皇后。窦妙虽然贵为皇后，但很少受到汉桓帝的宠幸，汉桓帝最宠幸的是采女（宫女）田圣等人。

永康元年（167 年）冬天，汉桓帝卧病，便擢升田圣等九名采女为贵人。同年十二月二十八日，汉桓帝病逝。十二月二十九日，窦妙被尊为皇太后。因汉桓帝无子，窦妙的父亲城门校尉窦武召侍御史、河间人刘儵，向他询问河间国中王子、列侯中的优秀者，刘儵推举解渎亭侯刘宏。窦武入宫报告女儿太后窦妙，于是窦妙派代理光禄大夫刘儵持符节，率领左右羽林军到河间迎接刘宏继位。建宁元年（168 年）正月初三，窦妙任命父亲窦武为大将军。正月二十日，刘宏来到洛阳夏门亭，窦妙派窦武持符节，用王青盖车迎刘宏入殿中。正月二十一日，刘宏即皇帝位，是为汉灵帝。

2. 家族失势

窦妙素来性格忌妒残忍，积怒田圣等人，汉桓帝灵柩尚在前殿，就把田圣杀了。她又想把汉桓帝的所有贵人都杀掉，中常侍管霸、苏康苦苦劝谏，才没有下手。建宁元年（168 年）九月，窦武阴谋诛杀宦官，被发现，中常侍曹节等诈称汉灵帝诏书诛杀窦武，将窦妙迁居南宫云台，将窦妙的家属都被流放到比景。失势后窦妙虽名义上仍为皇太后，实则被软禁。建宁二年（169 年）初，汉灵帝就将亲生母亲董氏迎入宫中，称永乐宫孝仁皇后。

当年四月，御座上出现青龙。大司农张奂先前被曹节所骗参与诛杀窦武，深以为耻，趁机上疏"皇太后虽居南宫，而恩礼不接，朝臣莫言，远近失望"，但灵帝惑于常侍，不能用。郎中谢弼也上书指蛇为女子之祥，重申窦太后立灵帝，不应被家族所累，如今却被幽禁在空宫，灵帝既然以桓帝为父，就应该以太后为母。谢弼因此言被灵帝左右宦官排挤，弃官回东郡家乡后又被曹节从子东郡太守曹绍捕杀。

窦武虽然被诛杀，但汉灵帝还是念及太后窦妙援立自己为帝的功劳，建宁四年（171 年）十月初一，率领群臣到南宫朝拜太后窦妙，亲自奉献祝寿。黄门令董萌因此多次为太后窦妙申诉怨忿，汉灵帝一一采纳，供养

陕北东汉画像石

资奉比以前有所增加。中常侍曹节、王甫疾恨董萌依附帮助太后窦妙，便诬陷他毁谤汉灵帝母亲董氏（董太后），董萌因罪下狱而死。

3. 死后纷争

熹平元年（172 年）六月，窦妙的母亲去世。窦妙因母亲的逝去而忧郁成疾，于初十（7 月 18 日）病逝。

宦官依然怀恨于窦氏，用衣车载窦妙的尸体置于城南市舍数日，曹节、王甫还想仅仅用贵人礼葬之，灵帝仍念窦妙迎立自己，以礼发丧。曹节又提出葬窦妙于别处，由冯贵人配享桓帝。灵帝为此召开公卿会议。太尉李咸正生病，对妻儿曰："若皇太后不得配食桓帝，吾不生还矣！"会议时，廷尉陈球说："皇太后以盛德良家，母临天下，宜配先帝，是无所疑。""皇太后自在椒房，有聪明母仪之德；遭时不造，援立圣明承继宗庙，功烈至重。先帝晏驾，因遇大狱，迁居空宫，不幸早逝，家虽获罪，事非太后，今若别葬，诚失天下之望。且冯贵人冢尝被发掘，骸骨暴露，与贼并尸，魂灵污染，且无功于国，何宜上配至尊（指冯贵人曾被盗墓奸尸，不宜再配享桓帝）！"又说："陈（陈蕃）、窦既冤，皇太后无故幽闭，臣常痛心，天下愤叹！今日言之，退而受罪，宿昔之愿也！"李咸及公卿以下都赞同。曹节、王甫仍然举先前获罪的汉朝皇后为例，争执窦氏有大罪不宜和先帝合葬，李咸又上疏一一驳斥，且指出："今长乐太后尊号在身，亲尝称制，且援立圣明,光隆皇祚。太后以陛下为子,陛下岂得不以太后为母！子无黜母，臣无贬君，宜合葬宣陵，一如旧制。"灵帝看后从其所奏，窦妙终得与汉桓帝合葬于宣陵，谥号桓思皇后。

第三章 / 起义烽火

一、外戚党政猖獗日，宦官专权朝堂暗

东汉是中国历史上宦官专权最猖獗的时期之一。

东汉中后期大部分皇帝即位时的年龄都很小，朝政掌握在皇太后手里，皇太后依靠自己的父兄（被称为外戚）来管理朝政，从而形成了外戚专权的局面。皇帝长大后，不甘心做傀儡，想要亲政，夺回大权，但满朝文武都是外戚和他们的亲信，自己势单力薄，只好依靠身边伺候自己的人——宦官，宫廷中侍奉皇帝及其家人的人员。

汉和帝即位时只有 10 岁，实权掌握在窦太后和她的哥哥窦宪手里。朝中重要的职位都被窦家人占据，地方的主要职位也都被窦家的党羽占据。窦家人及其党羽横行不法，百姓深受其害。汉和帝成年后，决心夺回大权。但皇帝身居深宫，只有依靠宦官。永元四年（公元 92 年），汉和帝派宦官郑众指挥禁军，一举铲除了窦家的势力，夺回大权。郑众因功被封侯，参与朝政。这是东汉宦官专权的开始。从此以后，东汉出现了外戚和宦官两大集团争权夺利、互相厮杀的局面，东汉的政治日益黑暗。

汉安帝即位时只有 13 岁，实权掌握在汉和帝的皇后邓太后和他的哥哥邓骘手里。邓骘是东汉开国功臣邓禹的孙子，家世显赫，邓家封侯 29 人，公 2 人，大将军 13 人，高官 14 人，列校 22 人，州牧、郡守 48 人，权势熏天。邓太后还提拔士大夫，以求得他们的支持。邓太后去世后，汉安帝和宦官李闰、江京等人杀死邓骘，消灭了邓家势力，夺回大权。李闰、江京等掌握了朝政大权。

汉安帝死后，他的皇后阎氏及其兄长阎显拥立汉朝宗室刘懿为帝，史

称汉少帝,阎氏家族掌握了朝政大权,汉少帝不久病死。延光四年(125年),宦官孙程等19个宦官发动政变,一举消灭了阎氏势力。逼太后交出传国玉玺,拥立汉安帝之子11岁的刘保为帝,就是汉顺帝,改元"永建"。

汉顺帝刘保为了报答宦官的大恩,封孙程等19个宦官为侯,执掌朝政。从此东汉宦官

东汉"尚方"青铜镜

的势力空前膨胀。宦官们不仅操纵朝政,而且还可以将爵位传给养子,甚至取得了举孝廉的权力。东汉政权由外戚阎氏专政变为宦官专权,朝政更加腐败,社会更加黑暗,当时民间有"举秀才,不知书;察孝廉,父别居"的讽刺时政的民谣。

汉顺帝死后,梁太后和梁冀先后拥立2岁的汉冲帝、8岁的汉质帝和15岁的汉桓帝。梁冀把持朝政,一手遮天,飞扬跋扈。汉质帝对他非常不满,当面说他是跋扈大将军,结果被梁冀派人毒死。

全国各地向皇帝进贡时,贡品中最好的都被梁冀挑走,剩下的才送到皇宫里。梁冀霸占民田,建造宅邸庄园,庄园里修建的亭台楼阁竟然和皇宫的一样。他还派人到西域去,购买奇珍异宝。一次,有个人打死了他庄园里的一只兔子,梁冀竟然株连了十几个人,将他们全部杀死。当时,官员升迁都要先到梁冀家向他谢恩,然后再到政府人事部门报到,梁冀还经常杀害与他不和的大臣。

梁冀掌权20年,梁家有7人被封侯,3人当上皇后,6人为贵人,2人为大将军,担任其他职位的不计其数。

延熹二年(159年),梁太后死,梁冀杀了汉桓帝宠爱的梁贵人的母亲。汉桓帝忍无可忍,就秘密联络了单超等5个与梁冀有仇的宦官,发动宫廷侍卫羽林军1000多人,围攻梁冀的住宅,梁冀被迫自杀。梁家的势力被彻底肃清,梁冀提拔的官员300多人全部被罢免,一时间朝廷里几乎空了。汉桓帝将梁冀的家财全部没收,竟有30亿之多,相当于国家半年

的税收！

单超等五人因诛杀梁冀有功，同时被封侯，当时人们称他们为"五侯"，朝政被他们把持。五侯和他们的兄弟亲属横行天下，肆意欺压百姓。

189年，外戚何进密谋铲除宦官集团，不料计划泄漏反被宦官所杀。何进的部下袁绍领兵杀进皇宫，杀死宦官2000多人。宦官张让等挟持汉少帝逃到黄河边，被追兵赶上，投河自尽。自此，宦官专权的局面结束，但腐朽的宦官集团和外戚集团最终酿成东汉末年的黄巾起义的爆发，导致了东汉王朝的灭亡。

二、官僚大夫善清议，腥风血雨党锢祸

在宦官、外戚的反复争斗中，另有一种政治力量在崛起。这就是官僚、士大夫结成的政治集团。

东汉时期，士人通过察举、征辟出仕。郡国察举时，"率取年少能报恩者"，这在明帝时已是如此。征辟的情形也是一样。被举、被辟的人，成为举主、府主的门生、故吏。门生、故吏为了利禄，不惜以君臣、父子之礼对待举主、府主，甚至"怀丈夫之容而袭婢妾之态，或奉货而行贿，以自固结"。举主、府主死后，门生、故吏服3年之丧。大官僚与自己的门生、故吏结成集团，因而也增加了自己的政治力量。

东汉后期的士大夫中，出现了一些累世专攻一经的家族，他们的弟子动辄数百人甚至数千人。通过经学入仕，又形成了一些累世公卿的家族，例如世传《欧阳尚书》之学的弘农杨氏，自杨震以后，四世皆为三公；世传孟氏《易》学的汝南袁氏，自袁安以后，四世中居三公之位者多至5人。这些人都是最大的地主，他们由于世居高位，门生、故吏遍于天下，因而又是士大夫的领袖。所谓门阀大族，就是在经济、政治、意识形态上具有这种特征的家族。东汉时期选士唯"论族姓阀阅"，所以门阀大族的子弟，在察举、征辟中照例得到优先。

门阀大族是大地主中长期发展起来的一个特殊阶层。由于他们在政治、经济以及意识形态方面所具有的特殊地位，所以当政的外戚往往要同他们联结，甚至当政的宦官也不能不同他们周旋。门阀大族在本州、本郡的势力，更具有垄断性质，太守莅郡，往往要辟本地的门阀大族为掾属，委政于他们。宗资（南阳人）为汝南太守，委政于本郡的范滂，成瑨（弘农人）为南阳

太守，委政于本郡的岑晊，因而当时出现了这样的歌谣："汝南'太守'范孟博（滂），南阳宗资主画诺；南阳'太守'岑公孝（晊），弘农成瑨但坐啸。"操纵了本州本郡政治的门阀大族，实际上统治了这些州郡。

东汉后期，官僚士大夫中出现了一种品评人物的风气，称为"清议"。善于清议的人，被视为天下名士，他们对人物的褒贬，在很大的程度上左右乡间舆论，因而影响到士大夫的仕途进退。郭泰就是这样一个"清谈间闾"的名士，据谢承云"泰之所名，人品乃定，先言后验，众皆服之"。汝南名士许劭与从兄许靖，"好共核论乡党人物，每月辄更其品题，故汝南俗有月旦评焉"。大官僚和门阀大族为了操纵选举，进退人物，对于这种清议也大肆提倡。在当时政治极端腐败的情况下，这种清议在士大夫中间，多少起着一些激浊扬清的作用。

士大夫评议汉朝政，往往矛头直指宦官，因此宦官对之恨之入骨。党锢事件可以说是东汉时期反宦官斗争的一个高潮。

安帝、顺帝相继扩充太学，笼络儒生，顺帝时太学生多至3万余人。太学生同官僚士大夫有着密切的联系，太学成为清议的中心。太学生为安帝以来风起云涌的农民起义所震动，深感东汉王朝有崩溃的危险。他们认为宦官外戚的黑暗统治是引起农民起义，导致东汉衰败的主要原因，所以力图通过清议，反对宦官外戚特别是当权的宦官，挽救东汉的统治。

在宦官、外戚的统治下，州郡牧守在察举征辟中望风行事，不附权贵的士人受到排斥。顺帝初年，河南尹田歆察举6名孝廉，当权的贵人勋戚交相请托，占据名额，名士入选的只有一人。桓帝以后，察举制度更为腐败，时人语曰："举秀才，不知书。察孝廉，父别居。寒素清白浊如泥，高第良将怯如鸡。"在士大夫中，有一部分人趋炎附势，交游于富贵之门，助长了宦官外戚的声势。这种情形，使太学清议在攻击腐败朝政和罪恶权贵的同时，赞扬敢于干犯权贵的人。桓帝永兴元年（153年），冀州刺史朱穆奏劾贪污的守令，打击横行州郡的宦官党羽，被桓帝罚往左校服劳役。太学生刘陶等数千人诣阙上书，表示愿意代替朱穆服刑劳作，因此桓帝不得不赦免朱穆。延熹五年（162年），皇甫规得罪宦官，论输左校，太学生张凤等300余人，跟大官僚一起诣阙陈诉，使皇甫规获得赦免。官僚、太学生的这些活动，对当政的宦官是一种巨大的压力。郡国学的诸生，也同太学清议呼应。

东汉"涑有名铜"四神博局纹青铜镜

太学诸生，特别尊崇李膺、陈蕃、王畅等人，太学中流行着对他们的评语："天下模楷李元礼（膺），不畏强御陈仲举（蕃），天下俊秀王叔茂（畅）。"李膺的名望最高，士人与他交游，被誉为"登龙门"，可以身价十倍。李膺为司隶校尉时曾惩办不法宦官，宦官们只好小心谨慎，连休假日也不敢走出宫门。延熹九年（166年），李膺杀术士张成，张成生前与宦官关系密切，所以他的弟子牢修诬告李膺与太学生及诸郡生徒结为朋党，诽讪朝廷，疑乱风俗。在宦官的怂恿下，桓帝收系李膺，并下令郡国大捕"党人"，词语相及，共达200多名。第二年，李膺及其他党人被赦归田里，禁锢终身，这就是有名的"党锢"事件。

党锢事件发生后，士大夫闻风而动。他们把那些不畏宦官势力，被认为正直的士大夫，分别加上三君、八俊、八顾、八及、八厨等美称，清议的浪潮更为高涨。度辽将军皇甫规没有被当作名士列入党锢，甚至自陈与党人关系，请求连坐。

灵帝建宁元年（168年），名士陈蕃为太傅，与大将军窦武（窦太后之父）共同执政。他们起用李膺和被禁锢的其他名士，并密谋诛杀宦官。宦官矫诏捕窦武等人，双方陈兵对阵，结果陈蕃、窦武皆死，他们的宗室宾客姻属都被收杀，门生、故吏免官禁锢。建宁二年（169年），曾经打击过宦官势力的张俭被诬告"共为部党，图危社稷"，受到追捕，党人横死狱中的共百余人，被牵连而死、徙、废、禁的又达六七百人。熹平五年（176年），州郡受命禁锢党人的门生、故吏和父子兄弟。直到黄巾起义发生后，党人才被赦免。

官僚士大夫和太学生的反宦官斗争，在当时具有一定的正义性，博得了社会的同情，因此张俭在被追捕时，许多人破家相容，使他得以逃亡出塞。官僚士大夫和太学生的反宦官斗争，只是为了缓和阶级矛盾，维护东汉王朝的正常统治秩序。但是农民起义不但没有因此偃旗息鼓，而且还发展到从根本上危及东汉统治。这时候，被禁锢的党人获得赦免，他们也就立刻同当权的宦官联合，集中力量来镇压起义农民。官僚士大夫与门阀大族息息相通，根深蒂固，总的说来力量比宦官强大。所以在农民起义被镇压下去后，他们重整旗鼓，发动了对宦官的最后一击，终于彻底消灭了东汉盘根错节的宦官势力。

三、霸园杀人囚内宫，窦氏结党遭灭族

1.霸占庄园

窦皇后的哥哥叫窦宪，妹妹受宠，哥哥也很快就飞黄腾达，不久就升任虎贲中郎将。窦宪的弟弟窦笃也被任命为黄门侍郎。兄弟俩不但做了高官，而且还特别受章帝的宠幸，章帝经常赐他们财宝、土地。

有了皇帝的宠幸，窦氏兄弟越发骄横，有恃无恐，横行霸道，没有人不惧怕他们几分。只要得罪了窦家的人，用不了多久，就会被下狱。所以，很多人即使受了委屈，也敢怒不敢言。

有一天，章帝出宫游玩，走到了洛阳城北黄河岸边的一片庄园。这是章帝的姐姐沁水公主的，是当年明帝时赐给女儿的庄园。章帝小时候，姐姐常常带他到这里游玩的。

章帝想起了童年的往事，禁不住想进去看看以前的小桥、树林，还有自己经常玩的秋千。

于是，章帝令小宦官把管家叫了出来，问道："园内可有什么变动？沁水长公主还常来这里看视游玩吗？"

管家抬起头，盯着窦宪看了半天，才嗫嗫嚅嚅地低声答道："回陛下，园中一切都未曾改动。只是长公主跟此园并无瓜葛，从没有来过这里。"

章帝心里很是纳闷，从车帘中探出头，伸长脖子前后看了看，附近确实没有别的庄

窦　宪

园了。

于是又问管家："这儿不是沁水长公主的庄园吗？朕记得这是先帝赐予她的。朕年纪小的时候，皇姐还常带朕来这儿的，你怎么说不是皇姊的庄园呢？"

管家被章帝的话噎了半天，偷眼看了看窦宪，见他没有反应，于是回话道："陛下，这里是虎贲中郎将窦宪大人的庄园。"

章帝觉得更加奇怪，说："这里分明就是皇姐的庄园，乃皇家所有，怎么变成了窦将军的庄园了，你不要胡言乱语！"

管家听了，不知如何答话，只好沉默不言。这时，旁边的窦宪站出来禀道："陛下，这块田地历来就归窦家所有，此处的庄园也是窦家所建，并不是沁水长公主的。恐怕是陛下想念沁水长公主，才会记错的吧！"

章帝一时难以确定，可经过这么一折腾，他心里很不畅快，再也没有心情继续往前走了，就下令摆驾回宫。

章帝一到宫中，便立即下令传召沁水公主入宫晋见，好尽快弄清楚庄园到底是谁所有。

长公主进殿，请安之后，对章帝说："陛下日理万机，竟然还会记得姐姐，姐姐感恩不尽。不知陛下招愚姐前来，有什么事啊？"

章帝便问说："朕记得城北有一处皇姐的庄园。可是，朕今天去城北游玩时，管家却告诉朕说是窦宪的田产。皇姐，你什么时候将庄园卖于窦家的？"

沁水公主刚要开口回话，眼泪就先噼里啪啦地滚落下来，抽噎了半天，才缓缓地说："姐姐实在是不敢说啊！"

说完，又抽泣起来。章帝看姐姐难过成这个样子，也跟着难受起来，劝慰长公主说："皇姐不必有所顾虑，有什么事就实话告诉朕，朕为皇姐做主。"

沁水公主停止了哭泣，抬头回话道："去年，窦宪去城北时看中了我的那处庄园，于是便向我索要。那个园子是先帝所赐，怎能随便转赐他人？"沁水公主抹干泪珠，顿了顿，继续说道："我以此为由拒绝了窦宪的要求。可是，窦宪却三天两头去我府上相扰，还以权势相逼，我实在不敢得罪他，于是只好低价卖给了他。"

章帝听完，火冒三丈，心想，好你个窦宪，真是无法无天，欺负到我刘姓头上来了，可见你眼中是没有皇帝的！于是立即命宦官传窦宪入宫。

窦宪进宫，看到沁水长公主站在章帝旁边便一下子都明白了。他急忙跪下，听听章帝如何斥责他。

章帝正在盛怒之中，大声喝斥道："朕问你城北的庄园是谁家的，你竟敢欺瞒朕，口口声声说那一处田产本归窦家所有。朕问你，你是不是也敢说朕之天下也归你窦家啊！你如今连长公主都敢欺压抢夺，更何况平民百姓？简直是目中无人！"

窦宪听到章帝用词这么重，知道祸闯大了，连忙不停地叩头，口里还直喊："请陛下恕罪，臣以后再也不敢了，望陛下开恩！"

正在这个时候，窦皇后不知从哪儿听到了风声，说章帝盛怒之下召见了自己的哥哥，因此便急急忙忙赶来替哥哥求情。

章帝见窦皇后来了，火气也消了大半，转头对窦皇后说："你不用替窦宪说好话了，朕不会杀他的。"

接着又对继续磕头的窦宪说："朕念在窦皇后的情分上，暂且不治你的罪。可是，你应当记着，刘姓王朝要抛弃你窦宪，就像扔掉一只小鸡那么容易，别忘记自己的身份！再有，你必须尽快将城北的田产归还给长公主，如若不然，不要怪朕不念旧情！"

窦宪忙不迭地叩头谢恩，退了下去。可是，从此以后，章帝就对窦宪不再信任了，也不肯委以重任。

2. 软禁内宫

章帝虽然对窦宪始终不怎么放心，可是他又不得不依赖于窦氏一家。

章帝18岁继位以来，养尊处优，生活奢侈豪华，还迷恋酒色，身体状况很差。人还不到中年，就觉得体力不支，处理朝廷政务也显得力不从心。这样，窦皇后和窦宪兄弟又开始把持政务，而且更加肆无忌惮。

窦宪仗着权势，在朝中横行霸道，只要曾经得罪过窦家的，哪怕只是一些小仇小怨，他一定要让他们偿还窦家的损失。

当年窦宪的父亲窦勋、祖父窦穆在永平年间被明帝下狱，惨死狱中。韩纡奉明帝之命，审讯了窦氏父子。窦宪得势之后，便要给父亲、祖父报仇。可是韩纡已死，窦宪就派人杀死韩纡的儿子，并且用他的首级来祭祀窦勋。

朝中文武百官，都处处留心，事事小心，生怕言语不当冒犯了窦宪，从而招来杀身之祸。

章和二年（公元 88 年），只有 32 岁的章帝驾崩。年仅 10 岁的太子刘肇即位，称为和帝。刘肇继位后的第二年，改年号为永元。

窦皇太后以皇帝年纪小，无法处理政务为理由，下诏宣布临朝听政。窦皇太后是一个女子，无法周全地处理政务。所以，她便倚重窦宪，让他掌握兵权保卫两宫。

这么一来，窦宪大权在握，更加有恃无恐，不可一世。

不久，齐殇王（刘承的曾孙）之子刘畅来京师吊唁章帝。刘畅被太后接见几次之后，颇能讨太后的欢心，太后也很信任他。窦宪知道了以后，怕刘畅会与他争权，于是就派刺客把刘畅杀死，还诬陷说是他在青州（今山东省内）的弟弟刘刚暗中指使人干的。

窦太后听说以后，就准备派大臣去青州调查。

可是，尚书韩棱却不这么认为。他郑重地向太后禀告说："臣以为杀人凶手就在京师，不应该舍近求远，在京师调查就可以了。"

窦太后本来想在青州随便找个替罪羊结案就行了，谁知还有人反对，那岂不是说会牵涉到窦宪？可如今看来……

窦太后本来就很心虚，怕人怀疑到窦宪，现在听到韩棱的话，感觉像是被人看穿，揭了老底，不由得恼羞成怒，厉声喝斥说："韩棱你到底是什么意思？"

韩棱用眼角瞟了一眼太后，又一字一顿地说道："杀人凶手就在洛阳，太后应下令在洛阳城内追捕！"

朝中群臣也纷纷表态，向太后进言，都认为应该在洛阳城中追缉凶手。

窦太后虽然千不情，万不愿，但却无法不顾文武百官的要求，一意孤行。所以，窦太后最终无可奈何地同意了韩棱的提议。

过了没几天，凶手就被缉拿归案，经过审问，真相大白——刘畅原来是被窦宪所害！

满朝文武都没有惊讶，这似乎是意料之中的事。

窦太后觉得很没面子，堂堂皇舅竟会做出这种被人耻笑的事，实在是让她脸面无光。迫不得已，窦太后下令把窦宪在内宫中软禁起来，好平服朝中大臣。

3. 征伐北匈奴

正在此时，北匈奴发生饥荒，民不聊生，南匈奴便请求朝廷出兵征伐北匈奴。

北匈奴一直是东汉朝廷的心腹大患。他们经常侵扰中原边境，杀人越货，无恶不作，边境的百姓人心惶惶，生活很不安定。

光武帝的时候，东汉才刚刚建立，根本没有能力与北匈奴抗争，因此拒

东汉盘龙石砚

绝了南匈奴征讨的建议。如今，经过40多年的发展，东汉国力已经不同往常，所以窦太后决定讨伐北匈奴、安定边疆。

窦宪主动要求出击匈奴来抵偿自己的死罪。窦太后本来就不愿软禁窦宪，如今正好有个借口让哥哥自由。于是，窦太后就任命窦宪为大元帅，伐北匈奴，让他立功赎罪。

永元元年（公元89年），窦宪率兵与边境少数民族羌兵、胡兵出塞（边界）进攻北匈奴。

在南匈奴的帮助下，东汉军队与北匈奴单于（北匈奴的王的称号）大战于稽落山，取得了胜利。

窦太后听到这件事以后，非常高兴，马上派人前往窦宪统兵的地方，宣布任命窦宪为大将军，封为武阳侯，食邑2万户。但是窦宪坚持推辞，没有接受太后的封赏。

窦宪不久班师回朝，威名远播。太后又再次下诏封他为冠军侯，还同时赐封了窦宪的三个弟弟。然而，窦宪仍然不肯接受赐封，反而又率兵前往凉州。

永元二年（公元90年），窦宪又派兵进攻北匈奴，这次彻底打败了北匈奴，还活捉了北匈奴单于的母亲。

窦宪把北匈奴赶离了北部边境，从此之后中国的北边安定下来，再也不用担心北匈奴前来侵扰了。

窦宪击败了北匈奴，使老百姓安居乐业，也为东汉王朝的安全立下了汗马功劳。看来窦宪的确也是个很有才干的人。

4. 窦氏灭族

窦宪平定匈奴回朝之后，越发地无法无天。朝中许多大臣都去巴结窦宪，以便谋求高官。

而窦宪的许多亲戚也都掌握了朝中有实权的部门。到最后，满朝文武之中有一多半是窦宪的党羽，整个朝廷乌烟瘴气。

刘肇年纪越来越大，也越来越懂事。窦宪怕刘肇亲政以后会威胁到自己的权势，就想杀死刘肇。而刘肇看到舅舅把持刘家的朝廷，也对他很不满意，也想除掉窦宪。

可是，朝廷中无论是大臣还是宦官大部分都依附于窦宪，要想除去窦宪很不容易。刘肇细心观察之后，发现宦官郑众不与窦家的人交往，于是就与郑众合谋商议诛杀窦宪与其党羽的办法。

第二天，和帝命令官兵将窦宪所在的北宫团团包围，立刻逮捕了窦宪亲信，并且派人收回窦宪的官印。

和帝考虑到窦宪终究是太后的哥哥，而且还曾为汉室立过功劳，就没有公开诛杀窦氏兄弟，而是命令他们都回到自己的封国去。

没多久，和帝又下令逼迫窦宪的几个弟弟自杀。凡是因为窦宪的关系在朝为官的，也纷纷被免职遣送回家乡。

和帝依靠宦官的力量打击了外戚，使得以后宦官开始干涉朝廷政务，并渐渐掌握朝中大权，这与东汉后来的灭亡有很大关系。

消灭窦氏一族后，汉和帝才知道自己的生母不是窦太后而是早死的梁贵人，于是大封梁贵人的家人为官，这又为后来外戚梁冀专权埋下了伏笔。梁氏专权，是东汉外戚专权的极盛时期。

四、殊不畏死黄巾军，烽火遍地摧汉廷

1. 腐朽统治

和帝、安帝以后，东汉统治集团腐朽，豪强势力扩张，轮流当政的宦官外戚竞相压榨农民，农民境况日益恶劣。长期战争加重了农民的苦难。水旱虫蝗风雹和疫病连年不断，地震有时成为一种严重灾害。沉重的赋役和疬疫、饥馑严重地破坏了农村经济，逼使农民到处流亡。东汉王朝屡颁诏令，用赐爵的办法鼓励流民向郡县著籍，但这不过是画饼充饥，对流民毫无作用。流民数量越来越多，桓帝永兴元年（153年）竟达数十万户。

地方官吏为了考绩的需要，常常隐瞒灾情，虚报户口和垦田数字，这又大大增加了农民的赋税负担，促使更多的农民逃亡异乡。

汉朝土地私有化加剧，大量农民在土地兼并中破产，不少人沦为大庄园的农奴。大庄园一般有农民达万人，他们租种庄园主的土地，收获后要交大量的地租。此外，还要无偿为庄园主服劳役。奴婢是庄园中地位最低下的人，他们不仅失去土地，也失去人身自由，属于庄园主的私人财产。他们从事繁重的劳动，终生为庄园主服务。

西汉后期以来有权有势的大地主都占有大量的田地和佃农，世代称霸一方。至东汉时，这一情况更有发展，宗室贵族也争占田地，广蓄奴婢。拥有大量田地和奴婢的地主可称为庄园地主。庄园就是田庄。不过对地主庄园而言，属于田庄范围的田地不仅为地主所有，而且其中的山林川泽也为地主所霸占。在地主庄园内，绝大多数农民是地主的佃客，实际是农奴。山林川泽的私有化和农民的农奴化，是以土地私有制为基础的封建生产关系进一步发展的标志。

在地主庄园中，以满足地主的生活需要为主，组织生产。佃农们在地主或其代理人的指挥下，按照时令，从事农业或副业生产。如种植各种粮食作物、蔬菜、瓜果和各种经济作物以及药材等等。副业有造酒、酿醋、制酱、做饴糖、养蚕、缫丝、织缣帛和麻布、染色、制衣服和鞋袜等。农具和手工工具也由本庄园制作。庄园对地主经济来说，是一个自给自足的单位。

地主对农民的超经济的剥削是严重的。青壮年农民都要为地主充当部曲或家兵。每年二三月青黄不接或八九月寒冻将临之时，地主们就驱使部曲、家兵在庄园里进行战射训练，以防御贫苦农民对地主庄园的攻袭。地主庄园内都修有坞堡，是地主们藏身之处。坞堡四周有高墙、深沟围绕，还筑有三层、四层、五层、六层警楼，上有部曲、家兵

黄金寨原名"黄巾寨"

守卫着。可是佃农们却低眉俯首，世代为地主做奴役。

灵帝时，宦官支配朝政，政治腐败达到极点。光和元年（178年），灵帝开西邸公开卖官，2000石官2000万，400石官400万，县令、县长按县土丰瘠各有定价，富者先入钱，贫者到官后加倍缴纳。灵帝又私卖公卿等官，公1000万，卿500万。州郡地方也多是豺狼当道。

流亡的农民到处暴动。早在安帝永初三年（109年），就有张伯路领导流民几千人，活动于沿海九郡。顺帝阳嘉元年（132年），章河领导流民在扬州六郡暴动，纵横49县。汉安元年（142年），广陵人张婴领导流民，在徐、扬一带举行暴动，时起时伏，前后达10余年之久。桓帝、灵帝时，从幽燕到岭南，从凉州到东海，到处都有流民暴动发生，关东和滨海地区最为突出。流民暴动的规模也越来越大，从几百人、几千人扩展到几万人、十几万人。一些流民队伍，还与羌人、蛮人反对东汉王朝的斗争相呼应。从安帝到灵帝的80余年中，见于记载的农民暴动，大小合计将近百次，至于散在各处的所谓"春饥草窃之寇""穷厄寒冻之寇"，活动于大田庄的周围，更是不可胜数。那时，农民中流传着一首豪迈的歌谣："小民发如韭，剪复生；头如鸡，割复鸣。吏不必可畏，民不必可轻！"这首歌谣，生动地表现了农民前仆后继地进行斗争的英雄气概。

东汉时期，起义农民首领或称将军、皇帝，或称"黄帝""黑帝""真人"。前者表示他们无须假托当权集团人物来发号施令；后者表示他们懂得利用宗教组织农民。桓、灵之间流传的"汉行气尽，黄家当兴"的谶语，是起义农民政治要求的一种表达形式。

分散的农民暴动，虽然在东汉军队和豪强武装的镇压下一次又一次地失败了，但是继起的暴动规模越来越大，终于形成了全国性的黄巾起义。

2. 烽火遍地

黄巾军的领袖张角是巨鹿人，他和他的弟弟张宝、张梁在群众中宣传黄老道（太平道），医治疾病，招收门徒，四方民众扶老携幼前往投奔，信从的人非常多。张角于是派遣他的8名大弟子四出传道，辗转发展信徒，10多年间，徒众达到数十万，遍布青、徐、幽、冀、荆、扬、兖、豫等8州（今长江中下游以北直到黄河中下游广大地区），声势浩大，官府也有所风闻。灵帝光和四年（181年），司徒杨赐曾经指出：张角等遭逢大赦也不悔改，势力越发发展。现在如果下令州郡逮捕，恐怕增添骚扰，反会加速祸患的爆发。最好是严令地方长官选择区分流民，分别遣送回原籍。这样分散削弱了他们的党羽，然后再捕杀其首领就省力了。这说明太平道的基本群众乃是破产流亡的农民，狡猾的杨赐是打算釜底抽薪。然而造成农民背井离乡

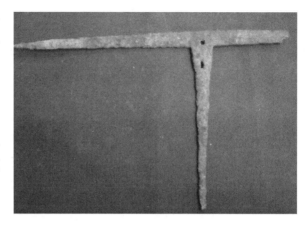

汉代铁戟

流亡四方寻求生路的根源，正是腐朽残暴的东汉王朝那暗无天日的罪恶统治。这个政权只会制造出更多的流民，怎么能指望它来解决安置流民呢？所以杨赐这个主意在当时并没有实现的可能。两年后又有人惊呼：张角的党羽已经不计其数，风闻他们还曾潜入首都察看朝政，图谋不轨。地方官害怕追究责任，都不肯报告实际情况。应当公开下诏，以封侯重赏劝募捉拿张角等首领，地方官员敢于回避则与张角同罪。这就是妄图用重赏与严刑来对付张角等，其实这也不过是统治阶级惯用的两手，未必有什么效用。加之昏庸糊涂的灵帝当时根本没有在意，这一建议也同样搁置起来了。

与此同时，张角却在积极部署准备组织起义。他把数十万信徒编组为36 方，"方"是一支独立的部队，大方有一万多人，小方六七千人，各有其首领。他们提出"苍天已死，黄天当立，岁在甲子，天下大吉"的口号，宣传汉王朝天命已终，太平盛世即将建立，甲子年（184 年）天下就太平了。他们计划由大方马元义先调集荆州、扬州的信徒到邺县（今河北磁县南）集中，并联络首都洛阳的信徒，约定中平元年三月初五同时发动起义。正当起义按计划部署进行的过程中，叛徒唐周向汉王朝上书告发，马元义被捕，在洛阳惨遭车裂。官府根据告密清查宫廷警卫以及洛阳民众，屠杀了太平道信徒千余人，并且通令冀州追捕张角等首领。在计划泄漏的紧急关头，张角当机立断，派人日夜兼程通知各方，在中平元年二月，7 州 28 郡 36 万多人同时提前起义，这是中国农民战争史上空前绝后的壮举，其组织性、纪律性是无与伦比的。起义军以头戴黄巾作为标志，所以被称为

"黄巾军"。由于他们人多势众，铺天盖地而来，像蚂蚁一样数不清有多少，所以又被诬蔑为"蚁贼"。他们到处焚烧官府，攻占城邑，吓得地方官纷纷逃跑，十天半月之间全国响应，首都震动。

但是，淳朴的农民军在开始时毕竟缺乏政治军事斗争经验。起义发动之后，张角却未能控制全局，本来很有组织的太平道信徒，反而变成了分散活动的若干支队伍，各自孤军奋战，缺乏联系配合。当时，张角称"天公将军"，张宝称"地公将军"，张梁称"人公将军"，率众兴起于巨鹿。附近的安平国（治信都，今河北衡水冀州区）、甘陵国（治甘陵，今山东临清附近）人民捕捉国王刘续和刘忠响应起义，冀州震动。广阳郡（治蓟县，今北京市范围内）黄巾军一举攻杀地方长官幽州刺史郭勋和广阳太守刘卫，雄踞幽州。在南方，波才领导的黄巾军活动在颍川郡（治阳翟，今河南禹县）。彭脱领导的黄巾军活动在陈国（治陈县，今河南淮阳）和汝南郡（治平舆，今河南平舆北）。卜己领导的黄巾军活动于东郡（治濮阳，今河南濮阳南）。张曼成号称"神上使"，与赵弘等率领数万人起义于南阳郡（治宛县，今河南南阳）。扬州的黄巾军曾攻打庐江郡（治舒县，今安徽庐江南），与太守羊续激战；戴凤领导的黄巾军也在安风（今安徽霍邱南）活动。在各地黄巾军奋起战斗时，还有"五斗米道"首领张修在巴郡（治江州，今重庆市）发动起义。北宫伯玉等领导羌胡汉各族人民在金城郡（治允吾，今甘肃永靖西北）起义，攻杀护羌校尉和金城太守。邠阳（今陕西合阳东南）人郭家等也在当地发动起义，焚烧官府，威胁附近三郡。这些起义和黄巾军互相呼应，掀起了全国性的武装斗争高潮。

在农民起义威胁到东汉政权的生存时，整个地主阶级暂时统一起来了，宦官、外戚、官僚士大夫立即摒弃前嫌，共同对付革命农民。中平元年三月，何皇后的哥哥何进被任命为大将军，统率近卫军官兵镇守洛阳，在洛阳周围函谷、伊阙等八关设置都尉，加强防卫。灵帝听从宦官吕强的建议，大赦天下党人，解除禁锢。通令全国各地修治城防，选择制造兵器，准备战守。灵帝还拿出宫中的一些私财和马匹分赐给将士，并号召公卿大臣捐献马匹弓弩。同时选派卢植北攻巨鹿张角，皇甫嵩、朱儁南征颍川波才。四月，波才击败朱儁，进围皇甫嵩于长社（今河南长葛东），官军人少，在强大的黄巾军包围下惊恐万分。皇甫嵩看出波才缺乏作战经验，营房扎在草木丛中，于是乘夜晚风大纵火烧营，波才失利。接着，曹操率领官军援兵赶到。五月，皇甫嵩、朱儁、曹操联合进兵，大破波才军，屠杀数万人。六月，官军追击波才于阳翟（今河南禹县），又乘胜攻击汝南彭脱于西华（今河南商水西），都取得了胜利。这就使黄巾军丧失了进捣汉王朝心脏首都洛阳的有利地位。接着皇甫嵩被派去进攻东郡卜己。八月，在仓亭（今山东阳谷北）大战，黄巾军牺牲7000多人，卜己被俘。然后皇甫嵩又奉调北上，进攻巨鹿张角亲率的黄巾主力。

原来卢植在三月领兵北进，张角初战失利，于是退保广宗（今河北威县东），卢植围攻数月不克，被撤职查办。灵帝改派董卓率精锐边兵进攻，却又在下曲阳（今河北晋州市西）被张宝打得大败。约在此时，不幸张角病故，张梁领导这一部分黄巾军继续战斗。十月，皇甫嵩同张梁在广宗大战，黄巾军兵精将勇，官军无法取胜，皇甫嵩宣布闭营休战，等待时机。他看出黄巾军有些懈怠，便连夜部署军队，鸡鸣时发动突袭，激战一整天，到黄昏时终于打败黄巾军，张梁牺牲，义军士兵被屠杀3万多，投河自杀的也有5万多人，焚毁辎重车辆3万多辆，妇女儿童全被掳掠，缴获不计其数。皇甫嵩还挖开张角的坟墓，剖棺戮尸，传送其头到洛阳。十一月，官军又在下曲阳围攻张宝，屠杀俘虏黄巾军10多万人，张宝也牺牲了。

南阳黄巾军在张曼成的领导下，三月就击杀太守褚贡，围攻郡治宛县百多天。六月，张曼成战死。赵弘继起领导，队伍发展到10多万人，攻占了宛县。灵帝急忙派朱儁前去镇压，朱儁同荆州刺史、南阳太守等合兵反攻宛县3个多月，赵弘战死。韩忠继任统帅，他思想动摇，战败投降被杀。黄巾军余部推孙夏为统帅继续抵抗，十一月，朱儁攻占宛县，杀死孙夏。统一起义的大股黄巾军就这样各自困守一隅，坐等官军逐个击破。东汉政权随即疯狂反扑，在各地大肆屠杀太平道徒党，一郡多至数千人被杀。

3. 黄巾余威

但是，血腥的屠杀并不能吓倒革命人民。黄巾起义爆发以后，黄河以北的农民纷纷依据山谷，自立名号，反对东汉统治。汉献帝初年，陶谦就指出：

东汉仪仗兵器——矛

黄巾军人数众多，"殊不畏死，父兄歼殪，子弟群起，治屯连兵，至今为患"。可见在黄巾大起义的鼓舞下，各地人民前仆后继、纷纷奋起反抗的英雄气概。主要的如中平二年（185年），张角率众起于博陵（今河北蠡县南），褚燕率众万余人起于真定（今河北正定南），他们曾联合进攻巨鹿郡治瘿陶，战斗在张角的故乡。同时还有黑山、白波、黄龙、雷公、张白骑、李大目等10多支队伍，大股二三万人，小股六七千人，在这一带转战，后来联合为成百万人的大队伍黑山军，"渐寇河内，逼近京师"，一度威胁到汉政权的巢穴，前后经历了20多年才被朱儁、袁绍、曹操等陆续击败。中平五年（188年）二月，黄巾军余部郭大等在西河白波谷（今山西襄汾西）重举义旗，进攻太原、河东（今山西中南部）。四月，汝南葛陂（今河南平舆东）黄巾军攻占郡县。六月，马相在绵竹（今四川绵阳市）聚合数千人起义，杀死县令，自称黄巾军。他们迅速攻克广汉郡治雒县（今四川广汉），杀死益州刺史郗俭。旬月之间，进破蜀郡（治成都，今属四川）、犍为郡（治武阳，今四川彭山），发展到10多万人，马相自称"天子"。还派兵攻破巴郡，杀死太守赵部。十月，青州徐州（今山东东部）黄巾军又起，攻占郡县。献帝初平三年（192年），青州黄巾军也发展到上百万人，他们转攻兖州（今山东西南部），在东平（今山东东平东）击毙刺史刘岱，后来被曹操打败收编。直到建安十二年（207年），还有黄巾军杀死济南国（治东平陵，今山东章丘西）国王刘赟的记载，说明黄巾起义至少延续了20多年，给了东汉王朝以致命的打击。

黄巾起义发动的广泛，计划的周密，阶级对立的鲜明，在中国历史上是空前的，但是黄巾起义发生在封建割据倾向迅速发展，豪强地主拥有强大武装的年代，这种地主武装同官军联合，处处阻截和镇压农民军，迫使农民军不能集中力量发动大规模的进攻。起义高潮过去以后，黄巾余部和黑山军各部人数虽然很多，但是缺乏攻击力量，在敌人的四面八方夹攻中相继失败。

黄巾起义取得了瓦解东汉王朝的伟大成果。极端黑暗的宦官、外戚集团失去了东汉王朝的凭借，经过短暂反复以后也就从历史上消失了。

第三编
军政巨擘与名人纪事

　　东汉是继西汉之后又一个大一统王朝，享国 196 年，与西汉统称汉朝。新莽末年爆发绿林赤眉起义，汉朝宗室出身的刘秀趁势而起。公元 25 年刘秀称帝，定都洛阳，沿用汉的国号。220 年，曹丕篡汉，东汉灭亡，进入三国割据时期。东汉军事上迫使北匈奴西迁，匈奴、羌族、氏族等民族内迁，北匈奴西迁后鲜卑人占据漠北，对后世产生深远影响。

　　风过汉宫，吹开了长乐大殿的门扉，几近推倒了长安城的宫墙——治国平天下的言论流泻而出，征西闯北的轻骑从长安城的大门踢踏而过。东汉时期的政治并没有任何出彩的地方，但它却是中国历史上一个十分重要的朝代。因为在这个时期各行各业，出了许多独领风骚的代表人物、他们所带来的影响，甚至在数千年后的今天依旧源远流长。

第一章　军事名将

一、一统天下兴汉室，三十二将画云台

云台二十八将，是指汉光武帝刘秀麾下助其一统天下、重兴汉室江山的功劳最大、能力最强的 28 员大将。东汉明帝永平三年（公元 60 年），汉明帝刘庄在洛阳南宫云台阁命人画了 28 位大将的画像，称为云台二十八将。云台二十八将里只要和皇室有亲戚关系的都没被列入，如光武的表兄来歙功劳很大，最后也未被列入。

范晔《后汉书》为二十八将立传，称"咸能感会风云，奋其智勇，称为佐命，亦各志能之士也"。这 28 人是汉光武帝在建立东汉的过程中，最具战功的将领。其中功劳最大的当属冯异、岑彭，《后汉书·卷十七》论曰："中兴将帅立功名者众矣，惟岑彭、冯异建方面之号，自函谷以西，方城以南，两将之功，实为大焉。若冯、贾之不伐，岑公之义信，乃足以感三军而怀敌人，故能克成远业，终其全庆也。"

后人还把这些将领与神话传说的天庭二十八星宿名称相对应，这就是"云台廿八宿"。

1. 东方青龙七将

（1）角木蛟高密侯邓禹。

邓禹，字仲华，南阳新野（今河南南阳新野）人，东汉初年著名军事家，云台

云台二十八将图

二十八将第一位。邓禹年轻时曾在长安学习，与刘秀交好。更始元年（公元23年），刘秀巡行河北，邓禹前往追随，提出"延揽英雄，务悦民心，立高祖之业，救万民之命"。邓禹协助刘秀建立东汉，"既定河北，复平关中"，功劳卓著。

刘秀称帝后，封邓禹为大司徒、酂侯。后改封高密侯，进位太傅。永平元年（公元58年）去世，谥号元侯。

（2）亢金龙广平侯吴汉。

吴汉，字子颜，汉族，南阳宛县（今河南省南阳市）人，东汉开国名将、军事家，云台二十八将第二位。吴汉曾任新朝宛县亭长，后在渔阳郡贩马为业。更始元年（公元23年），被任命为安乐令。后归顺刘秀，封偏将军、建策侯。此后，吴汉斩杀苗曾、谢躬，平定铜马、青犊等流民军，协助刘秀建立东汉。

刘秀称帝后，吴汉任大司马、广平侯，先后扫灭刘永、董宪、公孙述、卢芳等割据势力。吴汉死后，谥号忠侯。

（3）氐土貉胶东侯贾复。

贾复，字君文，汉族，南阳冠军（今河南省邓州市西北）人，东汉名将，云台二十八将第三位。贾复儒生出身，新朝末年聚众加入绿林军。归顺刘秀后，随其击信都、攻邯郸、战真定、破邺城、平定郾城、召陵、新息等地，战功赫赫。

建武三年（公元27年），贾复出任左将军。建武十三年（公元37年），定封胶东侯，食邑六县。贾复虽然出身文士，但是临阵果敢、身先士卒，在东汉中兴功臣中以勇武见称。

贾 复

（4）房日兔好畤侯耿弇。

耿弇，字伯昭，汉族，扶风茂陵（今陕西省兴平市东北）人，东汉开国名将、军事家，云台二十八将第四位。耿弇自幼喜好兵事，后劝父投奔刘秀，被任命为偏将军，跟随刘秀平定河北。刘秀称帝后，耿弇封建威大将军、好畤侯。此后，耿弇败延岑、平齐鲁、攻陇右，为东汉的统一立下赫赫战功。

建武十三年，耿弇辞去大将军职。永平元年（公元 58 年），耿弇去世，谥号愍侯。

（5）心月狐雍奴侯寇恂。

寇恂，字子翼，汉族，上谷昌平（今北京市）人，东汉开国名将，云台二十八将第五位。寇恂出身世家大族，原是新朝上谷功曹，后与耿弇一起投奔刘秀，被任命为偏将军、承义侯。此后，寇恂镇守河内，治理颍川、汝南，协助刘秀建立东汉。

刘秀称帝后，寇恂任执金吾，封雍奴侯。建武十二年（公元 36 年）病逝，谥号威侯。

寇　恂

（6）尾火虎舞阴侯岑彭。

岑彭，字君然，南阳郡棘阳县（今河南省新野县）人。东汉中兴名将，云台二十八将之一。原是新莽棘阳县长，长期坚守宛城，抵抗绿林军。后来，归降刘玄，封归德侯，隶属于刘縯。更始帝刘玄杀害刘縯后，归属于大司马朱鲔，迁淮阳都尉，转颍川太守。建武元年（公元 25 年），归降刘秀，拜刺奸大将军，督察众营。刘秀称帝于河北，拜廷尉，行大将军事。建武二年（公元 26 年），逼降许邯，迁征南大将军，封舞阴侯。建武五年（公元 29 年），率军平定荆州。建武八年（公元 32 年），随光武帝攻破天水郡，灭亡隗嚣。

（7）箕水豹阳夏侯冯异。

冯异，字公孙，汉族，颍川父城（今河南省宝丰县东）人，东汉开国名将、军事家，云台二十八将第七位。冯异原为新朝颍川郡掾，后归顺刘秀，随之征战，大破赤眉、平定关中。协助刘秀建立东汉。

刘秀称帝后，冯异被封为征西大将军、阳夏侯。建武十年（公元 34 年）病逝于军中，谥曰节侯。

2. 北方玄武七将

（1）斗木獬鬲侯朱祐。

朱祐，字仲先，汉族，南阳郡宛县（今河南省南阳市宛城区）人。东汉开国名将，云台二十八将之一。

自幼与刘𬙋、刘秀兄弟相识，关系极好，自刘𬙋、刘秀起兵就一直跟随左右，从平河北、围困洛阳、镇压农民起义。虽讨伐邓奉被俘，没有影响刘秀对他的信任，历任护军、偏将军、建义大将军，先后封为安阳侯、堵阳侯、鬲侯。建武二十四年（公元48年），病逝于家中。

（2）牛金牛颍阳侯祭遵。

祭遵，字弟孙，颍川颍阳（今河南襄城县颍阳镇）人。东汉中兴名将，"云台二十八将"之一。祭遵少爱读书，曾为县吏。投奔刘秀后，执法如山，平定渔阳，讨伐陇蜀，协助刘秀建立东汉。刘秀称帝后，任征虏将军，封颍阳侯。克己奉公，喜爱儒术。建武九年（公元33年）春，在军中去世，谥号为成。

（3）女土蝠栎阳侯景丹。

景丹，字孙卿，冯翊栎阳（今陕西省西安市阎良区武屯镇）人，东汉开国名将，云台二十八将第十位。景丹在王莽政权时期担任过固德侯国的相国、朔调连率副贰，更始政权建立之后被任命为上谷郡长史。刘秀和王郎争夺河北时，景丹与耿弇、寇恂、吴汉、王梁、盖延一起率领上谷、渔阳的精锐骑兵去支援刘秀，此后在追随刘秀平定河北的征战中屡立战功，历任偏将军、骠骑大将军，先后封为奉义侯、栎阳侯。建武二年（公元26年），景丹病逝于军中。

（4）虚日鼠安平侯盖延。

盖延，字巨卿，渔阳郡要阳县（今北京市平谷区）人。东汉中兴将领，云台二十八将之一。力大能挽硬弓，以勇力闻名边疆，原为郡守彭宠部下。后来，随同吴汉归顺刘秀，久经战阵，协助刘秀建立东汉。刘秀称帝后，任虎牙大将军，封安平侯，参与消灭王郎、刘永、董宪、苏茂、周建、庞萌、隗嚣、公孙述等割据势力，平定先零羌族。建武十一年（公元35年），拜左冯翊，领兵如故。建武十五年（公元39年），卒于任上。

（5）危月燕合肥侯坚镡。

坚镡，字子伋，颍川襄城（今河南禹州市）人。东汉中兴名将，云台二十八将之一。原为王莽政权官吏，后来投奔刘秀，随同光武帝平定河北，镇压大枪等农民军，协助刘秀建立东汉。刘秀称帝后，拜扬化将军，封强侯。从军围攻洛阳，坚守南阳郡，参与平定邓奉之乱，迁左曹，封合肥侯。建武二十六年（公元 50 年），去世。

（6）室火猪东光侯耿纯。

耿纯，字伯山。汉族，巨鹿宋子傅家庄（今邢台市新河县护驾村）人。耿氏为巨鹿大姓，耿纯曾先后担任过王莽、刘玄政权的官员，后投奔刘秀，参与消灭王郎、刘永等割据势力，镇压铜马、赤眉等农民军，协助刘秀建立东汉，是东汉中兴名将，“云台二十八将”中排名第十三。刘秀称帝后，任东郡太守，封东光侯。

坚 镡

（7）壁水貐朗陵侯臧宫。

臧宫，字君翁，颍川郏县（今属河南郏县）人，东汉中兴名将、云台二十八将之一。臧宫原为小吏，参加农民军后得以追随刘秀，南征北战，屡立战功，是平定蜀地的主将之一。先后受封为成安侯、期思侯、酂侯、朗陵侯。永平元年（公元 58 年），臧宫去世，谥号愍侯。

3. 西方白虎七将

（1）奎木狼杨虚侯马武。

马武，字子张，南阳郡湖阳县（今河南唐河县）人。东汉中兴名将，云台二十八将之一。少年时期，为避仇家，客居江夏郡。后来加入绿林军，为新市兵将领。更始二年（公元 24 年），归顺大司马刘秀，任捕虏将军，随军南征北战、平定四方，协助刘秀建立东汉。光武帝即位后，拜侍中、骑都尉，定封杨虚侯，因留奉朝请。汉明帝即位，大破西羌。永平四年（公元 61 年），卒。

（2）娄金狗慎侯刘隆。

刘隆，字元伯，汉族，南阳（治今河南南阳）人，汉朝安众侯的宗室，因父亲参加反王莽活动，被灭族，刘隆仅以身免。长大后参加反对王莽政权的活动，后投奔刘秀，久经战阵，协助刘秀建立东汉，是东汉中兴名将，

"云台二十八将"中排名第十六。

（3）胃土雉全椒侯马成。

马成，字君迁。汉族，南阳郡棘阳（今河南新野）人。马成原是王莽政权的县吏，投奔刘秀后，久经战阵，参与消灭王郎、刘永、李宪、隗嚣、公孙述等割据势力，协助刘秀建立东汉，是东汉中兴名将，"云台二十八将"中排名第十九。刘秀称帝后，任扬武将军，封平舒侯，后改封全椒侯。

（4）昴日鸡阜成侯王梁。

王梁，字君严，渔阳要阳（今北京密云）人，云台二十八将第十八位。原为渔阳郡狐奴令，后投奔刘秀，被拜为偏将军，刘秀占领邯郸后，封王梁为关内侯，刘秀称帝后，王梁历任野王令、大司空、河南尹、济南太守，先后封武强侯、阜成侯。建武十四年（公元38年）去世。

（5）毕月乌祝阿侯陈俊。

陈俊，字子昭，南阳郡西鄂县（今河南省南召县）人，云台二十八将之一。早年跟随刘嘉，后经刘嘉推荐投奔刘秀，参加了剿灭河北农民军、平定关东刘永、董宪、张步等割据势力的作战，刘秀称帝后，历任强弩将军、强弩大将军、泰山太守、琅邪太守，先后封新处侯、祝阿侯。建武二十三年（公元47年）去世。

（6）觜火猴昆阳侯傅俊。

傅俊，字子卫，颍川郡襄城人，原为襄城的亭长，刘秀起兵之后，投奔刘秀，因此被灭族。傅俊随刘秀参加了昆阳大战、平定河北之战、讨伐董訢、邓奉、秦丰、田戎的南征之战，还独自领军平定了江东六郡。傅俊忠心耿耿、屡立战功，历任骑都尉、侍中、积弩将军，被封为昆阳侯。建武七年（公元31年），傅俊去世，谥威侯。

（7）参水猿参蓬乡侯杜茂。

杜茂，字诸公，汉族，南阳郡冠军县（今邓州市张村镇冠军）人，在刘秀平定河北时投奔，随刘秀平定河北，剿灭五校农民军，消灭刘永余部，辅佐刘秀建立东汉王朝。

傅俊

在云台二十八将排第 20 位。历任中坚将军、大将军、骠骑大将军，先后受封为乐乡侯、脩侯、参蘧乡侯。建武十九年（公元 43 年）卒，子杜元嗣。

4. 南方朱雀七将

（1）井木犴安成侯铫期。

铫期，字次况，汉族，颍川郡郏县（今属河南郏县）人。东汉大将，云台二十八将之一。铫期在冯异的举荐下投到刘秀门下，成为刘秀落难洛阳之时少数心腹之一，后来随刘秀平定河北，消灭了王郎及铜马、青犊等流民军，并长期镇守魏郡，为建立东汉立下赫赫功劳。历任偏将军、虎牙大将军、魏郡太守、太中大夫、卫尉。受封安成侯。

（2）鬼金羊淮陵侯王霸。

王霸，字元伯，汉族，颍川颍阳（今河南许昌西南襄城县）人，东汉将领，云台二十八将之一。王霸生性喜欢法律，初为监狱官。光武帝路过颍阳时，王霸归附光武帝，随光武帝打败王寻、王邑。建武十年（公元 34 年），王霸与吴汉等四位将军率领六万人，打败卢芳部将贾览及匈奴联军。建武十三年（公元 37 年），改封向侯。当时，卢芳和匈奴、乌桓联合，王霸总计和匈奴、乌桓大小几十上百次交战，很熟悉边疆军事，多次上书说应与匈奴结亲讲和，又建议由温水漕运运输，省去陆路运输辛劳，建议都得到实施。建武三十年（公元 54 年），改封淮陵侯。公元 59 年，因病去世。

（3）柳土獐阿陵侯任光。

任光，字伯卿，南阳宛城人。云台二十八将之一。原为宛城小吏，在刘缤攻破宛城后，投降汉军，随后参与了昆阳之战。更始元年，被封为信都郡太守。王郎起兵之后，他据城迎接刘秀，使刘秀有了反攻的基地。刘秀称帝后封任光为阿陵侯。建武五年（公元 29 年）冬，病逝。

（4）星日马中水侯李忠。

李忠，字仲都，东莱黄县人，

王 霸

云台二十八将第二十五位。更始二年（公元 24 年），李忠和任光、万脩迎接刘秀入信都，任右大将军、封武固侯，后随刘秀灭王郎、平河北，刘秀称帝后，任五官中郎将，封中水侯，后又参加平定庞萌、董宪的战争，后任丹阳太守，政绩突出。建武十九年（公元 43 年）去世。

（5）张月鹿槐里侯万脩。

万脩，字君游，扶风茂陵（今陕西兴平）人，东汉大将，云台二十八将之二十六。现一般写作万修（亦写作万休）。万脩在更始政权时期被任命为信都令，刘秀宣慰河北之时，王郎起兵追捕刘秀，当时河北的郡国大多投降王郎，只有万脩与信都太守任光、信都都尉李忠等人据守信都郡迎接刘秀，使刘秀有了反攻的基地。此后随刘秀击破邯郸、平定河北。历任偏将军、右将军，先后被封为造义侯、槐里侯。建武二年（公元 26 年），万脩奉命与扬化将军坚镡共攻南阳郡，因病在军中去世。

（6）翼火蛇灵寿侯邳彤。

邳彤，字伟君，信都郡信都县（今河北省衡水市冀州区）人。东汉中兴将领，云台二十八将之一。王莽政权时期，担任和成郡卒正。更始帝刘玄称帝，拜和成太守。王郎起兵之后，据城坚守，以待大司马刘秀。随同刘秀平定王郎之乱，拜和成太守，封为武义侯。刘秀即位，封灵寿侯，署理大司空，迁太常、少府、左曹侍中。建武六年（公元 30 年），辞官归国，病逝于家。在河北安国市一带的传说中，尊奉邳彤为"药王"。

（7）轸水蚓昌城侯刘植。

刘植，字伯先，右北平郡昌城（今河北巨鹿县）人。东汉中兴名将，云台二十八将之一。王莽末年，据昌城自守。后来，归顺刘秀，协助招降刘扬。久经战阵，平定河北，协助刘秀建立东汉。刘秀称帝后，封昌城侯，随军攻下洛阳。建武二年（公元 26 年），平定密县叛乱时阵亡。

5. 云台三十二将

除此之外，还有王常、李通、窦融、卓茂等四人入画，但不在二十八将之列，合称云台三十二将。

（1）山桑侯王常。

王常（？—公元 36 年），字颜卿，颍川郡舞阳县（今河南舞阳县）人。东汉初年将领，云台三十二将之一，但不在二十八将之列。

王莽末年，为弟报仇，逃亡江夏。后来加入绿林军，担任偏将，攻打邻县。

公元 23 年，更始帝即位，以为廷尉、大将军，封知命侯。更始帝建都长安，命署南阳太守事务，自行生杀赏罚大权，晋封邓王，赐姓刘氏。

更始帝失败后，归附光武帝刘秀，担任左曹，封山桑侯。受命攻打邓奉、董欣，平定各处屯聚军队。建武五年（公元 29 年），攻下湖陵，打败苏茂和庞萌，又与骑都尉王霸平定沛郡乱贼。公元 30 年，西屯长安，抵御隗嚣。建武七年（公元 31 年），拜横野大将军，地位高于其他将领。分兵打败隗嚣属将高峻，挥师逼降羌人各部武装。建武九年（公元 33 年），北上屯兵故安，抵御卢芳。建武十二年（公元 36 年），在屯所去世，谥号为节。

（2）固始侯李通。

李通（？—公元 42 年），字次元，南阳郡宛县（今河南省南阳市宛城区）人。东汉开国功臣，位列云台三十二人，但不在二十八将之列。

世代经商，成为南阳豪族。起家五威将军从事，迁巫县丞。跟随刘秀兄弟起兵，参加春陵军。更始帝刘玄即位，拜为柱国大将军，封辅汉侯，迁大将军，封西平王。迎娶刘秀之妹刘伯姬为妻，忠心辅佐光武帝，为建立东汉王朝立下汗马功劳，深得光武帝恩宠。历任卫尉、大司农、前将军、大司空等，封为固始侯。

建武十八年（公元 42 年），去世，谥号为恭，其子李音袭爵。

（3）安丰侯窦融。

窦融（公元前 16—公元 62 年），字周公。扶风平陵（今陕西咸阳西北）人。新莽末至东汉时期军阀、名臣，云台三十二将之一。

王莽掌权时，窦融担任强弩将军司马，参与镇压翟义、赵明起义。新莽末年，窦融曾随王匡镇压绿林、赤眉军，拜波水将军。后归刘玄，为张掖属国都尉。刘玄败，被推行河西五郡大将军事，据境自保。

刘秀称帝后，窦融遂决策归汉，授职凉州牧，从破隗嚣，封安丰侯。而"窦融归汉"也成为后世的著名典故。建武十二年（公元 36 年）入朝，历大司空、将作大匠、行卫尉事。永平三年（公元 60 年），绘像于南宫云台。

李 通

卓 茂

晚年因家族子弟放纵不法而遭到责让。

永平五年（公元62年），窦融去世，年78岁，谥号"戴"。

（4）褒德侯卓茂。

卓茂（？—公元28年），字子康，南阳郡宛县（今河南省南阳市宛城区）人。汉朝大臣，云台三十二将之一。

生性仁爱恭谨，颇受乡邻朋友喜爱。汉元帝时，前往长安求学，师从博士江生，学习《诗经》《礼记》和历法算术，深得师傅之学，号称"通儒"。初为丞相府史，颇受丞相孔光称赞，后任黄门侍郎。出为密县令，政绩突出，深得百姓爱戴、官吏信服。王莽执政时，升任京部丞。王莽篡汉，称病辞官回乡。更始元年（公元23年），担任侍中祭酒，得知更始政权政局混乱，以年老为由告老回家。

东汉建立后，前往河阳觐见光武帝刘秀，拜太傅，封褒德侯。建武四年（公元28年），卓茂去世，光武帝身着丧服送葬。汉明帝即位，补位云台三十二将。

二、斩将破军运帷幄，云台英明排第一

邓禹（公元2—公元58年），字仲华，南阳新野（今河南南阳新野）人，东汉初年名将，军事家，云台二十八将第一位。

1. 早年经历

邓禹13岁时，就能朗诵诗篇，在长安（今西安）从师学习，当时刘秀也游学京师，邓禹虽年轻，见到刘秀后，就知道他不是一位普通人，就与他亲密交往。数年后回家。等到汉兵起，更始帝即位，豪杰们多举荐邓禹，邓禹不肯相从。后来听说刘秀安定河北，邓禹就驱马北渡黄河，追刘秀到邺县。

刘秀见到邓禹很喜欢，对邓禹说："我有任免官吏的特权，你远道而来，难道是想做官吗？"邓禹说："不愿做官。"刘秀说："即便这样，想干什么呢？"邓禹说："但愿明公威德加于四海，我得为明公效尺寸之力，垂功名于史册

哩。"刘秀大笑。

邓禹进言说："更始虽然定都关西，但现在山东没有安定，赤眉、青犊之流，劫辄以万数，三辅一带，往往群聚假借名号。更始既没有挫败过他们，而他们也不听指挥裁决，各将领都是些庸人崛起，志在发财，争用威力，早晚图快乐罢了，并没有忠良明智，深谋远虑，真想尊重主上安抚百姓的。四方分崩离析，形势清楚可见。明公虽然建立了辅佐王室的功劳，恐怕也难成大业。为今之计，不如延揽四方英雄，务必取悦民心，建立高祖的伟业，拯救百姓万民的生命。以公的德才平定天下，是足可以平定的。"刘秀大悦，因此令左右的人称邓禹为邓将军。让他住宿在帐中，共同商定策略计划。等到王郎起兵，刘秀从蓟到信都，派邓禹征发各郡国的"快速部队"，得数千人，令他亲自率领，另去攻拔乐阳县，又跟刘秀到广阿，光武住在城楼上，打开地图，指示邓禹说："天下的郡国这样多，如今仅得了一个，你以前说以我的德才是足可以平定天下的，为什么呢？"邓禹说："现在海内混乱，人们思念明君，就像婴儿思慕慈母一样。古代兴大业得天下的，在于德的厚薄，而不是土地的大小。"刘秀听后很高兴。

当时任用将领，多访问于邓禹，邓禹所荐举的人才，都能才职相称，刘秀认为邓禹知人。派他另率骑兵，与盖延等击铜马于清阳。盖延等先到，战不利，退回保城，被铜马军所困，邓禹进兵与贼战，把铜马军打败，活捉了他们的大将。从刘秀追击铜马军到蒲阳，连战连胜，北州大致平定。

2. 引兵西进

更始二年（公元 24 年），青州兵西入函谷关。刘玄派定国上公王匡、襄邑王成丹、抗威将军刘均及诸将，分据河东、弘农以拒之。赤眉军人多，王匡等莫能当。刘秀估计长安将来必为赤眉所破，想乘机夺取关中。刘秀知邓禹沉深有大度，拜邓禹为前将军，行王事，率精兵二万前往，并令其自选偏裨以下的人与其同去，邓禹以韩歆为军师，李文、李春、程虑为祭酒，

邓禹

冯愔为积弩将军，樊崇为骁骑将军，宗歆为车骑将军，邓寻为建威将军，耿欣为赤眉将军，左于为军师将军，引兵西进。

建武元年（公元 25 年）正月，邓禹率军越太行山，出箕关进取河东（山西省南部地区）。河东都尉闭关拒守，经战十日，大破守军，夺获大批军资粮秣。继而又率军围安邑（今山西省夏县西北），但数月未能攻下。更始大将军樊参率数万人，渡大阳欲攻邓禹，邓禹派诸将在解南迎战，大破敌军，斩樊参。于是王匡、成丹、刘均等合军十余万，共击邓禹。初战，邓禹失利，樊崇战死。天黑后双方停战，军师韩歆和诸将见气势已挫，都主张乘夜退走，邓禹不从，认为王匡之军虽多，但势不强。第二天利用王匡停止进攻之机，重新组织队伍，调整部署。第三天清晨，王匡尽出其军攻打邓禹，邓禹令军中不得妄动，严阵以待，坚守不出。待王匡军至营前，猝然击鼓，全师猛扑，大破王匡军。王匡军至等皆弃军而逃，邓禹率轻骑急追，俘刘均及河东太守杨宝、持节中郎将弭强，将其斩杀，收得节六，印绶 500，兵器不可胜数，遂定河东。

同月，刘秀已在鄗邑（今河北省柏乡县北）即帝位，派使者持节拜邓禹为大司徒。并说："诏令前将军邓禹：深执忠孝，与我运筹帷幄之中，决胜千里之外。孔子说过：'自从我有了颜回，弟子们日益亲密。'斩将破军，平定山西，功勋尤著。如果百姓不亲，缺少五常的训导，你作为司徒，应对百姓施行五常的教化，五常的教化在于宽厚。今派遣奉车都尉授你印绶，封为酂侯，食邑万户。"邓禹这时只有 24 岁。

河东既定，邓禹又率得胜之师于汾阴（今山西省宝鼎）渡河，入夏阳（今陕西省韩城东南）。更始中郎将左辅都尉公乘歙，带其部众十万，与左冯翊兵共同拒邓禹于衙县，邓禹再次将其攻破赶走，而赤眉军就进入长安。这时三辅的军队接连覆败，赤眉军所过之处残暴掠夺，百姓不知所归。听说邓禹每每乘胜独克而部队纪律严明，于是都望风扶老携幼迎接邓禹军队，归从的日以千数，人众号称百万。邓禹每到之处，常停车住节，慰劳问好，父老童稚，白发垂髫，挤满在他车下，莫不感激欢乐，于是邓禹名震关西。刘秀非常高兴，几次写信赞扬他。

3. 顾全大局

邓禹部众皆劝入关，直接进攻长安。但邓禹却取持重态度，不欲速进，便对众将说："不然，现在我部众虽多，但能打仗的却少，前面没有可依赖的积蓄，后面也没有可供转运的资财。赤眉军刚刚攻取长安，财富充实，士气锐不可当。然而盗贼群居，无整天的打算，财谷虽多，变故万端，哪能坚守下去呢？上郡、北地、安定三郡，地广人稀，谷米牲畜多，我们暂时整军北道，就粮养士，以观察赤眉军的弱点，才可以设法进攻他们哩！"于是引军北至縕邑县。邓禹所到之处，击破赤眉军别将诸营堡，郡县都开门归附。西河太守宗育遣儿子手捧邓禹晓谕各地的文书归降，邓禹派遣他到国都去。

刘秀因关中未定，邓禹又久不进兵，遂下诏催促邓禹进兵长安，诏令说："镇抚西京，司徒，是尧；亡贼，是桀。长安的官吏民众，惶惶无所依归。应掌握时机进讨，安定抚慰西京，以维系百姓的心。"邓禹仍坚持前意，派军攻取上郡（今陕西榆林东南）诸县，留将军冯愔、宗歆守栒邑。自统主力平定北地（今甘肃庆阳和宁夏吴忠一带）。但冯愔、宗歆二人争权相攻，冯愔遂杀宗歆，因而反击邓禹。邓禹遣使问计于刘秀，刘秀问使者冯愔最要好的人是谁，使者说是护军黄防。刘秀猜冯愔、黄防不能久和，回报邓禹说："逮捕冯愔的人，一定是黄防。"于是派遣尚书宗广拿着符节招降黄防。

一个月后，黄防果然抓住冯愔。率领其部众归罪。更始诸将王匡、胡殷等都到宗广处投降，与宗广一起东归。到了安邑，王匡等想中途逃跑，宗广把他们都杀了。冯愔到洛阳，赦免不杀。

建武二年（公元 26 年）春，刘秀遣使者改封邓禹为梁侯，食邑四县。这时赤眉军西走扶风，邓禹才往南至长安，驻军昆明池，用酒食大宴士卒。率领诸将军沐浴更衣斋戒，选择吉日，演习礼仪祭祀高祖庙，收了十一帝的神主，派使者捧到洛阳，因而巡视园陵，特安置官吏士卒奉祀守陵。邓禹率兵与延岑战于蓝田，不胜，再就食云阳。汉中王刘嘉到邓禹处投降。刘嘉相李宝傲慢无礼，邓禹把他杀了。

李宝的弟弟收集李宝部众击邓禹，并杀了将军耿欣。自从冯愔反叛后，邓禹的威望受到损害。这时赤眉军再次还

邓 禹

入长安，邓禹与之战，败走，到了高陵，军士饥饿，都吃枣菜度日。刘秀于是让邓禹回来，诏令说："赤眉缺粮，自然会向东而来，我只要折断策马的杖去鞭打他就可把他打败。不是诸将值得忧虑的，不要再妄动进兵。"邓禹以受任而功不成为惭愧，几次驱饥饿之兵去征战，常不利。

4. 交战失利

建武三年（公元 27 年）春，邓禹率部至湖县（今陕西潼关东），邀冯异共同迎战赤眉军。冯异认为赤眉军尚强，应放其过去，东西夹击才能获胜。邓禹及其部将车骑将军邓弘邀功心切，急于迎战。邓弘率部与赤眉军大战整日，赤眉军伴败弃辎重退走，车上尽装泥土，仅用豆子覆盖在表面，邓弘军士卒争相取食。赤眉军乘机还军猛攻，邓弘军大败。邓禹、冯异合兵救之，赤眉军退。邓禹复战，大败，死伤 3000 余人，只带 24 骑逃归宜阳。冯异亦被击败，弃战马徒步逃出，退至回豀阪（位于湖县西），坚壁自守。

邓禹因此战失利，引咎交上大司徒、梁侯印绶。数月后，拜右将军。

5. 晚年生活

建武四年（公元 28 年）春，邓禹与复汉将军邓晔、辅汉将军于匡在邓击败延岑，邓禹追至武当，再破其军，延岑逃往汉中，部众都投降。

建武十三年（公元 37 年），天下平定，刘秀加封功臣，封邓禹为高密侯，食邑高密、昌安、夷安、淳于四县。光武帝因邓禹功高，又封其弟邓宽为明亲侯。后来左右将军的职衔撤销了，按特进朝见皇帝。邓禹内尚文明，行为忠厚淳朴而且周密，服侍母亲非常孝顺。天下已经平定，常常想疏远名势。有子女 13 人，让他们各掌握一门技艺。整饬家规，教养子孙，都可以成为后世的楷模。一切用度都取之于封地赋税，不修私产不谋私利。因此刘秀更加尊重他。

建武中元元年（公元 56 年），再代理司徒职务。从帝巡视山东，到泰山筑坛祭天。

刘庄即位后，因邓禹是先帝元勋，拜为太傅，朝见时令他东向站立尊如宾客，甚见尊宠。居岁余，卧病，刘庄几次亲临问候。

永平元年（公元 58 年），邓禹去世，享年 57 岁。谥曰元侯。

三、勇鸷有谋征四方，差强人意敌一国

吴汉（？—公元 44 年），字子颜，南阳宛县（今河南省南阳市宛城区）

人。东汉开国名将、军事家，云台二十八将第二位。

1. 早年事迹

吴汉出身贫苦，后来在县中当亭长。

新朝末年，吴汉因门下宾客犯法，逃到渔阳郡，以贩马为业，往来于燕蓟之地（今河北北部及北京市一带），交结各地豪杰。更始元年（公元23年），刘玄称帝，派使者韩鸿招降河北各州郡。有人告诉韩鸿："吴子颜是位奇士，可以与他计事。"韩鸿召见吴汉，对他非常器重，以刘玄的名义委任他为安乐县（今北京市顺义区附近）县令。

2. 投奔刘秀

更始二年（公元24年），王郎诈称汉成帝之子，在邯郸起事，派人到河北招降，而刘秀此时也在经略河北。吴汉素闻刘秀有长者之风，决心归附，并对渔阳太守彭宠道："渔阳、上谷突骑，天下闻名。您为什么不集合二郡的精锐，归附刘公攻击邯郸呢，这是难得的功劳哩。"彭宠虽然愿意，但官属都想归附王郎。

吴汉辞去后，在路上见到一个儒生，儒生认为刘秀所过之处，郡县归心。吴汉便诈为刘秀亲笔书信，移檄渔阳，让儒生交给彭宠，令他把所听到的话去说服彭宠，吴汉也跟着到渔阳。彭宠深以为然，派吴汉与上谷诸将会师南进。吴汉等人沿途击斩王郎将帅，终于在广阿（今河北隆尧县）追上了刘秀。刘秀任吴汉为偏将军，使其率骑兵围攻邯郸，攻克邯郸后，赐号建策侯。

3. 横扫河北

为了补充兵源，刘秀准备到幽州征兵，但又顾虑刘玄任命的幽州牧苗曾从中作梗。晚间召见邓禹，询问谁可完成征兵任务。邓禹推荐吴汉，并说："其人勇鸷有智谋，诸将鲜能及者。"刘秀乃拜吴汉为大将军，持节征发幽州十郡骑兵。苗曾听说后，果然暗中部署，并命各郡不得发兵。吴汉率领随从20人前去苗曾驻地无终（今河北蓟州区）。苗曾以为吴汉没有防备，便亲自出城迎接。吴汉乘其不备，令随从将其就地斩杀，夺其兵马。幽州各郡震恐，莫不望风服从。吴汉征调全部兵员南下，与刘秀会师清阳（今河北清河县东南）。

诸将见吴汉士马甚为强盛，都认为他不肯分兵给别人。吴汉回到幕府，呈上军士名簿，诸将都请求将兵士调拨麾下。刘秀笑道："以前恐怕他不肯

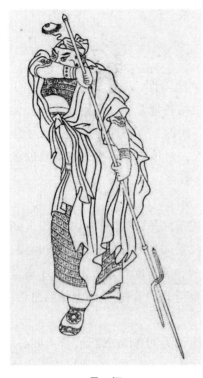

吴 汉

与人，现在提出请求的为什么又这样多呢？"诸将尽皆羞惭。

起初，更始派尚书令谢躬率六将军攻打王郎，刚好刘秀赶到，共同平定邯郸。谢躬裨将抢劫掳掠，刘秀深为憎恨，虽都在邯郸，还是分城而处。后来，谢躬率兵数万，还屯邺城（今河北磁县南）。刘秀南击青犊农民军，并请求谢躬挡住尤来农民军。青犊军被击破后，尤来军果然进犯，北走隆虑山。谢躬留大将军刘庆、魏郡太守陈康守邺城，自己率诸将军攻击尤来军。结果，尤来军奋力死战，谢躬大败。

刘秀乘谢躬北征，令吴汉、岑彭袭取邺城。吴汉派人劝降陈康，陈康乃开城投降，并献谢躬妻子。谢躬兵败而回，不知陈康反叛，入城之后，被吴汉杀死。

此后，吴汉随刘秀北上进攻铜马、重连、高湖各支农民军，常率突骑冲锋陷阵。刘秀平定河北后，吴汉又与诸将一同劝进。刘秀即位后，根据谶语任命孙咸为大司马，导致群臣反对。刘秀只得让群臣推举，群臣都推选吴汉与景丹。刘秀认为吴汉有"诛苗幽州、谢尚书"的功劳，封其为大司马，统率全军，更封舞阳侯。不久，吴汉率朱祐等11将讨伐朱鲔，围困洛阳。

4. 征讨关东

建武二年（公元26年），吴汉率王梁、耿弇等九人共击檀乡农民军于漳水，大破敌军，收降十万余人。刘秀派使者封吴汉为广平侯，食邑四县。后来，吴汉率诸将击邺西山贼黎伯卿等，追到河内脩武，攻破贼兵所有屯聚。刘秀亲自赶来抚问慰劳，又遣吴汉进兵南阳郡，攻取宛、涅阳（今河南南阳市西南）、郦（今南阳市北）、穰（今河南邓州市）、新野诸城。吴汉在南阳放纵部下劫掠乡里，致使民怨沸腾，结果逼反了破虏将军邓奉。不久，吴汉引兵南下，与秦丰战于黄邮水，大破秦丰；又与偏将军冯异击溃铜马、五幡等农民军。

建武三年（公元 27 年）春，吴汉率领耿弇、盖延进攻轵县（今河南济源市南）地区的青犊农民军，迫使农民军投降。此后，吴汉又率领杜茂、陈俊等南下攻打梁王刘永，将其大将苏茂围困在广乐（今河南虞城北）。刘永部将周建率兵来救，吴汉以轻骑接战，结果坠马伤膝，只得还营养伤。诸将道："大敌当前而公伤卧，众心惧矣！"吴汉裹创而起，杀牛饱飨士卒，激励三军，士气大振。次日天明，周建、苏茂出兵围吴汉。吴汉选精兵为前锋，奋力还击，大破敌军，苏茂、周建弃城突围出走。吴汉留杜茂、陈俊守广乐，自率大军与盖延将刘永围困在睢阳（今河南商丘市）。不久，城中食尽，刘永被部将杀害。

建武四年（公元 28 年），吴汉率陈俊、王梁在临平击破五校农民军，一直追到东郡箕山。此时，鬲县五姓豪强造反，驱逐县长。吴汉认为鬲县造反，是县长的责任，于是将县长逮捕，传檄各郡。五姓豪强自动开城投降，诸将尽皆拜服。同年冬，吴汉率耿弇、王常在平原击破富平、获索农民军。

建武五年（公元 29 年），农民军夜攻汉营，军中惊乱，吴汉坚守不动，不久军心安定。吴汉连夜发精兵出营突击，大破敌军，追讨余党，一直追到无盐县，进击勃海。不久，吴汉随刘秀东征董宪，围困朐城。建武六年（公元 30 年），吴汉攻破朐城，斩杀董宪。至此，东方诸郡国完全平定。

5. 攻伐陇右

关东平定后，隗嚣又反，刘秀命吴汉率军镇守长安。建武八年（公元 32 年），吴汉随刘秀西征隗嚣，与岑彭围隗嚣于西城，关中诸郡甲卒亦奉调围城。刘秀东归前，告诫吴汉道："诸郡甲卒但坐费粮食，若有逃亡，则沮败众心，宜悉罢之。"吴汉与诸将以兵多势众，留诸郡兵以借其力，遂不遵命。后来果然粮食短缺，士卒逃亡。隗嚣部将行巡，周宗亦率所借蜀兵前来救援，吴汉终以军粮不继而告败退。

6. 平定蜀地

建武十一年（公元 35 年），吴汉率征南大将军岑彭自荆州入蜀讨伐公孙述。岑彭攻破荆门后，率领大军长驱入蜀。吴汉留守夷陵，修理舟船，事毕率所部三万人溯江西上。适逢岑彭遇刺，吴汉兼领其军。建武十二年（公元 36 年），吴汉率部与公孙述大将魏克、公孙永大战于鱼涪津，大破蜀军，遂北上进攻武阳，击溃来救的蜀将史兴，攻下广都，前锋直逼成都。

吴汉雕像

刘秀曾经告诫吴汉："成都有十多万部队，不可轻视。只要坚守广都，待他们来攻时，不要与他们争锋。如果他们不敢来攻，你转营强迫他们接战，必须等到他们精疲力竭，才可以发起攻击。"吴汉求胜心切，率兵二万进逼成都，倚江为营。自驻江北，留副将刘尚率万余人屯守江南，相距20余里，在江岸修筑浮桥作为联络。刘秀闻知大惊，遣使责问吴汉道："我对你下过许多指令，为什么事到临头又乱套了呢？既轻敌深入，又与刘尚另建营垒，如事情急迫，就来不及了。敌军如果出兵牵制你，而以大兵攻刘尚，刘尚被攻破了，你也就败了。幸亏现在没事，你赶快引兵回广都。"诏书尚未赶到，公孙述便已派谢丰、袁吉率兵十余万围攻吴汉，另派万余人攻刘尚，使其两不能救。

吴汉与谢丰大战一日，兵败还营，召诸将训话："今与刘尚二处受围，势既不接，其祸难量。欲潜师就尚于江南，并兵御之。若能同心一力，人自为战，大功必立；如其不然，败必无余。成败之机，在此一举。"诸将应诺。于是闭营三日不出，乘谢丰等不备，夜间拔营疾走与刘尚合军。谢丰、袁吉发觉后急忙率兵追击，吴汉等奋力迎战，大败蜀军，斩谢丰、袁吉。

吴汉回到广都后，留刘尚拒公孙述，上书报告刘秀，而且自我谴责。刘秀道："你回广都，很是适宜，公孙述必不敢忽略刘尚而攻击你。如果他先攻刘尚，你从广都五十里率全部步骑赴敌，刚好遇到他的危困，必可破蜀兵。"此后，两军激战于广都、成都之间，汉军八战皆捷，围困成都。公孙述自率数万人出城大战，吴汉使护军高午、唐邯率精兵数万人冲锋陷阵。蜀兵大乱，高午冲入阵中刺伤公孙述，公孙述返回城中伤重而亡。次日，公孙述大将延岑开城出降。吴汉率部入城，放兵大掠，族灭公孙述、延岑家族，烧毁宫室，残杀百姓。刘秀大怒，严词谴责吴汉，又指责副将刘尚失吊民伐罪之义。

7. 晚年生活

建武十三年（公元 37 年）正月，吴汉旅浮江而下，到达宛城后，奉诏令祭祖。公元 39 年（建武十五年），吴汉再率马成、马武北击匈奴，把雁门、代郡、上谷官吏人民六万余口，迁徙安置到居庸关、常山关以东。

建武十八年（公元 42 年），蜀郡守将史歆在成都谋反，自称大司马，进攻太守张穆。张穆逃奔广都，史歆就移檄到郡县，而宕渠杨伟、朐月忍徐容等各起兵响应史歆。刘秀因史歆曾是岑彭的护军，精通军事，所以派遣吴汉率领刘尚及太中大夫臧宫率万余人前往讨伐。吴汉进入武都，征发广汉、巴、蜀三郡兵围困成都。后成都城破，史歆被杀。吴汉乘筏沿江而下巴郡，杨伟、徐容等惶恐解散，吴汉杀其大帅 200 多人，将其党与百家迁徙到南郡、长沙。

建武二十年（公元 44 年），吴汉病危。刘秀亲临看望，并问吴汉后事。吴汉道："臣愚昧无知，只愿陛下慎重不要轻易赦免罪犯而已。"吴汉去世后，刘秀赐谥号忠侯，并发北军五校、兵车、甲士为其送葬，效法大将军霍光的丧礼。

吴汉性格好强、每次出征，刘秀都放心不下。诸将见战阵不利，有的便惶恐畏惧，失去斗志。而吴汉意气如常，正整理武器，审阅兵马。刘秀知道后叹道："吴公差强人意，隐若一敌国矣。"

吴汉出征后，妻子在家购置田业。吴汉回来后，责备妻子道："军师在外，官吏士卒供养不足，何必多买田宅？"于是尽数分给昆弟们和外家。

四、中兴名将威阳王，文武双全征羌侯

1. 冯异

冯异（？—公元 34 年），字公孙。颍川父城（今河南宝丰东）人。东汉中兴名将，"云台二十八将"之一。

冯异素好读书，精通《左氏春秋》《孙子兵法》，早年曾为王莽效力。地皇三年（公元 22 年），刘縯、刘秀兄弟起兵时，冯异以郡掾的身份监五县，与父城长官苗萌守城抵御刘秀。后出巡属县时，冯异被汉兵捕获，投降了刘秀，愿意镇守父城。他回到父城，说服苗萌归附了刘秀。不久，刘秀率军南还宛地，更始帝前后派十几名将领来攻打父城，冯异坚守城邑，决不投降。等到刘秀升任司隶校尉再过父城，冯异则大开城门，献上牛酒。刘

冯异

秀任命冯异为主簿，苗萌为从事。冯异又推荐了一群小同乡，如铫期、叔寿、段建、左隆等人，刘秀一律任命为掾吏，把他们带回洛阳。

更始帝几次想派刘秀巡行河北，诸将都不同意。当时，曹竟为左丞相，他的儿子曹诩任尚书，冯异劝刘秀跟他们深相结纳。后来，由于曹氏父子力劝，更始帝命刘秀持节渡河，镇抚河北诸郡。冯异劝刘秀乘机快点分派官属，巡行郡县，清理冤结，广布惠泽，以使天下归心。刘秀采纳了他的建议，一到河北，便派冯异和铫期抚循属县。冯异等所到之处，平释囚徒，抚恤鳏寡，亡命投案者不咎既往，并了解两千石的长吏，暗中考察他们是同心还是不愿归附，然后把名单上报给刘秀。

更始元年（公元23年）十二月，刘秀的部队到达信都（今河北衡水东），刘秀派冯异去河间招募兵众，回来后任命为偏将军。接着，冯异又随军大破在邯郸称帝的王郎，被封为应侯。

冯异为人谦和礼让，从不居功自傲。道遇诸将，往往驱车让路。进止皆有表识，军中号为整齐。每到一地，安营完毕，将领们总是坐在一起论功希赏，冯异则常常独自避坐大树之下，不与其事。因此，军中都称他为"大树将军"。攻破王郎，刘秀整编部队，对将领也做了调整，使之各有统属。军中吏士纷纷愿从"大树将军"，刘秀对他则更为欣赏重视。此后，冯异在北平击破铁胫军，并击降匈奴于林阁顿王，战功卓著。

攻破王郎后，刘秀声威壮盛，遂与更始帝决裂。更始帝派舞阴王李轶、大司马朱鲔等率领30万大军驻守洛阳，刘秀则任命冯异为孟津将军，与河内太守寇恂一起抵拒朱鲔等人。冯异写信给李轶，晓以利害形势，劝他早日归附刘秀。李轶表示愿意归附刘秀，答应不再与冯异争锋。冯异借此机会北攻天井关，攻克上党两座城池，又南进攻克河南成皋以东13个县和各处兵营，收降10多万敌军。随后，冯异大败朱鲔，朱鲔败逃，冯异追赶到洛阳，耀武扬威，绕城一周而归。

冯异写信给刘秀报告战况，将领们纷纷向刘秀祝贺，并劝他速登帝位。刘秀不能决断，下令召回冯异，询问四方情况。冯异说："宜从众议，上为社稷，下为百姓。"于是，冯异便与众将一起，推戴刘秀在鄗（今河北柏乡）即皇帝位，建元建武，是为东汉光武皇帝。建武二年（公元 26 年），光武帝封冯异为阳夏侯。

当时，赤眉军和延岑的部队活动于三辅地区，郡县的世家大族也拥兵滋乱。大司徒邓禹无法平定，光武帝刘秀命令冯异前往征讨。冯异引军向西行进，所到之处，施恩于民，取信于民。弘农地区原有十几个自立为将军的，但由于冯异威行信成，他们都率众归降。

冯异在华阴和赤眉军相遇，两军相持了 60 多天，发生了几十次战斗，冯异击降赤眉将领刘始、王宣所部 5000 多人。建武三年（公元 27 年），朝廷任命冯异为征西大将军。这时，大司徒邓禹与车骑将军邓弘引兵东归，也到达华阴，并要求与冯异合兵进攻赤眉军。邓弘领兵攻赤眉，被赤眉军击溃，冯异不得已只好同邓禹一起率兵前往救援，赤眉军后退。冯异劝邓禹暂且收兵，邓禹贪功追击，被赤眉军挥戈反击，打得大败，士卒死伤逃散，溃不成军，邓禹逃奔宜阳。冯异舍弃战马，步行奔往回溪陂（在今河南洛宁县境），跟麾下的几个人重回大营。他一面坚守城垒；一面收集散兵和诸营守军，共得几万人，与赤眉军约期会战。冯异预先派精壮将士打扮成赤眉军模样，埋伏在道路旁边。作战时，冯异故意示敌以弱，诱赤眉军的大部队作战。战到下午，赤眉兵势渐衰，汉军伏兵突然冲出，赤眉军败退。冯异驱兵追击，直到崤底，大破其军，收降 8 万多人，剩下的十几万人跑到宜阳后也投降了。冯异终于

冯异

洗雪了回溪失败之耻。刘秀下诏慰劳冯异，大为嘉赏。

此时，赤眉军虽已投降，但各地割据势力仍很强盛，互相攻击，混乱不堪。冯异便开始征讨豪强，惩罚乱逆者，褒奖归附或有功者。时日不长，除了吕鲔、张邯、蒋震投降了割据蜀地的公孙述外，其余的割据势力均被平息，冯异威行关中。此后，公孙述多次派兵进犯，每次都被冯异挫败。

冯异在关中三年，平反冤狱，发令施仁，百姓安乐，远近怀德。冯异担当要职，长久居外，内心颇不自安。于是上书表明心迹，说自己思念朝廷，希望能被召回，以亲帷幄。光武帝刘秀因其职责重大，不同意他回来。后来有人上奏说冯异专利关中，威权至重，斩长安令，百姓归心，号为威阳王。光武帝把这奏章给冯异看，冯异十分惶恐，上表自明。刘秀见冯异惶急不安，下诏抚慰。

建武六年（公元30年）正月，冯异入京朝见，刘秀热情接见。此后，光武帝又数次召见冯异，设宴共饮，商讨攻蜀之事。冯异在京城待了十多天，才回驻地。光武帝命冯异妻子儿女随行，以示不疑。

这年夏天，朝廷派诸将讨伐公孙述，公孙述派隗嚣迎战，诸将与之交战，皆为所败。刘秀诏命冯异进军栒邑（今陕西旬邑）。冯异尚未到达，隗嚣乘胜派他的将领王元、行巡率两万人马出陇西，并分派行巡夺取栒邑。冯异得此消息，命令部队晨夜疾驰，进入栒邑，关闭城门，偃旗息鼓。行巡不知冯异已占据城池，匆匆带兵赶到。冯异出其不意，敲响战鼓，竖立旌旗，率军冲出。行巡所部惊慌失措，纷纷溃逃。冯异统军追杀数十里，大破其军。

建武九年（公元33年），祭遵去世，刘秀命冯异任征虏将军，并统领其营中将士。不久，刘秀又命冯异行天水太守事。此后，冯异军虽然有所斩获，但耗日持久，乱军所据城池始终不下。有人提出要回军休兵，冯异不为所动，常常身先战阵，为诸军先锋。第二年夏天，冯异与诸将齐攻敌城，尚未攻克即病发去世。谥号"节侯"。

冯异作战勇敢，常为先驱，善用谋略，料敌决胜，治军严明，关心民瘼，东汉创业，其功至巨。但他为人谦退，从不居功自傲，实为一代良将。

2. 来歙

来歙（？—公元35年），字君叔。南阳新野（今河南新野南）人。东汉初期名将。

来歙的父亲来仲在汉哀帝年间任谏议大夫，娶了刘秀的祖姑，生了来歙。因为有亲戚关系，刘秀对来歙颇为亲近敬爱，在长安时，往来密切。后来刘秀兄弟起兵反对王莽，王莽因为来歙是刘秀的亲属，就逮捕了他，经门客营救得以免罪。公元23年，更始帝继位后，来歙在他手下任职，并追随入关。后来，来歙屡次言事不被采纳，便称病去职。来歙的妹夫汉中王刘嘉延揽人才，把他请到汉中。公元25年，更始帝事败，来歙劝刘嘉归附光武帝刘秀，于是，两人一起到了洛阳。刘秀见到来歙，喜出望外，当即解下自己的衣服给他穿，任命他为太中大夫。当时，隗嚣占据陇地，公孙述占据蜀地，朝廷深以为忧。来歙乘机请行，愿领命奉旨前往出使，说服隗嚣。这样一来，公孙述失去屏障，早晚定会败亡。刘秀同意了。

建武三年（公元27年），来歙第一次出使隗嚣。建武五年（公元29年），奉命持节送马援回西州，并带去刘秀给隗嚣的亲笔信。后来又去说服隗嚣，隗嚣便派其子随来歙到汉朝做人质，以示诚意。

这时，山东已经平定，刘秀想征集隗嚣部下一起伐蜀，于是，又派来歙去向隗嚣说明意图。隗嚣深知山东群雄被刘秀各个击破的教训，部将王元也劝阻，因此犹豫不决。来歙素性刚毅，见隗嚣不能立断、心存二志，便当面指责，说到愤激处竟抢步向前，要刺杀隗嚣。隗嚣起身闪避，退入后堂，当下部署将士，要杀来歙。最终隗嚣衡量利害，没敢杀害来歙，来歙得以东归。

建武八年（公元32年），来歙和征虏将军祭遵一道进袭隗嚣。祭遵半路生病，留下一部分精兵由来歙指挥，自己则返回驻地。来歙率领2000多士兵伐山取道，从介于关中平原和陇西平原之间的番须、回中直抵略阳（今甘肃庄浪西南），不久，攻破城池，杀死守将金梁，占据了略阳这一战略要地。隗嚣驱全陇精锐之兵进攻略阳，从春到秋，旷日持久，士卒疲惫不堪。光武帝见时机已到，调集关东兵马，亲自率领，大举出征。隗嚣部众见大军到来，溃败奔逃，略阳城围顿解。刘秀摆设酒宴，大会群臣，慰问赏赐来歙，让他独坐一席，位在诸将之上，并诏令他留屯长安，监护诸将。来歙上书建议在西州以资财粮谷为诱饵来招集人众，刘秀深以为然。于是大转粮运，命令来歙率领冯异等将领进入天水郡。当时隗嚣已死，其支党周宗、赵恢及天水郡属县长吏纷纷举城投降。隗嚣死后，五溪先零羌人叛乱，来歙率盖延、刘尚、马援等人进军金城（在今兰州西北），大破羌人。陇西虽已平定，然而人们衣食无着，流离失所。来歙尽出库内存粮，转运诸县，赈济饥民，于是陇西大安。

建武十一年（公元35年），来歙趁岑彭长驱入蜀之际，率领虎牙大将军盖延、扬武将军马武向河池（今甘肃徽县西北）展开攻击，大破蜀将王元等，占领了河池和下辨（今甘肃成县西北），准备入蜀。蜀人大惊，派刺客刺杀来歙。来歙被刺中胸部，不敢拔刃，生命垂危，派人急召盖延。来歙为他指陈形势，一一部署。之后，来歙强打精神，亲写表文，写完投笔于地，拔出胸口的凶器，倒地而死。光武帝刘秀得知来歙死讯大惊，览书流泪，亲赐悼策，并派太中大夫赠来歙中郎将、征羌侯印绶，赐谥节侯。

来歙重信义，恤民情，武能拒敌，文能屈人，临危不乱，英气磊落，实为骁将良臣。

五、儒将祭遵立殊勋，壮侯岑彭出奇计

1. 祭遵

祭遵（？—公元33年），字弟孙。颍川颍阳（今河南许昌）人。东汉中兴名将，"云台二十八将"之一。祭遵驰骋南北，屡立殊勋，治兵有方，笃好儒学，是一员难得的儒将。

祭遵从小喜好学术，嗜读经典。他家庭富裕，生活却十分节俭，常穿破旧的衣服。母亲去世，他亲自背土垒造坟茔。曾有部吏欺凌他，被他结交侠士杀死。开始，县城中人认为他柔弱怯懦，此事之后，人们就都十分畏惧他。

祭 遵

刘秀在昆阳击败王寻，回军经过颍阳。祭遵以县吏的身份几次进见，刘秀喜欢他的风度容仪，任命他为门下史。后来，他随军进攻河北，担任军市令。一次，有个伺候刘秀的家奴犯了法，祭遵毫不客气，当场处死了他。刘秀得知，十分恼怒，下令收捕祭遵，加以惩处。经主簿陈副劝阻，刘秀赦免了祭遵，并任命他为刺奸将军。不久，祭遵又升任偏将军，随从刘秀平定河北，因功受封

为列侯。

建武二年（公元 26 年）春天，光武帝刘秀任命祭遵为征虏将军，定封颍阳侯，让他和景丹、王梁、臧宫等人进军箕谷，攻打弘农（今河南灵宝东北）、厌新、柏华、蛮中的敌兵。在战斗中，敌人的弩箭射到祭遵的嘴上，伤口流血不止。众将见祭遵受伤，渐生退意，阵脚移动。祭遵不顾伤痛，大声呵止。士兵见祭遵如此刚强，受到感发，一个个勇气百倍，终于大破敌兵。随后的几年，祭遵先后参与平定张丰、彭宠叛乱和讨伐公孙述的战争，又数挫隗嚣。

建武八年（公元 32 年）秋，祭遵又随刘秀由陇道西上，出征隗嚣。不久，隗嚣由略阳败退，刘秀东归，经过汧县，特意到祭遵营中犒赏士卒，演奏黄门武乐，夜深才罢。当时，祭遵重病在身，诏赐厚厚的坐褥，上面覆盖着皇帝用的御盖，关切备至。后来，公孙述派兵救援隗嚣，吴汉、耿弇等撤军逃回，只有祭遵留在驻地，没有退却。

建武九年（公元 33 年），祭遵病死军中。临死时，他告诉家人将自己用牛车拉回，薄葬洛阳。祭遵灵柩到河南县，光武帝诏遣百官先到治丧场所会齐，自己身着白色丧服驾临，哭泣哀恸。回经城门，阅过丧车，涕泣不能自已。丧礼成，又亲自以太牢之礼祭祀。等到安葬，帝车驾再亲临，赠以将军、侯的印绶，让武士们排成军阵送葬，谥封为成侯。安葬完毕，光武再亲临其坟，妥为安置其夫人家室。

2. 岑彭

岑彭（？—公元 35 年），字君然。南阳棘阳（今河南南阳南）人。东汉中兴名将，"云台二十八将"之一。在东汉王朝建立和巩固的过程中，他独当方面之任，不但作战勇敢、奇计迭出，而且信义素著、以德怀人，深得人君和百姓之心。

岑彭在王莽末年曾任地方长官，与刘縯、刘秀兄弟的部队作战，后来献城投降。更始帝封岑彭为归德侯，隶属于刘縯。刘縯被更始帝杀害后，岑彭做了大司马朱鲔的校尉，跟随他进击王莽的扬州牧李圣，杀死李圣，平定淮阳城。朱鲔推荐岑彭为淮阳都尉。后来，岑彭率兵进击叛将繇伟，大破其军，升任颍川太守。不久，刘秀到来，岑彭归附了刘秀，并说服刘秀赦免了守城抵拒的河内太守韩歆。更始帝的大将军吕植屯驻淇园，岑彭也劝说他投降了刘秀。于是，刘秀封岑彭为刺奸大将军，派他督察各营，

岑彭

随军平定河北。

刘秀称帝后，任命岑彭为廷尉，仍拜归德侯，行大将军事。建武元年（公元25年）七月，岑彭和冯异、祭遵等一起围攻洛阳的朱鲔，朱鲔坚守不降。刘秀知道岑彭曾任朱鲔的校尉，便让他前去劝说。岑彭冒着生命危险，进入洛阳城，面见朱鲔。五日后，朱鲔将自己反绑起来，和岑彭一起去见刘秀。刘秀解其束缚，好言抚慰，并让岑彭把他连夜送回洛阳。次日，朱鲔率全城出降，被任命为平狄将军、扶沟侯。

建武二年（公元26年），朝廷派岑彭进军荆州，攻下鄳、叶等十几座城池。当时，南方局势混乱，许多人割据称王。刘秀派吴汉前往征伐，结果吴汉治军不严，部下多有侵扰掠夺之举，逼反了破虏将军邓奉。邓奉击破吴汉，占据淯阳，并联合秦丰等势力。同年秋，岑彭逼降许邯，升任征南大将军，又与贾复、耿弇等人讨伐邓奉，结果数月不能破敌。

建武三年（公元27年）四月，刘秀亲征邓奉，在叶（地名）遭到董欣部将的截杀。岑彭前来相救，保护刘秀到达堵阳。邓奉逃往淯阳，董欣投降。岑彭于是随刘秀追击邓奉，一直追到小长安（南阳南），邓奉兵败请降。刘秀本打算赦免邓奉，后在岑彭与耿弇的劝说下将其斩杀。

刘秀引兵回师，同时派岑彭率领傅俊、臧宫、刘宏等三万多人南击秦丰。岑彭等攻克黄邮，秦丰和他的大将蔡宏在邓坚守。汉军数月不得进，刘秀为此责备岑彭。岑彭利用声东击西之计，大败秦丰的军队，秦丰败走，蔡宏被杀。朝廷封岑彭为舞阴侯，并围攻逃到黎丘的秦丰。

当时，田戎在夷陵拥众割据，与秦丰合兵拒汉。岑彭出兵攻打田戎，田戎大败，逃回夷陵。不久岑彭又在夷陵大败田戎，田戎逃往蜀地，而秦丰则衰弱得不堪一击了。

岑彭将伐蜀汉，首先派人喻告尚未归附的地方，声明倘能主动投降，可以奏封其君长。不久，江夏、武陵、长沙、桂阳、零陵、苍梧、交趾等地的太守相继派遣使者,贡献方物礼品。岑彭奏明皇帝,把他们都封为列侯。

建武八年（公元 32 年）,岑彭率兵跟随刘秀攻破天水,并与吴汉在西城包围了割据陇上的隗嚣。岑彭堵塞谷水,以灌西城,西城差点被淹没。隗嚣将领行巡、周宗率领蜀地救兵前来救援,隗嚣这才得以逃出西城。汉军乏粮,于是烧毁辎重,率兵撤回。隗嚣派兵尾随追击,岑彭殿后,保证了诸将全师而归。

建武九年（公元 33 年）,公孙述据蜀割据称帝,多次击败汉军。岑彭几次进攻,均失利而归。于是,便建造直进楼船、冒突（船名,取其触冒而唐突）、露桡（船名,取其露楫在外,人在船中）几千艘,做大进攻的准备。

建武十一年（公元 35 年）春天,岑彭、吴汉、刘歆等将领调集 6 万多人、战马 5000 匹,会集荆门,攻破了公孙述所设的江防设施,大败蜀兵。岑彭率军长驱直入,进占江关,并严肃军纪,号令军中吏士不得掳掠百姓。所到之处,百姓都奉献牛酒,迎接犒劳部队。刘秀下诏书,命岑彭守益州牧,而每攻克一个郡,岑彭都先兼摄太守职务。

岑彭进军江州,见敌军粮草众多,很难在短期内攻克。便留兵将驻防,自己则率兵直指垫江,攻破平曲。随后又多设疑兵,虚张声势,抵拒援兵,自己则分兵由水路回江州,溯都江而上,昼夜兼行 2000 余里,一举攻克武阳,并派精锐骑兵驰攻广都,一直攻到离成都几十里的地方,其势如迅风疾雨。

当时岑彭所驻的地方叫彭亡,岑彭听此地名后,心中不悦,本想移营,因天黑未果。结果当晚公孙述派一刺客,谎称是逃亡之人,前来投降,乘夜间刺死了岑彭。邛谷王任贵仰慕岑彭的威信,从几千里外派使者迎接他,情愿归降。使者到达,岑彭已死。刘秀把任贵贡献给朝廷的礼物都赐给了岑彭的家属,并赐岑彭谥曰"壮侯"。蜀地人爱戴岑彭,在武阳立庙,岁时祭祀不绝。

六、好畴侯大杀四方，淮陵侯举杯退敌

1. 耿弇

耿弇（公元 3—公元 58 年）,字伯昭。扶风茂陵（今陕西兴平东北）人。东汉中兴名将,"云台二十八将"之一。

耿弇年轻时,聪颖好学。由于看到郡尉考选骑士时讲武练兵的场面,便对将帅之事产生了浓厚的兴趣,因而学习骑射,喜读兵书。

耿弇的父亲耿况,曾与王莽从弟王伋同学,曾任上谷太守。更始元年(公元23年),刘玄建立更始政权,派遣将领占据各地,其中有人凭借权势撤换了一些郡县的太守县令。耿况因是王莽任命的官员,心中非常不安,命年方21岁的耿弇去朝见刘玄,贡献方物,以图巩固自己的地位。耿弇从上谷南行至宋子县,适逢王郎假冒汉成帝之子刘子舆,在邯郸起事。随从耿弇的上谷郡吏孙仓、卫包信以为真,遂投奔王郎。耿弇听说刘秀正在卢奴(今河北定县),便昼夜兼行,前去拜见。刘秀把他留了下来,任命为门下吏。耿弇请求回上谷发兵攻取邯郸,刘秀笑道:"小小年纪竟有大志啊!"因此数次召见他并加恩慰。

耿弇跟从刘秀来到蓟县,王郎准备派兵攻打,蓟县也有人作乱,响应王郎。刘秀率兵仓促南行,手下属官个个离散。耿弇逃回昌平,说服父亲耿况派寇恂到渔阳与太守彭宠定约,各发突骑2000、步兵千人,支持刘秀。耿弇和景丹、寇恂以及渔阳郡将士合兵南下,沿途击杀王郎大将、九卿、校尉以下官吏400多人,斩杀敌军3万人,平定涿郡、中山、巨鹿、清河、河间等22县,在广阿(今河北隆尧东)见到刘秀。当时,刘秀正在进击王郎,谣传上谷、渔阳二郡兵马为救王郎而来,部众都很担心。等到耿弇等人到刘秀营中拜见,人们才放下心来。刘秀得此精兵猛将,十分高兴,当即任命他们为偏将军,让他们仍然统率本部兵众。加封耿弇父亲耿况为大将军、兴义侯,允许他自置偏裨。随后,耿弇等人随军攻克邯郸。

耿弇

更始帝深恐刘秀尾大不掉,派使者宣诏,立刘秀为萧王,让他罢兵;又派遣苗曾为幽州牧,韦顺为上谷太守,蔡充为渔阳太守,企图瓦解刘秀在河北的势力。当时,刘秀正在邯郸宫温明殿,耿弇到刘秀床前,劝说他切不可罢兵,自己愿回幽州,调发精兵,以成大事。刘秀听了耿弇的话,正中下怀。当下任命他为大将军,和吴汉一起到幽州去调发所属十郡的兵力。耿弇到上谷,收斩韦顺、蔡充,吴汉杀掉苗曾。不久,耿弇率幽州兵南下，随刘秀转战河北，击破铜马、高湖、青犊、赤眉、尤来、五幡、大抢等各路农民军，屡立战功。

建武元年（公元25年），刘秀称帝即位，任命耿弇为建威大将军。建武二年（公元26年），封耿弇为好畤侯，食邑两县。

建武三年（公元27年），彭宠攻陷蓟城，自称燕王，涿郡太守张丰起兵响应。耿弇击败延岑后，随刘秀至舂陵（湖北枣阳市境内吴店镇），请求"定彭宠于渔阳，取张丰于涿郡，还收富平、获索，东攻张步，以平齐地"，刘秀甚为嘉许。建武五年（公元29年）十月，耿弇奉诏进讨张步。他收集降卒，安排部曲，选派将士，率骑都尉刘歆、太山太守陈俊引兵东进。张步得知汉军来攻，立即派大将军费邑迎战。耿弇连下二城，又散布消息说要进攻巨里（今山东章丘西）。费邑得到情报，率领精兵3万赶赴巨里。耿弇见费邑中计，留下3000名士兵牵制巨里，自己则率领精兵占据有利地形，居高临下阻击费邑。费邑大败被杀，巨里守军弃城而逃。耿弇发兵攻打尚未平顺的营垒，连下40多营，终于平定了济南。

当时，张步建都剧县（今山东寿光东南），得知济南失守的消息，命其弟张蓝率精兵两万守西安（今山东淄博东北），另派诸郡太守合兵万人守临淄，相距40里。耿弇挥师直进画中（临淄西南），攻占了西安。张蓝闻知，大惊失色，率部众逃归剧城（今山东寿光市南部的纪台）。

张步得知连失二城，也觉突然，但自恃兵多，发兵数万，号称20万，气势汹汹地进至临淄。耿弇故意示敌以弱，张步越发志得意满，率兵直攻耿弇军营。经过两天的恶战，耿弇率军大败张步军队，张步退还剧县。耿弇率兵追击张步，张步逃到平寿（今潍坊西南），再也无路可走，只好到耿弇营中投降。后耿弇又带兵到城阳，收降了五校农民军余众，至此齐地完全平定，耿弇率部返回京城。

建武六年（公元30年），耿弇西出抵拒隗嚣。建武八年（公元32年），随刘秀征陇。第二年，与中郎将来歙分兵平定安定、北地。

建武十三年（公元37年），刘秀增加耿弇的封邑，令他交回大将军印绶，以列侯身份列席朝会。但国家一有疑难，仍然召其入朝咨询筹划，甚见倚重。

永平元年（公元58年），耿弇去世，享年56岁。谥封为"愍侯"。

2. 王霸

王霸（？—公元59年），字元伯，汉族，颍川颍阳（今河南许昌西南

襄城县）人，东汉将领，云台二十八将之一。

王霸生性喜欢法律，初为监狱官。光武帝路过颍阳时，王霸归附光武帝，随光武帝打败王寻、王邑。

公元23年，光武帝任大司马，以王霸为功曹令史。公元24年，因杀王郎之功，封王乡侯。公元25年，光武帝即位，拜任王霸为偏将军。

更始二年（公元24年），王郎起兵，光武帝在蓟，王郎撰写征讨文告悬赏捉拿光武帝。光武帝命令王霸至集市上招募人，准备攻打王郎。集市上的人都大笑，举手嘲弄王霸，王霸惭愧而回。光武帝立即南奔而下曲阳。传闻王郎的追兵跟在后边，随从的人都很恐慌。等到达滹沱河，侦察兵回来报告说河水流淌，没有船只，无法渡河。官吏们十分害怕。光武帝命令王霸前去察看。王霸怕吓着众人，想暂且往前走，到了河边，回来就谎报说："河面结冰可以过去。"官吏们都很高兴。光武帝笑着说："侦察兵果然是胡说。"于是往前走。等到河边，河水也结冰了，于是命令王霸保护队伍渡河，还剩几人没过来冰就化了。光武帝对王霸说："让我的部下安心并得以渡河，是你的功劳。"王霸推辞说："这是您的恩德，神灵的保佑，即使是周武王的白鱼之兆，也不比这强。"光武帝对部下说："王霸的权宜之计成就了大事，大概是上天的吉祥之兆。"任用他为军正，封关内侯。到达信都后，发兵攻克邯郸。王霸追杀王郎，缴获他的官印。封王乡侯。

王 霸

随光武帝平定河北，经常和臧宫、傅俊同一军营，只有王霸善待士兵，对阵亡士兵脱下自己的衣服给他们穿上再装殓，受伤的亲自养护他们。建武元年（公元25年），光武帝即位，因王霸理解士兵爱护士兵，可以独立任职，拜任为偏将军，并且统领臧宫、傅俊的部队，而任臧宫、傅俊为骑都尉。建武二年（公元26年），改封为富波侯。

建武四年（公元28年）秋天，光武帝到谯县，派王霸和捕虏将军马武向东讨伐周建于垂惠。苏茂率五校兵 4000 多人援救周建，刘纡久等董宪不到，便派部将苏茂招集残部，约有 4000 人，截击汉军粮道。

都尉马武听说赶忙去救。马武看见苏茂兵士不多，就有些轻敌，不料刘纡又派军出城，两下夹击，马武腹背受敌，大败而逃，等逃到王霸营，便大声呼救。

王霸装聋作哑，按兵不动。部下都劝王霸出兵救助，王霸摇摇头说："苏茂招集亡命之徒，来势凶猛。马都尉已经大败，只希望我军支援，士兵毫无斗志。如果我出军救援，军心不一，必然又败。现在我闭营固守，表示不出兵救援，敌人一定乘势冒进、冲击马军，而马军无援可恃，不得不拼一死战。等到敌人疲惫，我再出兵击之，何愁不胜呢？"

马武见王霸不肯出兵援救，愤然下令，与苏茂决一死战，四下里喊声连天，震动山谷。

大约过了两三个时辰，王霸下令出兵救援，但不开前门，自己率领精锐骑兵悄悄地从后门出发，绕到苏茂背后，一阵冲杀，苏军大乱。

苏茂正在大斗马武，不料后军已乱，回头一看，见一金盔铁甲将军，摆动一杆方天画戟，左挑右拨，真是碰到死，挨上亡，直接杀入中军。马武一看是王霸，便把恨他的心思，变作感激，索性再奋余勇，驱杀一阵。两军会合，杀得敌军大败。

过了两天，苏茂率军来到王霸营前挑战，王霸却安坐营中，与将官饮酒作乐，谈笑自如。

突然，苏茂军中射出一箭，快到王霸面前，只见王霸用手中的酒杯，轻轻一挡，酒杯是铜做的，只听见叮当一声，箭落在桌前。将官都吓得脸都变了颜色，而王霸镇定自若，慢慢对他们讲道：

"苏茂带兵远路而来，我想他军中粮草不足，所以他一再挑战，希望一战而胜。而我紧闭营门，叫兵士休息，以逸待劳。这样过不了几天，苏茂自己会走的。"

将官似信非信，都回自己房间休息去了。

几天后的傍晚，没有听见营外苏茂的挑战声了，众将军出营一看，苏茂已领兵退去，便请率军追击，王霸又笑道：

"穷寇勿追，何况现在是夜里呢？我想他也不会有什么作为了。"

果然，没过几天，苏茂军一部将投降汉军，王霸遂引军杀得苏茂大败，

苏茂只好投奔董宪去了。

建武五年（公元29年）春天，光武帝派太中大夫拿着符节拜任王霸为讨虏将军。建武六年（公元30年），屯垦新安。建武八年（公元32年），屯垦函谷关。攻打荥阳、中牟盗贼，全部攻克。

建武九年（公元33年），王霸和吴汉以及横野大将军王常、建义大将军朱祐、破奸将军侯进等五万多人，攻打卢芳的部将贾览、闵堪于高柳。匈奴派骑兵帮助卢芳，汉军遇雨，战斗没有获胜。吴汉回洛阳，命令朱祐屯守常山，王常屯守涿郡，侯进屯守渔阳。下诏书拜任王霸为上谷太守，率领屯守部队如故，追捕攻打胡人强盗，不限郡界。

建武十年（公元34年），王霸又和吴汉等四位将军六万人从商柳出兵攻打贾览，诏命王霸和渔阳太守陈欣率兵任各军先锋。匈奴左南将军的几千骑兵援救贾览，王霸等人连续作战于平城之下，打败敌人，追出边塞，杀敌几百人。王霸和众将回到雁门关内，和骠骑大将军杜茂合兵攻打卢芳的部将尹由于崞、繁时，没有攻克。

建武十三年（公元37年），增加食邑户数，改封向侯。当时，卢芳和匈奴、乌桓联合，入侵抢劫尤其频繁，边区军民很愁苦。诏书命令王霸率解下刑具的因犯6000多人，和杜茂修整飞狐道，堆起石头撒上土，筑起亭障，从代城（今河北蔚县东）到平城（今山西大同）300多里长。王霸总计和匈奴、乌桓大小几十上百次交战，很熟悉边疆军事，多次上书说应和匈奴结亲讲和，又建议运输可以由温水漕运，来省去陆路运输的辛劳，建议都得到实施。后来南单于、乌桓投降，北部边疆没有战事。王霸在上谷任职20多年。建武三十年（公元54年），改封为淮陵侯。永平二年（公元59年），王霸因重病免官，几个月后去世。

七、文武兼备借寇恂，高平斩使将相和

寇恂（？—公元36年），字子翼，汉族，上谷昌平（今北京市）人，东汉开国名将，云台二十八将第五位。

1. 归顺刘秀

新朝末年，寇恂任上谷郡功曹，深受太守耿况的器重。公元23年（更始元年），刘玄建立更始政权，派遣使者招降河北各郡国，允许"先降者复爵位"。

使者到上谷，寇恂随从耿况前往迎接，并缴上太守印信。使者接受印绶后，却没有归还的意思。寇恂便率兵入见使者，请求归还印信。使者道："你想胁迫我吗？"寇恂道："不是我威胁你，是你考虑问题不周啊。现在国家尚没建立信誉，您这么做怎能取信于天下？"使者没有回应。寇恂大怒，以使者的名义传召耿况。耿况来后，寇恂将印绶交给耿况。使者无奈，只得恢复耿况职务。

更始二年（公元24年），王郎派使者到上谷，让耿况发兵援助。寇恂认为刘秀"尊贤下士，士多归之"，与同僚闵贡劝说耿况拒绝王郎，归顺刘秀。耿况畏惧王郎势大难拒，寇恂便建议联合渔阳太守彭宠共抗王郎。耿况接受寇恂的建议，派他前去渔阳。在约好彭宠后，寇恂返回上谷，途中行经昌平，袭杀王郎使者，夺其部众，然后与耿况之子耿弇率军南下，在广阿（今河北隆尧县东）追上了刘秀。刘秀拜寇恂为偏将军，号称承义侯。此后，寇恂跟随刘秀进攻河北农民军，并多次同邓禹商议军国大事。邓禹认为寇恂奇才，与其相交甚厚。

2. 镇守河内

刘秀平定河北后乘胜南下，又攻取了河内郡。此时，更始政权大司马朱鲔、舞阴王李轶等率领大军镇守洛阳。同时并州地区也驻有更始政权军队，与洛阳形成南北包围河内之势。刘秀认为河内形势严峻且须固守，但很难选择一位足以胜任这一任务的人，为此征求邓禹的意见。邓禹说："昔日高祖让萧何守关中，从此没有西顾之忧，所以得以专心于山东，终于成就大业。今河内傍临黄河，十分坚固，户口殷实，北通上党，南迫洛阳。寇恂文武备足，有治理百姓驾御民众的才能，非他不能担此重任。"于是，刘秀拜寇恂为河内太守，行大将军事，并对他说："河内富裕，我将因此而兴起。昔日高祖留萧何镇守关中，我现在也把河内委托给你，坚守转运，给足军粮，率领鼓励士卒，防守遏制其他兵马，不让他们北渡就可

寇　恂

以了。"得到任命后,寇恂下令所属各县讲武习射,砍伐竹条,造箭百余万支,养马2000匹,收租400万斛,以供军资。

建武元年(公元25年),朱鲔听说刘秀北上平定河北,河内兵力薄弱,便派遣讨难将军苏茂、副将贾强率三万余人渡河进攻温县(今河南温县西)。寇恂闻讯后,立即前往救援,并命各属县发兵,到温县会师。军吏都劝他调集众军之后再出兵,寇恂说道:"温县,是河内郡的藩蔽。温县失守,河内郡就守不住了。"于是驰援温县。

次日早晨,两军交战,恰巧偏将军冯异率部与各县援军赶到。寇恂见援军军势浩大,于是让士卒大声鼓噪,大呼:"刘公兵到!"苏茂军听闻,阵型松动。寇恂率军冲击,大破苏茂,并乘胜追击。苏茂败军一直逃到洛阳,贾强战死,数千士兵投河而死,一万余人被俘,寇恂与冯异过黄河而还。从此,洛阳震恐,紧闭城门。捷报传到河北,刘秀大喜道:"我就知道寇子翼可以胜任!"诸将纷纷庆贺,并乘势劝刘秀称帝。同年六月,刘秀在鄗邑即皇帝位。

3. 治理地方

当时汉军军粮急缺,寇恂亲自督促粮运,畜力不足,又组织人力挽车,奔赴各地,前后络绎不绝,从而保证了军粮供应,甚至文武百官月支的禄米也由他运粮接济。刘秀多次赐书慰劳嘉奖,功名威望日益提高,儒生董崇警告寇恂道:"皇帝刚刚即位,四方尚未平定,而君侯在这个时候占据大郡,内得人心,外破苏茂,威震敌军,功名显赫,这正是奸谗之徒侧目窥视产生怨祸的时候。以前萧何镇守关中,采纳鲍生的建议而高祖大喜。如今你率领的,都是刘氏宗族昆弟,也要以前人为鉴戒!"寇恂深以为然,当即称病不理政事,并请求引退,结果被刘秀拒绝。寇恂又请求调任军职,仍然被拒绝,只得派侄子寇张、外甥谷崇从军充当先锋。刘秀对此非常高兴,擢升二人为偏将军。

建武二年(公元26年),寇恂因擅自处罚上书人被免职。不久,颍川人严终、赵敦与密县人贾期聚众起义。刘秀起用寇恂为颍川太守,让他与破奸将军侯进率兵前往镇压。寇恂斩杀贾期,平定颍川郡,因功封雍奴侯,食邑万户。

建武三年(公元27年),刘秀遣使者拜寇恂为汝南太守,又命骠骑将军杜茂率兵助寇恂讨伐盗贼。寇恂向来好学,于是修建乡校,教学生徒弟,聘请能讲授《左氏春秋》的人，他自己也亲自听老师讲学。

建武七年（公元31年），寇恂接替朱浮担任执金吾。建武八年（公元32年），寇恂随刘秀征讨隗嚣。此时，颍川盗贼群起，刘秀引军退还，对寇恂说："颍川迫近京师，应早日平定。想起来只有你能平定群贼。"寇恂回答说："颍川剽悍轻捷，听说陛下远征陇、蜀，所以狂悖狡猾之徒乘机作乱罢了。如果听说陛下南向，盗贼们必定惶惧归降。我愿率精锐以为前驱。"寇恂随刘秀南还颍川，盗贼全部归降，刘秀却没有任命他为郡守。百姓纷纷要求寇恂留下，刘秀于是把寇恂留在长社，镇抚官吏人民，接受其余的归降者。

寇恂治理颍川有政绩，离任后随帝再至颍川，百姓请求再借寇恂留任一年。后就用"借寇恂、借寇"表示挽留地方官，含有对政绩的称美之意。

4. 智取高平

陇嚣部将高峻拥兵万人，占据高平县第一城（今宁夏固原），刘秀派遣待诏马援前去招降，由此打开了河西通道。中郎将来歙承制拜高峻为通路将军，封关内侯，隶属大司马吴汉，共围隗嚣于冀县（今甘肃甘谷）。汉军退兵后，高峻逃回敌营，再助隗嚣拒守陇山。隗嚣死后，高峻占据高平县，坚守城池。建威大将军耿弇率太中大夫窦士、武威太守梁统等围困高平，一年也未能攻下。

建武十年（公元34年），刘秀入关，准备亲自征讨高峻。寇恂当时跟随在刘秀身边，劝谏说："长安处在洛阳高平之间，应接方便，安定、陇西必定感到震动畏惧，这是从容坐镇于一处可以制服四方啊。现在兵马疲倦，刚刚从险阻中走出来，这不是陛下安国之良策，前年颍川发生的叛乱，可为至戒。"刘秀没有听从，并进军汧县，还是攻不下高平。刘秀欲派遣使者去说降高峻，就对寇恂说："你以前制止我这次行动，现在为我走一趟。如高峻不立即投降，我将率耿弇等五营发起攻击。"

寇恂带着玺书来到第一城，高峻派遣军师皇甫文前来谒见。皇甫文礼貌不周，出言不逊。寇恂大怒，欲斩皇甫文。诸将劝谏说："高峻精兵万人，连年难以攻下。现在要他投降反而杀其来使，只怕是不行吧？"寇恂不答应，就杀了皇甫文，让其副使回去告诉高峻说："军师无礼，已被杀了。要投降，请赶快；不想投降，就固守好了。"高峻惶恐，即日开城门投降。诸将都来庆贺，并问高峻投降的原因。寇恂说："皇甫文是高峻的心腹，高峻的计

谋都取之于他。现在他辞礼不屈，说明他根本不打算投降。杀掉皇甫文，高峻就吓破了胆，所以来投降了。"诸将都表示叹服，于是逮捕高峻回到洛阳。

5. 将相和解

寇恂在东汉时期，相当于类似萧何的"相国"地位，是位颇有领导才能的名吏，善于治理政务，很受刘秀的器重。在他任颍川太守时，为严明军纪，曾将大将贾复手下的一个部将处死。而屡立军功的贾复，知道以后，极为震怒，认为寇恂故意与他为难，愤怒表示：要与寇恂势不两立。

为了避免冲突，寇恂决定不与贾复见面。并且对贾复的部下，格外优待。处处忍让服低，不使矛盾激化。为了求得和解，煞费苦心。这时，刘秀忙于重建汉室，统一中国，正需要这两位将相共同协力，成就帝业。为此，他亲自出面，设宴调解。对贾复晓以大义，要他以大局为重。说："天下未定，两虎安得私斗？"贾复经过刘秀的劝说，终于回心转意，不再耿耿于怀。最后，两人握手言和，同心同德，共扶汉室。

建武十二年（公元 36 年），寇恂病故，谥号威侯。

八、能征善战朱仲先，质直尚儒汗马功

朱祐（约公元前 10—公元 48 年）字仲先，汉族，南阳郡宛县（今河南省南阳市宛城区）人。东汉开国名将，云台二十八将之一。

1. 少年相交

朱祐少年丧父，随母亲回到清河郡复阳县（今河北省故城县）外祖父刘氏家中居住，经常往来于舂陵之间，所以他与刘縯、刘秀兄弟自小便相识，在长安一起与刘秀求学，在刘氏兄弟起兵前，就建立了深厚的感情。

新莽末年，社会动乱，绿林军、赤眉军相继起义，刘縯、刘秀兄弟也起兵于南阳郡（今河南南阳），号称"舂陵兵"，朱祐也参加了刘氏兄弟在南阳起兵。刘縯被更始帝刘玄任命为大司徒之后，刘縯任命朱祐为他的护军。此后，朱祐以护军将军的身份，一直跟随在刘縯左右。刘縯被刘玄杀害之后，朱祐只身一个人跑去找刘秀报信。此后，便一直留在刘秀身边。

2. 从平河北

更始元年（公元 23 年），刘玄遣刘秀行大司马事北渡黄河，镇慰河北州郡。朱祐又被刘秀任命为所部护军，从此朱祐与刘秀一起开始了平定河

北的征战。

刘秀对朱祐非常关爱信任，经常见面商谈，同吃同住。当时汉军的主要作战对象是割据河北的王郎，朱祐在与王郎军的交战中非常卖力，常力战陷阵，屡立军功，刘秀就拜朱祐为偏将军，封安阳侯。

刘秀消灭王郎之后，河北的数十支农民军，成为刘秀占据河北的主要障碍。刘秀向农民军发动了一系列的进攻，朱祐随刘秀参加了这些军事行动。在消灭农民军主力之后，刘秀率军回蓟，命令朱祐与耿弇、吴汉、景丹、盖延、邳肜、

《绘图东汉演义》插图

耿纯、刘植、岑彭、祭遵、王霸、坚镡、马武、陈俊13将军继续追击农民军残部，朱祐诸将在潞东、平谷，连续重创敌军，斩首13000余级，最后一直追到右北平郡的无终县（今天津蓟州区）、土垠县（今河北唐山丰润区）、俊靡（今河北遵化市），将农民军残部消灭得干干净净。

平定河北之后，建武元年（公元25年），刘秀即皇帝位，拜朱祐为建义大将军。大将军者，可节制数路将军，可见刘秀对将才一般的朱祐相当器重。

3. 围困洛阳

为了夺取中原重镇洛阳，建武元年（公元25年）七月，刘秀以吴汉为大司马，统率朱祐、刘植、坚镡、岑彭、王梁、万脩、贾复、侯进、冯异、祭遵、王霸等11员将领围攻洛阳。

当时镇守洛阳的是更始皇帝刘玄的大司马朱鲔，朱鲔曾参与杀刘縯的事件，因此固守不降。汉军久攻不下，正苦于无法破城之时，洛阳防守东城门的将领决定投降，私下里与坚镡达成协议，于次日清晨打开上东门。坚镡马上向朱祐报告，次日清晨，城门一开，朱祐与坚镡乘机率军而入，与闻讯赶来的朱鲔部队在武库相遇，双方大战，杀伤很多，直到早餐时终因不能击破敌军，撤兵回营。坚镡、朱祐虽然没有攻破洛阳，但朱鲔对部队的忠诚产生了怀疑，失去了死战的决心，随后刘秀又派岑彭劝降，朱鲔

最终投降。

定都洛阳之后，建武二年（公元 26 年）春，刘秀第二次大封功臣，更封朱祐为堵阳侯。

4. 剿灭民军

建武二年（公元 26 年）春，残余的五校农民军与檀乡农民军合兵进扰魏郡（郡治邺城，今河北临漳西南邺镇东）、清河郡（郡治清阳，今河北清河东南）。在刘秀的命令下，大司空王梁、建义大将军朱祐、执金吾贾复、偏将军王霸、杜茂、扬化将军坚镡、骑都尉刘隆、马武、阴识等九将军随大司马吴汉去清剿。汉军与农民军大战于邺东漳水之上，农民军战败，被斩首、投降的有 10 余万人。

为了巩固洛阳，剿灭洛阳西、南一带的流民军，刘秀命令朱祐与王常、景丹、祭遵、王梁、臧宫一起统领大军南出箕关（中国古代太行八陉之一——轵关陉上一处著名关隘），向南进军，去清剿盘踞在洛阳西南地区的弘农、厌新、柏华、蛮中等流民武装，经过一年的苦战，平定了这些地方。

同年秋，建义大将军朱祐与景丹、吴汉、建威大将军耿弇、执金吾贾复、偏将军冯异、强弩将军陈俊、左曹王常、骑都尉臧宫等击破五校军于羛阳，迫降其众 5 万人。

5. 兵败被俘

朱祐等人一路顺利，可这时后方南阳却先后发生了董訢、邓奉叛乱，十一月中旬，刘秀任命廷尉岑彭为征南大将军、南征大军主将，又令建义大将军朱祐、执金吾贾复、建威大将军耿弇、武威将军郭守、越骑将军刘宏、偏将军刘嘉、耿植等人为副将，率领汉军数万，南下讨伐邓、董。这一次，朱祐遭遇了自己军事生涯的滑铁卢，他率部在淯阳（今河南省新野县东北）与邓奉交战时，兵败被俘。朱祐和邓奉及他的叔叔邓晨（刘秀的姐夫）早年就相识，又一同随刘氏兄弟起兵，因此邓奉没杀朱祐。

建武三年（公元 27 年）夏天，刘秀御驾亲征去增援前期南下的汉军，邓奉见汉军势力大，决定投降，于是他就将朱祐请出来，由朱祐押着他一起来到刘秀大营中请罪。

刘秀赦免了朱祐被俘之罪，并且以劝降邓奉有功为由，恢复了朱祐所有的官职、爵位。并继续派他领兵作战，朱祐先后带兵攻占了新野、随县。

6. 生擒秦丰

为了消灭割据荆襄一带楚黎王秦丰,刘秀派遣岑彭、傅俊、臧宫、刘宏率军南征,但汉军进攻受阻,迟迟不能突破敌军防线,六月末,刘秀又令朱祐为主将,祭遵为副将,率领第二拨汉军南下,朱祐见了岑彭,两人作了分工。朱祐负责北线,对付延岑、张成。岑彭负责南线,对付秦丰、蔡宏。

分工之后,朱祐率领征虏将军祭遵与延岑大战于东阳,大破延岑,临阵斩了秦丰的大将张成,延岑率军败走,去投秦丰。这一仗朱祐缴获的印绶就有 97 件。

随后朱祐挥军进攻黄邮城(今河南新野东),黄邮城守军望风而

朱 祐

降,听到南线捷报频传,刘秀非常高兴,赏赐朱祐黄金 30 斤。

朱祐、岑彭会师合围秦丰的都城黎丘(今湖北宜城西北)之后,刘秀下令岑彭、傅俊率军南下,转攻盘踞在夷陵(今湖北宜昌东南)的田戎。围攻黎丘的任务,交给了建义大将军朱祐,又命破奸将军侯进、辅威将军耿植率领本部汉军协助朱祐围困黎丘。朱祐接手围困的任务之后,挥军击破蔡阳,擒杀了秦丰的守将张康,打掉了秦丰最后的支援。

为了尽早结束战斗,刘秀亲自到黎丘,派御史中丞李由为使者持玺书来到城下招降,秦丰却仍然不降,还口出恶言,刘秀大怒,回京之前告诉朱祐,一旦拿下黎丘,立即诛杀秦丰及其三族,无须押解回洛阳治罪!

经过长期围困,秦丰粮尽,朱祐乘机猛攻,建武五年(公元 29 年)六月,秦丰终于撑不下住了,只好领他的母亲妻子九人肉袒出城投降。按照刘秀的旨意安排,对负隅顽抗的秦丰应该就地处决,并灭其三族。然而朱祐心地善良,不忍这百口无辜就这样被杀,只是将秦丰及家属收监,然后用槛车送往洛阳报捷。

朱祐违旨的事情被吴汉知道了，吴汉上奏刘秀，弹劾朱祐废诏接受投降，违反了将帅的使命。但刘秀只是下令将秦丰处斩，并没有怪罪朱祐。而是下令将朱祐调回洛阳。朱祐返回后，与骑都尉臧宫联合围剿被延岑余党所盘踞的阴县、酂城、筑阳三座县城，全部将其扫平。

7. 防守匈奴

东汉初年，因为长期战争，力量比较薄弱。使东汉政府对匈奴无法在战略上采取积极反攻的行动，只能采取消极防御的方针和策略。

建武九年（公元 33 年）春天，骠骑大将军杜茂与雁门太守郭凉出兵讨伐依附匈奴的卢芳，因为匈奴骑兵万余人前来救援，杜茂大败，被迫率军退入楼烦城（今山西省娄烦县境内）。刘秀得报，急调大司马吴汉、横野大将军王常率领部分汉军主力从关中就地北上，又令建义大将军朱祐、破奸将军侯进、讨虏将军王霸三人率部从洛阳北进，星夜驰援楼烦。汉军集结完毕之后，六月中，大司马吴汉亲率朱祐、王常、侯进、王霸四将，总计大军五万余人，与卢芳的部将贾览、闵堪在高柳展开了决战。卢芳急向匈奴请援，匈奴骑兵来增援，又下起了大雨，汉军再次大败，损失惨重，吴汉南归洛阳。留朱祐屯常山郡，王常屯涿郡，侯进屯渔阳郡。王霸屯上谷郡。此后朱祐屯兵于常山郡的南行唐一带(今河北行唐县南桥乡故郡村)，以防备匈奴和卢芳。

8. 辞官闲居

建武十三年（公元 37 年），光武帝刘秀增加他的封邑，受封鬲侯，食邑 7300 户。

建武十五年（公元 39 年），朱祐主动上交大将军印绶，并留在京师。同时朱祐上奏：自古以来，大臣受封赏都没有加王的称号，所以可以把诸王的王爵改为公爵。又上奏：应该把三公（大司马、大司徒、大司空）的官职都被去掉了"大"字，以合法理。这些建议都被刘秀采纳。

辞官之后，刘秀顾念旧情，多次赏赐朱祐。建武二十四年（公元 48 年），闲居十年的朱祐在家中去世。

九、壶头山马革裹尸，燕然山刻石勒功

1. 马援

马援（公元前 14—公元 49 年),东汉初期的名将,字文渊,扶风茂陵（今

陕西兴平东北）人。少年时就死了父母，跟着哥哥马况成长。新莽时，当个小军官。有一次，马援押送囚犯，囚犯们痛哭流涕地哀求释放，他起了恻隐之心，真的把犯人一起都放了，自己也只好逃到边境北地（今甘肃庆阳西北）躲藏起来。后来，遇大赦，他才出头露面，在北地经营畜牧和农业，没几年工夫，就成了大畜牧主和地主。他认为财产之所以可贵，就在于能够帮助人；要不然，做个看财奴有什么意思呢？因此他把财产分给了朋友和亲属，得到了一些人的拥护。

王莽末年，马援为新城大尹（汉中太守），王莽政权垮台后，他避地凉州（今甘肃张家川回族自治县）。这时，正值天下大乱，群雄割据，各霸一方。隗嚣占据在安定、陇西、武都、金城、武威、张掖、酒泉、敦煌诸郡（今甘肃全境），他为了收拢人心，谦恭爱士，拜马援为绥德将军。建武元年（公元25年），刘秀镇压和收买了北方的农民军和地主武装后，在鄗（今河北柏乡）称皇帝，不久定都洛阳，建立东汉政权。建武四年（公元28年），隗嚣派马援到洛阳去见光武帝刘秀，刘秀亲切地接见了他，两人谈得很投机，马援见到刘秀对人豪爽，有大志，是一位"中兴"之主，回来后劝隗嚣归顺刘汉。但是隗嚣不想统一，只求凭险割据一方。马援就离开隗嚣，投奔了刘秀。

在刘秀统一天下的过程中，马援在协助刘秀平定陇西战役中起了一定的作用。建武六年（公元30年），隗嚣调度人马，对抗刘秀。马援要求光武帝派他去劝说隗嚣部下，光武帝给他带了500骑兵。他带领这支人马，在隗嚣的队伍中来来往往，劝说将士们归附汉朝，有些将士听了马援的话，离开了隗嚣。隗嚣见大势已去，投降了割据益州（今四川、云南、贵州一带）称帝的公孙述。建武八年（公元32年），刘秀

马　援

率军亲征隗嚣，大臣郭宪劝阻说："东方刚平定下来，皇上千万不可远征，而且陇西一带地势险要，山谷较多，不易取胜。"光武帝问计于马援，马援用米一撮一撮地堆成山谷的形势，指出行军的路线，并指出，隗嚣反对统一，不得人心，是可以战胜的。光武帝仔细看了马援摆出的行军路线图，认为地形已经一目了然了，于是马上进军，终于在凉州牧窦融军队的配合下，很快消灭了隗嚣这股割据势力。事后，刘秀任命马援为陇西太守，在陇西期间，马援曾带兵镇压过西羌人民的反抗斗争。

建武十六年（公元 40 年）春二月，东汉交趾郡（今越南河内一带）麊泠县（今越南河内西北）雒将（雒越是古越族的一支，雒将是上层统治者，东汉时他们是奴隶主贵族）之女征侧、征贰起兵反抗东汉王朝，她们占据交趾、九真（今越南清化、义安一带）的一些城邑，自立为王。第二年的冬天，光武帝封马援为伏波将军，在扶乐侯刘隆、"楼船将军"段志的协助下率领长沙、桂阳、零陵、苍梧等地军队一万多人，远征交趾。建武十八年（公元 42 年）春，大军到达浪泊（今越南北宁省境内）。浪泊地区到处是深山弥谷，经常阴雨绵绵，因此气候潮湿，上潦下雾，瘴气熏蒸，北来的战士不合水土，生病的很多。马援在当地人民的帮助下，采用民间良药薏苡，战胜了瘴疫。同时，在浪泊摆开战场，与二征队伍进行战斗，"斩首数千级，降者万余人"，二征率领败兵退走金溪（约今越南永富北部），马援乘胜追击，杀二征，并按汉朝惩处叛首的律法，传首洛阳。马援控制了交趾后，接着，率领大小船只 2000 艘，士兵 2 万人，向九真郡进军，歼灭了二征余党，粉碎了二征建立的分裂割据政权，维护了东汉中央集权的统一。为此，光武帝封马援为新息侯，食邑三千户。

建武二十年（公元 44 年），马援从岭南班师回朝，队伍还没进洛阳城，朝廷的文武大臣都出城外迎接，大家对他表示祝贺和慰问。他的好友孟冀劝他说："你立了大功，名位已足，应该好好在家休养了。"马援正色地回答："不行！现在匈奴、乌桓仍在北方骚扰，我正要向皇上请求去保卫北方，男子汉大丈夫应该死在战场上，用马革裹尸还葬故乡，怎么能在家享安乐呢？"于是回师仅月余，他又自请北讨匈奴了。光武帝派他驻守襄国（今河北邢台西南）。他率领 3000 骑兵出高柳，行至雁门、代郡、上谷等要塞巡视，坚守边疆，防止匈奴的进犯。

建武二十三年（公元 47 年），分布于今湖南西北一带的"武陵蛮"起义，攻击当地郡县，刘秀派兵镇压，屡遭失败。这时，年已62岁的老将马援要求出征，光武帝认为他太老了，怎能派他去打仗呢？可是马援不服老，就在宫殿外穿上铠甲，跨上战马，雄赳赳地来回奔跑，光武帝见他人老志坚，决定派他出征。建武二十五年（公元49年），马援带领4万多人前去南方镇压蛮族人民起义，遭到"武陵蛮"的顽强抗击，在壶头山一带相持。当时，正值三伏天，太阳当头，天气奇热，马援的队伍驻守在壶头山上，好多士兵因中暑而病死，马援命令士兵们在山崖上凿窑洞，轮流在窑洞内乘凉避暑。而他自己却经常站在山顶瞭望动静，汗流浃背，连胡子都湿了，仍不歇息。不久他也因疾疫病死军中。

马援死后，梁松等官吏为了泄私愤，诬告他失职，又说他平岭南时运回一车珍珠，光武帝下令追回他的新息侯印绶。当他的遗体从南方前线运回京师后，只得草草掩埋，后来他的家属六次上书诉冤，才得以改葬。

马援一生南征北战，在沙场上战斗了20多年，屡立战功，是东汉王朝的一位耿耿忠臣、佼佼名将。当然，他作为建王朝的一员武将，曾奉命镇压西部羌族人民起义和南方"蛮"族人民起义，是错误的。但他助刘秀消灭隗嚣，讨二征，安定南疆，是维护国家的统一，有利于社会经济的发展。特别是他那种视死如归，"马革裹尸"的精神，永远为人民所传颂。当年马援征交趾，在历史上留下了深远的影响，他所到之处，留下了不少历史遗迹和传说故事。《读史方舆纪要》中记载，相传广西玉林有"马援营"和马援率军队留驻的"歇马岭以及饮马江"；《桂林风土记》载，马援过广西兴安时，疏通灵渠，在此有伏波庙。桂林伏波山下的还珠洞，相传是马伏波御边时，士卒因水土不服，得瘴气病的几乎占了一半，后来服用了草药薏苡，才治好了士卒的病。薏苡产在岭南，中原是没有的。为了中原人民和士卒的健康，马援领兵北归时，买了一船薏苡，运回北方去。船到桂林时，忽然传来朝廷的旨意，说有人告发马援在广西合浦搜刮了大批珍珠。马伏波听了非常气愤，把满船的薏苡倒入漓江，让这些所谓"珍珠"流还合浦。因此，这里就叫作"还珠洞"。洞内的石柱"试剑石"，也传说是马援在此试剑砍断的。以上这些传说虽不可信，但寄托了人民对有功之臣怀念的真挚感情。

2. 窦宪

窦宪（？—公元92年），字伯度。扶风平陵（今陕西咸阳西北）人。

东汉外戚、权臣、将领。窦宪挥师万里，度越沙漠，平定匈奴，有功于汉；但恃宠而骄，依势作恶，把持朝政，滥杀无辜，终致身败名裂。

窦宪少孤。章帝建初二年（公元77年），其妹被汉章帝立为皇后。窦宪最初担任郎官，后任侍中、虎贲中郎将，他的弟弟窦笃任黄门侍郎。兄弟二人同蒙亲幸，并侍宫省，宠贵日盛，王公侧目。而窦宪则恃宠欺人，竟至于用低价强买沁水公主的园田。公主畏惮其势焰，不敢争议。后来，章帝了解到此事经过，大怒，召来窦宪，深加责备。窦宪非常害怕，还是皇后毁服（降低服式等级以示自责）谢罪，一再代为求情，章帝才渐息盛怒，命他把园田归还公主。章帝这次虽然没有治窦宪的罪，但此后再不授予他重权。

和帝继位，太后临朝称制，窦宪以侍中的身分内主机密，外宣诏命。加上章帝遗诏，任命窦宪的弟弟窦笃为中郎将，窦景、窦瑰为中常侍，于是窦宪兄弟都在亲要之地，威权一时无二。窦宪还牵朋引类。他见太尉邓彪为人谦和礼让，便推举他为太傅。另外，屯骑校尉桓郁几代都做皇帝的老师，性情恬退自守，窦宪也把他推荐上去，让他在宫禁中给皇帝讲授经书。于是，内外协附，没有人能对窦宪不利。

窦宪性情急躁，睚眦之怨莫不报复。谒者韩纡当年曾经审判过窦宪的父亲窦勋的案件，窦宪居然令人将他儿子杀死，割下首级在窦勋墓前祭奠。永元元年（公元89年），都乡侯刘畅来吊景帝之丧，得幸太后，数蒙召见。窦宪怕刘畅分了自己的宫省之权，公然派遣刺客在屯卫之中将其杀死，并嫁祸刘刚，后因事泄获罪，被囚于宫内。窦宪恐惧，请求出击北匈奴以赎死罪。

当时匈奴分南北两部，南匈奴亲汉，北匈奴反汉。正好南匈奴请求汉朝出兵讨伐北匈奴，朝廷便任命窦宪为车骑将军，佩金印紫绶，比照司空规格配备属员，率军北伐。窦宪率部与北单于在稽落山作战，大破敌军。敌众溃散，单于逃走，窦宪整军追击，直到私渠比鞮海（乌布苏诺尔湖）。此役，共斩杀将士1.3万多人，俘获马、牛、羊、驼百余万头，来降者81部，前后20多万人。窦宪等人登上燕然山，命中护军班固作铭，刻石记功，宣扬东汉的威德，史称燕然勒石。朝廷拜窦宪为大将军，位高三公。

燕然山大捷，使窦宪坚定了消灭北匈奴的决心。因北单于已逃到远处，窦宪一面派司马吴汜、梁讽携带金帛追寻北单于，企图招降他；一面班师回国，驻扎五原。当时，北匈奴人心离散，吴汜、梁讽所到之处，宣明国威，前后有万余人归降。在北海西北的西海，吴汜、梁讽追上了北单于，劝说他仿效当年呼韩邪单于归汉的先例，以求保国安人。北单于大喜，率领部下与梁讽一起回到私渠海；听说汉王朝大军已入塞，就派弟弟随梁讽到洛阳，向汉朝廷进贡，并留侍汉和帝。窦宪见北匈奴单于没有亲来洛阳，认为他尚乏诚意，便奏请朝廷准备再次出征。

和帝永元元年（公元89年）九月，皇帝下诏，命中郎将持节到五原任命窦宪为大将军，并封武阳侯，窦宪坚辞封爵。过去大将军的官位在三公之下，按太尉标准设置官属。此时，窦宪权震朝廷，公卿们迎合旨意，奏请朝廷使窦宪位在三公之上、太傅之下，同时也提高他设置官属的档次。窦宪率军回京师，朝廷大开仓府，犒劳赏赐将士，并加官晋爵。永元二年（公元90年）六月，朝廷下诏封窦氏四兄弟侯爵，只有窦宪拒不受封。

这年七月，窦宪将兵出镇凉州（今甘肃秦安东北）。北单于因汉王朝遣还其弟，又派车谐储王等人居延塞见窦宪，请求向汉称臣，并想入京朝见。窦宪上表请示后，派班固、梁讽前往迎接。这时，南单于上书汉廷，建议乘机消灭北单于，然后南北匈奴合并归汉。汉廷同意，于是南单于大败北单于，北单于受重伤逃走。窦宪认为北单于势力微弱，想乘机将其彻底消灭，于是在永元三年（公元91年）派耿夔、任尚、赵博等率兵出居延塞，在金微山大破北单于，北单于遁逃，不知去向，其国遂亡。

窦宪平定匈奴，威名大盛。于是以耿夔、任尚为爪牙，以邓叠、郭璜为心腹，以班固、傅毅典文章，把揽朝政，占据要津。一时刺史、守、令等官员多出其门。尚书仆射郅寿、乐恢因为违忤窦宪之意，相继自杀。朝臣震慑，望风承旨。

窦宪以为有大功于汉，愈加跋扈恣肆。永元四年（公元92年），他的党羽邓叠、邓磊、郭举、郭璜互相勾结，有的还出入后宫，得幸太后，于是欲谋叛逆。和帝得知了他们的阴谋，便招来中常侍郑众，定计除灭叛党。适逢窦宪和邓叠班师回京，和帝大喜，下诏让大鸿胪持节到郊外迎接，并按等级赏赐军中将士，以安其心。窦宪进城之后，和帝亲临北宫，命人屯卫南、北宫，关闭城门，逮捕了邓叠、邓磊、郭举、郭璜，下狱诛死，并派人收回窦宪的大将军印绶，更封为冠军侯，让他和窦氏兄弟都回封地去。窦宪等人到封地后，先后被迫令自杀。

窦宪在历史上留下过种种劣迹，更是东汉外戚专权的祸首，因而备受贬斥，但其历史功绩是不应抹杀的。其实，客观地分析窦宪的一生，其有些行为虽令人愤慨，但他对东汉王朝乃至整个中国历史发展的贡献是应该肯定的。从军事史的角度上看，窦宪作为指挥东汉第二次征伐北匈奴战争的汉军统帅，成功地组织实施了稽落山之战和金微山之战等重大战役，在中国军事史上产生了一定的影响。作为当时无可争议的优秀将领，他统率汉朝大军，大破北匈奴于稽落山和金微山，登燕然山，"刻石勒功"，逐北单于，迫其西迁，奠定了中国北疆新格局，促进了边疆统一和中华民族融合进程。

十、窦融归汉守河西，东破隗嚣安丰侯

窦融（公元前 16—公元 62 年），字周公。扶风平陵（今陕西咸阳西北）人。新莽末至东汉时期军阀、名臣，云台三十二将之一。

1. 早年征战

窦融少孤，王莽掌权的居摄（公元 6—公元 8 年）时期，他在强弩将军王俊部下担任司马，参与了镇压翟义、赵明的起义，因军功被封为建武男（一作宁武男）。其妹嫁大司空王邑为小妻。全家徙居长安，"出入贵戚，连结闾里豪杰，以任侠为名"。但他侍奉母亲、兄长，抚养幼弟，内修品行。

新莽末年，起义者蜂起。王莽遣太师王匡前往镇压，王匡请窦融为助军，与樊崇战于青、徐一带。

地皇三年(公元 22 年)，窦融复从王邑征讨刘秀，大败于昆阳，逃回长安。汉兵入关时，经王邑推荐，窦融为波水将军，引兵至新丰，企图堵截起义军西进。

新莽灭亡后，窦融投降更始军，在大司马赵萌部下为校尉，后被推荐出任巨鹿太守。

2. 据守河西

窦融见更始政权不稳，东方扰乱，不愿出关。他的高祖父曾为张掖太守，从祖父曾为获羌校尉，从弟为武威太守，累世在河西，知其土俗，对其兄弟说："天下安危未可知，河西殷富，带河为国。张掖属国精兵万骑，一旦缓急，杜绝河津，足以自守，此遗种处也。"兄弟们都同意他的看法。窦融于是请求赵萌为他说情，辞去巨鹿太守之职，谋求镇守河西。赵萌替

窦融向更始帝刘玄进言，使其得以被任命为张掖属国都尉。窦融闻讯后非常高兴，携家属就任。在河西，窦融抚结雄杰，怀辑羌众，颇得河西民心。

窦融在河西，与酒泉太守梁统、金城太守库钧、张掖都尉史苞、酒泉都尉竺曾、敦煌都尉辛彤等结交。"推一人为大将军、共全五郡，观时变动。"一致推窦融行河西五郡大将军事。是时武威太守马期、张掖太守任仲得知消息，解印绶离去。窦融仍居于属国，领都尉职，而置从事监察五郡。

窦融在经营河西五郡之初，面临着极为严峻的外部环境。当时，隗嚣称王陇右、卢芳与匈奴联兵扰掠北部边疆、羌人寇掠金城、陇西匈奴胁迫西域各族东寇，河西郡县城门常常昼闭。

在如此严峻的政治形势下，窦融为稳定河西地区社会，采取三项措施：

首先，他运用权谋，断然改变了河西各郡郡守权均力齐、各自为政状况，使自己登上了河西五郡大将军之位，并将政治、经济、军事权力集于自己一人之手，又把各郡豪杰、名士抚纳于自己翼羽之下，从而形成了一个相对稳定的政治集团，使经营河西的活动有了政治保证。

其次，窦融从一开始就大力扩充步兵和骑兵，不断加强军事力量，在平日秣马厉兵，而战时则与各郡郡守共同率兵出征，且屡战屡胜，遂使河西五郡出现了兵精马强局面。

最后，为防御南面的羌人、北面的匈奴、西面的西域各族扰掠，窦融健全了由郡县、都尉府、塞、部和燧等军事机构构成的边防防御、警戒体系，并制定和严格实行了《塞上烽火品约》边防守备条例，为保障社会安定和居民的安心生产创造了良好条件。

窦融在河西地区，因地制宜地开展了多种生产活动。在农业生产上，窦融把地方郡县和军队分为两个管理系统。在地方郡一级设"农都尉"，县一级设"田吏"，并由这些农官具体负责农耕事务。在军队系统，实行军屯制度，具体屯垦事务由军事长官兼理。当时河西地区所种植的农作物品种有 20 多个，大体可分为麦、米、谷、

窦 融

豆四大类，其情况可与农业经济发达的中原地区并驾齐驱。

河西五郡地区，自古林木稀少，天然绿洲常常遭受沙尘暴侵袭，植被保护问题当时就已受到人们的重视。窦融时期，曾通过采取严令"吏民毋得伐树木"措施来保护环境，从保护林木入手保护生态环境的做法，在历史上为我们树立了可资借鉴的表率。为了发展五郡畜牧业，大将军府曾设置了"牧师苑"，专门负责畜牧事务，同时又颁布了禁杀马牛的政令，用来保护役畜。在建武十二年（公元36年），当窦融等前往洛阳晋见光武帝时，在路上所驱赶的马牛羊就多得满山遍野，而仅用来拉车的马就有4000多匹。

在窦融经营时期，交通运输业有了较大发展，马拉的大木轮车已经成了主要的运输工具。建武八年（公元32年），窦融攻打隗嚣时，所出动运输辎重的马拉木轮车就达5000多辆。商业贸易也有了显著发展，仅有姑臧（今武威市）地方，就已开辟了专门供汉族和各少数民族居民进行商品交易的市场，而且每天开放四次，其交易之盛可见一斑。

窦融对河西五郡境内的羌、小月氏、秦胡（匈奴化的秦人后裔）和卢水胡（黑河中上游地区的少数民族）等实行"宽和"政策，一方面招抚游徙不定的各畜牧民族，安置他们定居、"田作"；另一方面又对他们的牲畜从政策上给予保护，严令禁止征调各少数民族的马、牛服徭役，因此各族民众纷纷归附。当时，窦融还允许各少数民族民众参与姑臧市场的商品交易活动，从而得到了各少数民族的"欢心"和拥护。

河西民俗质朴，窦融"政亦宽和"，所以，"上下相亲，晏然富殖"。窦融等练兵马，习战时，明烽燧之惊。防羌人扰乱，击匈奴侵扰，"安定、北地、上郡流民避凶饥者，归之不绝"。

窦融在河西苦心经营，促使河西五郡出现了社会稳定、"仓库有蓄，民庶殷富"和"兵精马强"盛况。

3. 东破隗嚣

刘秀称帝后，窦融便想归附，因隔远而未能自通。这时隗嚣虽然采用建武年号，但"外顺人望，内怀异心"，派遣辩士张玄到河西游说，建议各自割据一方。说什么"今豪杰竞逐，雌雄未决，当各据其土宇，与陇、蜀合从，高可为六国，下不失尉佗"。窦融召集豪杰与诸郡太守商议，有人认为刘秀受符命，和人事，也有其他说法，"或同或异"。窦融小心谨慎，"遂决策东向"。

建武五年（公元29年）夏，窦融派长史刘钧奉书献马于东汉。梁统等人都派人随行。这时刘秀也遣使出使河西，争取窦融等共同对付隗嚣、公孙述。双方使者遇于途中，共还洛阳。刘秀见到刘钧等很高兴，赐窦融书，称赞窦融安定河西，远见卓识，并赐黄金200斤，授其为凉州牧。

窦融接刘秀书，复遣刘钧上书，陈述投顺之意。同时遣弟窦友赴洛阳面陈心迹。窦友行至高平，适值隗嚣叛汉，道路隔绝，驰还河西。窦融遣席封携书间道东行通书。刘秀又赐窦融兄弟书，加以抚慰。

窦融既投顺于汉，乃致书隗嚣，批评他出尔反尔，不识时务，不顾民生，要他深思逆顺之道。隗嚣不理睬。窦融乃与五郡太守共作战备，上书请战。

刘秀对窦融的态度和表现颇为赞赏，并与其拉上外戚关系，说窦融乃文帝窦后家后裔，自己是窦皇后所生景帝之子定王之后；还说汉兵即将西进，希望窦融"以应期会"。窦融得到诏令，随即与诸郡守率兵入驻金城，进击投顺隗嚣的先零羌封何之众，大破之。只因汉兵未进，窦融乃引还。这时，梁统也与隗嚣断绝关系。

建武七年（公元31年）秋，隗嚣攻安定。刘秀将兵亲自西征，令窦融等定期相会。因遇大雨，道路阻绝，加之隗嚣已经退兵，乃止军。窦融已至姑臧，得到诏令而罢归。窦融恐刘秀久不出兵，上书向刘秀建议抓紧时机，东西夹击隗嚣，若旷日持久，则易生变故。

刘秀接受窦融的请求，建武八年（公元32年）夏，发兵征隗嚣。窦融率五郡太守及羌、小月氏等，步骑数万，辎重5000余辆，与刘秀会于高平（县）第一（城名）。刘秀举行盛大宴会，待窦融以殊礼。任其弟窦友为奉车都尉，从弟窦士为太中大夫。双方遂一同进军，隗嚣之兵"大溃"，城邑"皆降"。刘秀因功封窦融为安丰侯，食安丰、阳泉、寥、安风四县。封其弟窦友为显亲侯。诸将也得到封赏。封赏完毕，刘秀率众东归，窦融等西还故地。

4. 恩宠无比

窦融兄弟并受侯爵，久专西方，惧不自安。他多次上书，请求辞职，刘秀下诏挽留。建武十二年（公元36年），陇、蜀已经平定，窦融受诏与五郡太守奏事京师，跟随的车队有1000多辆，马、牛、羊遍野。窦融到了洛阳，送上凉州牧、张掖属国都尉、安丰侯印绶。刘秀还其安丰侯印绶，以诸侯位引见，"赏赐恩宠，倾动京师"。

建武十三年（公元 37 年）四月，刘秀任命窦融为冀州牧。十余日后，窦融升任大司空，位列三公。

窦融自知不是刘秀的旧臣，故小心谨慎，多次辞让爵位，刘秀表示留用。窦融不敢再提请求。

建武二十年（公元 44 年）四月，大司徒戴涉因所荐举的人盗金而被下狱，刘秀因三公牵连，才免去窦融大司空之职。

建武二十一年（公元 45 年），窦融加位特进。

建武二十三年（公元 47 年），窦融接替阴兴行卫尉事，特进如故，又兼领将作大匠。其弟窦友为城门校尉，兄弟并典禁兵。窦融再次请求辞职回乡，刘秀经常赏赐钱帛，太官也时常送来珍奇膳食。窦友死后，刘秀怜悯窦融年老气衰，派中常侍、中谒者到窦融卧室勉强劝他进酒食。到了这时，窦氏一门贵显，有"一公、两侯、三公主、四二千石，相与并时。自祖及孙，官府邸第相望京邑，奴婢以千数，于亲戚、功臣中莫与为比"。

5. 凄凉晚景

永平二年（公元 59 年），窦融从兄子窦林因罪下狱死。汉明帝刘庄多次下诏责让窦融，并以西汉窦婴、田蚡的先例告诫他。窦融惶恐，再次乞骸骨，刘庄命他在家中养病。一年多以后，窦融上卫尉印绶，刘庄赐养牛、上樽酒。

窦融任职十余年，因其年老，子孙放纵胡为，多有不法。后来，他的长子窦穆，依仗权势，胡作非为，矫阴太后诏，令六安侯刘盱去妇，娶其女为妻。

永平三年（公元 60 年），刘庄思念中兴功臣，乃图画 28 将于南宫云台，并加上窦融与王常、李通、卓茂，共 32 人。

永平五年（公元 62 年），刘盱被弃妻家上书告发此事。刘庄大怒，窦穆等免官，家属受株连而归故郡，只留窦融于京师。不久，诏诸窦悉还京师，适逢窦融逝世，终年 78 岁。刘庄下诏赐谥号"戴"，赠送许多钱财，以帮助办理丧事。

永平十四年（公元 71 年），刘庄封窦勋弟窦嘉为安丰侯，食邑 2000 户，继奉窦融后嗣。

十一、耿恭拜井退匈奴，忠勇俱全反获罪

耿恭，字伯宗，扶风茂陵（今陕西兴平东北）人，耿况之孙，耿广之子，

耿秉之堂弟，建威大将军、好畤侯耿弇之侄，东汉官员、将领。

1. 担任校尉

耿恭的父亲耿广很早便已去世，耿恭年少时就成了孤儿。耿恭为人慷慨多谋略，有将帅的才能。

永平十七年（公元74年）十一月，骑都尉刘张出兵攻打车师，请耿恭担任司马，和奉车都尉窦固以及耿恭堂弟驸马都尉耿秉打败并使车师投降。东汉朝廷开始在西域设置西域都护、戊己校尉，于是任命耿恭为戊己校尉。屯兵后王部金蒲城（今新疆奇台西北），任命谒者关宠也为戊己校尉，屯守前王柳中城（今新疆艾丁湖东北），每个驻屯地各设几百人。耿恭到达任所，送文书到乌孙国，显示东汉朝廷的威望恩德，乌孙国王以下的人都非常高兴，派使者向东汉朝廷进贡名马，并献上汉宣帝时赐给公主的赙具，希望派乌孙王子入朝侍奉。耿恭于是派使者赠送金子、织物，迎接乌孙王子入朝侍奉。

2. 抵御匈奴

永平十八年（公元75年）三月，北匈奴单于派左鹿蠡王率领两万骑兵攻打车师。耿恭派司马领兵300人前往援救车师，途中遭遇北匈奴大军，因寡不敌众，全军覆没。于是北匈奴打败并杀死车师后王安得，继而攻打金蒲城。由于城中兵少，形势危急，耿恭便亲自登城与北匈奴人交战。耿恭把毒药涂在箭上，传话给北匈奴人说："这是汉朝神箭，中箭者必出怪事。"于是用硬弓射箭。中箭的北匈奴人，看到伤口处血水沸涌，大为惊慌。当时正好出现狂风暴雨，耿恭军乘雨攻打北匈奴，杀伤众多北匈奴人。北匈奴人十分震恐，相互说道："汉军有神力，真可怕啊！"于是解围撤退。

3. 耿恭拜井

永平十八年（公元75年），北匈奴在疏勒城（今新疆昌吉回族自治州奇台县城南64公里处的半截沟镇麻沟梁村）攻打耿恭，并堵绝汉军的水源。耿恭在城中掘井15丈，仍然没有出水。官兵

东汉瑞兽纹青铜器

焦渴困乏，甚至挤榨马粪汁来饮用。耿恭仰头叹息说："听说从前贰师将军李广利拔佩刀刺山，飞泉从山中喷出；如今汉室恩德神圣，怎么可能走投无路呢？"于是整理衣服向井拜了两拜，替将士祈祷。过了一会儿，水柱喷出，众人齐呼万岁。耿恭命人在城上泼水给北匈奴人看。北匈奴人感到意外，以为有神明在帮助汉军，于是领兵撤退。象棋的"耿恭拜井"，即来源于此。

4.遭围回国

永平十八年（公元 75 年）六月，西域的焉耆和龟兹两国攻打西域都护陈睦，陈睦全军覆没。北匈奴的军队则在柳中城包围关宠。

八月，汉明帝去世，朝廷正是大丧之机，没有派出救兵。于是车师再度反叛，和北匈奴一道进攻耿恭。耿恭激励士兵进行抵抗。车师后王夫人的祖先是汉人，经常暗中把敌情告诉耿恭，又供给他粮食军饷。几个月后，汉军粮食耗尽，便用水煮铠甲弓弩，吃上面的兽筋皮革。耿恭和士兵以诚相待，同生共死，所以众人全无二心，但死者日渐增多，只剩下了数十人。北匈奴单于知道耿恭已身陷绝境，定要让他投降，便派使者去招降耿恭说："你如果投降，单于就封你做白屋王，给你女子为妻。"耿恭引诱使者登城，亲手将他杀死，在城头用火炙烤北匈奴使者尸体。北匈奴单于大为愤怒，又增派援兵围困耿恭，但仍不能攻破城池。当时，关宠上书朝廷请求救援，汉章帝采纳司徒鲍昱的建议，派征西将军耿秉屯守酒泉，派酒泉太守秦彭（一作段彭）、谒者王蒙、皇甫援征发张掖、酒泉、敦煌三郡以及鄯善部队，共 7000 多人，前往救援。

建初元年（公元 76 年）正月，秦彭等人率军在柳中集结，进击车师，攻打交河城，斩杀 3800 人，俘虏 3000 余人。北匈奴惊慌而逃，车师再度投降东汉。

这时，关宠已经去世，王蒙等人打算引兵东归。耿恭的一位军吏范羌当时正在王蒙军中，他坚持要求去援救耿恭。将领们不敢前往，便分出两千救兵交给范羌。范羌经由山北之路去接耿恭，途中曾遇到一丈多深的积雪。援军精疲力尽，仅能勉强到达。耿恭等人夜间在城中听到兵马之声，以为北匈奴来了援军，大为震惊。范羌从远处喊道："我是范羌。朝廷派部队迎接校尉了！"城中的人齐呼万岁。于是打开城门，众人互相拥抱，痛哭流涕。次日，他们便同救兵一道返回。北匈奴派兵追击，汉军边战边走。官兵饥饿已久，从疏勒城出发时，还有 26 人，沿途不断死亡，到三

194

月抵达玉门时，只剩下了 13 人。这 13 人衣衫褴褛，鞋履洞穿，面容憔悴，形销骨立。中郎将郑众为耿恭及其部下安排洗浴，更换衣帽。并上书朝廷说："耿恭以微弱的兵力固守孤城，抵抗匈奴数万大军，经年累月，耗尽了全部心力，凿山打井，煮食弓弩，先后杀伤敌人数以千计，忠勇俱全，没有使汉朝蒙羞。应当赐给他荣耀的官爵，以激励将帅。"耿恭到达洛阳后，鲍昱上奏称耿恭的节操超过苏武，应当封爵受赏。于是任命耿恭为骑都尉，任命耿恭的司马石修为洛阳市丞，张封为雍营司马，军吏范羌为共县丞，剩下九人都授予羽林之职。耿恭母亲在此之前就已去世，等耿恭回来，补行丧礼，汉章帝下诏派五官中郎将馈赠牛和酒解除丧服。

5. 获罪免官

建初二年（公元 77 年），耿恭升任长水校尉。同年八月，金城和陇西的羌人反叛。耿恭上书谈论对付羌人的策略，汉章帝召耿恭进宫询问详情。汉章帝于是派代理车骑将军马防和耿恭率领北军的越骑、屯骑、步兵、长水、射声等五校兵以及各郡的弓弩射手，共 3 万人，讨伐羌人。耿恭屯守枹罕，屡次和羌人交战。

建初三年（公元 78 年）秋天（《资治通鉴》作正月），马防进攻羌人烧当部落首领布桥，布桥大败，率领部众 1 万余人投降。汉章帝下诏，命令马防回朝。耿恭留下来攻打各处没有投降的羌人部落，斩杀、俘虏 1000 多人。于是，羌人勒姐部落、烧何部落等 13 个部落共数万羌人，全部向耿恭投降。

后来，耿恭曾因上书奏事冒犯过马防，监军谒者便秉承马防的意思，弹劾耿恭不留意军事，接受诏书时心怀不满。耿恭因此获罪而被召回朝廷，逮捕入狱，并罢免其官职遣送原籍，最终老死家中。

十二、功冠三军窦孟孙，仁厚恭谨羌胡服

窦固（？—公元 88 年），字孟孙。扶风郡平陵县（今陕西咸阳西北）人。东汉时期名将，大司空窦融之侄。

窦固是大司空窦融之侄、城门校尉窦友之子。他年轻时因娶光武帝刘秀之女、涅阳公主刘中礼而被拜为黄门侍郎，谦让而有节行操守。窦固好读书，喜兵法，因家族身份而显贵。

建武中元元年（公元 56 年），窦固世袭其父窦友爵位显亲侯。

永平元年（公元 58 年），汉明帝刘庄即位后，窦固迁任中郎将，监护羽林军，俸禄比二千石，又以监军身份随捕虏将军马武等人率军四万大破烧当羌。

永平五年（公元 62 年），窦固的堂兄窦穆因犯罪被免职，窦固受牵连被罢官，被禁锢在家中十多年。

当时天下安定，明帝想要效仿汉武帝的事迹，恢复与西域各国的联系，西击北匈奴。

永平十五年（公元 72 年），谒者仆射耿秉屡次请求进攻北匈奴。明帝因窦固曾在河西跟随过伯父窦融，熟悉边疆事务，便让窦固和耿秉、太仆祭肜、虎贲中郎将马廖、下博侯刘张、好畤侯耿忠等人共同会商。窦固对明帝说："塞外水草丰美，此次出征可以不用带战马的粮草。"十二月，明帝任命耿秉为驸马都尉，窦固为奉车都尉，骑都尉秦彭为耿秉的副手，耿忠为窦固的副手，窦固等人都可以设置从事中郎、司马等属官，出京屯驻凉州酒泉郡，积极部署对北匈奴的进攻。

永平十六年（公元 73 年）二月，汉军分四路出击，其中窦固与耿忠率酒泉、敦煌、张掖士兵及卢水羌兵 1.2 万骑出酒泉（郡治禄福，今甘肃酒泉市）塞；耿秉、秦彭率武威、陇西、天水士兵及羌兵骑兵万人出居延（今内蒙古额济纳旗东）塞；祭肜、吴棠率河东北地、西河羌兵及南单于兵 1.1 万骑兵出高阙（今内蒙古狼山中部计兰山口）塞；骑都尉来苗、护乌桓校尉文穆率太原、雁门、代郡、上谷、渔阳、右北平、定襄郡兵及乌桓、鲜卑兵 1.1 万骑出平城（今山西大同市东北）塞。窦固和耿忠抵达天山（今新疆天山），进攻北匈奴呼衍王，斩杀 1000 余人。又追击到蒲类海（今新疆巴里坤湖），夺取伊吾卢（今新疆哈密西北四堡），设置了宜禾都尉，在伊吾卢城留下将士开荒屯垦。

窦固又以班超为假司马命他出使西域，招降西域诸国。耿秉、秦彭入大漠 600 余里，至三木楼山，来苗、文穆至匈奴河水上，北匈奴部众全都溃散逃跑，没有斩获。祭肜、吴棠因没到涿邪山，被贬为庶人。四路大军唯窦固有功，被加位特进。

班超成功劝说鄯善国归顺朝廷归来后，向窦固讲述了出使经过，窦固十分高兴，将班超的功劳上报，并请求再派使者出使西域。明帝任命班超为军司马，让他继续出使。窦固又让班超出使于阗国，最终使西域 36 国重新再次归顺。

永平十七年（公元 74 年）十一月，明帝派窦固与耿秉、刘张率军出敦煌郡昆仑塞，进攻西域。命耿秉、刘张都交出调兵符，归属窦固。汉军集合部队共 1.4 万人，在蒲类海边击败了白山

东汉车马出行图壁画

的北匈奴军，又进军攻打车师。车师前王是车师后王的儿子，两个王庭相距 500 多里。窦固认为汉军距后王路远，山谷深险，士兵将受到寒冷的折磨，因而打算先进攻前王。但耿秉认为应当先去打后王，集中力量除掉老根，那么前王将不战自降。窦固还没有想清楚决定，耿秉便奋然起身说："请让我去打先锋！"于是跨上战马，率领所属部队向北挺入。其他部队不得已而一同进军，斩杀敌人数千。车师后王安得震惊恐慌，便走到城门外面迎接耿秉，摘去王冠，抱住马足投降。耿秉便带着他去拜见窦固。车师前王也随之投降。车师便全部平定，大军回师。

窦固于是上书建议重新设置西域都护及戊己校尉。明帝任命陈睦为西域都护，又命耿恭、关宠为戊己校尉，各自统领数百人，分驻车师后王部金蒲城及前王部柳中城。

永平十八年（公元 75 年）二月，朝廷下诏命窦固罢兵返回洛阳。

建初元年（公元 76 年），汉章帝刘炟即位后，给涅阳公主加号为长公主，增加食邑 3000 户；征召窦固代魏应为大鸿胪。章帝因其精通熟悉边防事务，每次有大事时都征求窦固的建议。

窦固在边疆数年，羌人都佩服他的恩信。一次，羌人请窦固赴宴，席上的烤肉还没熟，一个羌人便长跪在窦固面前割了一块，血流到了那人的手指间，那人把肉献给窦固，窦固也并不嫌弃地把它吃了，羌人因此像对父母一样爱戴他。

建初三年（公元 78 年），章帝追录窦固之前的功劳，增加他的食邑 1300 户。

建初七年（公元 82 年），窦固接替马防担任光禄勋。

建初八年（公元 83 年），又接替马防任卫尉。

章和二年（公元 88 年），窦固去世，谥号文。因其子早逝而没有后代，封国被废除。

窦固为朝廷讨破匈奴，击降车师，又派班超出使西域，并上疏请求重新设置西域都护、戊己校尉，使西域重归东汉政府的统治，可以说立下了赫赫战功。他虽然身份显贵，接连担任要职，获得多次赏赐，家财达到以亿计，但他的性格谦逊简约，爱惜人才喜欢施舍赈济别人，士人们都因此而称赞他。

十三、班勇奇功安西域，因迟获罪遭免官

班勇（？—127 年），字宣僚，扶风平陵（今陕西咸阳东北）人，东汉名臣班超少子，东汉将领。

班勇出生于西域，年轻时遍访西域诸国，每有见闻，以笔志之。后随父班超回到长安。

永初元年（107 年），西域各属国反叛，朝廷派班勇为军司马。班勇和哥哥班雄从敦煌出兵，迎接都护和驻军返回。

元初六年（119 年），敦煌太守曹宗派长史索班率领 1000 多人驻扎在伊吾（今新疆哈密一带），车师前王和鄯善王都来投降索班。数月之后，北匈奴与车师后部便共同攻打消灭了索班，进而击走车师前王，占领向北的道路。鄯善王危急，向曹宗求救，曹宗因此请求朝廷出兵 5000 人攻打北匈奴，替索班报仇雪耻，于是又收复西域。邓太后召班勇到朝堂参加会议。起先各公卿多数主张关闭玉门关，于是就放弃了西域。

班勇上奏议道："旧敦煌郡有营兵 300 人，现在应该恢复，并重新设置护西域的副校尉，住在敦煌，像永元年间那样做。又应派西域长史统率 500 人驻在楼兰，西边挡住焉耆、龟兹的来路，南边给鄯善、于阗壮壮胆子，北面抵御匈奴，东边连接敦煌。这样才算方便。"

于是朝廷听从班勇的意见，恢复敦煌郡营兵 300 人，设西域副校尉，让他住在敦煌。虽然又使西域得到控制，但是还不能走出屯兵之地。后来匈奴果然多次与车师共同进犯边地，河西遭受大害。

延光二年（123 年）四月，朝廷任命班勇为西域长史，率领兵士 500 人出塞，驻扎在柳中。

延光三年（124 年）正月，班勇抵达楼兰。因鄯善王归附汉朝，朝廷

特别赐给他三条绶带的印信。然而龟兹王白英仍然独自犹豫不定。班勇用恩德和信义进行开导，白英这才带领姑墨、温宿两国王，将自己捆绑起来，向班勇归降。班勇乘机征调龟兹等属国的步骑兵 1 万余人，前往车师前国王庭，在

东汉铜车马

伊和谷赶走匈奴伊蠡王，收容车师前国军队 5000 余人。于是车师前国开始重新与汉朝建立联系。班勇返回，在柳中垦田屯戍。

延光四年（125 年）七月，班勇调集敦煌、张掖、酒泉等郡 6000 骑兵和属国鄯善、疏勒、车师前国的军队，进击车师后国国王军就，将车师后国军队打得大败。斩首俘获 8000 多人，马畜五万多头。抓到军就和匈奴持节使者，将其带到索班阵亡处斩首，替索班报仇雪耻，并将首级传送到京都洛阳。永建元年（126 年）十一月，班勇改立车师后国前任国王的儿子加特奴为王。又派遣部将斩杀东且弥王，并另立其本族人为王。于是，车师等西域六国，全都归附汉朝。

永建元年（126 年）十二月，班勇调集各属国士兵攻打匈奴呼衍王，呼衍王逃走，他的部下 2 万余人全都投降。抓到了单于的堂兄，班勇让加特奴亲手将他斩杀，以此结下车师和匈奴之间的仇恨。于是，北单于亲自率领 1 万余骑兵攻打车师后国，抵金且谷。班勇派遣假司马曹俊前去救援，单于率军后撤，曹俊追击，并斩杀其贵人骨都侯。于是，呼衍王迁到枯梧河畔居住，车师此后不再有匈奴的足迹。西域所有的城邦国家都已归服汉朝，只有焉耆王元孟尚未投降。

永建二年（127 年）六月，班勇上奏朝廷，请求出兵攻打元孟。于是，朝廷派敦煌太守张朗带领河西四郡之兵 3000 人，配合班勇。班勇便调集西域各属国之兵，共 4 万余人，分两路进击焉耆。班勇从南道走，张朗从北道走，约定日期到焉耆城下会师。而张朗因先前有罪，急于求功，为自己赎罪，就赶在约定日期之前，抵达爵离关，并派遣司马率军提前进攻，

斩首 2000 余人，元孟害怕被杀，于是派使者请求投降。张朗便直接进入焉耆城，受降而回。结果，张朗得以免除诛杀，而班勇因迟到而被征回京都洛阳，下狱免官。不久，班勇得到赦免，后来老死家中。

班勇父亲班超平定西域，功高劳苦，被封为定远侯，继任者任尚过于严厉，最终葬送西域的和平，导致朝廷对此地十多年失控，而班勇不失家风，仅用四年时间将失去的荣耀重新找回，只是他得到的却让人无比心寒。

除了班勇本身的遭遇让人同情之外，班家的结局也让人感伤。班雄的儿子班始娶了汉和帝刘保的姑姑阴城公主，她仗着自己是皇族中人，无法无天，无耻到令人无语的地步：她和男人私通，竟然要丈夫跪在床前参观！班始难忍羞辱，杀了她之后，顺帝为姑姑报仇，将班始腰斩族灭。

班家为中华民族历史所做贡献很多，后代却如此结局，令人感叹。

班勇成长于西域，深悉西域道里、风土和政治情况。他能武也能文，曾将自己在西域的见闻，写成重要文献《西域风土记》。该书内容广博翔实，囊括了自光武帝建武元年（公元 25 年）至安帝延光四年（125 年）整整 100 年的西域诸国概况，涉及诸国的地理方位，道里记程、山川形胜、人口物产、风土民情、人物事件、王位更迭、争战讨伐、历史沿革等。

此外，他还填补纠正了《汉书·西域传》记载之疏漏与舛误，成为南朝宋人范晔撰写《后汉书·西域传》的宝贵资料。

十四、虞诩增灶千古奇，刚直不屈遭九斥

虞诩（？—137 年），字升卿，小字定安。陈国武平县（今鹿邑武平）人。东汉时期名将。

虞诩 12 岁时就能通《尚书》，后成为孤儿，孝顺奉养祖母。县里推举他为顺孙，陈国国相十分赞赏他，想要召他为吏。虞诩推辞说："我的祖母 90 岁了，没有我，就无人奉养。"国相才打消这个念头。后来虞诩的祖母逝世，他在服丧期满后，被太尉张禹征召，授任郎中。

1. 力劝张禹

永初四年（110 年），羌胡作乱，蹂躏并、凉二州，大将军邓骘认为军情紧急，不能兼顾，想要放弃凉州，集中力量对付北边。于是召集公卿商议，邓骘说："这就好比衣服坏了，坏一件补另一件，还可以有一件完好的。如果不这样，将是两无所保。"众人都附和他的意见。

虞诩听闻后对张禹说："据说众人决定放弃凉州，在我看来，这不合适。先帝开辟疆土，辛辛苦苦，现在怕费事，丢掉它。凉州既然丢了，那三辅就算边塞了，三辅作了边塞，那祖宗的园陵坟墓，就在界外了，这是万万不行的。俗话说：'关西出相，关东出将'，凉州习兵练勇，超过他州。现在羌胡之所以不敢入侵三辅的原因，就是因为凉州在他的后方，是他的心腹之患啊！凉州百姓拿起武器，保卫凉州，毫无反顾之心，因为凉州是大汉的啊！如果放弃它，迁走百姓，人民安于故土，不愿迁徙，这样一定会发生变故。假使英雄豪杰集合起来，乘势东来，就是有孟贲、夏育那样的勇士，太公那样的将领，还恐怕抵挡不住。议论的人认为补衣还有剩完好的作比方，我看就像疽的溃烂，越烂越宽，没有停止。放弃凉州不是好的计策。"张禹说："我没有想到这点，如果不是你，几乎坏了国家大事。那么你有什么好计策呢？"虞诩说："现在凉州骚动，人情不安，我担心发生突然事变。应该下令四府九卿，各推举所属州数人，对牧守令的子弟，都授予散官，表面上是奖励他们的功勋，实际上监视他们，防止他们作乱。"张禹很赞同他的观点，命令四府都照虞诩之计办事。于是下令征召两州的豪杰为掾属，授任牧守长吏的子弟为郎官，来安慰他们。邓骘兄弟因虞诩反对自己而感到不服，想利用法令来诬陷虞诩。

2. 安定朝歌

当时朝歌县的叛匪宁季等数千人造反，杀死官吏，聚众作乱连年，州郡官府无法镇压，于是任命虞诩为朝歌县长。他的老友们无不担忧地对虞诩说："去朝歌真倒霉！"虞诩笑着说："志不求易，事不避难，这是我的本分。不遇盘曲的根，错乱的节，哪能识别利器呢？"虞诩刚到时，前去拜见河内太守马棱，马棱勉励他说："你是有学问的人，应当在朝廷谋划国家大事，为什么来朝歌呢？"虞诩说："受命的那天，不少有地位的官员都来慰问勉励我。我想，叛贼是不能有所作为的。朝歌在韩、

国宝金匮直万

魏交界之处，背靠太行，面临黄河，离敖仓百里，青州、冀州流亡到这里的有几万人。叛贼不知道开仓募众，抢劫库藏的兵器，守卫城皋，截断天下的右手，这就不足忧了。现在，叛贼势力正盛，不好较量。兵不厌诈，希望多给兵马，不要使我有为难而已。"

虞诩一上任，就设置三科募求壮士，命令自掾史以下各自举荐所知道的人；以抢劫的为上，伤人偷盗其次，有丧在身而不理家业的为下。招募共得到100多人，虞诩设宴招待他们，把他们的罪过都赦免，让他们跑入叛军中，引诱他们劫掠，并设伏兵见机行事，趁机斩杀叛贼数百人。又派会缝纫的贫民，为叛贼缝纫衣物，用红色的丝线缝在衣襟上作为标记，叛贼出入在街上的，都被官兵捕捉。叛贼因此都惊骇走散，都说有神灵在帮助官府。虞诩因而升任怀县令。

3. 增灶破敌

元初二年（115年），任尚任中郎将，接替班雄驻防三辅地区。虞诩向任尚建议道："兵法上说，弱的不去进攻强的，走的不去追赶飞的，这是必然的形势。如今羌人全都是骑兵，每天可以行军数百里，来时像急风骤雨，去时像离弦飞箭，而我军用步兵追赶，是势必追不上的。所以，尽管集结兵力20多万，旷日持久，但却没有战功。我为阁下打算，不如让各郡郡兵复员，命他们每人捐助几千钱，20人合买一匹马，这样便可用一万骑兵去驱逐数千敌寇，尾追截击，羌人自然走投无路。这样既方便百姓，也有利于战事，大功便可以建立了！"任尚根据虞诩的建议上书，被朝廷采纳。任尚于是派轻骑兵在丁奚城击败了杜季贡。

同年，羌人入侵武都郡，邓太后听说虞诩有将帅的韬略，于是任命他为武都太守。数千羌军在陈仓的崤谷拦截虞诩。虞诩得知后，立即下令部队停止前进，宣称："我已上书请求援兵，等援兵到后，再动身出发。"羌军听说以后，便分头前往邻县劫掠。虞诩乘羌军兵力分散的机会，日夜兼程行进了100余里。他让官兵每人各作两个灶，以后每日增加一倍。于是羌军不敢逼近。有人问虞诩："以前孙膑使用过减灶计，而您却增加灶的数量；兵法说每日行军不超过30里，以保持体力，防备不测，而您如今却每天行军将近200里，这是什么道理？"虞诩说："敌军兵多，我军兵少，走慢了容易被追上，走快了对方便不能测知我军的底细。敌军见我军的灶数日益增多，必定以为郡兵已来接应。我军人数既多，行动又快，敌军必然不敢追赶。孙膑有意向敌人示弱，我现在有意向敌人示强，这是由于形势不同的缘故。"

虞诩到达郡府后，兵员不足3000人，而羌军有1万多人，围攻赤亭达数十日。虞诩便向部队下令，不许使用强弩，只许暗中使用小弩。羌人误认为汉军弓弩力量微弱，射不到自己，便集中兵力猛烈进攻。于是虞诩命令每20只强弩集中射一个敌人，射无不中。羌军大为震恐，纷纷退下。虞诩乘胜出城奋战，杀伤众多敌人。次日，他集合全部军队，命令他们先从东门出城，再从北门入城，然后改换服装，往返多次。羌人不知城中有多少汉军，于是更加惊恐不安。虞诩估计羌军将要撤走，就秘密派遣500余人在河道的浅水处设下埋伏，守住羌军的逃路。羌军果然大举奔逃，汉军乘机突袭，大败羌军，杀敌擒虏数量极多，羌军从此溃败离散。

之后虞诩查看研究地形，修建了180处营堡，并招回流亡的百姓，赈济贫民，开通水路运输。虞诩刚到任时，谷价每石1000钱，盐价每石8000钱，仅存户口1.3万户。等到他在任3年之后，米价每石80钱，盐价每石400钱，居民也增加到4万多户。人人富足，家家丰裕，从此一郡平安。后来因犯法被免官。

4. 刚直不屈

永建元年（126年），虞诩接替陈禅担任司隶校尉。他刚到任的数月内，就奏劾太傅冯石、太尉刘熹、中常侍程璜、陈秉、孟生、李闰等，百官都嫉恨他，称他非常苛刻。三公（太尉、司徒、司空）又劾奏虞诩在盛夏拘捕无辜，是官府衙役的祸患。虞诩上书申诉说："法禁是社会的堤防，刑罚是人的鞭策。现在州推郡，郡推县，彼此推卸，百姓埋怨，以苟且容忍为贤，尽忠为愚。臣所举发的，赃罪有的是，二府害怕臣上奏，就诬害臣。臣将如史鱼一样死去，以尸谏劝啊。"汉顺帝看

东汉时期陶楼

了他的奏章后，就将司空陶敦罢免。

当时中常侍张防滥用权势，收受贿赂。虞诩依法追究，但奏章往往遭到扣压，不得上报。虞诩愤慨之至，于是捆绑自己去见廷尉，上奏说："从前孝安皇帝任用樊丰，扰乱正统，几乎亡国。如今张防又玩弄权势，国家又将遭受祸乱，臣不能与张防一起，所以自己捆绑前来，不要让臣走杨震的路。"奏章上达后，张防在顺帝面前流泪为自己申诉，虞诩因罪被罚去左校服役。张防非要将他害死，在两天之内，就四次传讯他。狱吏都劝虞诩自杀，虞诩说："宁愿被处死，让天下人都知道。"宦官孙程、张贤等知道虞诩因此获罪，就相继上奏请求顺帝接见他们。孙程说："皇上开始与臣等相处时，常常痛恨奸臣，知道奸臣害国。如今做了皇帝，自己又这样做起来，怎么与先帝区别呢？司隶校尉虞诩为您尽忠，被拘系，中常侍张防赃罪确凿，反而陷害忠良。现今客星守羽林，占卜说宫中有奸臣。您应该赶快收捕张防送狱，以防天变。下诏释放虞诩，归还他的印绶。"这时，张防站在顺帝身后，孙程怒斥张防道："奸臣张防，为什么还不下殿！"张防不得已，跑入东厢。孙程说："陛下赶快收捕张防，不要让他向阿母求情。"顺帝就此事询问诸位尚书，尚书贾朗一向与张防交好，便伪证虞诩有罪。顺帝有些怀疑，对孙程说："你们暂时出去，朕还要考虑考虑。"虞诩的儿子虞凯与太学生100多人，都举着旗帜，等到中常侍高梵的车驾，向他叩头流血，申诉虞诩的冤情。高梵于是向顺帝说明此事，张防被流放边疆，贾朗等六人有的处死，有的被罢黜，当天就释放了虞诩。孙程又上书说虞诩有功，言辞慷慨，顺帝醒悟，便征拜虞诩为议郎。数日后，升任尚书仆射。

5. 议论朝政

当时，长吏、二千石让百姓犯罪的要用钱赎买，叫作"义钱"，假说替贫民储蓄，郡县的守令却借此贪污。虞诩上疏说："自从永建元年以来，穷苦百姓公开揭发收受百万钱以上的长吏，为此事争议不休，惩罚官吏百姓数千万，但三公、刺史却很少举报。永平、章和年间，州郡用走卒钱贷给贫民，司空查劾处理，州及郡县皆以罪罢黜。现在应该遵照从前的典章制度，废除一切权宜的办法。"顺帝下诏书准了虞诩的报告，严厉批评了州郡。谪罚输赎的制度从此禁止了。

之前，宁阳县的主簿到朝廷，申诉宁阳县令枉法积压六七年不处理。主簿上书说："臣是陛下的儿子，陛下是臣的父亲。臣的奏章多次传达，但还是不被理睬，臣难道可以至匈奴单于那里告怨吗？"顺帝大怒，拿了奏章给尚书看，尚书判他是大逆不道。虞诩驳辩说："主簿所告发的，是君父所怨恨。多次上奏没有传达，是有关部门的错误。愚蠢的人，不用滥杀。"顺帝采纳了虞诩的话，打了他一顿板子了事。虞诩因此对各尚书说："小人有怨，不远千里，断发刻肌，下定决心到朝廷告状，你们不管，难道适合作为臣子的道义吗？你们与那些贪官污吏有什么关系，与怨人有什么仇呢？"尚书听到的都汗颜无地。

虞诩又上言说："尚书郎是要职，做官的阶梯，现在有的一郡就有七八人，有的一州都没有人，应该让他们平均一些，来满足天下的希望。"虞诩的不少奏章议论，大多都被采纳。虞诩喜欢揭发坏人，从不回避。多次因此得罪权戚。曾经遭到九次斥责，三次被依法惩处，但他刚正的性格，一直到老都不屈服。

永和元年（136年）初年，虞诩升任尚书令，又因公事免官。永和二年（137年），朝廷想念他的忠诚，想再次征召他，可惜虞诩这时却因病去世了。

虞诩临终时，对儿子虞恭说："我为朝廷办事，正直无私，自己做的所有事情无愧于心。后悔的是做朝歌县长的时候杀贼数百人，里面哪能没有冤枉的，到现在二十多年了，家里再没有增加一口人，这是因为我获罪于天的缘故啊！"

十五、平定西羌灭东羌，"凉州三明"抚并剿

"凉州三明"是指东汉末期同属古凉州人的三位杰出的军事将领：皇甫规、段颎与张奂。皇甫规字威明，张奂字然明，段颎字纪明，因为三人的表字都有个"明"字，又都在治羌中立功扬名，故而在当时被称为"凉州三明"。这三人，在对羌战争中都有过很杰出的战绩，在羌人中也有很高威名。但是，这三人在剿抚方面则分为两个阵营。皇甫规、张奂赞同"抚"，而段颎则赞同"剿"。

1. 皇甫规

皇甫规（104—174年），字威明。安定郡朝那县（今甘肃灵台县）人。东汉时期名将、学者，度辽将军皇甫棱之孙、扶风都尉皇甫旗之子。

皇甫规出身将门世家，祖父皇甫棱，曾任度辽将军；父亲皇甫旗，任

扶风都尉。

永和六年（141 年），西羌大肆侵扰三辅地区，又包围安定，谋犯长安。征西将军马贤率十万大军征剿，不克。皇甫规此时虽为布衣，见马贤战术错误，料其必败，于是上书说明情况。不久，马贤果然中伏，在射姑山为羌军围歼，马贤及其二子均战死。郡守至此乃知皇甫规懂兵略，举荐任命为功曹，命其率 800 士兵，与羌军交战，斩首数级，使羌军退却。

此后，皇甫规被举为上计掾。后来，羌兵大集合，攻击烧掠陇西，朝廷以为祸患。皇甫规上疏朝廷，自己请求报效国家，说道："臣曾经多次陈述关于对付西羌的措施。羌戎还没有动静，臣就料他会反叛，马贤刚刚出兵，臣就知道他一定要吃败仗。偶然说中的这些话，倒处处有事实可作证。臣常想马贤等人拥兵四年没有获得成功，停师的用费要以百亿来计算，这些钱出于老百姓，落入了奸吏的荷包。所以老百姓群起为盗贼，青州、徐州闹饥荒，老弱流散。原来，羌戎反叛，不在天下太平之时，都是因为边将没有抚慰治理好。应该平安无事的，却去侵暴他们，为了求得小小的好处，终于引来大害。为了证明打了胜仗，边将往往虚报斩首多少多少，打了败仗就瞒了不说。士兵劳苦，一肚子怨气，被奸诈的官长困逼，进不得快战以取功名，退不得温饱以活命，饿死沟渠，暴尸四野，白白地看到王师出兵，不看见王师回来。为上的悲哭泣血，害怕发生变故。所以平安时期是很少的，一败乱下来，就是多少年。这是臣拍掌叩心所叹息的啊。希望给臣以马贤、赵冲两营的兵力和安定、陇西两郡之地，率领坐食的兵士 5000，出羌戎意外，与护羌校尉赵冲首尾相应。土地山谷的形势，是臣所熟悉的；兵势巧便，臣已加以整顿。可以不烦用一颗方寸之印，发布文书，一尺之帛作为赏赐，高可以涤除忧患，下可以纳降。如果说臣年少官轻，不可以用，那些败兵之将，不是官爵不高，年龄不大。这就怎么说呢？臣不胜至诚，冒死自陈。"顺帝没有听从他的意见。

建康元年（144 年），汉顺帝驾崩，梁太后临朝，其兄梁冀为大将军，专横跋扈。

本初元年（146 年），朝廷举贤良，皇甫规在应试对策中讽议时政，直言梁氏之是非。梁冀恨皇甫规讽刺他，于是在对策中以皇甫规为下第，任命他为郎中。皇甫规托病免官回家。州郡官员秉承梁冀的旨意，几次都差点把他害死。皇甫规用《诗》《易》教授学生 300 多人，共 14 年。

延熹二年（159年），梁冀被诛杀，一月之内，朝廷五次以礼征召皇甫规，他都不应。

当时在泰山郡一带，叔孙无忌揭竿而起，攻略郡县。中郎将宗资率军征讨，未能平定。于是朝廷以公车征皇甫规为泰山郡太守。皇甫规就任后，广设方略，平定了叔孙无忌的起义。

延熹四年（161年），叛羌零吾等与先零羌别种侵扰掳掠关中，护羌校尉段颎获罪被召。后先零诸种猖獗，接连覆没西北诸营坞。

皇甫规

皇甫规平常熟悉羌事，有志奋发效力，在战事兴起后上疏说："臣自从委任以来，志虑愚钝，实赖兖州刺史牵颢清廉勇猛，中郎将宗资的信义，得以秉承节度，幸亏没有什么不好的名声。狡猾的盗贼已经扑灭，泰山贼大都平定了，又听说诸羌群起反叛。臣生长邠岐，现年59岁，从前作郡吏，经过诸羌几次叛乱，事先筹划，常有说对了的话。臣有顽固的病症，害怕犬马之身，一旦死去，无以报效皇上的大恩，请任臣以散官，备单车一介之使，抚慰三辅，宣传国家的威信与恩泽，用所熟习的地形兵势，帮助诸军。臣穷居孤立危困之中，静观郡将几十年了。自鸟鼠至于东岱都是因为郡守对诸羌不加绥靖抚慰，致使反叛，祸害的原因是相同的。若求勇猛之将，不如清明治平的政治，明习吴起、孙武兵法，不如郡守奉法，使他们不反。以前诸羌反叛的事，记忆犹新，臣真为此而忧戚。所以越职上书，以尽臣区区爱国之意。"

同年冬，羌人合兵，朝廷忧虑。三公举荐皇甫规为中郎将，持节监关西兵，讨伐零吾、东羌等，将其击破，斩首800级。先零诸种羌仰慕他的威信，相劝降者十余万。

延熹五年（162年）三月，沈氏羌攻张掖、酒泉。皇甫规发骑兵征讨陇右之羌，这时，西羌阴占道路不通。恰值军中大疫流行，十分之三四的人都病死。皇甫规亲入将士庵庐探视，送药问疾，三军感悦。东羌于是再次乞降归顺，凉州道路再次畅通无阻。

　　起初，安定太守孙俊对羌人贪赃受贿，属国都尉李翕、督军御史张禀多杀降羌，凉州刺史郭闳、汉阳太守赵熹均老弱不堪任职，但皆倚恃权贵，不遵法度。皇甫规到州后，悉数条陈其罪上奏，结果这些官吏或免或诛，廓清了地方吏治。羌人听闻后，一致归降，沈氏羌的豪族滇昌、饥恬等率十余万口前来归附，边境得以安定。

　　皇甫规为将数年，持节率众立功，回督乡里，也没有施行私惠，相反，对于坏人坏事，还多有举发。又对宦官深恶痛绝，不与他们来往。于是朝廷内外都埋怨他，诬陷皇甫规收买群羌，使他们诈降。

　　当时，桓帝接连下诏责让皇甫规。他担心自己不免于被害，于是上疏申诉说："（延熹）四年之秋，戎丑蠢动作乱，自西州到了泾阳，旧都恐惧惊骇，朝廷西顾。明诏不以我愚驽，令我紧急带军上道。幸亏皇上威灵，得以大振国命，羌戎诸种大大小小，叩头归服，臣当即移书军营及郡守，勘问他们杀了多少，受降多少，节省费用，一亿以上。认为这是忠臣应尽的责任，不敢说有什么功劳。并且认为任何以片言只字自述微功都是可耻的。但是与前辈的损将折兵相比，庶几可以免于罪悔了。之前臣到州界，先奏郡守孙俊，第二个就是属国都尉李翕以及督军御史张禀；臣回师南征，又上奏凉州刺史郭闳、汉阳太守赵熹，揭发他们的罪恶，执据加以死刑。这五个臣子，他们的支党到处都有，其余县令，下至小吏，所连及的，又有百余。吏托报将的仇怨，儿子想复父亲的耻辱，车载礼物，怀粮步走，交结豪门，大肆毁谤，说臣私自报答诸羌，送他们钱财货物。如果臣以私财相送，臣家里担石的储蓄也没有，如果送的东西是公家的，那有文书簿籍可以查考。使臣迷惑不解的，真正如诽谤臣的人所说，前代还把王嫱送给匈奴把细君公主嫁给乌孙。臣只费千万，怀柔叛羌。这是良臣的才略，兵家所贵，这有何罪，负了什么义，违背了什么理呢？自永初以来，将出不少，复军五次，动用资财巨亿。而师还的日子，车载珍宝，封印完全，送入权门。于是名成功立，大加爵封。我回督本土，检举劾察诸郡，与亲戚朋友断绝往来，杀辱故旧，大家诽谤臣、暗害臣，这是理所当然的。臣虽然陷于有罪，廉洁的事没有人知道，马上就要死去，可耻可痛实在太深了。《传》称'鹿死不择音'，臣也顾不上什么了，谨轻率地略上。"

　　延熹五年（162 年）冬，朝廷征拜皇甫规为议郎，论功应当封侯。然而中常侍徐璜、左悺想向他索取钱财，多次打发宾客问皇甫规的立功情状时，他始终不予理睬，遂引起徐璜等人愤怒，他们又对皇甫规诬以赂降群羌之罪下狱。其官属欲赋敛请谢，皇甫规誓死不听，后经诸位公卿和太学生张凤等 300 余人上书救援，才得以被赦免归家。

延熹六年（163 年），征召皇甫规任度辽将军，到任数月，举荐中郎将张奂代替自己。上疏说道："我听说人无不变的风俗，政治有治有乱，兵没有所谓强兵弱兵，而将有能力强的，有能力差的。中郎将张奂，才气与谋略都兼有，应当正位元帅，以合众望。如果说我还可以担任军事，愿给我一个散官，作为张奂的助手。"朝廷批准了他的请求，以张奂代为度辽将军，改调皇甫规为使匈奴中郎将。

延熹九年（166 年），张奂升任大司农，皇甫规再次担任度辽将军。

皇甫规为人谨慎多谋，认为自己连在大位，想急流勇退，不再仕宦，多次托病上书，都未获朝廷准许。遇友人上郡太守王旻的灵柩还乡，皇甫规穿着素服越界，到下亭迎丧。有意让宾客暗中告诉并州刺史胡芳，说皇甫规擅自远离军营，公然违反禁令，应该即刻检举。胡芳说："威明（皇甫规字）想归第，离开仕途，所以激引我啊。我应当为朝廷爱才，哪能助他用计呢？"于是没有理会。

党锢之祸爆发后，天下士人多被牵连，皇甫规虽是名将，但平日声誉不高。他自认为是西州豪杰，以没有被党事牵连可耻，于是先自己上书说："臣之前举荐前大司农张奂，这是攀附党人。而且臣以前在左校劳动改造时，太学生张凤等人上书为臣申诉，这是党人拉拢臣，臣应当论罪。"朝廷知道这些，却不予责问。时人称其为贤者。

皇甫规在任数年，北方边境无事。

永康元年（167 年），皇甫规被征召为尚书。同年夏，发生日蚀现象，桓帝诏令公卿推举贤良方正，以询问政治的得失。皇甫规上书为党人说情，并推荐陈蕃、刘矩、刘祐、冯绲、赵典、尹勋、李膺、王畅、孔翊等人。认为党锢之祸根本是无中生有，虐害善人，使许多无罪的人遭到祸害。但桓帝并未查看他的意见。

不久，皇甫规被调为弘农郡太守，获封寿成亭侯，食邑 200 户，但他推辞封爵。最后，他又转任护羌校尉。

熹平三年（174 年），皇甫规因年老多病被召还，路上于榖城去世，终

年 71 岁。

皇甫规一生的最大功绩是招抚羌人，安定羌变，缓解东汉朝廷与羌人之间的矛盾。他生逢季节性乱世，素习羌事，反对对羌人一味镇压杀戮，而采用招抚政策。他认为羌戎溃叛，不由承平，皆由边将失于绥御；对于羌变，若求猛将，不如抚以清平之政；明习兵书，不如郡守奉法，使之无反。他止书奏免了一批多杀降羌、不遵法度的官员。羌人由是感慕，前后相归降者逾 20 万口。这对汉羌之间的融洽十分有利，更使边疆地方得以安宁。他与张奂、段颎都声名显达，京师称他们为"凉州三明"（皇甫规、张奂、段颎分别字威明、然明、纪明）。

皇甫规一生清正，廉洁奉公，刚直不阿，不畏权奸，曾数次遭权幸奸党的陷害，但仍毫无畏惧，刚正不渝。他爱才惜才，荐贤委位，当年迈时即举荐才略兼优的张奂代替自己的职务。后张奂不负其望，在安定羌变中亦有殊功。他开设学馆 14 年，以《诗》《易》教授门徒，很有思想见地。首先提出了"百姓是水，君主是船"的一系列概念，很有警世意义。著有文集五卷，今已佚。《全后汉文》录有其文。

2. 段颎

段颎（？—179 年），字纪明。武威姑臧（今甘肃武威）人。东汉名将。与皇甫规（字威明）、张奂（字然明）并称"凉州三明"。

段颎的祖先出自郑国的共叔段。段颎是西域都护段会宗的从曾孙。年轻时便学习驰马射箭，喜游侠，轻财贿，长大以后，改变了年轻时的志向，爱好古学。

段颎最初被推举为孝廉，任宪陵园丞、阳陵令，任内便显示出治理的才能。后迁任辽东属国都尉，当时鲜卑侵犯边塞，段颎就率军赶往边塞。因为担心鲜卑会因惊恐逃走，于是派驿骑假送玺书诏令段颎退兵，段颎在路上伪装撤退，并在退路上暗设伏兵。鲜卑认为段颎真的撤退，于是率军追赶。段颎于是集合军队还击，犯边的鲜卑，全被斩获。段颎却因假造玺书，应该受重刑，因为有功，经过讨论，被罚至边境抵御敌人。刑期满后，被征为议郎。这时泰山、琅邪的东郭窦、公孙举等聚众 3 万人起义，攻略郡县，朝廷派兵剿讨，数年都不能平息。

永寿二年（156 年），汉桓帝诏令公卿选举有文武全才之人为将，司徒尹颂荐举段颎，于是以段颎为中郎将。段颎率军讨伐东郭窦、公孙举等，

210

大获全胜，斩杀东郭窦、公孙举，获首万余级，余党有的逃散，有的投降。朝廷封段颎为列侯，赐钱 50 万，任命他的一个儿子为郎中。

延熹二年（159 年），升为护羌校尉。正值烧当、烧何、当煎、勒姐等八个羌族部落侵犯陇西、金城边关，段颎率兵及湟中义从的 1.2 万骑兵出湟谷，将其击败。又追击渡黄河南逃的余部，使军吏田晏、夏育招募勇士先登，用绳索吊引，再战于罗亭，大胜，斩杀其首领以下共 2000 人，俘获 1 万余人，其他都逃走了。

延熹三年（160 年）春天，剩下的羌人又与烧何大帅率军侵犯张掖，攻陷巨鹿坞，杀害属国的官吏百姓。又召集他们的同种 1000 多个部落，集中兵力向段颎的部队在拂晓发起攻击。段颎下马与他们大战，战斗到中午，刀折矢尽，羌人也撤退。段颎追击，边战边追，白天黑夜战斗，割肉吞雪。持续 40 多天，到黄河的源头积石山，出塞 2000 余里，斩杀烧何大帅，斩俘 5000 多人。又分兵攻石城羌，杀死溺死 1600 人。烧当羌 90 多人投降段颎。又杂种羌驻扎白石，段颎派兵进击，斩首俘虏 3000 多人。冬天，勒姐、零吾种包围允街，杀害掳掠官吏人民，段颎排营救援，斩获几百人。

延熹四年（161 年）冬，上郡的沈氏、陇西的牢姐、乌吾等种羌联合侵犯并、凉二州，段颎率领湟中义羌征讨。凉州刺史郭闳想要与段颎共享战功，故意拖延阻止段颎，使军队不得前进。而义羌跟随征战很久了，都思念家乡故旧，于是一起反叛。郭闳把罪责推到段颎身上，段颎因此被捕入狱，罚作苦工。羌虏更加猖獗，攻陷营坞，又互相勾结，扰乱各郡。于是吏民在朝廷为段颎申诉的有数以千计，朝廷知道段颎是被郭闳诬陷的，桓帝于是下诏询问段颎的情状。段颎只是请罪，不敢说受冤枉，京师都称其为长者。于是被赦出，再拜议郎，升任并州刺史。当时滇那等诸种羌五六千人侵犯武威、张掖、酒泉，焚烧人民的房屋。

延熹六年（163 年），羌人的势力更加强盛，凉州几乎沦陷。冬天，朝廷再任段颎为护羌校尉，乘驿马赶到任所。

延熹七年（164 年）春天，羌封明、良多、滇那等豪帅 355 人率 3000 部落至段颎军前投降。当煎、勒姐种撤退后集结屯驻。冬天，段颎率兵 1 万余人将其击败，斩杀其大帅，杀死俘虏 4000 多人。

延熹八年（165 年）春天，段颎又进击勒姐种，斩首 400 余级，投降的有 2000 多人。夏天，进击当煎种于湟中，但被击败，被围困 3 天，段颍用隐士樊志张计策，悄悄在黑夜出兵，击鼓还战，大破羌军，杀虏几千人。段颍穷打猛追，辗转山谷间，从春天到秋天，无日不战，敌人因此又饥又困，各自逃散，北去侵略武威一带。段颍击败西羌，共斩首2.3万级，俘获数万人，马牛羊共800万头，1万多部落投降。朝廷封其为都乡侯，食邑500户。

永康元年（167年），当煎诸种又反，集合4000多人，想进攻武威，段颍又追击至鸾鸟，彻底击败他们，斩杀其主帅，斩首3000余级，西羌从此平定。

东羌先零种等自从大败征西将军马贤以后，朝廷便无力征讨，经常侵扰三辅。后来度辽将军皇甫规、中郎将张奂连年招降，总是投降了又反叛。

建宁元年（168年）春，段颍带兵1万多人，携带15天的粮草，从彭阳直往高平，与先零诸种战于逢义山。羌兵多，段颍的部队害怕起来。段颍命令军中拉紧弓弦，磨快刀枪，长矛三重，挟以强弩，左右两翼，布置轻骑，激励兵将说：“现在我们离家几千里，前进，事业就成功；逃走，死路一条，大家努力共取功名吧！”于是大呼喊叫，军队应声跳跃上阵，段颍驰马在旁，突然袭击，羌军崩溃，共斩首8000余级，获牛马羊28万头。

这时窦太后临朝当政，下诏说：“先零东羌历年为害，段颍从前陈述情况，认为必须扫灭。他履霜冒雪，白天晚上快速行军。身当矢石，使战士感奋。不到10天，敌寇便逃跑溃散，尸体相连，活捉不少，掳获无法统计。洗雪了百年来的败恨，安慰了忠将的亡魂，功劳显著，朝廷极为嘉赏他。等到东羌完全平定，应当一起记他的功勋。现在暂时赐段颍钱20万，用他家一人为郎中。”

同时下令中藏府调拨金钱彩物，增助军费。任命段颍为破羌将军。夏天，段颍再追击羌出桥门，到走马水上。不久，听到消息，虏在奢延泽，于是率轻快部队快速前进，一日一夜走200多里，早晨追到贼，击败了他们，剩下来的寇虏，逃到落川，又集合起来。段颍于是分别派骑司马田晏率5000人出其东面，假司马夏育带2000人绕其西面，羌兵分六七千人围攻田晏等，田晏等与其战斗，羌人溃散逃走。

段颍率军急进，与田晏等一起追击于令鲜水上。段颍士卒又饥又渴，于是命令部队齐头并进，夺其水，羌人又溃散逃走。段颍尾追其后，羌人边战边退，一直追到灵武谷。段颍披甲率先上阵，战士没有敢于不前的。羌人大败，丢弃武器逃走。追击了三天三夜，战士的脚起了层层厚茧。一直追到泾阳，羌人余部 4000 部落，全部分散进入汉阳山谷之间。

建宁二年（169 年），朝廷派谒者冯禅劝说汉阳散羌投降。段颎认为正是春播时间，百姓都在田野劳动，羌人虽然暂时投降，公家没有粮食，羌虏一定再要为盗贼，不如乘虚进兵，势必消灭。

夏天，段颎自己进营，离羌驻扎的凡亭山四五十里，派田晏、夏育率领 5000 人据守山上。羌人全军发起攻击，厉声问道："田晏、夏育在这里不？湟中投降的羌都在何面？今天要决一生死。"军中害怕，田晏等激励士兵，拼命大战，击败羌人。羌军溃散，向东逃跑，又聚集在射虎谷，分兵把守各谷上下门。

段颎计划一举消灭，不使他们再逃散了，于是派千人在西县结木为栅，广 20 步，长 40 里，阻拦他们。分派田晏、夏育率 7000 人，悄悄地黑夜上西山，构筑阵地，离羌人 1 里许。又派司马张恺等率 3000 人上东山。羌人发觉，向田晏等进攻，分别遮堵汲水道。段颎自己率步兵、骑兵进击水上。羌人退走，段颎于是与张恺等挟东西山，挥兵进击，羌人大败并溃散。段颎追至谷上下门穷山深谷之中，处处击破。斩其主帅以下 1.9 万人，获牛马骡驴毡裘庐帐什物不可胜数。冯禅所招降的 4000 人，分别安置在安定、汉阳、陇西三郡，至此东羌全部平定。段颎自出征来共 180 战，斩敌首 3.86 万余级，获牛马羊骡驴骆驼 42.75 万余头，用费 44 亿，军士战死 400 余人。朝廷改封段颎新丰县侯，食邑万户。

段颎行军以仁爱为本，士卒有疾病，总是亲自慰问、裹伤。在边境十多年，没有睡过一晚好觉，与将士同甘共苦，所以军士都愿为他死战。

建宁三年（170 年）春天，朝廷召段颎还京师，并带秦、胡步兵骑兵五万多人和汗血千里马，俘虏万余人。灵帝派大鸿胪持节在镐迎接慰劳。部队到达后，以段颎为侍中，迁执金吾、河南尹。后来，因为有盗贼挖掘了冯贵人的墓冢，段颎于是获罪被降为谏议大夫，再升任司隶校尉。段颎依附宦官，所以能够保住富贵，又与中常侍王甫等结为党羽，冤杀了中常侍郑飒、董腾等人，因而增邑 4000 户，加上从前的共 1.4 万户。

熹平二年（173 年），代李咸为太尉，同年冬天因病罢免，再为司隶校尉。数年后，迁任颍川太守，被征授太中大夫。

光和二年（179 年），又接替桥玄为太尉。在位一月多，因发生日食而上奏弹劾自己，有关部门上奏检举，诏命收其太尉印绶，并送廷尉受审。

当时司隶校尉阳球上奏诛杀王甫，牵连到段颎，于是就在狱中诘问责斥他，段颎于是服鸩自杀，家属也被流放边境。后中常侍吕强上疏，追诉段颎的功绩，灵帝才下诏将段颎的妻子儿女归还本郡。

3. 张奂

张奂（104—181 年），字然明。敦煌郡渊泉县（今甘肃瓜州县东）人。东汉时期名将、学者，"凉州三明"之一。

张奂祖籍敦煌渊泉，其父张惇曾任汉阳太守。张奂在少年时游学三辅，师从太尉朱宠，研习《欧阳尚书》。张奂认为《牟氏章句》重复的话较多，于是自行删改，从四五十万字减为 9 万字。

后来，张奂受大将军梁冀征辟，他于是将删减过的《牟氏章句》上奏给汉桓帝，桓帝下诏交给东观。不久因病离职，又被举为贤良，策试得第一名，被擢拜为议郎。

永寿元年（155 年），张奂被调任为安定属国都尉。安定属国都尉的驻地在安定郡三水县（今宁夏回族自治区同心县东）。张奂到职不久，南匈奴统治者左奥鞬台耆与且渠伯德等 7000 余人起兵反汉，进攻南匈奴伊陵尸逐不单于居车儿的单于庭美稷（今内蒙古准格尔旗西北），东羌也出兵响应，进攻张奂的驻地。时张奂营垒中只有 200 多人。

张奂听到叛军进攻的消息后，便马上带领军士出击。当时一些军吏认为力不敌众，叩头阻止，张奂不听，便率兵进屯长城。这时他一面收集兵士；一面派遣将领王卫招降东羌。汉军很快占据了龟兹，断绝了南匈奴与东羌

山东汉代画像石

的交通，诸豪相继率众降张奂，同汉军共同攻打薁鞬等所率的南匈奴叛军，不断取得胜利。且渠伯德十分惶恐，便率众向张奂投降，这样安定郡内的各族人民又获得安宁的和平生活。

延熹元年(158年)，朝廷调张奂担任使匈奴中郎将，进驻南单于庭美稷，代表中央政府负责匈奴事务。同年，南匈奴诸部在休屠各的率领下起兵反汉，与乌桓、鲜卑攻略沿边九郡，火烧度辽将军驻曼柏（今内蒙古东胜北）的军门，引屯赤坑，与张奂率领的汉军，烟火相望，汉军感到惊恐。

这时张奂安坐帐中，若无其事地与弟子讲诵儒家经典，使治军稍安。他采用了和平的手段，诱降了乌桓；对南匈奴诸部叛军，采用袭击战略，将其击败，诛杀了休屠各部首领，余众皆降。又率南匈奴单于袭破了攻略汉边的鲜卑，使东汉王朝的北部沿边地区暂时得到安宁。

延熹二年（159年）八月，桓帝在宦官单超等协助下，清除了梁冀集团。梁冀的故吏、宾客被免黜者有300余人。张奂过去曾在大将军府中作过属吏，于是也以梁府故吏身份被免官禁锢。在免官禁锢中，几乎所有旧交都不敢出来为他说一句话，只有中郎皇甫规先后7次向朝廷荐举他。

延熹六年（163年），张奂被任命为武威郡太守，在武威期间，他实行了平徭均赋，使人民的赋役负担有所减轻；同时他又革除民间陋习。以前民间凡是二月和五月出生的孩子及与父母同月生者，全部处死。张奂到任后，一面晓之以义，指出这纯是妖忌；另一方面又严加赏罚，于是风俗遂改。由于张奂办了这些好事，百姓便为其立生祠，以示爱戴。

延熹六年（163年），由于张奂政绩卓著，朝廷调他担任度辽将军，进驻曼柏，代表朝廷处理鲜卑、乌桓事务。数年间幽、并二州，清静无事。

延熹九年（166年）春，又调张奂任九卿之一的大司农，掌管国家经济。这时北部边境的鲜卑，听到张奂的调离消息，便勾结南匈奴、乌桓数道入塞，或者五六千骑兵，或者三四千骑兵，开始攻略沿边九郡，杀害百姓；同年秋，鲜卑又率八九千骑兵入塞，联结东羌、沈氏、先零等共攻张掖、酒泉，北方沿边地区深受其害。

为了平息叛乱，朝廷仍以张奂为护匈奴中郎将，监督幽、并、凉三州及度辽、乌桓二营。南匈奴和乌桓听到张奂率兵到前线时，便率众20万口投降。张奂诛其首恶，对降众采取安抚办法。唯独鲜卑率众退走出塞。

延熹十年（167年），东羌与先零羌五六千骑攻略关中，围没翮（今陕

西耀州），掠云阳（今陕西淳化西北）；同年夏，羌人复攻没两营，杀千余人；同年冬，东羌岸尾胁同种人，再次抄掠三辅（即右扶风、左冯翊、京兆尹）地区。

这时张奂派司马尹端、董卓二人率兵进击，大败羌人，斩其首领，俘羌人万余人。三辅又获得和平与安定。因破羌有功，他申请把他的家由边郡敦煌渊泉迁到内地弘农华阴（今陕西华阴），得到朝廷特许。

建宁元年（168年），张奂便奉命率领军队回到京城洛阳。张奂论功当封，但张奂不事宦官，故未封，只赐钱20万。

建宁元年（168年）正月，年仅12岁的灵帝即位，窦太后临朝、窦武以后父为大将军辅政。在宦官势力十分猖獗的情况下，窦武与太傅陈蕃密议，图谋驱除宦官势力，但窦太后不肯。这年九月因机密泄漏，宦官曹节等便矫诏发动政变，收捕窦武等。窦武号召北军军士平定叛乱。

这时张奂新到京师，不明真相，曹节便矫诏令张奂率五营士围窦武，迫使窦武自杀，陈蕃被诛，窦太后也被幽禁南宫。公卿以下凡为陈蕃、窦武所举者及门生故吏，都免官禁锢。张奂却任少府，又拜大司农，以功封侯。张奂恨为曹节所欺骗，上书坚决辞让封侯。

建宁二年（169年），张奂借出现大风雨雹灾情，上疏灵帝说："臣听说风是号令，动物通气，木生于火，风火相互作用，发生光明。蛇能屈能伸，配合龙的腾蛰。顺至是好的征象，逆来是祸害。阴气专用，就凝精为雹。已故大将军窦武、太傅陈蕃，或者志在安宁国家，或者方正刚直，之前因奸人说坏话，都被诛杀，海内默默，不敢说话，人怀震愤。从前周公葬不合礼，老天爷因此动威。现在窦武、陈蕃忠贞被杀，没有昭雪，妖祸的产生，都是为了这个呀。应当赶快改葬，把他们家属迁回原籍。因他们关系牵连获罪而被禁锢的人，都要平反，推翻一切诬蔑不实之词。又皇太后虽然居在南宫，但对她恩礼不接，朝廷里的臣子不敢说话，远近的人大为失望。要思念父母生我鞠我的恩情，应该有所报答的大义。"灵帝深为赞许此言，但被宦官劝止。张奂因而遭到宦官的怨恨，调张奂任太常。

这时张奂又与尚书刘猛、刁韪、韦良等共向朝廷推荐王畅、李膺可参三公之选，又遭曹节等人的反对，灵帝只得下诏对张奂等进行切责。张奂等只得自囚数日于廷荐举，并罚三个月俸赎罪。

司隶校尉王寓为宦官党羽，想让大臣们举荐他，百官畏惮，没有不答应的，唯独张奂拒绝了他的请求。王寓怒，于是诬陷张奂结党营私。张奂便以结党罪免官回家。

张奂任度辽将军时，为攻击羌人曾与段颎相争，互不相服。等段颎任司隶校尉时，想逐张奂回敦煌，将其杀害。张奂忧惧，便写信给段颎谢错。段颎虽然性格刚猛，但见到信中所写情真意切，也不忍加害张奂。

从此，张奂便结束了他的仕宦生涯，回到弘农，闭门不出，与弟子千人，讲诵儒经，著《尚书记难》30 余万字。

张奂年轻时便有志向和节操，常对朋友说："大丈夫处世，应当为国家立功边境。"后来担任将帅，确实立有功名。后来董卓想与其交好，让其兄赠张奂缣百匹。张奂讨厌董卓为人，拒而不受。

光和四年（181 年），张奂在家中去世，终年 78 岁。遗命说："我前后仕宦，屡任高官，不能同流合污，被坏人忌妒。一个人的富贵与穷困，这是命中注定的，一个人的生死，这是自然规律所决定的。但是地底下黑暗，永远没有天亮的时候，却用纩帛缠身，还在棺材上密密麻麻钉着钉子，这是我所不喜欢的。以前准备了窟穴，这就很好。早上死了，晚上就埋葬，把尸体放在灵床上，用幅巾盖着就算了。奢侈不学晋文，简朴不学王孙，顺乎人情，按自己的意思，或许可以没有罪咎了。"张奂的几个儿子都听从了他的话。

武威郡官民为纪念张奂，为其立了很多祠，世世祭拜不绝。

十六、皇甫嵩力平黄巾，握重兵董卓忌恨

皇甫嵩（？—195 年），字义真。安定郡朝那县人。东汉末期名将，雁门太守皇甫节之子、度辽将军皇甫规之侄。

皇甫嵩出身于将门世家，少年时便有文武志介，喜好诗书，熟习弓马，最初被举为孝廉、茂才。汉灵帝时被征为侍郎，迁北地太守。

光和七年（184 年），因叛徒唐周告密，太平道教主张角星夜传檄四方，发动起义,史称"黄巾之乱"。黄巾军所到之处,燔烧官府,劫掠乡邑。一时，州郡失守，长吏逃亡，天下响应，京师洛阳为之震动。

东汉朝廷对此惶恐不安，马上采取镇压措施。首先，汉灵帝命各州郡在洛阳外围的八个关隘——函谷、太谷、广成、伊阙、轘辕、旋门、孟津、小平津设置都尉，布防护卫；接着，任命何进为大将军，率左、右羽林军

屯驻都亭；朝廷还采纳了皇甫嵩和中常侍吕强的建议，解除党禁，赦免天下党人，拿出中藏钱和西园厩马赐给将士；另外，灵帝起用卢植为北中郎将、皇甫嵩为左中郎将、朱儁为右中郎将，各持节，调发全国精兵分击黄巾军。

皇甫嵩与朱儁调发五校（北军五校，为中央主要常备军，即屯骑、越骑、步兵、长水、射声五校尉所将宿卫兵）三河（河东、河内、河南）骑兵，同时招募精壮之士，共计四万多人。二人各率一部，共同镇压颍川（郡治阳翟，今河南禹县）黄巾军。

朱儁先与黄巾军波才部作战，失败。皇甫嵩只得退守长社（今河南省长葛市东北），波才率军围城。当时，城中兵少，众寡悬殊，军中震恐。皇甫嵩安慰部下，他说："用兵有奇变，而不在兵数量多少。现在贼人依草结营，容易因风起火。如果乘黑夜放火焚烧，他们一定惊恐散乱，我出兵攻击，四面合围，田单守即墨用火牛攻燕而获胜的功劳就可以实现。"天遂人愿，当晚大风骤起。皇甫嵩命令将士扎好火把登上城墙，先派精锐潜出围外，纵火大呼，然后城上点燃火把，与之呼应。皇甫嵩借此声势，鸣鼓冲出。黄巾军缺乏战斗经验，惊慌散乱，被迫后撤。这时，骑都尉曹操也奉命赶来，于是皇甫嵩、曹操、朱儁合兵，乘胜追击。黄巾军顽强抵抗，数万人惨遭屠戮。皇甫嵩则被封为都乡侯。

接着，皇甫嵩又和朱儁一起乘胜镇压汝南、陈国地区的黄巾军，并追击波才、进攻彭脱，连连取胜，平定了三郡之地。

八月，皇甫嵩在苍亭击败黄巾卜己部，擒获卜己，屠杀7000多人。这时，张角占据广宗，控制河北腹地，卢植为宦官所诬，被召回，继任的董卓被击败。于是朝廷下诏命皇甫嵩率兵进击。在这紧要关头，张角病死，其弟张梁继而守卫广宗。皇甫嵩攻城，因张梁军精锐，未能得逞，便闭营休士，以观其变。等到张梁被迷惑，放松了警惕。皇甫嵩立即乘夜调兵，鸡鸣时分冲入其阵，黄巾军仓促应战，张梁战死，阵亡3万多人，投河而死的有5万多人。皇甫嵩焚烧黄

东汉辎车画像砖

巾辎重车 3 万多辆，将张角"剖棺戮尸，传首京师"。

十一月，皇甫嵩与巨鹿太守郭典攻克下曲阳（今河北晋州市西北），杀死张梁弟张宝,俘杀 10 余万人。皇甫嵩将 10 万人的尸骨筑成了"京观"。朝廷任皇甫嵩为左车骑将军，领冀州牧，并晋封他为槐里侯，食槐里、美阳两县的租税，食邑共 8000 户。

平定黄巾主力之后，皇甫嵩奏请免除冀州一年田租，用来赡养饥民，灵帝听从他的建议。史载百姓作歌说："天下大乱兮市为墟，母不保子兮妻失夫，赖得皇甫兮复安居。"

皇甫嵩镇压黄巾，威震天下，但当时朝政日非，海内空虚。汉阳人阎忠劝他把握机会，南面称制。皇甫嵩不用其计。

皇甫嵩为人仁爱谨慎，尽忠职守，有谋略，有胆识。领冀州牧时要求朝廷减免冀州一年田税，百姓称道。他在任期间，上表陈词、劝谏或有所补益，一共 500 多次，每次都亲手书写，而且毁掉草稿，一点也不宣露于外。

在军旅中，皇甫嵩温恤士卒，甚得众情。每次部队停顿、宿营，他都要等到营幔修立妥当，才回自己的军帐。将士们全部吃完饭后，他才吃饭。部下吏士有接受贿赂的，皇甫嵩并不显责，而是再赐给他钱物，吏士惭愧，有的竟至于自杀。皇甫嵩还折节下士，门无留客，当时人称扬他，纷纷归附。

黄巾起义的同年，湟中（今甘肃湟原）胡人北宫伯玉和先零羌起事，共拥边章、韩遂为帅，攻杀护羌校尉泠徵、金城太守陈懿。

中平二年（185 年），北宫伯玉等入侵三辅地区，朝廷诏令皇甫嵩回镇长安，保卫皇家园陵。

当初皇甫嵩征讨张角时，途经邺地，发现中常侍赵忠住宅超过了规定，便上奏皇帝予以没收。另外，中常侍张让向他索要 5000 万钱，他不肯给。于是赵忠和张让联起手来,劾奏皇甫嵩连战无功,耗费钱粮。灵帝听信谗言，召回皇甫嵩，收回他的左车骑将军印绶，削夺封户 6000；改封都乡侯，食邑 2000 户。

中平五年（188 年）十一月，凉州叛军首领王国包围陈仓（今陕西宝鸡东），在此用人之际，汉灵帝又任命皇甫嵩为左将军，督领前将军董卓，各率两万士兵拒敌。董卓提出迅速进赴陈仓，他说："聪明人不失时机，勇敢的人不迟疑。现在救，城就可以保全；不救，城就会破灭。保全或破灭的形势就在此时。"皇甫嵩却说："不对。百战百胜，不如不战而屈人之兵。

所以先要作出不可获胜的样子，用来等待可以战胜敌人的时候。不可胜在我，可胜在敌人。敌人防不胜防，而我郡军进攻则非常主动，想打哪里就打哪里。有余的，好像动于九天之上，不足的，好像陷入九地之下。现在陈仓虽然小，但守城的工事坚固完备，不是九地之坑陷，王国军队虽然强，但进攻我所不救的，不是九天之上的形势。没有九天之上的形势，进攻的就要受害。陷入九地之下，防守的就不会被攻破。王国现在已经陷入受害之地，陈仓可保不被攻破。我可以兴兵动众，收到全胜的功，为什么要救呢！"没有采纳董卓的建议。

中平六年（189 年），王国围攻陈仓从冬到春，已有 80 多天，但由于城坚守固，最后也未能攻下，部众都疲劳不堪，只好解围撤退。皇甫嵩立即起兵追击。董卓劝阻说："不可以，兵法上说，被击败的敌人，不要追赶，撤回去的部队，不要逼迫。现在，我们追击王国，是逼迫撤回的部队，是追击被打败的敌人，被围困的野兽，还要挣扎，蜂虿有毒，何况这么多人呢！"皇甫嵩则说："不对。以前我不进击，是躲避他的锐气，现在进击，是等到敌人衰弱的时候。我们进击的是疲敝的敌人，不是撤回去的部队。王国的部队，准备逃走，没有斗志。用堂堂之阵，进击溃乱之师，这不是叫作追穷寇。"说完，便独自率兵追击，而命董卓殿后。皇甫嵩连战连捷，大破王国的部众，斩杀一万多人。董卓又惭愧又遗憾，愈加忌恨皇甫嵩。

中平六年（189 年），灵帝病重，任命董卓为并州牧，让他把部队交给皇甫嵩统领。董卓不肯奉命。皇甫嵩的侄儿皇甫郦认为董卓逆命怀奸，罪在不赦，力劝皇甫嵩兴兵讨伐。皇甫嵩说："董卓不听命虽然有罪，但我专诛也是有责的。不如正大光明地上奏，让朝廷处理此事。"于是将此事上奏，朝廷责备董卓，董卓对皇甫嵩更增怨恨。

初平元年（190 年），董卓为防后院起火，征京兆尹盖勋为议郎，皇甫嵩当时统兵三万驻扎在扶风郡，盖勋秘密与皇甫嵩商议讨伐董卓。但董卓同时也召皇甫嵩为城门校尉，想寻找机会将他杀掉。皇甫嵩应召将行，长史梁衍劝他起兵抗拒董卓，与袁绍呼应。皇甫嵩不听，盖勋因自己兵弱不能独立，也回到洛阳。皇甫嵩一到，主管官员便秉承董卓之意，上奏朝廷，将他交付审判，想把他杀掉。

皇甫嵩的儿子皇甫坚寿跟董卓有交情，从长安跑到洛阳，投奔董卓。董卓正摆设酒宴，大会宾朋，皇甫坚寿抢步向前，与他辩理，且责以大义，叩头落泪。在座的宾客深受感动，纷纷替皇甫嵩求情。董卓这才离席而起，拉皇甫坚寿和自己同坐，并派人释放皇甫嵩，任命他为议郎。后又升任御史中丞。初平三年（192年），董卓被杀后，朝廷任命皇甫嵩为征西将军，屠灭董卓宗族。曾有人向司徒王允建议派皇甫嵩统领董卓的旧部，并留驻陕县进行安抚。王允拒绝此议。不久，李傕、郭汜攻入长安，杀死王允等，把持朝政，皇甫嵩又改任车骑将军，同年八月，升任太尉。十二月，因流星出现，被策免。此后，又任光禄大夫、太常等职。

兴平二年（195年），皇甫嵩病逝，朝廷赠以骠骑将军印绶，任命他家里一人为郎官。

第二章 / 文化名人

一、确立唯物主义论，"汉世三杰"各著述

整个东汉 200 年间，称得上思想家的，仅有三位：王充、王符、仲长统。范晔《后汉书》将三人立为合传，后世学者更誉之为"汉世三杰"。

1. 王符与《潜夫论》

王符（公元 85—162 年），字节信，东汉安定临泾（今甘肃镇原县）人。东汉政论家、文学家、进步思想家。

王符一生隐居著书，崇俭戒奢、讥评时政得失。因"不欲彰显其名"，故将所著书名之为《潜夫论》。王符思想深刻、观点鲜明、文笔犀利，至今读其作仍给人一种畅快淋漓的感觉。当时社会矛盾激化，朝政腐败黑暗，再加上连年的自然灾害，造成社会的动荡不安、民不聊生。王符性情耿介，不愿与世俗同流合污，于是终身不仕，隐居著书以抨击时政之得失，共 30 余篇，取名为《潜夫论》。

《潜夫论》的大多数内容是讨论治国安邦的政论文章，一小部分涉及哲学问题。王符勇于批判东汉后期政治社会的种种矛盾和问题，矛头直指政治、经济、社会风俗各个方面，揭露其本末倒置、名实相违的黑暗情形，

王符雕像

并引经据典，用历史教训警戒当时的统治者。

2. 仲长统与《昌言》

仲长统（180—220 年），字公理，山阳郡高平（今山东省邹城市西南部）人。东汉末年哲学家、政论家。

仲长统从小聪颖好学，博览群书，长于文辞。少年时敏思好学，博览群书。20 余岁时，便游学青、徐、并、冀州之间。仲长统才华过人，但性卓异、豪爽，洒脱不拘，敢直言，不矜小节，默语无常，时人称为狂生。凡州郡召他为官，都称疾不就。到汉献帝时，尚书令荀彧闻其名声，举荐他为尚书郎，之后，曾参与丞相曹操的军事，但没有得到曹操的重用，不久便又回到尚书郎的位置。仲长统的思想和才华集中表现在《昌言》之中。

《昌言》针对东汉末年的社会弊病，主张"限夫田以断并兼，急农桑以丰委积，严禁令以阶僭差，察苛刻以绝烦暴"；"政不分于外戚之家，权不入于宦竖之门"。反对"选士而论族姓阀阅"，主张"核才艺以叙官宜"。在哲学上，提出"人事为本，天道为末"的观点，反对迷信天道而背人事。其见解危言峻发，振聋发聩。

3. 王充与《论衡》

三家中，王充的年辈最长，著作最早，在许多观点上，王充对后二家的影响是十分明显的，王充是三家中最杰出，也最有影响的思想家。

王充（公元 27—约公元 97 年），字仲任，会稽上虞（今浙江绍兴上虞）人。东汉时期杰出的唯物主义思想家。

王充的祖父、父亲在钱塘"以贾贩为事"，10 岁左右时，父亲去世，他成了孤儿。王充自幼聪明好学，青年时期曾到京师洛阳入太学，拜班彪为师。"家贫无书，常游洛阳市肆，阅所卖书，一见辄能诵忆，遂博通众流百家之言。"

王充一生在政治上很不得志，相传曾做过几任州、县的官吏，但都没什么实权，多系幕僚性质。因为他嫉恨俗恶

王充雕像

的社会风气，常常因为和权贵发生矛盾而自动辞职。因此，每次仕进都为期极短。他把毕生的精力投入著书立说，居贫贱而不倦。他一生撰写了《论衡》《政务》和《养性》等著作，其中《论衡》一书流传至今。

王充的著述活动也不是一帆风顺的，经常遭到社会舆论的非难。以致他的学说一旦问世，便被视为异端学说，甚至遭到禁锢。王充冲破重重阻力，坚持著述。他在《论衡》一书中系统地清算和批判了神秘主义的思想体系，确立了唯物主义思想，难能可贵。

汉代的唯心主义神学，鼓吹天是至高无上的神，像人一样具有感情和意志，大肆宣传君权神授和"天人相与"的天人感应说。宣扬"天子受命于天"，"承天意以从事"；天神能赏善惩恶；君主的喜怒、操行好坏和政治得失都会感动天神做出相应的报答，而自然界的变异和灾害就是天神对君主的警告和惩罚。王充针锋相对地指出：天是自然，而不是神。他说，天和地一样，是客观存在的平正无边的物质实体，它有自己的运行规律。日月星辰也都是自然物质，"系于天，随天四时转行"。天和人不一样，没有口眼，没有欲望，没有意识。

在王充生活的时代，各种鬼神迷信泛滥。王充在《论衡》中对各种迷信活动及其禁忌，尤其是对"人死为鬼"的谬论进行了深刻的批判。他很风趣地说，从古到今，死者亿万，大大超过了现在活着的人，如果人死为鬼，那么，道路之上岂不一步一鬼吗？王充认为人是由阴阳之气构成的，"阴气主为骨肉，阳气主为精神"，"精神本以血气为主，血气常附形体"，二者不可分离。他指出："天下无独燃之火，世间安得有无体独知之精！"也就是说，精神不能离开人的形体而存在，世间根本不存在死人的灵魂。

王充在《论衡》一书中还否定了圣人"神而先知"，"圣贤所言皆无非"。为了适应封建专制主义中央集权的统治需要，汉代的唯心主义神学极力推崇古代的圣人，说圣人是天神生的，"能知天地鬼神""人事成败"和"古往今来"。王充虽然也承认孔子是圣人，并且也不反对孔子所提倡的封建伦理道德。但他批判了圣人"前知千岁，后知万岁"，有独见之明，不学自知的唯心主义先验论。他认为圣人只不过是比一般人聪明一些，而聪明又是来自于学习。

《论衡》极具战斗性，它涉及自然科学、哲学、伦理学、宗教和社会生活等诸多方面，阐明了以唯物主义为基本特征的世界观。全书共85篇（现存 84 篇），分 30 卷，约 30 万字。《论衡》是王充从 33 岁开始，前后用了 30 多年的时间，直到临终才写成的，是他毕生心血的凝结，是中国传统文化中的宝贵财富。

《论衡》一书，对当时社会的许多学术问题，特别是社会的颓风陋俗进行了针砭，许多观点鞭辟入里，石破天惊。《论衡》也可以说是我国古代的一部"百科全书"。

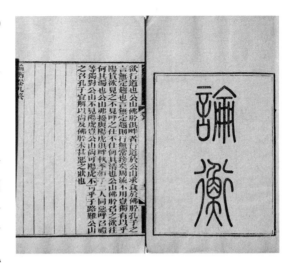

《论衡》书影

就物理学来说，王充对运动、力、热、静电、磁、雷电、声等现象都有观察，书中记载了他的观点。他还解释了人与自然的关系。王充把人的发声，比喻为鱼引起水的波动；把声的传播，比喻为水波的传播。他的看法与我们今天声学的结论是一致的：声是物体振动产生的，声要靠一定的物质来传播。欧洲人波义耳认识到空气是传播声音的媒介，是 17 世纪的事，比王充晚 1600 年。

二、班固经史天下传，京都范例《两都赋》

班固（公元 32—公元 92 年），字孟坚，汉族，扶风安陵（今陕西咸阳东北）人。史学家班彪之子，班昭之兄。东汉官吏，史学家、文学家。

班固的祖先于秦汉之际在北方从事畜牧业致富。后来世代从政，并受儒学熏陶。曾祖父班况，举孝廉为郎，成帝时为越骑校尉；班况女被成帝选入宫中为婕妤；大伯祖父班伯，受儒学，以"沉湎于酒"谏成帝，官至水衡都尉；二伯祖父班斿，博学，官至右曹中郎将，曾与刘向校理秘书；祖父班稚，官至广平相，被王莽排挤而为延陵园郎；父亲班彪，曾在光武帝时徐县令，后来专心于史籍研究，编写《史记·后传》数十篇，是东汉著名的史学家。

班固自幼聪慧，9 岁能诵读赋，13 岁时得到当时学者王充的赏识，建武二十三年（公元 47 年）前后入洛阳太学，博览群书，穷究九流百家之言。

班 固

建武三十年（公元54年），其父班彪卒，自太学返回乡里。居忧时，在班彪续补《史记》之作《后传》基础上开始编写《汉书》，至汉章帝建初中基本完成。

永平元年（公元58年）班固向当时辅政的东平王上书，受到东平王的重视。

永平五年（公元62年）有人向朝廷上书告发班固"私改作国史"。皇帝下诏收捕，班固被抓，书籍也被查抄。幸得其弟班超上书申说班固著述之意，地方官也将其书稿送到朝廷。汉明帝了解情况后，很欣赏班固的才学，召他到校书部，任命他为兰台令史（兰台是汉朝收藏图书之处），掌管和校定图书。明帝时，曾任兰台令史（中央档案典籍管理员），秩俸为二千石，与陈宗、尹敏、孟异共同撰成《世祖本纪》，升迁为郎，负责校定秘书。又与人共同记述功臣、平林、新市、公孙述事迹，作列传、载记28篇奏上。

章帝时，班固职位很低，先任郎官。建初三年（公元78年）升为玄武司马，是守卫玄武门的郎官中的下级官吏。由于章帝喜好儒术文学，赏识班固的才能，因此多次召他入宫廷侍读。章帝出巡，常随侍左右，奉献所作赋颂。对于朝廷大事，也常奉命发表意见，与公卿大臣讨论，曾参加论议对西域和匈奴的政策。

建初四年（公元79年），章帝效法西汉宣帝石渠阁故事，在白虎观召集当代名儒讨论五经同异，并亲自裁决。其目的是广泛动员古文学派的力量，促进儒家思想与谶纬神学紧密结合，加强儒家思想在思想领域的统治地位。在这次会议上，班固以史官兼任记录，奉命把讨论结果整理成《白虎通德论》，又称《白虎通义》。

章帝后期，班固辞官回乡为母亲服丧。

汉和帝永元元年（公元89年），大将军窦宪奉旨远征匈奴，班固被任为中护军随行，参与谋议。窦宪大败北匈奴单于，登上燕然山（今蒙古境内的杭爱山），命班固撰写了著名的《燕然山铭文》，刻石记功而还。班固与窦宪本有世交之谊，入窦宪幕府后，主持笔墨之事，关系更为亲密。永元四年，窦宪在政争中失败自杀，洛阳令对班固积有宿怨，借机罗织罪名，捕班固入狱。同年死于狱中，年61岁。此时所著书，八"表"及"天文志"均未完成。

班固著汉书未完成而卒，和帝命其妹班昭就东观藏书阁所存资料，续写固之遗作，然尚未毕便卒。同郡马续，乃班昭之门人，博览古今，帝乃召其补成七"表"及"天文志"。

作为史学家，《汉书》是继《史记》之后中国古代又一部重要史书，"前四史"之一；作为辞赋家，班固是"汉赋四大家"之一，《两都赋》开创了京都赋的范例，列入《文选》第一篇；同时，班固还是经学理论家，他编辑撰成的《白虎通义》，集当时经学之大成，使谶纬神学理论化、法典化。

《汉书》是继《史记》之后中国古代又一部重要的史书，开创了纪传体断代史的新体例，与《史记》《后汉书》《三国志》并称为"前四史"。全书记述了上起汉高祖元年（公元前206年），下至新朝王莽地皇四年（公元23年），共229年的史事。《汉书》在构书体系上取得了重大突破，规矩法度清晰、体例整齐合理，更易使人效法，开启了官方修史的端绪。

《汉书》也是一部重要的文学作品，它是继《史记》以后出现的又一部史传文学典范之作，通过叙述西汉盛世各类人物的事迹，全面地展现了西汉盛世的繁荣景象和时代精神风貌，在叙事写人方面取得了重大成就。艺术特色上，《汉书》重视规矩绳墨，行文谨严有法，在平铺直叙过程中寓含褒贬、预示吉凶，分寸掌握得非常准确，形成了和《史记》迥然有别的风格。

班 固

在正史中专列《地理志》是从班固的《汉书·地理志》开始的，班固的地理观及其《汉书·地理志》模式被后世的正史地理志、全国总志、地方志仿效，对中国古代地理学的发展产生了深远影响。同时班固也完成了首例沿革地理著作，对后世沿革地理学的蓬勃发展起了促进作用。此外，《汉书》还记载了当时大量的自然和人文地理资料，尤其集中在其中的《地理志》以

及《沟洫志》和《西域列传》等篇目中，是研究汉代地理的珍贵材料。

《汉书·艺文志》考证了各学术别派的源流，著录了西汉时国家所收藏的各类书籍，是我国现存最早的一部图书目录，在中国学术史上有极高的价值。它继承了《七略》六分法的分类体系，开创了史志目录这一体列，后世修史，必设"艺文""经籍"类，对我国古典目录学的发展有重要贡献。

除《汉书》外，班固还是一个出色的赋作家，他的创作活动主要表现在身体力行地提倡散体大赋上，其代表作《两都赋》，是以都洛、都雍（即长安）为题材的作品中规模宏大、别具特色、成就突出、影响最大的一篇，开创了京都赋的范例，直接影响了张衡《二京赋》以及左思《三都赋》的创作，被萧统《文选》列为第一篇。

在表现手法上，以往的散体大赋，都遵从"劝百讽一"的表现原则，《两都赋》一改传统表现方法中劝与讽篇幅相差悬殊的结构模式，其下篇《东都赋》通篇是讽喻、诱导，表现出较为进步的京都观。这是对赋的艺术表现和篇章结构关系的重大突破，也推动了汉代文学思想的发展。此外，班固为窦宪出征匈奴纪功而作的《封燕然山铭》，典重华美，历来传诵，并成为常用的典故。

班固是东汉较早创作五、七言诗的文人，他对这两种新兴诗体持认同态度，并进行了有益的尝试。班固很大程度上是以史学家的笔法写五、七言诗，都以叙事为主，写得质实朴素。其五言诗《咏史》，虽"质木无文"，却是现存最早完整的文人五言诗，也是诗歌史上第一首真正意义上的咏史诗，开启"咏史"这一诗题。

班固在《汉书·艺文志》，把小说家列于诸子略十家的最后，诸子略共4324篇，小说就占了1380篇，是篇数最多的一家，这是小说见于史家著录的开始。班固认为"小说本是街谈巷语，由小说家采集记录，成为一家之言"，明确地指出小说起自民间传说，这是史家和目录学家对小说所作的具有权威性的解释和评价，规范和影响着后世对小说的认知和写作，两千年来发挥着难以估量的功能价值。

班固著作颇丰，除《汉书》和《白虎通义》外，还有《典引》《应讥》及诗、赋、铭、诔、颂、书、文、记、论、议、六言等40多篇，《隋书·经籍志》有《班固集》17卷，已散佚。明代张溥辑有《班兰台集》，今人丁福保辑有《班孟坚集》。

三、班昭继承父兄志，妙笔续史"曹大家"

人们都知道，我国二十五史中有一部《汉书》。这部史书是我国第一部纪、表、志、传各体例完备的断代史，作者是东汉时期的班固。据史料记载，这部书中的"八表"是其妹班昭所作。

班昭（约公元45—约117年），又名姬，字惠班，扶风安陵（今陕西咸阳东北）人。她14岁时嫁给曹寿为妻。曹寿字世叔，所以《后汉书》中称她为曹世叔妻。曹世叔早逝，班昭由于学识广博，才智高超而格外受时人尊重，汉和帝刘肇曾多次召她入宫，让皇后和宫中贵人们都拜她做老师，称她为"曹大家"。

班昭家历代为仕宦、学者，她的祖姑班婕妤是汉成帝时有名的才女，曾有《自悼赋》《捣素赋》《怨歌行》流传于世。父亲班彪与堂伯父班嗣都是西汉末年名噪一时的儒学大师，父亲班彪晚年致力于史籍研究，著述甚丰。哥哥班固秉承父志，充分吸收《史记》纪传体的成果，"究西都之首末，穷刘氏之废兴"，著《汉书》20余年。可惜，书未著完，班固就死在狱中。

汉和帝十分重视《汉书》的撰著，深思熟虑后，决定由班昭来撰写"八表"，续成这部伟大著作。当时，朝中虽然不乏能文善赋的大家，但刘肇还没有发现有哪一个人能够像班昭那样博闻强识，博学多才，其深厚的史学功底更是无人能敌。为了完成哥哥未竟的事业，班昭奉诏进到东观藏书阁，勤奋批阅，广积史实，驰骋笔墨，利用东观藏书颇丰的有利条件，经过几十载的艰苦，终于完成了《汉书》的撰著。

《汉书》问世以后，书中许多"典章制度，人多不晓；古方奇字，人所不习；古今异言，方言俗语，人或未通；礼乐歌诗，修短有节，不可以循例读之"，使人茫然不解；还有些字生僻少见，有的兼有假借，所以，很多阅读《汉书》的人感觉

班　昭

生涩吃力，自叹力不从心。他们迫切希望能有一位学贯古今的老师，引导着他们把这本书读通、读懂、读透。同乡马融就是抱着这样的想法来到东观藏书阁，成了班昭的第一个学生。马融每天恭恭敬敬地跪在班昭面前，聆听班昭的教诲。通过班昭耐心的讲解，马融终于领会了《汉书》的精髓。

《汉书》是我国第一部纪传体断代史，体制全袭《史记》而略有变更。《史记》包括本纪、表、书、世家、列传5种体裁，《汉书》有纪、表、志、传，改"书"为"志"，没有世家。凡《史记》列入世家的汉代人物，《汉书》均写入"传"。《汉书》这种体裁上的改动是符合历史时势变化的，是合理的。同时，《汉书》的体例较《史记》有了一些创新。在纪部分，《汉书》不称"本纪"，而改称为"纪"。在《史记》的基础上，《汉书》增立《惠帝纪》，以补《史记》的缺略；在《武帝纪》之后，又续写了昭、宣、元、成、哀、平6篇帝纪。在表的部分，《汉书》立38种表，其中6种王侯表是根据《史记》有关各表制成的，主要记载汉代的人物事迹。只有《古今人表》和《百官公卿表》，是《汉书》新增设的两种表。《古今人表》专议汉代以前的古代人物，表现了班固评论人物的论事标准，暗示出他对汉代人物褒贬的立意，且网罗甚富，亦不无裨益。而《百官公卿表》记述了秦汉官制和西汉将相大臣的升迁罢免死亡，是研究古代官制史、政治制度史的重要资料，有重要的学术价值。在志部分，《汉书》改《史记》的"书"为"志"，而又予以丰富和发展，形成我国史学上的书志体。

《汉书》将《史记》的《律书》《历书》并为《律历志》，《礼书》《乐书》并为《礼乐志》，增写《史记·平准书》为《食货志》，改《史记·封禅书》为《郊祀志》《天文志》，《河渠书》为《沟洫志》，还创设了刑法、五行、地理、艺文四志。《汉书》十志比较《史记》八书在先后次序上也有所不同，《汉书》的志包括律历、礼乐、刑法、食货、郊祀、天文、五行、地理、沟洫、艺文10种。其中，改变或者并八书名称的有律历、礼乐、食货、郊祀、天文、沟洫6种，但它们的内容或者不同，或者有所增损。如《食货志》在继承了《平准书》部分材料的同时，又增加新的内容，分为上、下两卷。上卷记"食"，叙述农业经济情况；下卷载"货"，介绍工商及货币情况。《史记》列传篇题的定名，或以姓，或以名，或以官，或以爵，多不齐一，且排列顺序难为论析。《汉书》则一律以姓名题篇，排列顺序是先专传，次类传，后四夷和域外传，最后是外戚和王莽传，整齐划一。《汉书》将《史记·大宛传》扩充为《西域传》，详细记述了西域几十个地区和邻国的历史，是研究古代中国各兄弟民族和亚洲有关各国历史的珍贵资料。

《汉书》主要的特点体现在：

第一，《汉书》较真实地记述和评论了西汉一代的政绩及其盛衰变化，从一统功业的角度，对于各时期所取得的成就进行了热情的称颂。在评述西汉政治时，用"时""势"或"天时"变异来表达历史是发展的看法。

第二，广泛地评价了各种人物在西汉政治中的作用。书中记述到汉代的兴盛，是由于有众多的文臣武将和智谋极谏之士，在中央和地方的各方事务中竭其忠诚，作出贡献。

第三，以很多笔墨记录了王室及大臣聚敛财富，奢侈淫逸，皇权的争夺、外戚的专横，以及封建统治阶级的淫奢，反映了人民的痛苦生活和反抗斗争。

第四，详细记述了古代尤其是汉代的政治典制，表现了西汉文化的发展规模及其重要价值。其中《刑法志》记述了古代的兵学简史，叙述刑法典核详明，首尾备举，论其变化正本清源。《食货志》系统地记述了自西周以至王莽时期的农政和钱法，反映了1000多年以来社会经济发展的重要规律。《地理志》先叙古之九州说而进至秦的郡县变迁，是中国地理最为详尽的记载。

《汉书》是史书体例上的一个重大飞跃，继《汉书》之后，断代史为后来历代正史所效仿，因此《汉书》在我国史书体例的发展上具有重要意义。

班昭一生，除了续写《汉书》外，还创作了《东征赋》《大雀赋》《针缕赋》《蝉赋》等优秀的作品，一直流传至今。

但使她青史留名的另一个原因，是她曾著《女诫》7篇。虽然班昭写《女诫》的初衷只是为了教育自己待字闺中的女儿们要遵守妇道，但文章写出了天下父母想表达却苦于学识短浅表达不清的愿望。因此，《女诫》一出，立刻引起轰动，大家争相传抄，以此作为训诫子女的蓝本。

四、精通音律蔡伯喈，妙有绝伦飞白书

蔡邕（133—192年），字伯喈。陈留郡圉县（今河南省开封市圉镇）人。东汉时期著名文学家、书法家，才女蔡文姬之父。

蔡邕早年拒朝廷征召之命，后被征辟为司徒掾属，任河平长、郎中、

议郎等职，曾参与续写《东观汉记》及刻印熹平石经。后因罪被流放朔方，几经周折，避难江南12年。董卓掌权时，强召蔡邕为祭酒。三日之内，历任侍御史、治书侍御史、尚书、侍中、左中郎将等职，封高阳乡侯，世称"蔡中郎"。董卓被诛杀后，蔡邕因在王允座上感叹而被下狱，不久便死于狱中。

蔡邕精通音律，才华横溢，师事著名学者胡广。除通经史、善辞赋之外，又精于书法，擅篆、隶书，尤以隶书造诣最深，有"蔡邕书骨气洞达，爽爽有神力"的评价。所创"飞白"书体，对后世影响甚大。唐张怀瓘《书断》评蔡邕飞白书"妙有绝伦，动合神功"。他生平藏书多至万余卷，晚年仍存4000卷。有文集20卷，早佚。明人张溥辑有《蔡中郎集》，《全后汉文》对其著作也多有收录。

蔡邕是汉代最后一位辞赋大家。其所作赋绝大多数为小赋，取材多样，切近生活，语言清新，往往直抒胸臆，富于世态人情，很有艺术的感染力。其代表作品为《述行赋》。全赋短小精悍，感情沉痛，批判深刻，情辞俱佳，是汉末抒情小赋的力作。他小赋的题材多样，他甚至用以表现男女情爱，风格大胆而直率。《青衣赋》就是相当感人的作品。在这篇言情小赋中，他真实地坦露了对一位出身微贱的美女的爱情，以真挚的感情，表现了人情与封建礼法的矛盾撞击。

蔡邕的散文长于碑记，工整黄雅，多用排偶，旧时颇受推重。

蔡邕诗歌现流传有400多首。但由于当时战乱连年，没有保存原稿流传下来，均由其女蔡琰凭借惊人的记忆力默写而来。

熹平四年（175年），蔡邕有感于经籍距圣人著述的时间久远，文字错误多，被俗儒牵强附会，贻误学子。于是与五官中郎将堂溪典、光禄大夫杨赐、谏议大夫

蔡 邕

马日磾、议郎张驯、韩说、太史令单飏等任，奏请正定《六经》的文字。灵帝予以批准，蔡邕于是用红笔亲自写在碑上，让工人刻好立在太学的门外，这就是中国第一部石经"熹平石经"（又称汉石经、一体石经）。后来的儒者学生，都以此为标准经文。碑新立时，来观看及摹写的，一天之内，车子就有1000多辆，街道也因此堵塞。

蔡邕是个多才多艺的人物，他能诗善赋，工于隶书，关于他的传说是很多的。但是蔡邕妙识音律的故事，恐怕知道的人不多。

蔡邕书法《熹平石经》

在汉献帝即位以前，因为战乱，蔡邕历经12年颠沛流离的生活，历经各种不幸。献帝即位后，蔡邕回到故乡陈留，立刻受到了亲朋好友的盛情接待，他们为他设宴接风，重叙旧情，有的干脆登门拜望。

有一天，蔡邕的好朋友吴明请他到家中小聚，还找了几位老朋友相陪。蔡邕如约前往，在很远的地方便听到了琴声，那琴声婉转悠扬，十分动人。可是等到蔡邕慢慢走至门前，正要踏入门内时，琴声忽然变了，由一片祥和转入阴沉抑郁，继而变得杀气腾腾。蔡邕一听大惊，12年的不幸遭遇使他养成了很高的警惕性，他想："主人盛情邀请，再以美妙的琴声召唤我；可我走至近前，琴声里却露出一片杀气，气势逼人，夺路而来，这中间有什么缘故吗？"他越想越觉不妙，不由得拔腿便走。

蔡邕刚走不远，恰好遇到吴明请来相陪的朋友。这朋友见蔡邕神色紧张，疾步如飞，不知有什么紧要事，连忙拦住问道："先生为什么不吃饭就走呢？您是今日的贵客，您走了我们还陪谁呢？"

蔡邕推说有急事要办，坚持要走。这朋友好言相劝："什么急事，也不差这一顿饭工夫，都走到门口了不进去，这算怎么回事呢？要不先生把事交给我办！"蔡邕仍是不从，两人推推搡搡之间，吴明走出来，一把拉住蔡邕说："快进快进！朋友们都到齐了。"那朋友也推着蔡邕往里走。

蔡邕无可奈何地走进屋内，主人安排他坐在首席上，大家争相向他敬酒敬菜，都为他摆脱磨难，重返故里而庆贺。说到伤心处，吴明竟落下泪来，其他客人也是一片伤感。

蔡邕见大家对自己诚心诚意，不由得为刚才自己多疑而羞愧。正巧吴明想起刚才的事，顺口问道："小弟一直恭候先生大驾，而您却过门不入，不肯进屋，这是为什么？"

蔡邕很坦率地答道："历经磨难的人，对身边发生的一切都比较敏感。适才正欲进屋，却闻琴声里一派凶杀之气，恐怕有什么不测，故此掉头就走，不敢登门。"

吴明和客人一听十分惊奇，他们不能相信蔡邕竟能从琴声中听出杀气。这时吴明的弟弟站起来解释道："适才我弹琴时看见一只螳螂躲在一只蝉的后面想捕捉它，但蝉欲飞起，我恐怕螳螂扑空，心下猛动，满心希望螳螂扑快些。想不到这一线杀机竟流露于琴声中，先生慧耳听音，不想竟能听出，先生真不愧为妙识音律的大家。刚才我令先生受惊了，失礼！失礼！"

吴明和其他客人这才恍然大悟，心中顿生敬意。蔡邕妙识音律的故事于是便广为传开了。

五、"临池"墨黑书今草，"书中四贤"称"草圣"

张芝（？—约192年），字伯英。瓜州县（今属甘肃酒泉市）人。东汉书法家，被誉为"草圣"，与钟繇、王羲之和王献之并称"书中四贤"。

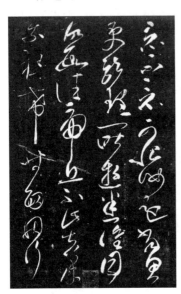

张芝书法《冠军帖》

张芝擅长草书中的章草，将古代当时字字区别、笔画分离的草法，改为上下牵连富于变化的新写法，富有独创性，在当时影响很大。书迹今无墨迹传世，仅北宋《淳化阁帖》中收有他的《八月帖》等刻帖。

张芝出身官宦家庭。祖父张惇曾任过汉阳（今天水）太守，父亲张奂更是声名显赫，官至为护匈奴中郎将、度辽将军、大司农等，屡立功勋。张芝的母亲是富家闺秀，淑慧贤良，张芝就在这样一个家庭里长大成人。

张芝为张奂长子，年轻时就很有操节，

虽出身宦门，而无纨绔气，勤奋好学，潜心书法。当朝太尉认为他将来不是文宗，就是将表，屡次征召他出来做官，皆严词拒绝，故有"张有道"之称。张芝正是这样淡泊荣利，苦苦求索，方才攀上了中国书法艺术的第一座高峰。

张芝所创的"一笔书"，"字之体势一笔而成"，"如行云流水，拔茅连茹，上下牵连，或借上字之下而为下字之上，奇形离合，数意兼包"。这是张怀瓘在《书断》中对一笔书的精辟概括，同时高度评价张芝的草书"劲骨丰肌，德冠诸贤之首"，从而成为"草书之首"。张芝的草书给中国书法艺术带来了无与伦比的生机，一时名噪天下，学者如云。王羲之对张芝推崇备至，师法多年，始终认为自己的草书不及张芝。

张芝的草书影响了整个中国书法的发展，为书坛带来了无与伦比的生机。像张芝这样造诣全面的书法巨匠，在整部中国书法史上也是罕见的，不愧"草圣"的崇高称号。他的季弟张昶也是当时著名的书法家，精善章草，时人称为"亚圣"。

张芝获得"草圣"的殊荣绝非偶然，这同他的处世哲学和治学态度有密切关系。他"临池学书，池水尽墨"的刻苦磨砺精神，成为中国书法界尽人皆知的一大掌故。王羲之曾钦敬地说张芝"临池学书，池水皆墨，好之绝伦，吾弗如也"。

张芝自小酷爱书法艺术，他常常惊叹秦篆的古茂，感慨汉隶的稳健，发誓要通过勤学苦练，成为一代书法大家。张芝特别喜爱当时流行的"章草"，练习"章草"达到了痴迷的程度。

据记载，张芝家附近有一个大池塘，池塘里的水一年四季清澈见底，塘中的游鱼和沙石清晰可辨。池塘边有一块废弃的青石板，不知是什么年代的物什。张芝每天早早起来，就趴在这块大青石上读帖，有时兴起，用毛笔蘸了水还在这青石板上练习书法。久而久之，青石板竟然被他磨得非常平滑。

张芝的字进步很快，可是因为家境贫寒，张芝买不起当时市面上出售的那种专供书写的质量很好的纸张，理想又不能放弃，那么，怎样来解决这个矛盾呢？

为了节省纸张，张芝常常拿树枝在地上练习，或者蘸了水在桌子上、木板上写。有一天，张芝坐在池塘边的青石板边读帖边在石板上摹写，写

着写着，竟涂到了衣襟上。看着衣襟上那块未干的水渍，张芝蓦地发现，身上穿的这件白色长罩衫可以用来练字。他异常兴奋，急忙脱下罩衫，平铺到青石板上，又取来毛笔和砚台，磨好墨，兴致勃勃地写起字来。不大会儿，雪白的衣襟上便写满了字，这些字龙飞凤舞，笔力纵横，上下字之间的笔势自然牵连相通，写得既有章法，又有气势。张芝停笔审视一番，非常满意，便把衣服翻转，在长衫的后片上写起来。他越写兴致越高，后来，索性连两只袖子也铺开弄平当纸写。

张芝抖动着这件写满"章草"的长罩衫，按捺不住满心的喜悦。今后，他可以堂而皇之地用毛笔蘸了墨汁在衣服上写，再也不用为练字的纸而发愁了。可是，没有了衣服，怎么回家呢？如果大着胆子穿着写满字的罩衫回去，父母亲生气了又该怎么办呢？张芝坐在池塘边发呆，清清的池水倒映出他瘦弱的身影。"有了！"张芝一弯腰，把长衫浸泡在池水里，立刻，长衫上的墨迹将池水染黑了一大片。

从此，张芝每天把写满字的衣服拿到池塘里来洗，有时，母亲还找出家中一些不用的布帛供张芝练习之用。由于张芝每天在池塘中洗练字的布帛、衣物、砚台，时间久了，池塘里的水都变黑了。

"功夫不负有心人"，张芝的刻苦终于换来人们的赞誉，他的字融进了对生活的感悟，体势连绵，富于变化，为东汉末年书法爱好者争相临摹。然而，张芝并不就此满足。他潜心研究前代书法家们的作品，在此基础上创造出一种易于辨认、易于书写的新的字体——"今草"。

张芝的"今草"对后世书法家影响很大，到晋代尤为盛行，是为"晋草"。为了褒扬张芝勤学苦练的精神，人们称练习书法为"临池"。

第三章 / 名人纪事

一、执法严明杀萧广，前有召父后杜母

建武元年，刘秀刚刚进入洛阳，一切还都未安顿下来，就有人冲上大殿向刘秀报告说："侍御史杜诗把萧广将军杀了！请陛下明断！"

刘秀一惊，谁这么大的胆子，一个小小侍御史竟敢擅自格杀将军？于是下令把杜诗抓来，带到大殿之上。

只见杜诗从容不迫地走上大殿，毫无惧色地跪倒，听候刘秀的发落，自始至终都未见他有丝毫慌乱。

刘秀问杜诗："杜诗，你可知罪？"

杜诗沉声但不失坚定地答道："臣何罪之有？请陛下明示。"

刘秀一听，呀，你这么理直气壮？心里不大畅快，脸上微显怒色："你为什么杀了朕的大将？还敢说无罪？"

杜诗不但不求饶，反倒抬起头，盯着刘秀一字一顿地说："臣奉陛下命令安定洛阳。然而，萧广将军放纵士兵抢劫百姓，横征暴敛，已经违背了陛下的命令，这是第一。臣为百姓着想，已经警告过萧将军数次，而萧将军非但不听，还越发放肆。这是第二。萧将军的所作所为不但为害百姓，而且有损皇室的威严。此为第三。因此，臣以为，杀萧将军其实并没有什么罪。请陛下明鉴。"

刘秀听完杜诗的话，觉得确有道理，自己刚来洛阳，怎能听由部下侵凌百姓？当即嘉奖了杜诗，并当众表扬了杜诗。号召群臣向杜诗学习，并赏赐给他一件戟（漆好的木戟，是皇室仪仗队的用品）。

杜诗怒斩萧广之后没多久，便被派到黄河以东地区去讨伐以杨异为首

的地方武装。

杜诗率军来到大阳（今山西省平陆县附近）时，四处探听民情，得知杨异打算北渡黄河，于是，当机立断，立刻派人烧毁了他们准备渡河的船。然后，杜诗又在敌军毫无防备的情况下，以骑兵突袭敌军军营，斩了杨异，消灭了这支敌军，取得了胜利。杜诗也因此被任命为成皋（今河南省荥阳市）县令。

杜诗在成皋做县令期间，关心百姓，执法严明，政绩显著。3 年后又升为沛郡（今山东省南部丰县到安徽省北部五河县间的地区）都尉，再转为汝南都尉。

建武七年（公元 31 年），杜诗任南阳太守。

杜诗在做南阳太守时，经常巡视各地，体察民间疾苦，发现问题，便及时解决，深受当地民众爱戴。

一日，杜诗又到乡间访问，信步一直走到冶铁场，看到铁匠们很辛苦地鼓皮囊，然后用生出来的风冶铁，但是效果非常不明显，而且冶出的铁质量差，产量低。杜诗又注意到冶场临近河水，便随口而出："为什么不用水力鼓皮囊呢？"

杜诗回去以后，便召集工匠，日夜不眠地商议如何用水力来冶铁。大家群策群力，最终想出了水排法。

杜诗亲自监督工匠们制造，一边制造，一边改进，用了半年时间，才造出第一台水排。

水排作用非常明显，不但节省了劳力，还提高了效率，冶出的铁不但多而且还比人力冶出的铁好。后来，又不断发现缺点，随时改进。

杜 诗

十几年后，杜诗离任时，全郡已经有四个地方有水排，冶铁场所生产的犁铧铁釜等南阳本郡都用不完，还远销其他地方。就连乌桓、南蛮的商人也来购买，使得南阳百姓愈加富庶。

杜诗在南阳担任太守时，还亲自主持监造陂池，利于农田的灌溉；开垦荒地，建成了许多农田。经过几年的治理，全郡上下都可以说是丰衣足食，人民也安居乐业。

杜诗为人勤俭节约，政治清明，不畏强权，敢于诛杀仗势欺人的暴徒。而且，他还很聪明，经常解决一些技术性的问题。

凡是杜诗曾经任官的地方，政绩都很显著，百姓对他赞不绝口。南阳老百姓就曾经在歌谣中唱道："前有召父，后有杜母。""召父"是指杜诗的前任官吏召信臣，而"杜母"就是指杜诗。

杜诗为政清明，为官政绩突出，但却觉得自己并无功劳。不久便给刘秀上疏，要求隐退，同时提出一套治国方策，推荐了几位贤臣。可刘秀觉得失去这样的大臣是国家的损失，考虑再三，最终没有批准他的要求。

建武十四年（公元 38 年），有人奏请刘秀说，杜诗病死了，可是家里穷得没有田地也没有宅院，甚至没有安葬的地方。刘秀看了奏折，被杜诗的廉洁深深地感动了，于是便下令赐绢千匹给杜家后人，杜诗的后事则由南阳太守代为操办。

杜诗一生为官，成绩有目共睹，为官清廉到死后无处安葬的地步，也是很少见的。他主持建造的水排，是我国历史上第一次将水力用于生产的成功尝试，为我国农业生产、手工业生产的发展做出了贡献。而杜诗也因此被载入史册，为后人所敬仰。

二、应符谶王梁升官，修水渠徒耗民力

当年帮助刘秀做皇帝的赤伏符上还有一句话，叫作"王梁作主卫作玄武"。这句话谁也不知道是什么意思，一直拖到刘秀安定国家之后。

尽管符谶是假意编造的，但刘秀为了使人们相信他这个皇帝做得是理所应当，便郑重其事地对这条谶语作了解释："这意思是说一个叫王梁的人应该担任大司空，去修水利。"

巧的是，当时官员中确有一个叫王梁的。虽然他没有出众的才学和能力，但却被刘秀提拔为大司空。这可让王梁高兴坏了——真是天上掉下个大馅饼啊！

王梁马上走马上任，自以为了不起，上天都照顾他，竟然对刘秀的命令也不完全听从了。刘秀一怒之下，降了王梁的职。

王梁这下可急了，福还没享够呢，怎么就下来了呢？他琢磨来，琢磨去，论军功吧，太小，不能做大官；论家世吧，自己也不是什么名门之后……

想来想去，王梁觉得自己原来是大司空，那为什么不去修水渠呢？成功了，可就是大功一件啊！

征得刘秀同意之后，王梁马上四处征民挖河，搞得热火朝天。

可当时有人劝阻王梁，因为他的修渠计划不合常理，修不好渠不说，还会劳民伤财，做的是一番无用功。然而，王梁对此置若罔闻，仍然一意孤行。这样一直挖了三年。

通渠这天，王梁满怀信心，亲自前去观礼。谁知，渠里的水根本就无法注入洛阳的护城河里去。这一下，王梁可傻眼了——大司空肯定做不成了。

不久，有人告到刘秀那里，要求责罚王梁。王梁急中生智，马上上书要求辞官，想保住性命。刘秀一看，王梁确实是无能之辈，留他在京城，反而会招人议论，牵扯到自己，于是他便下令让王梁去济南做了太守。

就因为符谶上的一句话，王梁做官，征集百姓，耗费人力物力修了一条废渠，由此可见符谶的危害是多么大呀！

三、宋弘不弃糟糠妻，拒娶公主传美名

刘秀幼年丧父，哥哥刘缤在与刘玄争夺权力时被刘玄杀害了，二哥刘仲和二妹刘元也死在了争夺皇位的战争中。所以，刘秀称帝以后，身边的亲人只有一个姐姐和一个妹妹。

大家都知道皇帝的女儿被称为公主，而皇帝的姐妹则被称为长公主。

刘秀的姐姐叫刘黄，被封为湖阳公主；妹妹叫刘伯姬，被封为宁平公主，后来嫁给了刘秀的近臣李通。

刘秀的姐姐湖阳公主的丈夫，在东汉建立没多久就死了，湖阳公主成了寡妇。刘秀心疼姐姐，一心想再为她找一个丈夫。

虽然刘秀自己这么想，可又怕自己物色好的人不合姐姐的心意。这一不小心，就会耽误了姐姐一生的幸福啊！因此，刘秀决定先试探一下姐姐的心思。

一天，刘黄去看望刘秀，姐弟两人亲热地闲话家常。刘秀觉得这个机会很合适，就故意装作漫不经心的样子，随口问道："依皇姐看，这满朝文武之中，谁最值得重用呢？"

刘黄听了，觉得纳闷：皇上从不与我谈政事，今天怎么突然……刘黄

也是聪明人，稍一琢磨，就想到了刘秀的真实用意——原来是要给她挑夫婿呢！

刘黄想了一想，也满不在意地顺水推舟道："依妾之愚见，大司空宋弘深值重用。无论仪表、品德、才能，他在群臣中都是首屈一指的！"

刘秀一听，大吃一惊，心说：姐姐呀，满朝大臣百余人，你怎么偏偏挑了个有妇之夫呢？

尽管事情很难办，刘秀也不好拒绝姐姐的要求，决定试一试。

过了几天，刘秀招宋弘上殿议事。这之前，刘秀就安排了姐姐刘黄偷偷躲在大殿的屏风之后，以便可以听到他们的谈话。

刘秀与宋弘商量完正事之后，刘秀问宋弘说："不知爱卿有没有听说过这句话，叫作'贵易交，富易妻'。你怎么看呢？"

宋弘听到刘秀的话，稍一琢磨，就明白了刘秀的用意。他马上站了起来，拱手严肃地说："臣也听说过这么句话，叫作'贫贱之交不可忘，糟糠之妻不下堂'。人怎么能因为自己富贵了，就忘记自己以往的朋友和妻子呢？我是决不会这么做的。"

刘秀一听，觉得姐姐的事是不可能的了。他便转头对着屏风叹道："阁下真是品德高尚之人啊！"屏风后的刘黄听到宋弘这一番话，又羞又恼，急急地从屏风后退了下去。

这件事过去没多久，宋弘就被罢官了。

刘黄仗着自己是皇帝的姐姐，就想要抢别人的丈夫，实在是很霸道。但是宋弘的坚强不屈的性格，值得称赞。

宋弘以后，很多人都把和自己共患难的妻子叫"糟糠之妻"。宋弘拒娶公主的故事也一直流传至今，传为美谈。

四、恶奴行凶公主护，董宣强项称"卧虎"

汉光武帝建立了东汉王朝之后，深知老百姓深受战乱之苦，便也学着西汉的做法，采取休养生息的政策。

汉光武帝一面扶持发展农业，一面注重施行法令。不过法令也只能管老百姓，要拿它去约束皇亲国戚，那就难了。洛阳令董宣是一个执法严格的人。就是皇亲国戚犯了法，他都同样办罪。

汉光武帝的大姐湖阳公主有一个家奴行凶杀了人，躲在公主府里不出

汉代画像石斗鸡图（河南南阳出土）

来。董宣不能进公主府去搜查，就天天派人在公主府门口守着，等那个凶手出来，以便捉拿。

有一天，湖阳公主坐着马车外出，那个杀人凶手也跟在身边侍候。董宣得到了消息，就亲自带衙役赶来，拦住湖阳公主的车。他不管公主阻挠，吩咐衙役把凶手逮起来。然后，当场把他处决了。

湖阳公主怒气冲冲地赶到宫里，向汉光武帝哭诉董宣怎样欺负她。汉光武帝听了，十分恼怒，立刻召董宣进宫，吩咐内侍当着湖阳公主的面，责打董宣，替公主消气。

董宣说："先别动手，让我把话说完了，我情愿死。"

汉光武帝瞪着眼说："你还有什么话好说？"

董宣说："陛下是一个中兴的皇帝，应该注重法令。现在陛下允许公主放纵奴仆杀人，怎么能治理好天下？用不着打，我自杀就是了。"说罢，他仰起头就向柱子撞去。汉光武帝连忙喊内侍拉住董宣，可是董宣已经撞得头破血流了。

汉光武帝认为董宣说得有理，不该责打他，但是为了照顾湖阳公主的面子，便要董宣去给公主磕个头赔个礼。

董宣宁愿不要命了，怎么也不肯磕这个头。内侍把他的脑袋往地下摁，可是董宣用两只手使劲撑着地，挺着脖子，不让内侍把他的头摁下去。

内侍知道汉光武帝并不想责罚董宣，可又得给汉光武帝个台阶下，就大声地说："回陛下的话，董宣的脖子太硬，摁不下去。"

汉光武帝也只好笑了笑，下令说："让这个硬脖子的人下去！"后来，汉光武帝不但没办董宣的罪，还赏给他30万钱，奖励他执法严明。

董宣领了赏钱，全分给了手下的差役。

从此以后，董宣不断打击那些违法犯科的豪门贵族。洛阳的土豪听到他的名字，都吓得发抖。于是人们给他取了个名号——"卧虎"（意思是"躺着的老虎"）。

五、桓谭求实批符谶，忤逆龙鳞屡遭贬

桓谭是西汉末年出生的。他自幼喜欢读书，多才多艺，尤其擅长弹琴。

桓谭的名气很大，大司空宋弘听说了以后，马上推荐给刘秀。这样，桓谭就入朝为官了。

当桓谭还是个平民时，就喜欢和一些自我吹嘘的儒学者进行辩论，批判他们荒唐的观点。

当时西汉哀帝傅皇后的父亲傅晏听说他的学识过人以后，便请他到自己的家里来，与他谈论时政。

哀帝宠幸奸臣董贤的妹妹，傅晏非常担心，整天惶惶不可终日。

桓谭看到他焦虑难受，就对他说："如果董贤要在您身上找到什么过失的话，一定会把皇后牵扯进来。所以您一定要小心行事，不要有什么过错。"

傅晏问："那该怎么做呢？"

桓谭接着说："您的门徒众多，一定会招人非议，而且树大招风，很容易让人发现问题。依我看，不如遣散他们，以防万一。"

傅晏听桓谭说得很有道理，就照他的话去做，处处小心，步步谨慎；还特意叮嘱自己的女儿在宫里要宽容待人，不要和人因为小事争吵。

后来，董贤为了让自己的妹妹做皇后，便派人到处去搜罗傅家父女的错误和过失。然而，却没有抓到什么把柄，傅家也因此安然无恙。

这件事之后，桓谭更加声名远播，越来越受人尊重。

桓谭入朝为官之后，却因为性情耿直而受到责难。

朝中官僚互相吹捧，而且只说好话，从来不向皇帝禀告不好的事情。桓谭却从不与他们同流合污，实话实说。

一天，一位太守捧着黑色的草籽入朝来见刘秀："皇上，这些草籽是黑色的，十分罕见，这一定是上天用来

桓谭雕像

嘉奖陛下治国有方的圣物。"

满朝文武一听马上下跪，不管三七二十一，异口同声地称颂刘秀的英明。一时间，刘秀也甚是得意。

可是，刘秀注意到站着的桓谭，发现他不但没有跪下，脸上还表现出嘲讽的神情。刘秀有些不高兴，却仍然问桓谭说："桓爱卿，众臣都向朕道贺，为何你不这么做呢？"

桓谭正色说道："陛下治国有方，政绩显然。苍天无知，嘉许陛下的应该是天下百姓才对呀！臣不敢道贺，否则就是欺君！"

桓谭话音刚落，群臣中马上就有人反驳他的话，指责他。桓谭不理会他们的责难，自顾自地不慌不忙地说下去："黑色草籽并不是中原之物，夷狄（中原的汉人对少数民族的称呼）的草丛长在野外，风一吹就随风而起。三天前，太守所在的郡县刮狂风，草籽也被风带到了中原。可见，这并不是上天所赐！"

刘秀听了之后，虽然觉得桓谭说得合乎情理，但心里很不痛快："虽然你言之有据，但也不能对朕无礼。今天就算了，下不为例！"说罢，刘秀还瞪了桓谭一眼，让小太监宣布退朝。

桓谭没把刘秀的话放在心上，以后做事依然我行我素，不在乎别人的指责。

没过多久，刘秀决定建立一个灵台，用来观测天象。古人认为天上星辰的变化与人间的兴衰成败、生老病死有很大的关系。因此，灵台所在的地方也就变得举足轻重了。刘秀特意召齐群臣，希望可以找到最好的地方来建造灵台。

大臣们七嘴八舌地各抒己见，说哪儿的都有，有的指北，有的指南……各自都认为自己选的地方最好。

刘秀听来听去，也定夺不下。他忽然注意到桓谭在人群中沉默寡言，对这场争执显然很不感兴趣。刘秀制止了群臣的争论，问桓谭说："依爱卿看，用符谶裁决可好？"

桓谭想也不想，马上回答说："臣从不读符谶！"

刘秀见他答得如此干脆，心里有些不快，问道："为什么呢？"

桓谭认真地回答道："谶本来就是人们自己写的，反而还假托上天之名，实在是无稽之谈！即使有与事实相符的，也只不过是碰巧罢了！"

刘秀听了桓谭的话，马上怒火中烧——你言下之意就是说我这个皇帝当得名不正、言不顺了！想到这儿，刘秀恼羞成怒，拍案而起，指着桓谭大骂："好你个桓谭，你，你真是……拉下去！"

桓谭一愣神，马上明白了刘秀发火的原因，急忙叩头认错，直喊："陛下息怒！"

桓谭一直磕到头破血流，刘秀才怒气渐平："你年事已高，既然上天可怜你，朕也不杀你了！"桓谭连忙谢恩。

"不过，你言语放肆，不治罪的话，无法维持朝纲。现在免你的官职，去宁安郡（今安徽省境内）做个郡丞（郡守的副手）吧！"刘秀说完，便拂袖退朝。

桓谭此时已经70多岁了，根本受不了路上的颠簸，再加上心里闷闷不乐，不久就病死在上任的路上。

桓谭生前写了许多书，最有名的就是《新论》一书。他在这本书中，批判了西汉以来的符谶之说，否定了一些迷信的说法，很有历史价值。但可惜的是，桓谭的这部著作中的大部分内容都没有留传下来，人们只能从别的文章中读到它的部分内容。尽管如此，桓谭仍然被后人所称颂。

六、学问渊博称"通儒"，性情温和论时弊

光武帝刘秀建立东汉以后，没有仔细考虑如何建立本国的制度，再加上他还以西汉皇室的后代自居。因此，他便完全仿照西汉末年的样子，建立起东汉的官制——大司徒、大司空、大司马，这也就是前汉末宰相的含义了。

宰相是对这三个官僚共同的称呼，他们的权力，往往大得惊人，他们负责辅佐皇帝，总揽政务，是满朝上下的最高长官。因此，他们的权力往往与皇权相矛盾。

刘秀刚刚立国，而且不熟悉国家制度，因此四处打听熟知宫中事务的人，好帮助自己完善东汉的政治制度。有人向刘秀推荐了卓茂。

卓茂年轻时，曾经在前汉宰相孔光府内任官，协助丞相处理事务，时间一长，耳濡目染，对前朝政治制度了解颇多。卓茂熟读了《诗经》《礼记》，精通历法算术，学问非常渊博，被人们称为"通儒"。意思就是，样样都通，事事都懂。

卓茂性情温和，从不与人争，因此无论什么样的人都能和他相处得很好。

当他还在丞相府任职的时候，有一次驾车出门办事。走着走着，忽然跑过来一个面庞黝黑农夫打扮的壮汉。他一把抓住马笼头，马脖子一仰，差点将卓茂摔在地上。

大汉却没有理会，反而怒气冲冲地指着卓茂鼻子说："这是我的马！"

卓茂问这人说："你的马？你的马什么时候丢的？"

大汉怒气不减，气哼哼地回答说："一个多月以前，不知被哪个偷马贼偷去了，如今可算找到了。"

卓茂听了不但不生气，反而不急不忙地对大汉说："我的这匹马，已经养了好几年了，决不可能是你的马。所以，你一定是认错了。"

那汉子更生气了："你不用再狡辩了！我自己的马我能不认得吗？你看，这鬃毛，这四蹄，分明就和我的马一模一样。你还睁着眼睛说瞎话。"一边说，一边动手开始卸马。

卓茂闭口不言，心想再争也没什么意思。那大汉更觉得自己有理，气势汹汹地牵着马就走。

卓 茂

卓茂这才喊道："如果发现这确实不是你丢的马，就麻烦你把马送回丞相府吧。"卓茂只好走着回到丞相府。

过了几天，那人果然找到了自己的马，面红耳赤地牵着卓茂的马去了丞相府，很难为情地向卓茂道歉："对不起呀，对不起，你看我……哎，我……"

卓茂不但没奚落他，反而热情地拍拍他的肩膀，安慰他说："没事儿，人都有犯错的时候。"

卓茂就是这么一个人，什么事都不会发脾气，性格温和，极容易与人相处。

刘秀到处派人求访卓茂时，他正在刘玄帐下做事。他为刘玄做事的这几年中，发现刘玄根本不懂如何治国，充其量也只能为官，但要做皇帝，就是天下百姓的不幸了。当他听刘秀访求他，便逃出来去投奔刘秀。

卓茂历经千辛万苦，长途跋涉，一路上还得小心翼翼，提心吊胆，才到了河阳（今河南省孟州市），见到了刘秀。当时刘秀正在统兵进攻王郎。

刘秀看到卓茂果然来了，非常高兴，觉得自己治国有望了。于是，连忙下诏书说："卓茂品德高尚，意志坚定，性格淳朴，能力非凡，天下人都知道他的名望，理应受到重赏。朕决定任命卓茂为太傅，封为褒德侯，食邑 3000 户。"卓茂的两个儿子也同时被封了官。

太傅就相当于皇帝的参谋，被称为上公，位置高于其他三公。由此可见，刘秀是多么地爱惜人才，对卓茂有多重视了。

刘秀经常与卓茂商谈国事，听取卓茂的意见，有合理的就执行，不断完善东汉的政府机构。

有一回，刘秀又与卓茂讨论前汉时的历史，突然发问："依你看，王莽是怎么夺取前汉的政权的呢？"

卓茂想了一会儿，说："王莽善于玩弄权术，而且总以小恩小惠笼络人心。这样一来，朝中的大臣便大半被他收买了去。"

顿了顿，卓茂又说："当时王莽是三公之一，权力极大。他在朝中培植起许多亲信，还利用自己宰相的地位，不断地排斥和打击反对自己的大臣。"

"所以"，卓茂叹了口气，继续说道，"凡是王莽的亲信都是朝中举足轻重的大臣，而那些反对他的人都先后被他诛杀了。

"比如说，他想让自己的女儿为皇后，王莽那些党羽得知后，每天就有上千人上书给皇帝，要求立王莽的女儿为皇后。权势之大，可不一般啊。后来，王莽毒死了平帝，自称'假皇帝'，也没有人声讨他的罪行，最后终于当上了皇帝。"卓茂用很简练的话把王莽夺权的经过告诉了刘秀。

"假皇帝"就是代理皇帝，是王莽怕人反对他做皇帝，想出来的缓兵之计。刘秀听了，陷入沉思之中。即使在卓茂死了以后，他还经常在考虑这个问题——宰相的权力问题。他开始想从三公手中夺权了，为的是避免将来自己被架空。可是当时，东汉政府还经常打仗，武将作用很大，而刘秀当初任命的三公又都是武将，所以一时之间，刘秀不能采取太大的措施革除宰相的权力。

然而，刘秀却试着与尚书谈国事，把重要的一些国家政务交给尚书台

去办，尽管这些事都应该交由三公处理。虽然如此，可三公都为武将，常年统兵在外，刘秀没有与他们商议国事，制定决策，他们也不介意。殊不知，这正是刘秀剥夺宰相权力的第一步。

七、善与帝意急流退，李通辞官得善终

李通是南阳人，曾经是王莽新朝中的五威将军。虽然地位显赫，但是李通想得很长远，他觉得，像王莽这么折腾下去，迟早会亡国的。于是他就辞官不做，还认识了刘秀。

当时，天下并不太平，各地的反王莽队伍风起云涌。刘秀以汉高祖刘邦的九世玄孙自居，很想光复汉室，但却苦无借口。

李通结识刘秀后，两人品味相通，逐渐成为很要好的朋友。他看出了刘秀的心思，便编造了一条图谶，作为刘秀起兵的借口，说："刘氏复起，李氏为辅。"李通把谶交给刘秀，尽管刘秀也知道是假的，可是当时的人们就对它深信不疑，刘秀就是靠编造谶语登上皇位的。

李通还解释说："你是刘姓皇族的后代，我又正好姓李，也许这条谶语就是在指你和我吧。老天爷指示你我共同起兵，你还犹豫什么呢？"

刘秀心里甚是欣喜，终于有了起兵的借口了。刘秀接受了李通的建议，购买兵器，招兵买马，等一切准备得差不多的时候，便打着"刘"姓的旗号，在宛县（今河南省境内）起义。

刘秀从9岁就被叔父刘良收养了，以后就一直住在刘良家里。

当刘秀身穿绛色战袍，带领着他那支小小的队伍回去的时候，叔父看到他打着起义军的旗号，十分生气，大声吵嚷着说："我要去告发你们！"

刘秀把手指放在嘴唇上，示意叔父小声一些，低声对刘良说："叔父，这种事是不能大声嚷嚷的。否则，会招来祸事的。"

第二天，刘秀不免担心地问刘良："叔父，你什么时候去告发我们呀？"

刘良摇摇头，无可奈何地说："我自小把你养大，如亲生儿子一般，怎么能去揭发你呢？"

刘良盯着刘秀，仔细端详了半天，接着往下说道："而且，我们都是前汉皇室的后代，本身就有义务匡扶汉室，打倒王莽。昨天，我只不过是要试探一下你们的决心而已！"

这样，刘秀、李通不断地扩展队伍，攻击王莽的军队。在刘秀建立

东汉的过程中，李通一直常伴左右，南征北战，立下了汗马功劳。李通一家先后有 64 人为东汉的建立而失去了生命，足以看出李通对刘秀的忠心。李通是刘秀建国过程中又一位功绩卓著的大将，后来，刘秀把自己的妹妹宁平公主嫁给了他，两个人之间的关系更近了一步。

刘秀建国称帝以后，便任命李通为大司农（官员名），位置低于三公，但在九卿之列，也是高官，又是皇亲国戚。

刘秀非常信任李通，毕竟两个人一起出生入死那么多年，还成了亲戚。有时候自己外出作战，政治事务就交给李通全权处理，情谊非同一般。

天下平定下来以后，李通注意到了刘秀的变化：重要的国家政治事务，宁愿交给地位很低的尚书去办，也不愿交给宰相；商议政务，也避开应该参加的宰相，而与尚书一起讨论。

李通心里很清楚——刘秀这是要削弱宰相的权力啊。俗话说："伴君如伴虎"，皇帝一个不高兴，做臣子的就会性命不保。尽管自己是皇帝的妹夫，官职还没到三公之列，可是，这也并不意味着可以高枕无忧了。

所以，当国内基本安定下来的时候，李通就觉得自己应该辞官，所谓："可以共患难，却不可以共富贵。"意思就是说，像刘秀这样靠自己打下江山的开国的皇帝，只能与他共同征战、创业，却不能与他一起享受荣华富贵。这是因为，统兵打仗，立下汗马功劳的大臣会"功高震主"。就是说，这些大臣会让皇帝觉得不安，因为，他们的功劳太大了。

李通上书给刘秀说："近几年来，臣的身体很不好，总有疾病。所以，无法胜任大司农一职，请陛下另外挑选贤良的人来接替臣。也请陛下能恩准臣告老还乡。"

刘秀看了李通的奏折，正中他下怀，原本打算马上就批，可是转念一想："李通跟随我南征北战，战功显赫，担任大司农时，又没犯什么错，而且还是妹妹的丈夫。如果马上准奏岂不是说不过去？"

于是，刘秀便不动声色地将奏章交给大司徒侯霸等人讨论商议。结果，让刘秀大失所望。

朝中群臣都认为李通英武有才，有功于国家。虽然他自己谦让，但是为了国家，也不能让他还乡。应该让李通带着官职治病。

刘秀听了群臣的议论，本来指望有人能领会自己的意思，好让自己顺着台阶恩准李通的要求，谁知事与愿违。所以，刘秀不但没有准李通回乡，反而升他为大司空，成为宰相之一。诏书上是这么写的："李通虽然是平民百姓出身，但尽其全力辅助朕统一天下。现在命令李通全心治病，如果时间允许，可以处理政务。"

李通一听诏书，心想，这不是一样吗？表面上看起来，好像是升官了。实际上，就是说你想参与政务，就来上朝；不想就不要来。可见，皇帝并不需要我上朝参政议政的。

李通参透了其中的真实意思。虽然他官任宰相，却总是称病待在家里，很少上朝参与政务。

刘秀也很高兴，他的目的最终还是达到了。所以，李通越不来上朝，刘秀就越发宠爱他，今天赏他粮食，明天赐他金银。

然而，李通却从来没有安心过，无功受禄，总容易招致别人的非议。无官才能一身轻啊！

到建武十二年（公元 36 年）时，李通年老多病，老态龙钟，身体是确实不好了。在李通的一再请求之下，刘秀才批准他退休。

6 年后，李通病逝，刘秀和皇后亲自去吊唁，这是无比的荣誉。

以后，刘秀每次巡幸南阳，都要替李通祭扫祖坟。而且，还封李通的小儿子为侯。

刘秀对李通之所以这么优待，就是因为李通不肯参与政务。这也正好符合了刘秀的心思，他不愿意宰相过多地处理朝廷事务。

李通精明就精明在善于揣测皇帝的意图，在高官重权的面前，不为所动，反而还装糊涂。所以，李通才能得善终。

在刘秀和他以后的时期，像李通这样的宰相少之又少，能有好归宿的更是屈指可数。

八、口无遮拦枉卖弄，糊涂宰相把命丧

建武十三年（公元 37 年），大司徒侯霸去世了。

侯霸生前"守正奉公"，做了 9 年的大司徒，可是竟然没有什么值得后人敬仰的政绩。然而，他却是光武帝时期当宰相时间最长的一个。可想而知，刘秀选择宰相的标准是什么。

接替侯霸担任大司徒的，是原沛郡的太守韩歆。韩歆一直在外任官，升为京官，还做了宰相。他经常在刘秀面前卖弄自己的能力、见解和才华，

弄得刘秀心里总不畅快。韩歆心直口快，自以为会奉承赞美刘秀，可结果往往相反。

有一次早朝，韩歆来得很早，朝中其他的大臣还没有到。

刘秀自己坐在软榻上，全神贯注地翻读木简，竟然没有注意韩歆的到来。他手中捧的是隗嚣、公孙述给刘秀的信。这些人都曾经称帝反对王莽，也就是说曾经是刘秀的"敌人"。

公孙述与隗嚣两人的信写得很精彩。刘秀聚精会神地读着，似乎已经陶醉其中，一边看，一边赞不绝口："妙语呀！""实在是好！"他读得太过于专注，还自言自语地说道："隗嚣和公孙述竟然还这么有才！真是难得！"

韩歆一听，急忙接话道："亡国之君都很有才，桀纣也是非常有才气的！"韩歆觉得，自己说他们两人为"亡国之君"应该是很讨刘秀欢心的，毕竟，刘秀才是正统嘛！

刘秀可不这么想。他觉得韩歆这是在拐着弯地说他没才。你韩歆说亡国之君才有才，我这中兴皇帝岂不就是无才？所以，刘秀心里很不是味，可也懒得理他，只是瞟了他一眼，没有说话。

韩歆却没有注意到刘秀的这个小动作，甚至都没有看到刘秀的脸已经拉长了。他还自以为刘秀听了心里会很高兴，可谁知"拍马屁拍到了马腿上"。

君臣无话可说的这一会儿，吹进来一阵凉风，刘秀皇冠上的珠帘也跟着风摇晃起来。多嘴的韩歆，想起什么东西，也不经过大脑，信口就说："陛下，你的皇冠摇摇欲坠，原因是有风，风不调雨不顺，看来可能会发生饥荒啊！"

听到这儿，刘秀忍无可忍，把手中的木简用力摔到了地上，连编木简的苇条也摔断了，木

汉代画像石鸟纹图片

简进得到处都是。

刘秀气得脸发绿，颤着手指指着韩歆，厉声大骂："你先说朕无才，还不如亡国之君。接着又说朕的皇冠摇摇欲坠，咒朕的天下发生饥荒，你是不是有心取朕而代之啊？"

韩歆这时早已跪在地上，磕头如捣蒜。这才明白，原来自己的话不但不合刘秀的心意，还触怒了刘秀，实在是得不偿失。

韩歆也确实糊涂，哪个皇帝不是习惯听别人赞扬与奉承，对一切批评之词都恨之入骨。听了他的话，刘秀不火冒三丈，可就真是奇怪了！

只听韩歆颤着声音在低声谢罪："禀陛下，微臣绝无此意，请陛下明鉴。陛下英武圣明，天下人有目共睹，都纷纷称颂陛下的功德。微臣一时间说错了话，还请陛下宽恕。"

可刘秀不听他说完，就甩甩袖子回去了。留下韩歆一个人在那儿干着急——把皇上都给气走了，这下子祸可闯大了！

等到满朝文武大臣都到齐了，刘秀也没有露面，看来真是气得够呛。一会儿，刘秀派小黄门前来宣读圣旨。

"韩歆出言不逊，犯了欺君之罪。朕决定罢免韩歆大司徒的职位，命令他回家乡。"

韩歆听完圣旨，一下子瘫倒在地上，懊丧、无奈、愤恨，统统涌了上来，说不清，道不明。韩歆只觉得脑子轰地炸开了花，好像是天崩地裂一样。

就这样，韩歆就因为一次进言的差错，被刘秀赶回了老家。大司徒的位子还没有坐热，就卷起铺盖回家了。

韩歆千辛万苦从洛阳赶回家，他前脚刚进门，刘秀的信使后脚就紧跟了进来。刘秀在信中，用极其愤怒尖刻的词语责备韩歆，说他欺君罔上，言语放肆，实在让人无法容忍，还让韩歆深刻检讨一下自己出言无状的无礼行为。

韩歆一看，心里就凉了半截，明白刘秀的真实意图是让他以死谢罪。韩歆流着泪向家里人交代完身后事，就自杀了。

他的儿子一看父亲死了，心想，总有一天，刘秀会怪罪到自己头上，到时候，可能还会株连到家里的其他人。与其这样，还不如自己追随父亲而去。这样，他的儿子韩婴也自杀了。

可怜韩歆只当了二年的宰相，就死于非命，而且还连累了家人无辜受辱。韩歆死了以后，刘秀才渐渐消气，又回想到韩歆做大司徒时的种种好处。于是，又派人送去钱物和谷物，而且以礼安葬。

刘秀通过韩歆的事，再一次向天下表明了自己的政治意图，以及加以贯彻实施的坚决态度。然而，遗憾的是，还有人不明白刘秀的意图。韩歆后两任的大司徒欧阳歙和戴涉都步了韩歆的后尘，都想大权独揽，却忽视了刘秀的心思，无意中却与刘秀的皇权相冲突，引起了刘秀的反感，最后被刘秀随便找了一个借口，把他们处死了。

从此，三公虽然仍旧存在，但是形同虚设，没有什么实权，已经不再是以前权倾天下的高官了。有时候还是替罪羊，天下只要一有灾祸，比如说涝灾、地震、日食、月食等天灾人祸，都可以把罪责归到三公身上，从而罢免三公。

总之，从刘秀开始，大臣们一旦做上三公就提心吊胆，稍微一个不小心，可能只是一个极小的差错，就可能会下狱而死。此时，三公已经不再是功臣名将的代名词了。

九、王景力陈修汴渠，惠利百姓天下闻

刘庄做了皇帝以后，对农业非常重视。他亲自登灵台观测天象。因为古时候，无论是皇帝大臣还是黎民百姓都认为天象预示着收成的好坏。

明帝亲自测天象，表明了他对农业的重视。

此外，明帝还亲自下田耕种。前汉文帝时，便规定了一块土地称为"籍田"，由皇帝亲自耕种，产下的粮食，供在宗庙，供奉各路神仙和先帝。

刘庄亲耕虽然只是一种象征性的活动，但是这在当时也是很少见的。皇帝下田，的确有着不同寻常的意义。可更多的时候，籍田还是由官奴耕种的。据史书记载，明帝只来过两次。

但是，对一个皇帝而言，这已经很难得了。刘庄也借此机会，向天下表明了他发展农业的决心。除了亲自耕田以外，刘庄还特别注意兴修水利，尤其是对黄河的治理。

明帝以前，汉武帝曾经几次下令治理黄河，堵塞黄河决口，费了很大劲才获得成功。前汉平帝时，黄河的支流汴渠决口，一直没有得到有效的治理，汴渠两岸的人民受黄河之灾已经有60多年了。

刘庄了解到这一情况以后，心想再也不能让汴渠为害百姓了。如果把

治河刻石

汴渠修好，两岸十几县的土地都可以得到灌溉。到时候，不但不用朝廷再派粮赈灾，还可以产粮食，给其他地方送粮。可是，谁能担得起这重担呢？

明帝想到了王景。三年以前，王吴就是采取王景的方法修好浚仪渠的。于是明帝便召来王景问话："先帝曾经打算修汴渠，可是有人反对，认为那里人口少，土地很广阔，修不修汴渠没有什么区别，你认为如何？"

王景摇头反对说："汴渠流过的地方离洛阳很近，很可能会危及京师的安全。如果修好了，十几个县所产的粮食谷物，可是对京师大大有利呀！所以，不能放弃对汴渠的治理。"

明帝又问："修渠所需要的费用十分庞大，劳役也很多，极有可能引起民怨，使得天下不太平。总之弊端也很多。"

王景反驳说："如果现在不修，那么汴渠的危害会越来越大，还会祸及子孙。"明帝听了，扬扬眉，表示同意，示意王景继续往下说。

于是，王景顿了顿又讲出自己的想法："陛下，事实上不修渠，才会引发民怨，现在就已经有人感叹朝廷不为百姓着想了。如果修渠，短时间内可能会有人不愿意，但是一旦成功，怨言就变成感恩了。"

明帝一听，果然分析得很精辟，对王景十分赞赏，当即赏赐给他一些地理、水利方面的书籍以及钱帛，命令他和王吴负责修理汴渠。

修整汴渠的工程从永平十二年（公元69年）开始，经过许多修河人坚持不懈地苦战，到永平十三年（公元70年）的夏天，工程就圆满完工。

明帝听说汴渠通水成功，可以灌溉河水两岸，异常兴奋，亲自前去巡视了汴渠，还准备了美玉肥马祭祀河神，感谢它对人民的恩惠。而且，刘庄还下诏说："河岸两边的土地都交给贫人去耕种，富豪地主不能抢夺，否则一定问罪。"

由于修汴渠成功，王景闻名天下，明帝也更加器重他，让他连升三级，成为侍御史。后来又被任命为河堤谒者，即皇帝特派去监督河堤的官吏，还赐给他车、马和大量钱财。

十、楚王谨慎崇佛道，无辜惹祸自杀亡

楚王刘英，是光武帝刘秀的妃子许美人生的，但是由于许美人不受宠爱，刘英的封地只有两个县，比起郭皇后、阴皇后所生的皇子的领地要少得多。

刘英在众兄弟中是最没有地位的。

刘庄被立为太子以后，刘英便找机会与他接近，希望将来不会无辜而死。刘庄对他好像也不错，特别是即位以后，多次赏赐刘英财物，好像并没有把他当外人看。

刘英爱好黄老之学，即中国传统的道教。他经常诵读道家的经书。后来佛教又传入中国，他又信奉佛教，整天念经拜佛，一副与世无争的悠闲模样。

永平八年（公元 65 年），明帝大赦天下，下诏说："有死罪的人可以用缣来赎罪。"

刘英当时很担心明帝是不是把他诵经念佛也当作一种罪过，毕竟佛教刚刚传入中国没多久，也不知道是不是合法。

于是，刘英便派人带着黄缣和白纨去大司徒那里说："楚王身在外地，离京城很远，不免会有很多罪过。如今陛下心地淳厚，不计较楚王的过失，所以特地送来缣纨，希望能够赎楚王的罪行。"刘英意思就是先试探一下刘庄的口气，看他对自己信佛有什么看法。

大司徒把这番话一字不漏地转述给明帝，刘庄听了大司徒的禀告，哈哈大笑，觉得这刘英可真是谨言慎行。

于是明帝对大司徒说："楚王诵读道家经典，崇尚佛教，吃斋念佛，一心向善，

汉画像石

本来就是好事呀，楚王怎么会觉得自己有犯罪的嫌疑呢？"

明帝还让大司徒代他把缣纨还给楚王，资助佛教。为了表彰刘英崇尚佛教的行为，明帝还特意把这件事传告其他封国，让他们以刘英为榜样，注意规范自己的行为，时时反省自己。

刘英得到明帝的首肯之后，放下心来，而且有恃无恐，以为从此以后，自己的地位应该是牢不可破了。

刘英年轻时，就喜欢结交朋友。如今，他更是四处寻访各处名士，授予他们官职，封他们为侯爵。刘英还命人铸造了一个金龟，雕制了一个玉鹤，这两样东西都是长寿、吉祥的象征。本来，这很平常，然而，刘英却就是因此而招来杀身之祸。

永平十三年（公元 70 年），有一个被刘英封为男爵的人看到刘英的所作所为，认为有机可乘，便亲自到洛阳向明帝告发刘英的"罪行"。

当这人被带到明帝面前时，他若有其事，一本正经地向明帝报告说："楚王四处网罗贤才，私自修造图谶，臣以为楚王妄图图谋不轨，想要起兵谋反。希望陛下马上逮捕楚王，保证国家社稷的安全。"

明帝听了他的报告，有些惊讶。刘庄的许多兄弟都因有反叛的征兆而获罪，明帝有 10 个兄弟，却只有 4 位没有因为叛逆罪下狱，善始善终。明帝先是厉声斥责前来举报的人满口胡言，接着又要卫兵把他拉下去杖责。而且，明帝显得非常激动，愤恨难平地斥骂告状的人："楚王一直崇尚佛理，诵读道家经书，向来对国家政事不甚关心。如今，仅凭你几句话，就想让朕相信你？实在是荒唐！"

明帝说到动情处，甚至站了起来，手指着他，厉声说道："你到底有什么居心，竟敢跑到这里来胡言乱语，凭空捏造，还不从实招来？"

告状的人一听，急忙大喊："冤枉啊，陛下！臣句句属实，臣是为了陛下的江山社稷着想啊，还请陛下明察！"

明帝好像没有听到他的辩解，只是挥了挥手，招进卫士，把仍在狂喊"冤枉"的人拉了出去。

明帝表面上不相信那个人的话，甚至还要惩罚他。可实际上，已经对楚王起了疑心。虽说名义上，东汉王朝是刘姓人家的，可是皇帝一即位，这王朝就成了他一个人的了。所以，只要听到风吹草动，哪怕根本没有什么证据，皇帝也照样会采取严厉的措施加以镇压的。即使是皇上的亲兄弟、亲姊妹，他也照样置其于死地。

明帝立即派司徒前往楚王的领地去调查。而且，要求他仔仔细细，不漏任何蛛丝马迹。过了几天，司徒风风火火地赶回京城，向明帝禀告说："陛下，楚王确实四处网结党羽，制造了金龟和玉鹤的图谶，意图不轨。"

司徒偷眼看了看明帝，见他没有动怒的迹象，才敢继续往下说："而且，楚王在他的封地里，擅自确立官位，还定好了官级，叛逆之心昭然若揭。如果就此定楚王的罪，按理应该诛灭其九族。"

明帝听了很伤心，摇摇头对司徒说："朕与楚王虽然不是一母所生，但终究还是兄弟，兄弟之情不允许朕杀死他呀！"

紧接着，明帝便下令废掉刘英楚王的封号，剥夺了先帝赐给他的封地，把他改迁到丹阳泾县（今安徽泾县）一个荒凉贫穷的小地方。在那里，明帝赐给汤沐邑 500 户，用来维持刘英的生活。

明帝专门派大臣护送刘英去泾县，其实是押送。随同刘英前往的，还有原来楚王府中奴仆、工匠、乐手等下人奴婢。

刘英从小出生于帝王之家，虽然不受宠爱，却也是锦衣玉食；原来受封为楚王，自己辖领两地，更是丰衣足食，自由自在。如今，却被无缘无故地发配到如此偏远的地方，不但要受人管制，还要节衣缩食，过清苦的日子。跟来的这些下人，同样要吃要喝，500 户的租税根本养不起……刘英越想越气，越想越难受，到了泾县没多久，就自杀身亡了。

明帝得知刘英去世的消息之后，特意派人去泾县吊唁，按列侯的礼节置办丧事，但不许运回帝陵安葬，只是就地葬在了泾县。

这样，楚王的案子似乎已经结束了。谁知，明帝依然穷追不放，专门任命了调查楚王案件的大臣，并且指示他们从严办理。

办案的大臣发现了刘英的一卷绢书，上面写有与刘英相识的天下名士的名字。他们便根据这份名单，到处抓人，用各种手段严刑拷问、逼供，有的人屈打成招，就胡乱招供，受牵连的人、被拷问的人越来越多。许多官吏还假借办案为名，把平日里得罪自己的人冠上"楚王余党"的名号，要么严刑拷打一番下狱，要么发配边疆。

这个案子审了两年，凡是刘英的亲戚、朋友，刘英认识的官吏、王侯，只要是能与刘英扯上关系的，都受到牵连，或者流放，或者关押在监狱里，总数数以万计。

通过严厉追究楚王案，明帝沉重地打击了那些确实会威胁到帝位的人，但是也使许多无辜的人受到株连。天下百姓陷入一片恐慌之中。直到永平十五年（公元72年），明帝宣布大赦天下，凡是犯罪的人都可以得到宽恕。有谋反、叛逆罪名的人也得到了大赦。楚王案也算有个了结。可到了第二年，又有人告发淮阳王刘延谋反，刘延因此被贬为阜陵王。馆陶公主的女婿、驸马韩光又被揭发与刘延勾结，结果死在狱中。

明帝时期的几桩大案之后，基本上已经没有人再敢有谋反之心了。这么做虽然巩固了皇权，但明帝付出的代价也很惨重，6个兄弟都因此而丧命。几次大的冤狱也杀害了数千名官吏，对国家而言，这是巨大的损失。

十一、关西孔子杨伯起，四知太守守清廉

杨震（？—124年），字伯起。弘农华阴（今陕西华阴东）人。东汉时期名臣，隐士杨宝之子。

杨震少年时即好学，跟随太常桓郁学习《欧阳尚书》，通晓经术，博览群书，专心探究。当时的儒生称赞他说："关西孔子杨伯起。"杨震居住湖城，几十年都不应州郡的礼聘。很多人认为他年纪大了，应该出去做官了，杨震不仕的志概，更加坚决。

杨震直到50岁时才在州郡任职。大将军邓骘听说杨震是一位贤士，就召他来，推荐他为茂才。经过4次提升，做了荆州刺史，又调任东莱太守。

杨震往东莱郡上任时，路过昌邑县，原先他所推荐的秀才王密，这时做昌邑县令，夜里怀中揣着10斤金子来赠送给杨震。杨震说："作为老朋友，我是了解你的，你不了解我，这是怎么回事呢？"王密说："夜里没有人知道这事。"杨震说："天知道，地知道，我知道，你知道，怎么说没人知道！"王密惭愧地出门走了。

元初四年（117年），朝廷征召杨震任太仆，后又升为太常，以往选举

杨　震

博士，大多不靠真才实学。杨震举荐精通经典的名士陈留、杨伦等为博士，为传播发展学术作出贡献，受到学者的称赞。

永宁元年（公元 120 年），杨震接替刘恺任司徒。第二年，邓太后去世，宫廷内受到皇帝宠幸的人开始依势横行。安帝的乳母王圣，因为哺养安帝辛勤尽力，自以为对皇帝有恩，就放肆无忌。王圣的女儿伯荣，随意出入宫廷，串通奸邪，收受贿赂。杨震给皇帝上疏说："臣听说国家政治最根本的是任用贤能的人，治理国家一定要斥退污秽之徒。过去唐尧虞舜时代，重用德高望重的贤者，流放了四个坏人，受到天下人的拥护，出现太平盛世。现在陛下您还没有完全具备做君主的九种道德，宫廷内部还充斥着受到陛下宠爱的小人。王圣出身卑贱，她赶上千载难逢的好机会，做了陛下的乳母。虽然她付出不少辛劳，但陛下对她的多次赏赐，已经远远超过她所应得的报答。可是她贪得无厌之心却没有止境。与外面的人相勾结，扰乱天下，给朝廷丢丑，往陛下脸上抹黑。《尚书》《诗经》都告诫我们要警惕女人干预朝政。过去郑庄公迁就母亲的意愿，骄纵自己的弟弟，差一点给国家造成危难，后来才加以讨伐。"

延光二年（123 年），杨震接替刘恺为太尉。国舅大鸿胪耿宝向杨震推荐中常侍李闰的哥哥来做官，杨震没有答应，耿宝于是亲自去看望杨震，告诉他说："国家很器重李常侍，皇帝想让你征举他的哥哥来做官，我只不过是传达一下皇帝的旨意罢了。"杨震说："如果朝廷想让三府征举他来做官，按规矩应该有尚书的批示。"于是拒绝耿宝的要求。耿宝未能如愿，怀着极大的怨恨离去。皇后的哥哥阎显任执金吾之职，他也向杨震推荐一位亲戚朋友做官，杨震又没有答应。司空刘绶听说以后，马上征举这两个人，十来天的工夫就都被提拔。由此，杨震越发受到一部分人的怨恨。

杨震借着不久以前曾经发生地震灾异，上疏说："臣蒙受陛下的恩泽，身居太尉之职，没有能够治理好国家，调和好阴阳，以至去年十月四日，京城发生地震。臣听老师说：'地为阴，应该安静地承载阳。'而现在动摇的原因，是阴道太盛的缘故。地震那天是戊辰日，天干之戊，地支之辰，再加上地震，三者都属于土，位于中宫。这是陛下宫内近侍之臣的势力超过执掌国家大权的大臣的天象。我希望陛下考虑到边疆上还不安宁，带头减省费用，若宫里的房屋墙壁有倾斜的话，先用柱子支一下。不要兴建新的建筑物，让国内的人都知道陛下政治和教化的清明，能使汉王朝的功业兴旺发达。然而陛下身边的近侍宠臣，不与陛下同心协力。他们骄奢无度，违法乱纪，动用大量人力物力，为自己大修宅第，作威作福。大家有目共睹，路上的行人都议论纷纷。再加上去冬没有大雪，今年春天又没有下雨，大臣们都为此焦虑不安，可是朝廷不断地大兴土木，这实在是招致大旱的征兆。《尚书》说：'君臣应该有所区别，大臣不能作威作福，享受美食。'希望陛下能振奋阳刚之气，斥退那些骄奢的大臣，堵住那些说朝廷坏话人的嘴，听从上天给陛下的告诫，不要让应该属于陛下的威严和福分长期被下面的大臣使用、享受。"

杨震前后几次所上的奏疏，指陈的言辞越来越恳切，越来越尖锐，安帝已经开始对杨震产生反感。而樊丰等一帮人对杨震早已怀恨在心，只是因为他是一位当代著名的大学者，没敢对他加以迫害。

延光三年（124 年），赶上安帝到东方巡视泰山，樊丰等人借安帝出巡在外的机会，比着修私人宅第。杨震的部下高舒把大匠令史叫来进行调查核实，得到樊丰等人伪造的诏书，于是准备好奏疏，等安帝回来以后呈奏。樊丰等听说这件事以后又惊又怕。正巧这时太史说天上的星宿有逆行现象，于是一块诬告杨震，说："自从赵腾被处死以后，杨震对陛下极为不满。况且他又是邓骘所举荐的，一直对陛下怀有愤恨之心。"等到安帝回到京城，先住在太学，等候吉利的时刻进宫。那天夜里太使派人收回杨震的太尉印信。杨震从此闭门不与外界往来。樊丰等人还是忌恨不已，就请大将军耿宝奏告安帝，说杨震作为大臣，对皇帝罢免他的太尉官职不服罪，怀恨在心。安帝便下诏书把杨震驱逐出京都，让他回自己的家乡。杨震走到城西的几阳亭时，慷慨悲叹地对他的几个儿子和门生说："死，对于士大夫来说是本分。我蒙皇帝的恩泽，身为朝廷重臣，疾恨奸臣坏人，却不能除掉他们，厌恶受宠幸的女人扰乱国家，却无法禁止，我还有什么脸面在世上活着！我死后只要一口杂木棺材，盖一个单被，只要够盖住身体就行了，不要归葬祖坟，不要搞什么祭祀活动。"然后服毒自杀，死时 70 多岁。弘农太守移良秉承樊丰等人的旨意，派人在陕县扣留了杨震的灵柩，就那么露天放在大道的旁边。贬杨震的几个儿子做驿站的小职员。路上的行人都为此落泪。

永建元年（126 年），汉顺帝刘保即位，樊丰、周广等伏诛，杨震的门生虞放、陈翼等人至朝廷申诉杨震的冤情。朝廷都称赞杨震的忠诚，下诏任杨震的两个儿子为郎，赠钱百万，以礼改葬于华阴潼亭，远近毕至。

杨震葬前十几天，有大鸟高一丈多，飞到杨震丧前，俯仰悲鸣，泪流湿地。直到下葬，鸟才飞去。郡里将这一情况上报。当时灾异连续出现，顺帝感悟到杨震的冤屈，于是下诏说："已故太尉杨震，正直为怀，使他辅佐时政，而小人颠倒黑白，诬害忠良，上天降威，灾害屡作，求神问卜，都说是杨震枉死之故。我的昏庸，加重了这种罪过。山岳崩塌，栋梁折断，是多么危险啊！现在使太守丞用中牢祭祀，如果您的灵魂显灵的话，请来享受这些祭品吧。"

十二、梁冀奸暴乱王室，跋扈将军遭灭门

梁冀（公元88—159年），字伯卓。安定郡乌氏县（今甘肃泾川）人。东汉时期外戚、权臣。出身世家大族，为大将军梁商之子，他的妹妹为汉顺帝皇后（顺烈皇后）。

梁冀为人"鸢肩豺目（两肩耸起来像老鹰的翅膀，眼睛跟豺狼一样倒竖着）"，直勾勾地看人，毫无神采；说话也含糊不清。学问则只能抄抄写写记个账。他小时候就是高贵的皇亲国戚，游手好闲，横蛮放肆。又好酒贪杯，擅长射箭、弹棋、格五、六博、蹴球、意钱这类玩意儿，还喜欢带着鹰犬打猎，骑马斗鸡。

梁冀最初任黄门侍郎，后转升为侍中、虎贲中郎将、越骑校尉、步兵校尉、执金吾等职。

永和元年（136年），梁冀任河南尹。梁冀在任期间残暴放纵，做了许多违法的事。他父亲梁商所亲信的宾客洛阳县令吕放，跟梁商谈了梁冀很多短处，梁商便因此责备梁冀。梁冀怀恨在心，就派人在路上刺杀了吕放。梁冀又怕梁商知道，就把刺杀吕放的嫌疑，嫁祸给吕放的仇家。还请求让吕放的弟弟吕禹任洛阳令。前去捉拿吕放的仇家，把他的整个宗族及100多个宾客全都杀掉了。

梁商去世还没有下葬，顺帝就任命梁冀为大将军，任他的弟弟侍中梁不疑为河南尹。到汉顺帝死时，汉冲帝只两岁，还在襁褓之中，太后掌控朝政，诏命梁冀和太傅赵峻、太尉李固总领尚书事务。梁冀虽然辞让没有接受，但却更加奢侈残暴了。冲帝死了，梁冀就拥立了质帝刘缵。质帝年幼却很聪慧，他知道梁冀骄横，曾经在群臣朝会时，盯着梁冀说："这是专

横跋扈的将军。"梁冀听了，非常痛恨他，就让侍从把毒酒加到汤面里给质帝吃。药性发作，质帝非常难受，派人急速传召李固。李固进宫，走到质帝榻前，询问质帝得病的来由。质帝还能讲话，说："朕吃过汤饼，现在觉得腹中堵闷，给朕水喝，朕还能活。"梁冀这时也站在旁边，阻止说："恐怕呕吐，不能喝水。"话还没有说完，质帝已经驾崩。李固伏到质帝的尸体上号哭并弹劾侍候质帝的御医。梁冀担心会泄露下毒的真相，对李固非常痛恨。

在商议确定继承帝位的人选之前，李固和司徒胡广、司空赵戒，先给梁冀写信。梁冀看到信后，召集三公、二千石官员和列侯，共同讨论继承帝位的人选。李固、胡广、赵戒及大鸿胪杜乔都建议立清河王刘蒜。但梁冀想立蠡吾侯刘志为帝，众人不同意，梁冀愤愤不乐，可又没有别的理由可以改变众人的主意。中常侍曹腾因为之前拜访刘蒜时，刘蒜没有向他施礼而憎恨他，听说此事后，便在夜里到梁冀那里，使他坚定立刘志为帝。第二天再次召集公卿，梁冀意气汹汹，而言辞激动。自胡广、赵戒以下的官吏，没有不害怕的。都说："只有大将军发令就是。"可是李固与杜乔仍坚持原来的意见。梁冀大声宣布"罢会"。可是，李固仍认为刘蒜是众望所归，有被立的可能，于是再次写信劝说梁冀，梁冀更加愤怒。梁冀劝说妹妹梁妠，并以皇太后的名义，先将李固免职，剥夺了李固的朝议权，最后立刘志为帝，称为汉桓帝。并指使宦官唐衡、左悺一道向桓帝诬陷杜乔说："陛下先前将即位时，杜乔和李固反对，认为您不能胜任侍奉汉朝宗庙的祭祀。"因此桓帝对杜乔和李固心生怨恨。

建和元年（147 年），甘陵人刘文，与南郡人刘鲔联合"谋立"清河王刘蒜做天子。梁冀因此诬蔑李固与刘文、刘鲔等散布妖言，将他们关进牢狱。李固的门生渤海王调贯械上书，证明李固的冤枉。河内赵承等数十人也要铁锁到朝廷通诉，梁妠明了他们的意思，于是下诏释放李固。等到李固出狱之时，洛阳的大街小巷都齐呼万岁。梁冀听到消息后，大为惊骇，害怕李固的声名和品德终将伤害自己，于是重向新朝廷弹劾李固和刘文、刘鲔相勾结的旧案，李固最终还是死在狱中，时年 54 岁。李固临终时命子孙以三寸素棺、帛巾束首，入殓葬于汉中的瘠薄之地，不许葬在父亲墓地周围。时人崔琦曾作《外戚箴》，规劝他，梁冀无动于衷。后来梁冀一意孤行，继父职做大将军，于是崔琦再做《白鹄赋》以讥讽之。梁冀大为恼怒，厉声质问崔琦。崔琦则说得梁冀无言以对。不久，梁冀升他做山东地方临济县令长，崔琦弃官隐居起来。但梁冀的党羽布置严密，崔琦还是被害身死。

汉桓帝刘志与大将军梁冀塑像

建和元年（147 年），加封梁冀食邑 1.3 万户，增加大将军府推荐优异者和保荐茂才的名额，大将军府的掾属人数比太尉、司徒、司空三公府的人数要多一倍。又封梁不疑为颍阴侯，梁不疑的弟弟梁蒙为西平侯，梁冀的儿子梁胤为襄邑侯，各食邑 1 万户。

和平元年（150 年），加封给梁冀食邑 1.3 万户，加上从前已有的就有 3 万户了。弘农人宰宣生性谄媚邪恶，想讨好梁冀，就上书说大将军有周公那样的功勋，如今他的几个儿子都已经封了侯，那他的妻子也应该封为邑君。皇帝就下诏封他的妻子孙寿为襄城君，同时兼食阳翟的租税，每年进项有 5000 万，此外还比照长公主的规格，加赐给她赤绂。孙寿貌美又善于做出妖媚姿态，描着细长曲折的眉毛，弄出副愁眉不展的样子，眼下略施粉黛，故意搞得像刚哭过的样子，发髻斜歪一侧，走起路来扭着腰肢，笑起来故意如牙痛一般，以此来媚惑人。梁冀改变车乘服饰的规制，制作带帷障的平顶车，把头巾扎得很低，并戴上狭小的帽子，把头巾上角折叠起来，用大扇障身，朝服的后摆拖地，像狐狸尾巴一样。孙寿生性忌刻，能够控制驾驭梁冀，梁冀非常娇宠惧怕她。梁冀的父亲梁商，谄媚于汉顺帝，献上美女友通期为汉顺帝妃。友通期犯下一些小过错，触怒了汉顺帝，友通期便被废出后宫，归返梁商。梁商不敢留她，把她嫁了。正碰上梁商去世了，梁冀就派人把她抢了回来。梁冀在守孝期间，和友通期偷偷地在城西同居。孙寿探知梁冀外出，就带了许多奴仆，把友通期抢回家来，剪去头发，划破脸皮，痛加笞打，并要上书给皇帝告发这件事。梁冀非常害怕，向孙寿的母亲叩头，请求她要孙寿别这样做。孙寿也因不得已而作罢。可是梁冀还是和友通期私通，生了个儿子取名梁伯玉，把他藏着不敢让他出来。孙寿不久知道了这件事，就派儿子梁胤把友氏一家杀光了。梁冀担心孙寿杀害伯玉,就经常把他藏在夹壁之中。梁冀很喜欢管家秦宫,让他当官直到太仓令,可以自由出入孙寿的住所。孙寿一见到秦宫,就把侍从全部支开,以有要事要说为借口,和他私通起来。秦宫内外都受到宠幸,威名权力大增,刺史、俸禄为二千石的官员就任前都要向他晋谒辞行。梁冀听从孙寿的话,剥夺了许多梁家人的职权,对外给人一种谦让的感觉,实际上抬高了孙氏宗亲的地位。他们当中假托他人名义担任侍中、卿、校尉、郡守、长吏等官职的有十几个人,都十分贪婪残忍、凶暴荒淫,各自派遣自己的宾客去登记属县富人的名单,然后给这些人安上罪名,把他们抓到监狱严刑拷打,让他们出钱赎出自己,给钱物少的人甚至被处死或流放。

扶风人士孙奋家境富裕却很吝啬,梁冀就赠送给他4匹马,然后向他借钱5000万;士孙奋只借给他3000万,梁冀大怒,向郡县告状,指认士孙奋的母亲是他过去守库的奴婢,说她偷了10斛白珠、1000斤紫金,背叛主人;于是就把士孙奋兄弟抓起来拷打,打死在狱中,把他们1.7亿的财物全部没收了。

梁冀又大兴土木,兴建豪宅,而孙寿也在对街修建住宅,穷极当时土木工匠之所能,互相竞争夸耀。大堂寝室都有暗道通往内室,各个房间都可相通。柱子墙壁雕镂图案,并镀上铜漆;大小窗户都镂刻成空心花纹,装饰着宫廷式样的青色连环纹饰,并画上云气缭绕的仙灵图案。台阁四通八达,相互呼应。长桥凌空高悬,石阶横跨水上。金玉珠宝,四方进献的珍奇怪物,堆满仓库。甚至有远方送来的汗血宝马。他还广开园林,挖土筑山,在十里之内筑起了九个山坡,模仿东西崤山的走势,大片的森林和险要的山涧,有如天然而成,珍奇的鸟类和驯养的野兽,在其间飞行奔走。梁冀和孙寿一同乘坐着辇车,打着羽毛做的伞盖,伞盖用金银加以装饰,在宅第内游玩观光,后面还跟着许多歌妓和舞女,敲着钟吹着管,一路酣歌。有时接连几天几夜都在尽情驰骋狂欢。来客到了门口进不去,都要向看门人求情拜谢,看门人都积攒了大量的财物。

梁冀还开拓了许多林苑,其中的禁忌和皇家园林完全一样。林苑西至弘农,东面以荥阳为界,南面直通鲁阳,北面到达黄河、淇河,其中有深山,也有丘陵和荒野,林苑所包围的区域,方圆将近千里。他还在河南城西兴建了兔苑,纵横数十里,调集了各属县的工匠,修缮楼观,几年才修好。

又下文书到各属县调集活兔，把这些兔子的毛剪掉一些做记号，谁触犯了这些兔子，就要犯下死罪。曾有一个西域来经商的胡人，不了解禁忌，误杀了一只兔子，此事辗转互相牵连，因此被处死罪的人有十几个。梁冀的两个弟弟曾私下派人到上党山打猎，梁冀知道这件事后就逮捕了他的宾客，一下就杀死了三十几个人，没有一个人生还。梁冀又在城西另外修建了宅第，专门收纳奸诈的亡命之徒。有时也抓良民，全部把他们作为奴婢使唤，达到了几千人，称他们为"自卖人"。

元嘉元年（151年），桓帝因为梁冀对自己有援立之功，想用特别的礼遇来显示他的崇高地位，就召集朝中全部公卿，共同商议对待他的礼遇。有关官员上奏说梁冀可以入朝不小步快走，可以佩剑穿鞋上殿，谒见皇帝可以不自称名，享受和萧何同等的仪礼规格；将定陶、成阳剩余的编户全都封给他，这样他的封邑就增加到四个县，和邓禹相当；赏赐给他金钱、奴婢、彩帛、车马、衣服、甲第，比照霍光的标准，以突出表彰他的首功。每次朝会，和三公分别开来，独坐一席。十天入朝一次，平议尚书事务。将这些宣告天下，成为万代法制。梁冀还觉得他们奏请的礼遇不够优厚，很不高兴。他专横行事，玩弄权势，一天比一天凶残放纵，各种大小的机要事务，没有一件不是先征询他的意见才做出决定的。宫中的卫士侍从，都是他亲自安置的，宫中的起居生活，每一个细节他都能了解清楚。百官升迁，都要带着笺记书札先到梁冀门上谢恩，然后才敢去尚书省。

下邳人吴树出任宛县县令，上任之前向梁冀辞行。梁冀的亲戚朋友有很多在宛县境内。梁冀便为他们说情，托吴树关照。吴树回答说："小人干坏事，都应该杀掉。将军您凭借皇后的尊威，担任大将军的职务，应当奖掖贤良，裨补朝廷的缺失。宛县是个大都会，士人荟萃的地方，自从我侍坐聆教以来，没有听您称赞过一位忠厚的长者，而托我照应那些不该照应的人，我委实不敢听命。"梁冀听了默不作声，心里很不高兴。吴树到达宛县，就杀掉了危害百姓的梁冀门客数十人。梁冀从此深恨吴树。后来，吴树调任荆州刺史，行前向梁冀辞行，梁冀设宴为他饯行，暗中在酒里下了毒药。吴树一出门便死在车上。

辽东太守侯猛刚接到任命时，未去拜见梁冀，梁冀借口别的事将其腰斩。

东汉神道墓表

郎中袁著看到梁冀凶残放纵，压制不住内心的怒火，就向桓帝上书说："我听说孔仲尼叹息凤凰不来，黄河不出现神图，感伤自己卑贱，不能求来这些东西。现在陛下处在可以得到这些东西的位置，又已经具备了得到这些东西的条件，但祥瑞之气至今还未出现，贤德和愚蠢的人颠倒了次序，这都是因为权臣分割了权势，上下阻隔导致的。按四时运行的规律，功成就该身退，给予过高的爵位和过多的恩宠，很少不招致祸害。现在大将军的位置已高到极点，大功已经告成，理应警诫自己，遵循悬车引退的礼节，高枕无忧地去闭目养神了。《左传》说：'果实长得过于繁盛，就会压断树枝，损害主干。'如果不及时抑制权势，那就难以保全他自身。梁冀左右的人听到我的话，肯定会怒目而视，咬牙切齿，我只因为年幼无知而受到提拔，所以才敢不顾忌讳说这样的话。从前，禹劝舜帝不要像丹朱那样傲慢，周公劝诫成王不要像殷纣那样迷乱，希望皇上能废除诽谤之罪，让天下的人都能开口说话。"奏书递了上去，梁冀听说后就秘密派人去捉拿袁著。袁著就更名改姓，后来又假托病死，用蒲草编个假人，买来棺材殡葬了。梁冀查问得知其中的伪诈，暗查找到了他，用竹板把他打死了，并把这件事隐瞒了起来。

太学生刘常，是当世的名儒，和袁著向来要好。梁冀召他来补令史（一种小吏）的缺额，以侮辱他。当时太原人郝絜、胡武，都爱发表正直的言论和高深的见解。他们都和袁著友善。原先是郝絜等联名上书三公府，推荐天下志行高洁之士，而不向大将军推荐。梁冀想起这件事来，大为恼怒；又怀疑郝絜等人是袁著的同党。于是他命令中都官发公文捕捉那些向三公府上书荐贤的人，把他们都杀了。还杀害了胡武一家，共杀死了60多人。郝絜逃走时，知道不免于祸，就用车子拉着棺材到梁冀家上书。书信送进去后，他就服毒自杀了。这样才保全了他的一家。等到梁冀被处死后，朝廷下诏以礼祭奠袁著等人。梁冀还做出许多类似的残忍恶毒之事。

在梁冀专权的日子里，吹牛拍马的佞人升官，直言极谏的勇者遭害。与以上两种人不同的，还有第三种人，他们既不吹拍，也不硬顶，"明哲保身"，以求避免杀身之祸。如名士杨震子杨秉。桓帝时，曾任劝讲，太中大夫，左中郎将，升侍中尚书等官。元嘉元年（151年）四月，桓帝曾身穿便服去走访梁冀儿子梁胤家。在封建时代，皇帝私访臣下之家，这是很不正常的事，杨秉为此上疏，但桓帝不理。杨秉就称病辞官，桓帝让他出宫廷任右扶风。太尉黄琼力劝皇帝召杨秉回宫，这时梁冀已掌握大权，杨秉知道回宫不得要称病避祸。又如，名儒马融的从妹夫赵歧在梁冀当权时，故意改名"避难"。他卑视马融无士人气节，马融曾到赵歧家，赵歧拒不相见。他死时年37岁，墓碑刻字曰："汉有逸人，姓赵名嘉（原名赵嘉），有志无时（生不逢时），命也奈何！"再如，名士周举的儿子周勰，被梁冀召了三次，他都不去。梁冀不甘心，又举周勰为贤良方正，仍不去。梁冀又备厚礼用公车迎接他，还是托病坚持不去。后来，他干脆隐居起来，杜门谢客十余年，住处都长满了荆棘。

弟梁不疑喜爱经书，礼贤下士，梁冀暗中嫉妒他，就通过中常侍转告桓帝，调任他为光禄勋。又暗示众臣共同推荐自己的儿子梁胤任河南尹。梁胤这时才16岁，容貌丑陋，官衣官帽都穿戴不了。路上见到他的人，没有不嗤笑的。梁不疑自以为与兄弟有隔阂而感到羞耻，于是辞官回家，和弟弟梁蒙关起门来不问外事。梁冀不想让梁不疑与宾客往来，暗中派人化装守候在他的门前，有人来往便记下来。南郡太守马融、江夏太守田明，刚任职时，曾去拜访梁不疑，梁冀便暗示州郡官员寻别的事来陷害他们，把他们都处以剃光头发和鞭打的刑罚，充军到朔方。马融自杀未遂，田明死在路上。这位东汉经学家的马融，门生遍天下，不少名士贵人都出自他门下，他本人也很自负，自认为注疏经书，贾逵"精而不博"，郑众"博而不精"，"既精既博"，只有他马融。最初，他也恃才自傲，与梁冀等外戚顶撞，但是吃了几次苦头就软下来。上奏处死李固就是梁冀要他写的，他也为梁冀写《西第颂》，因而马融在这一方面是为人所不齿的。

永兴二年（154年），朝廷封梁不疑的儿子梁马为颍阴侯，梁胤的儿子梁桃为城父侯。梁冀一家前后有9人被封侯，3人做了皇后，6人做了贵人，出了2个大将军，夫人、女儿中有7人享有食邑，3人娶了公主，其他官至卿、将、尹、校的有57人。

梁冀掌权20多年，骄横气盛到了极点。他横行宫廷内外，百官不敢正视他，没有人敢违抗他的命令。桓帝大权旁落，什么事都不能亲自过问，因而对梁冀日益不满。

延熹元年（158年），太史令陈授通过小黄门徐璜，陈述日食的灾异，应归咎于大将军。梁冀知道后，暗示洛阳令逮捕陈授加以拷问，陈授死在狱中，桓帝因此大怒。当初，掖庭人邓香的妻子宣生下一个女儿叫邓猛，邓香死后，宣就改嫁给梁纪。梁纪，是梁冀的妻子孙寿的舅舅。孙寿把邓猛引荐到掖庭中，被桓帝宠幸，封为贵人，梁冀因此就想认邓猛做女儿以巩固自己的势力，就把邓猛改为梁姓。当时邓猛的姐夫邴尊担任议郎，梁冀担心他阻挠改变宣的心意，就勾结刺客在偃城刺杀了邴尊，然后又想杀死宣。宣家住延熹里，和中常侍袁赦是邻居，梁冀派的刺客爬上袁赦的屋顶，想从这里进入宣家。袁赦发现了，敲起鼓召集手下把这事通告给宣。宣马上跑到宫中向桓帝报告了这件事情，桓帝大怒，就和中常侍单超、具瑗、唐衡、左悺、徐璜等五个人定下诛杀梁冀的计划。

梁冀心中猜疑单超等人，就派了中黄门张恽进入宫内，以防止他们发动政变。具瑗命令吏人把张恽逮捕，罪名是他突然从宫外进来，图谋不轨。桓帝于是亲临前殿，召见尚书们，公开了梁冀的罪行，让尚书令尹勋手持符节率领丞郎下的官员都带着兵器守住宫廷官署，收起各种符节送回宫中。派黄门令具瑗带着左右两厢的骑士、虎贲、羽林、都候剑戟士等，一共1000多人，和司隶校尉张彪一起包围了梁冀的住宅。派光禄勋袁盱带着符节没收了梁冀的大将军印绶，改封他为比景都乡侯。梁冀和他的妻子孙寿当天就都自杀了。

朝廷又将梁冀的儿子河南尹梁胤、叔父屯骑校尉梁让，以及他的亲信卫尉梁淑、越骑校尉梁忠、长水校尉梁戟等人，连同梁家及孙家的内外宗族亲戚全部逮捕送到诏狱中去，不论老少都处以死刑，暴尸街头。梁不疑、梁蒙在这之前死了。其他受到牵连而死的公卿、列校、刺史及俸禄为二千石的官员有几十人，梁冀原来的官吏和宾客被罢除官职的有300多人，朝廷都空了，只剩下尹勋、袁盱以及廷尉邯郸义还在。

当时政变是突然从宫中爆发，使者来回奔驰，公卿们不知所措，官府、街市、里巷纷扰动乱，过了数日才平定下来，百姓没有不拍手称快的。朝廷没收梁冀的全部财产，全部变卖，共获 30 多亿，用来充实国家府库，因为这原因减免了天下百姓一半的租税。开放梁冀的林苑，让贫民在里面安身立业。奖赏诛杀梁冀有功的人，封赏了尚书令尹勋及以下共几十个人。

第四编

社会发展与科技文化

　　东汉王朝在统治上沿用了许多西汉的方针与政策，而且在一些方面做了调整与改革，使之更加适于当时的社会状况。在东汉前期，政权进一步加强与地方势力的融合，使国家趋于稳定，在经济、思想、科技、文化、艺术等方面都远超过了西汉时期的水平。

　　东汉大兴儒学，太学林立，学术气氛浓厚，故而东汉在中国历史上的科技和文化发展中占有非常突出的地位，取得了前所未有的巨大成就。

　　西汉末年，从董仲舒开始的神学化的儒学思想继续发展，谶纬迷信开始广泛流传。刘秀当初为了称帝，就用符瑞图谶来证明他当皇帝是"天命"所归，是神的意志。刘秀建立东汉政权后，对谶纬崇信更甚。用人施政都要找谶纬作根据；各种重大问题的决策，也以谶纬来"决定嫌疑"；对于儒家经典的解释，都以谶纬为指归。

　　到东汉时期，书法、绘画已不单纯作为文字图形符号使用，它们的艺术地位逐渐显露出来，虽然今日东汉流传下来的艺术品数量不多，但从其中依然能窥得汉文化的风貌。

第一章 政治与军事

一、三公九卿为架构，权力迁移尚书台

1. 中央系统

东汉的中央政府组成沿用西汉官制，以三公九卿为基本架构。但是实际政治权力已经完全转移到尚书台。东汉皇帝即位，往往以太傅或太尉录尚书事，总领政务。东汉不设丞相（东汉末年曹操任丞相是特例），刺史成为一级地方长官，地方军队的职权也受到了极大的削弱。御史台体制贬损，成为少府属官。侍中从西汉的加官转为正式职务，设侍中寺作为侍中的正式官署，隶属少府。

与西汉以太师、太傅、太保为上公不同，东汉唯以太傅为上公，无太师、太保。汉献帝末期，曹操迁都许昌，自任太师，位在太傅上。这是权臣擅权所为，死后即废。据《汉官》记载，太傅所属官吏有：长史 1 人，秩千石，掾属 24 人，令史、御属各 22 人。长史为太傅府群吏之长，掌章奏、顾问。掾属是比较高级的属吏，分曹办事。令史、御属是比较低级的吏员，办理文书、车马等琐事。

东汉在遵循西汉制度的基础上建立一套更加适合于自身的政治制度。与西汉相比，东汉官制的最大特点就是："虽置三公，事归台阁"，三公权利的削弱，代之而来的是"尚书台"和六曹机构权利的大大加强，这就是后来"三省六部制"的雏形。

在加强封建中央集权方面，刘秀进行了一系列措施。东汉中央政府的官员分省官、宫官、外官三大系统。内官、外朝的区分古已有之，而在宫廷之中，皇帝日常起居的区域称省中（亦称"禁中"），因此内宫官员中又

有宫官与省官的区分。在皇帝身边执役、照顾皇帝日常生活的是宦官，省中的宦者均隶属黄门令管辖。省内的禁卫工作亦由宦官担任。

刘秀即位，置大司徒、大司空、大司马。

大司徒，负责人民教化，掌礼仪诸事，与太尉、司空共同讨论皇帝交议的国政，定议后会衔上奏。

东汉石狮

大司空，负责水利工程、城防建筑、宫室营建等事务，与太尉、司徒共同讨论皇帝交议的国政，定议后会衔上奏。

大司马，负责全国军官的考核，每岁末，评定等次，上奏皇帝，作为军官升迁、降调的依据。

东汉一朝，由于讲求经术，太子宫臣中以太傅为首。太傅借此向太子灌输自己的政治理念。太子即位后，往往以太傅录尚书事，成为事实上的丞相。历史上，赵熹、邓彪、张禹、冯石、冯鲂、桓焉、赵浚均以太傅录尚书事。太傅死，即除此官（不再任命），以示崇重。汉灵帝时，以陈蕃为太傅录尚书事，后来陈蕃被处死，以胡广继任，这是唯一的例外。

2.三公

三公指太尉、司徒、司空，品级最高，名义上的职责是辅导皇帝主持国家政务；三公之上还有太傅，其职责是辅导皇帝，但不常设。东汉的实际政务都同属尚书台，因此，三公、太傅如没有"录尚书事"的头衔，就是没有实权的虚职。三公的属官有长史一名，掾属、令史、御属各二三十名。其中，长史是三公的主要副手，掾、属是分管具体事务的部门负责人（掾是正职，属是副职），除长史由朝廷任命外，其他属官均由三公自行聘用。

按东汉以三公领九卿的制度，太尉领太常、卫尉、光禄勋三卿。太尉府属吏有：长史1人，秩千石，总管各曹事务。各曹掾、史、属共24人。在诸曹中，西曹负责太尉府官吏的任免；东曹负责2000石的迁调；户曹负责户籍、祭祀、农桑；奏曹负责奏议；辞曹负责审理案件，接受上诉；

法曹负责驿站事务；尉曹负责士卒和囚犯的征调、运输事务；贼曹负责缉拿盗贼；决曹负责裁决刑法；兵曹负责军事事务；金曹负责货币与盐铁事务；仓曹负责国家仓库事务。此外，还有黄阁、主簿，是阁下诸吏的长官。另有令史及御属23人，阁下令史负责太尉的仪仗执事；记室令史负责太尉府的奏章等各种文书的管理；门令史负责太尉府门卫。其他令史分隶诸曹，办理文书事务。从东汉太尉府诸曹的设置以及职掌来看，太尉的管辖范围似乎非常广，但那都是名义上的东西，太尉诸曹所领事务，或受制于尚书台，或仅仅为文牍往来，本身并没有可否之权，而且太尉对本府诸曹事务并没有实际节制的权力。

3. 九卿

九卿是太常、光禄勋、卫尉、太仆、廷尉、大鸿胪、宗正、大司农、少府。他们各自分管的政务是：太常掌典礼，光禄勋、卫尉掌宫省禁卫，太仆掌皇帝车马，廷尉掌司法，大鸿胪掌接待诸侯与少数民族，宗正掌皇族事务，大司农掌国家财政收支，少府掌皇帝器用服饰。九卿各官的长官是卿，副职为丞；其下分设各官管理具体事务，大体以令为正职，丞为副职。

与西汉不同的是，东汉九卿分别隶属三公。太常、光禄勋、卫尉三卿属太尉；太仆、廷尉、大鸿胪三卿属司徒；宗正、大司农、少府三卿属司空。东汉九卿均于官称上加"卿"字，如太常卿等，秩中二千石。除此之外，东汉九卿与西汉不同者还有：一、光禄勋除西汉的五官中郎将、左中郎将、右中郎将、虎贲中郎将、羽林中郎将之外，增置东中郎将、北中郎将、西中郎将、南中郎将。二、少府尚书改称尚书台，由西汉的常侍曹、二千石曹、民曹、主客曹改为六曹：改常侍曹为吏曹，增三公曹，将主客曹分为南主客曹与北主客曹。尚书台增设左右丞二人，诸曹侍郎各六人，令史诸曹各三人，事务繁剧的曹增令史各三人。尚书台组织较西汉尚书要重要、庞大得多。

与九卿级别相当的外官（亦称"列卿"）还有执金吾、将作大匠、大长秋等。其中，执金吾负责宫廷之外、都城之内的治安，都城门另有城门校尉负责守卫；将作大匠负责宗庙殿堂、宫室陵园等土木工程，其副手为丞，下属的部门负责亦以令为正职，丞为副职；大长秋主管皇后事务，性质与九卿中的少府类似，由宦者担当。

皇位继承人太子正式确立之后，有专门隶属太子的东宫官。其设官大体与政府类似，但分级没有后者细密，东宫官职均冠"太子"，如太子太傅、太子少傅、太子家令等。

4. 尚书台

尚书台是皇帝的秘书机关，其官署设在宫廷之内、禁省之外。主要执掌是管理章奏文书、起草诏令，但实际上政务都由尚书台代表君主执掌，权力极大。尚书台设长官（令）1 人，副长官（仆射）1 人，下设尚书 6 人。沟通尚书台与皇帝联系的官员有侍中、中常侍、黄门侍郎等。其中，侍中由士人充任；中常侍、黄门侍郎则由宦者承担。侍中有事才入禁省，中常侍、黄门侍郎则日常居住在省中，因此，虽然三者之中侍中的级别最高、中常侍次之，但与君主的亲密程度，则以中常侍为最。宫内省外的禁卫工作由九卿中的光禄勋与卫尉负责，光禄勋偏于内，卫尉偏于外。光禄勋下属五官、左、右、虎贲、羽林等五名郎将，中郎将以下有中郎、侍郎、郎中等官。光禄勋的禁卫力量是郎官，卫尉的禁卫力量是武装卫士，所以，卫尉在宫卫事务中的地位相当重要。

二、地方官制州郡县，察举征辟可选官

1. 地方官制

东汉的地方官制与西汉相比较，在郡、县两级是基本相同的，不过郡的重要性和权力较西汉下降很多。在州一级，则有根本性的差异，东汉的州已经演变成为一级地方，凌驾于郡之上。至此，中国古代的地方行政区划由郡县制转变为州、郡、县三级制，一直延续到隋朝"废郡"为止。

东汉将京师洛阳之外的地区划分为 12 个州，各遣刺史 1 人为长官。另以京兆、左冯翊、右扶风、河东、河南、河内、弘农七郡为司隶校尉辖区，称司隶部。司隶校尉是京官，本职为监察在京百官诸不法事。东汉时，每每退罢三公均由司隶校尉纠劾所致，所以司隶校尉号为"雄职"。皇帝召集朝会的时候，司隶校尉与御史中丞、尚书令三人有单独的席位，称"三独坐"。司隶校尉秩比二千石，属

东汉青铜鐎斗

官有从事、假佐等，另统领一支由 1200 名奴隶组成的武装警察部队，司隶校尉的官名也由此而得。

诸州沿西汉汉成帝制度，设州牧一人，秩二千石。建武十八年（公元 42 年）改刺史，秩六百石。汉灵帝中平五年（188 年），再改州牧，秩二千石。东汉刺史有固定的驻地和官署，纠劾所部太守县令不必如西汉制度上三公按验，可以直接罢免之。改州牧后，兼领军政，位高权重，有点类似于唐朝的节度使，而管辖地域的广阔，又不是节度使所可以相比的。与西汉相同的是，刺史也要周行郡国，刺探政情，年终回京复奏。不过东汉的刺史不必亲自回京，而是派遣属吏向司徒府报送文书而已。

东汉共设郡国 105 个：王国 27，司隶部属郡 7 个，列郡 71 个。除司隶部所辖 7 郡外，王国与列郡均分隶诸州，其中豫州领郡国 6 个，冀州领 9 个，兖州领 8 个，徐州领 5 个，并州领 9 个，幽州领 11 个，青州领 6 个，荆州领 7 个，扬州领 6 个，益州、凉州各领 12 个，交趾领 9 郡。

东汉制度，皇子封王，以郡为国。每国置傅、相各 1 人。傅主王府事，职如汉朝的太傅；相如郡太守，主政务；相有长史 1 人，职如郡丞。另置中尉 1 人，秩 2000 石，职如郡都尉，是主管军政、缉捕盗贼的军官。

王府置郎中令 1 人，秩千石，职务和汉朝的郎中令相类似，主管王府的大夫、郎等；仆 1 人，秩千石，负责王府的车马训练与驾驭；治书数人，秩 600 石，职如尚书；谒者数人，秩 400 石，职务是奉王命出使；另有礼乐长、卫士长、医工长、永巷长、祠祀长等，秩皆比 400 石。

郡太守秩皆 2000 石，只有河南郡因京师所在，长官称河南尹，位比九卿，秩中 2000 石。诸郡各置丞 1 人，位次太守，秩 600 石，负责民政事务；边郡另置长史 1 人，秩 600 石，负责军政事务。长史之下有司马 1 人，负责具体军事指挥。东汉内地不设郡都尉，以太守领兵。边郡置都尉或属国都尉领军并辖县，地位略与内地较小的郡相仿。如汉和帝永元元年（公元 89 年），置西河属国都尉、上郡属国都尉；永元十六年（104 年）置辽东西部都尉；汉安帝置右扶风都尉、京兆虎牙都尉等。

东汉的县级地方建制与西汉相同。列侯以县为封地则称侯国，侯国置相 1 人，相当于县令或县长（以侯国大小为异），相不隶属于列侯，但负责为列侯征收租税。封国户数在千户以上的，置家丞、庶子各 1 人，是侯府官，不管理民政；不满千户的，只置庶子 1 人。东汉的侯另有乡侯、亭侯，

所封之地各为 1 乡、1 亭，这样的封地辖于所在县，与乡、亭相等。皇后、皇太后、公主的封地称邑，置令、长，邑的体制与侯国相当。少数民族聚居地设道，隶属于郡，多设于巴、蜀等西南地区，以少数民族部落首领为道的长官。万户以上的县置县令 1 人，秩千石；县丞 1 人，掌民政、文书、仓库；县尉 2 人，掌治安。万户以下的县置县长 1 人，秩 300 石或 400 石；县丞、县尉各 1 人。东汉诸县出产盐的，置盐官，负责管理盐场、盐矿，征收盐税。出产铁的县置铁官，负责冶炼、铸造。在手工业发达的县置工官，负责管理工匠、征收工商税赋。在水产发达的县置水官，负责管理渔场、征收税赋。以上这些官吏不隶属于郡县，均隶属于少府，属于派出机关。东汉在县以下的官制与西汉无异，具体可以参见西汉官制。

2. 选官制度

察举和征辟是东汉选拔官吏的制度。所谓察举，是地方州郡以"贤良""孝廉""秀才"等名目，把有名望、有"德行"的人推荐上去，经过考核，任以官职。所谓征辟，是由朝廷、官府直接征召某人当官。

在名义上，被察举和征辟的人，必须有"高才重名"，为乡党舆论所推崇。因之，为了争取被察举和征辟，当时的士大夫颇注意修饰自己的品行，以激扬声名，抬高身价。有的人更是矫揉造作，沽名钓誉，以便博取高官厚禄。在察举和征辟时，贿赂请托，特权横行，成了司空见惯的现象。"选举乖实"的状况，甚至连最高统治者也不得不承认。汉明帝刚即位就说："今选举不实，邪佞未去；权门请托，残吏放手。"就是在这种腐朽的选举制度下，豪强地主盘根错节地控制着各级政权部门，封建的等级关系日益凝固化，一批"世代为官"的豪门阀阅、"儒学世家"开始形成。如邓禹一家，凡公者 2 人，侯 29 人，大将军以下 13 人，中 2000 石 14 人，州郡长官 48 人，其余官职不可胜数。弘农杨氏、汝南袁氏并为四世三公之名门。这些世家大族，以后就发展成为门阀士族。

三、大将军总领军事，募兵制招募士卒

1. 军官设置

在军事方面，相当于三公的中央高级官员有大将军、骠骑将军、车骑将军、卫将军，相当九卿的有前、后、左、右将军，均不常设。以上将军均开府，府属有长史、司马各 1 人，掾属 29 人，令史御属 31 人，从事中

郎 2 人，职掌参谋，均由朝廷任命。将军直接领兵的，在部、曲、屯等建置上分别设校尉、司马、军侯、屯长等统兵官。

东汉中期以后，太后临朝称制，外戚以大将军执政，与太傅三公合称为五府。另有所谓杂号将军，临事设置，事毕即撤。唯度辽将军因南匈奴所部时有内乱，自永平八年（公元 65 年）后常设。汉灵帝设西园八校尉，统率首都洛阳驻防军队，以宦官主之，这是后世宦官领兵的开端。

2. 军队设置

常备军由中央与地方军（郡国兵）组成。中央军中，京师卫戍部队由城门校尉统领，野战部队（北军）由北军中侯统领。北军下辖五个兵种的部，番号分别为屯骑（骑兵）、越骑（特种兵）、步兵、长水（水军）、射声（弓箭）。长官为校尉，副职司马。全军总数约 5000 人不到。北军平时驻屯在京城长管君主宿卫、助理首都治安，发

武库画像砖

生战事就成为组建出征部队的核心。地方上的郡国兵经东汉初期多次裁撤、削减，只剩下边郡与内地关隘的少数驻军。遇有战乱，都是临时募兵或抽调京师北军出战。

3. 募兵制

东汉时光武帝刘秀改革兵制，中央禁军多采取招募，地方郡县不设常备军，废除都试制度。遇到战事，临时招募士卒组成军队，将原来的西汉时期的征兵制改为募兵制。募兵制是当有战事时，以雇佣的形式招募士卒的一种兵役制度，最早形成于战国时代，比如魏国的"武卒"。西汉时也曾招募一些身强力壮、武艺高强的勇士组成精锐部队，但是不带有普遍性。

东汉募兵的来源主要有农民、商人和少数民族。主要方法有使用钱财、免除赋役和强抓壮丁等。由于募兵是临时招募的士兵，缺乏军事训练，战斗力很差，导致"是以每战常负，王旅不振"。募兵制的盛行，加重了国家财政负担，使一批农民长期脱离土地，影响了农业生产。应募者对将领

有严重的人身依附关系，逐渐演变为私人部队，造成地方势力膨胀，为军阀割据的形成创造了条件。

4.沙盘的使用

东汉建武八年（公元32年），光武帝刘秀亲征割据陇右的隗嚣。汉军行至漆县（今陕西彬县），

习射画像砖

不少将领认为前方情况不明，地势险要，胜负难料，不宜进军。刘秀也犹豫不决，是战是退，难下决心。这时，大将马援进见，指出"隗嚣将帅有土崩之势，兵进有必破形状"。他命人取些米来，在光武帝面前堆成山谷沟壑的形状，然后指点山川形势，标示各军进退往来的道路，"分析曲折，昭然可晓"，对战局分析得也很透彻。刘秀大喜，说"如在吾目中矣"（《后汉书·马援传》），遂决意进军。汉军势如破竹，很快消灭了隗嚣。其中马援"堆米为山"起到了重要作用，这是中国历史上第一次使用军事沙盘，是战争史上的一个创举。

在战争中使用沙盘，能够使战场上双方的形势一目了然，为指挥者提供了形象直观的信息。

第二章 / 社会与经济

一、经济全面大发展，南增北减人不同

1. 社会经济全面发展

刘秀统一中国后，在社会经济方面采取的一系列措施，促进了农业和手工业的发展。

东汉时的农业生产比西汉时有了提高。北方出土的东汉铁农具锸、锄、镰、铧等，数量之多，大大超过西汉。犁的铁刃加宽，尖部角度缩小，较过去的犁铧坚固耐用，便于深耕。大型铧比较普遍，其他农具，一般也比过去宽大。东汉出土的曲柄锄和大镰，便于中耕、收获。回转不便的耦犁在某些地方已被比较轻便的一牛挽犁所代替。比较落后的淮河流域和边远地区，也在推广牛耕和铁铧犁。南方的一些地方还发展了蚕桑业。

黄河的修治，是促进东汉前期北方农业恢复和发展的一件大事。平帝时黄河决口，河水大量灌入汴渠，泛滥数十县。东汉初年，国家无力修治；河北的官僚地主为了使自己的田园免除河患，乐于以邻为壑，又力阻修治汴渠。因此黄河以南的兖、豫等地人民，受灾达 60 年之久。明帝时，以治水见长的王景和王吴，用堰流法治河修浚仪渠。永平十二年（公元 69 年），王景与王吴又率卒几十万修治黄河、汴渠。王景、王吴在从荥阳东到千乘（今山东利津）海口的地段内勘察地势，开凿山阜，直截沟涧，疏决壅积，还在汴河堤上每 10 里立一水门，控制水流。他们用这个办法终于使河汴分流，消除了水患，使黄泛地区的广大土地重新得到耕种。河工告成后，明帝还把"滨渠下田赋与贫人，无令豪右得固其利"。

宴集图

关东地区以至于长江以南，陂池灌溉工程也陆续兴建起来。汝南太守邓晨修复了鸿郤陂，以后鲍昱继续修整，用石闸蓄水，使其水量充足。南阳太守杜诗修治陂池，广拓土田。渔阳太守张堪在狐奴（今北京顺义区境）引水溉田，开辟稻田 8000 多顷。章帝时，王景为庐江太守，修复芍陂（在今安徽寿县），境内得以丰稔。近年来，在芍陂旧址发现了一处东汉水利工程，可能就是王景修筑芍陂闸坝的遗存。这项工程采用夹草的泥土修筑闸坝，是我国水利技术史上的一项重要成就。江南的会稽郡在稍晚的时候修起了镜湖，周围筑塘 300 多里，溉田 9000 多顷。巴蜀地区的东汉墓葬中，有许多池塘、水田的陶制模型出土，池塘和水田之间，连以渠道，这是巴蜀地区水利灌溉发达的实证。此外，各地兴复或修建的陂湖渠道还有不少。

最晚到两汉之际，我国已出现了水碓，它在谷物加工方面的功效，比用足践碓高 10 倍，比杵臼高百倍。东汉末年，出现了提水工具翻车、渴乌，翻车"设机车以引水"，渴乌"为曲筒以气引水"。

生产工具和生产技术的改进，使农产品的亩产量显著提高。据《东观汉记》记载，章帝时张禹在徐县开蒲阳旧陂，垦田4000余顷，得谷百万余斛，每亩产量在两三斛之间。这比《汉书·食货志》所记西汉的亩产量高出一倍以上。史籍记载东汉户口数和垦田数都比西汉的最高数字略少，这是由于东汉地主隐匿的土地和人口大大超过西汉，不能据此判断东汉的农业水平。

东汉时期，手工业也在发展，冶铁业取得了飞跃性的进步。铁制农具需要量愈来愈大，促进了冶铸技术的改进和提高。光武帝时，南阳太守杜诗在劳动人民实践的基础上创制水排（即水力鼓风炉），能够加大风量，提高风压，增加风力在炉子里的穿透能力。这样不仅增高炉温，提高冶炼效率，而且可以扩大冶炉的有效容积，大大增加了生产，为制造廉价的铁农具创造了条件。这项技术的开始应用，比欧洲早了1100年。"百炼钢"是我国一种古老的炼钢工艺，东汉时这项技术又有发展。1974年山东苍山出土一把公元112年制造的钢刀，上有错金铭文"卅涷大刀"等字。它是用炒钢反复叠折锻打而成的"百炼钢"制成的，跟时间稍早的西汉中期刘胜墓的刀剑相比，钢的质量有了明显提高。

由于冶炼业工艺的提高，在中原地区，剑刀等青铜兵器已为铁制兵器所取代。日用的铁制品，如铁灯、锅、剪、钉、顶针、家用刀等已广泛使用。

东汉时期的著名纺织品，据记载有蜀锦、越布以及齐的冰纨和方格縠等。从发掘的材料中也可以看到纺织业的进步。1969年在新疆民丰县东汉墓中出土的红色杯罗纹，织造匀细，花纹规整，表明了纺绸、结花术和机织术的熟练程度。1974年，在江苏泗洪县曹庄发现的一块东汉画像石，画面是纺织图，图上织机上挂有经线，踏木横置，前面有幅掌装置。从上述二例可看出，当时的纺织技术已达到了相当高的水平。

东汉时不仅使用

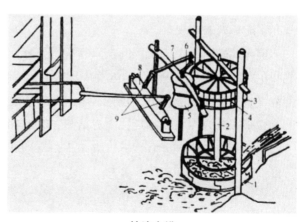

杜诗水排

煤，而且已经使用石油做燃料。巴蜀地区更利用天然气"火井"煮盐，一斛水可得盐四五斗，比用木炭煮盐要增产一倍。四川成都羊子山东汉墓出土的盐井图画像砖，画面反映了制盐作坊的整个生产过程。

东汉时期，北方的通都大邑，商业仍然发达。豪强富室操纵了大商业，他们"船车贾贩，周于四方，废居积贮，满于都城"。他们还大放高利贷，"收税（利息）与封君比入"。这个时期，"天下百郡千县，市邑万数"，都卷入了商品流通的范围。官僚贵戚凭借权势，从事西域贸易和国外贸易。窦宪曾寄人钱80万，从西域市得杂罽10余张，又令人载杂彩700匹、白素300匹，以市月氏马、苏合香和氍。

2. 人口变化

由于农田水利工程的兴建，农耕工具的改进，农业耕作技术的提高以及精耕细作方法的推广，大大提高了社会生产力，使东汉时期的人口也有了较大幅度的变化。

南方人口也大量增加，扬州人口从西汉时的321万增加到东汉时的434万，荆州从374万增加到627万，益州从455万增加到724万。南方人口增加，除了生产水平提高和北人南移的原因以外，还由于南方各族人民大量成为东汉的编户。史籍表明今云南地区人口增加5倍多，主要是东汉时"徼外蛮夷内附"的直接结果。丹阳、豫章、长沙、零陵等郡人口增长率也非常大，这自然与越人、蛮人成为东汉编户有关。桓帝时抗徐"试守宣城长，悉移深林远薮椎髻鸟语之人置于县下"，就是一例。南方社会生产力的提高，人口的增长，也是南方各民族社会进步和封建经济领域在南方逐渐扩大的表现。

但与此同时，关中地区的人口却有所下降。如西汉时，都城附近的京兆、左冯翊、右扶风一带，地处关中地区，人口特别稠密，共有240多万。到东汉时，关中战乱频仍，残破不堪，人口锐减至50余万。兖州也由780多万减至400万左右。相反，南方诸州，人口都有不同程度的增长。扬州人口从320多万增到430多万；荆州人口从350多万增到620多万；益州人口也从470多万增到720多万。

东汉官方户口统计的峰值在永寿三年（157年），全国有户10677960，口56476856，现代学者考虑到当时被豪强地主霸占或荫庇的大批徒附、宗族、宾客、部曲、奴仆等人群以及迁居汉地的匈奴、羌族、氐族及百越等民族大多未纳入户口统计，故认为东汉人口峰值达 6500 万。

二、农业生产耕作忙，黄河水利八百年

1. 生产工具

东汉时，出现了短辕一牛挽犁，它操作灵活，便于在小块农田上耕作。这种短辕一牛挽犁的出现，是跟犁铧的改进结合在一起的。东汉时，已经大量使用全铁制犁铧，它比以往的 V 形犁，刃端角度已逐渐缩小，不但起土省力，而且可以深耕。此外，新型的全铁制的耕作工具也逐渐增多。在四川乐山崖墓石刻画像中见到的曲柄锄，是便于铲除杂草的中耕工具；四川绵阳发现的铁制钩镰，全长 35 厘米，是专用于收割的小型农具，操作起来很方便。

据记载，汉献帝末年，雍州刺史张既曾令陇西、天水、南安三郡富人造屋宅水碓。可见水碓在当时已经普遍采用了。水碓是用水力带动石碓的舂米工具，它比以前用柱臼或脚踏石碓舂米，不但省力，而且效率更高。考古发掘还不断有陶风车、陶磨盘模型出土，都说明农产品加工工具有了显著进步。

古代牛耕图

2. 牛耕技术

牛耕技术受到了普遍的重视。当时，一些地方官吏注意推广牛耕技术，铁犁牛耕技术已从中原向北方高原和江南一带推广。陕西绥德县东汉画像石上的牛耕图，和米脂县东汉牛耕图，证明陕北高原的牛耕技术和中原地区已没有什么不同。任延做九真太守，在当地推广牛耕，田亩年年增辟。在西汉后期发明的精耕细作的区种法，到东汉时期得到了迅速推广。

在崔寔的《四民月令》中，记述了地主田庄内精耕细作经营农业的一些情况。这种田庄的农业经营，十分注意时令节气，重视杀草施肥，根据不同土壤的性质，种植不同的作物，采用不同的种植密度，并能及时翻土晒田，双季轮作，提高土地的利用率。

3. 灵渠水利

在各地发现的东汉墓葬里，经常可以看到水田和池塘组合的模型，有从池塘通向水田的自流水渠，有的还在出口处安置闸门。汉灵帝时，宦官毕岚总结劳动人民的实践经验，创作翻车和渴乌，使灌溉水平大大提高。

东汉时期，不仅修复和扩建了许多已埋废的陂塘，而且又新修了一批水利灌溉工程。如汝南地区的鸿郤陂，西汉时埋废。东汉初，邓晨任汝南太守，加以修复，可以灌溉几千顷良田。后来又不断加以扩建。汉和帝时，太守何敞又在那里修治渠道，开垦良田三万多顷。又如下邳徐县北的蒲阳陂、庐江的芍陂、会稽的镜湖等，都是当时著名的灌溉工程。

东汉前期，各地还开凿了许多灌溉渠道，三辅、河内、山阳、河东、上党、太原、赵、魏及河西、江南地区，也都"穿渠灌溉"，有的地区还开辟了很多稻田。黄河的治理，更是当时一项巨大的水利工程。公元1世纪初，黄河在今河南、河北交界地区决堤，河道南移，改从千乘（山东高宛以北）入海。河水泛滥成灾，淹没了几十个县。汉明帝时，在著名水利专家王景、王吴的主持下，用"堰流法"修了浚仪渠，并从荥阳（今河南郑州荥阳市）至千乘海口千余里间修渠筑堤，从而使河、汴分流。黄河受两堤约束，水势足以冲刷沙土，通流入海。经过广大人民的辛勤劳动，终于战胜了黄河水患。此后八百年间，黄河没有改道，水灾也减少了。

三、百炼钢制环首刀，丝织鲜丽陶瓷精

1. 冶铁技术

由于东汉铁制农具的普及，钢铁的需要量大大增加，从而推动了冶铁技术的改进。东汉时期的陪都南阳为全国最大的冶铁中心，其中南阳官员、发明家杜诗发明了水排（鼓风炉），利用水力转动机械，使鼓风皮囊张缩，不断给高炉加氧。水排的使用极大地提高了冶铁质量和效率，是东汉冶铁技术的重大创新，也是世界冶铁史和机械史上的伟大发明，约早于欧洲1000多年。在铁器铸造方面，东汉时已熟练地掌握了层叠铸造这一先进技术。在河南温县发现的一座烘范窑，出土了500多套铸造车马器零件的叠铸泥范。把若干个泥范叠合起来，装配成套，一次就能铸造几个或几十个铸件。同时，叠铸技术有重大改进，由原来的双孔浇铸，改为单孔浇铸。叠铸技术的改进，进一步提高了生产效率，节省了原料。考古发掘资料证明，东汉时铁制用具已普遍应用到生活的各方面。铁钉、铁锅、铁刀、铁剪、铁灯等的大量出土，就是有力的证据。

铁制兵器开始逐步取代青铜兵器是在西汉中期以后，当时出现了一种新的冶炼钢铁技术——"百炼钢"。所谓"百炼钢"，就是将块炼铁反复加热折叠锻打，使钢的组织致密、成分均匀，杂质减少，从而提高钢的质量。用这种技术制造的刀剑——"环首刀"，刀柄端带有金属圆环以利操控，刃直刀长，刚硬锋利，质量上完全无可挑剔，轻易地压倒了青铜剑，是当时世界上最为先进、杀伤力最强的近身冷兵器，也是人类历史上具有非凡意义的一种兵器。

环首刀和百炼钢技术的孕育阶段是在西汉，而成熟和普及则是在东汉，彻底取代长剑是在东汉末年。东汉时期由于冶铁技术和效率的进步，对钢刀

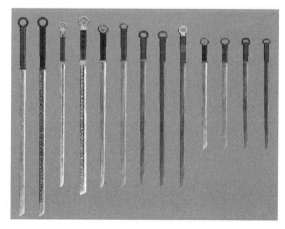

环首刀

的炼制锻打次数已可由西汉的 10 多次提高至 30 次乃至 50 次。1974 年 7 月，在山东临沂苍山地区出土一把东汉的环首刀，刀身上还刻有隶书铭文 18 字："永初六年（112 年）五月丙午造卅涑大刀吉羊宜子孙"。"卅涑"就是 30 炼，也就是这把刀曾经使用"百炼钢"技术将钢材折叠锻打达 30 次之多，而在这把刀的刃部还发现有经过"淬火"以提高表面硬度。而正是在这种先进武器和汉帝国强大国力的支持下，东汉军队彻底消灭北匈奴，南匈奴内附被完全汉化。最终这部分西迁的北匈奴后裔辗转来到欧洲，被称作匈人，将暮年的西罗马帝国搅得天翻地覆。

东汉时期，在冶铁手工业中已经使用煤（石炭）做燃料。在河南郑州巩义市的冶铁遗址中曾发现混杂了泥土、草茎制成的煤饼，说明煤已被用来炼铁。巴蜀地区还利用天然煤气煮盐。

2. 纺织业

中国的纺织业历史悠久，技术先进。两汉时期是纺织技术发展的一个高峰期，丝、麻、毛纺织技术都已达到较高水平，边远地区的棉纺也有所发展，缫车、纺车、络丝工具，以及脚踏斜织机都已广泛使用，提花机已经产生，染色技术进一步发展，发明了多色套版印花和蜡印工艺。"薄如蝉翼"的素纱可与今天的尼龙纱相媲美。精炼后的蚕丝重量能减轻 25%，质地柔软，雪亮光泽，竟与现代用科学方法计算出的丝胶占总量的 1/4 的数量相吻合。平纹的绢，其经线密度达每厘米 164 根。满城中山靖王墓出土的绢，经纬密度达 200×90 根 / 平方厘米。还有精美的锦、瑰丽的刺绣，都名冠天下。

西汉时原料加工技术发展迅速。当时的原料主要有蚕丝、葛、麻、毛、棉等。蚕丝主要产自黄河中下游的山东、河南、四川等地，出现了临淄、襄邑（今河南睢县）、任城（今山东济宁市）等著名的蚕业中心。汉代制毯和纺织用的毛纤维主要是羊毛，精密稀疏程度几乎与丝织罗相仿。产棉区从边境地区拓展到东南、南部沿海、新疆和云南一带。

缫纺技术进一步推广，手摇纺车早已普及，并发明了脚踏纺车。纺车的发明和推广使丝麻产品的产量和质量大大增加。织造技术得到提高。西汉初年，巨鹿人陈宝光的妻子创制了一种新的提花机，用 120 蹑 60 天能织成一匹散花绫，"匹值万钱"。此后又有人把它简化，使片综提花机发展

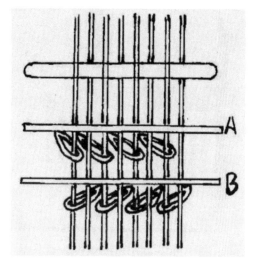
四经绞罗织机示意图

为束综提花，是一次大的飞跃。

此时的罗织机已能织出四经绞素罗和以四经绞罗为地，两经绞起花的菱纹罗；主要用于织造地毯、绒毯等类毛织物的立织机能织出新疆民丰尼雅东汉遗址出土的那种毛织彩色地毯，其表面用橙黄、朱红、翠绿等色起绒，花纹历历在目。梭和筘分别是引纬和打纬的重要工具，它们的普遍使用，使得织造过程形成脚踏提综开口、一手投梭、一手持筘打纬的完整体系，这种织机一直沿用到近现代。西汉时期，练、染、印工艺都有了进一步发展，染印技术广泛使用。

东汉初年已能用织花机织成色彩缤纷、花纹复杂的织锦。当时，蜀锦已驰名全国，襄邑（河南睢县）和齐（山东临淄）的丝织业特别发达。考古材料还证明，在边疆地区，丝织业也有很大的发展。新疆不少地方汉墓出土的红色杯纹罗，织造匀细，花纹规整，反映丝织工艺水平相当高。在同一地区出土了组织细密的织花毛织品，颜色鲜丽，显示出当时西北高度发展的毛纺织工艺技术。

3. 其他手工业

其他如漆器业、陶瓷业等手工业部门，在东汉时也都有进一步的发展。当时的漆器以蜀郡、广汉出产最为有名，两地工官主造的漆器，都是精美绝伦的手工艺品。当时，瓷器烧制的火候更高，器物的吸水性更弱。从出土的器物看，它已十分接近后来的青瓷。

四、地主田庄自给足，商业中心初南移

1. 田庄式的生产经营

东汉时期，豪强地主都占有大量土地，通常又采取田庄式的生产经营方式。在当时的田庄中，有农、林、牧、渔各业，还从事某些手工业的生

《四民月令》书影

产或进行一定的商业和高利贷活动，具有极强的自给自足性质。例如刘秀母舅樊宏在湖阳经营的田庄，其中有数里面积的樊陂，田地达300余顷。在这个田庄中，庐舍楼阁成片，"竹木成林，六畜放牧"，"檀棘桑麻，闭门成市"，可见其规模很大，具有多种经营的特点。另外，樊宏还"好货殖"，从事商业和高利贷活动。在四川发现的画像砖上，也可以看到地主田庄的同样情景。

崔寔所写的《四民月令》，对地主田庄的经营情况反映得很详尽。所谓：田庄里种植着小麦、大麦、春麦、粟、黍、粳稻、大豆、小豆等粮食作物，胡麻、牡麻、蓝靛等经济作物，瓜果等蔬菜；自己制作各种酱、酒、醋及饴糖等食物；又种植药用植物，以配药品。在这种大田庄里，还种植各种林木以及果树，饲养马牛等耕畜和家畜。在手工生产方面，自己养蚕，纺织各种麻布和丝织物，制作衣、鞋，制造农具和兵器等。此外，田庄中也有粮食及农副产品的买卖。可见，在地主田庄里，各类生活资料基本上都可以自给自足。

2.经济先进区域

铁工具的普遍推广和牛耕技术的提高，增强了人们向自然界斗争的能力，特别是它使江南河网沼泽地区的大规模开发成为可能。加上当时各种社会原因，东汉时期的经济区域开始发生了明显的变化。

东汉以前，中国经济的先进区域主要在淮河以北，特别是包括关中在内的黄河中下游地区。当时的人口分布，也主要集中在黄河流域。到了东汉后期，这种情况开始有了较大的变化。黄河流域的某些地区人口减少，出现了衰落的迹象。而南方出现了新的经济发展地区，人口在急剧上升。

随着人口的增加，南方不少地区的开发速度加快。如太湖和钱塘江流域，西汉时统由会稽郡管辖，东汉时分为吴、会稽二郡，这正是经济发展的直接结果。其他如鄱阳湖、洞庭湖周围地区及成都平原一带，都在不断发展，成为新的经济发达区域。不过，东汉时期，大部分人口仍然集中在黄河中下游一带。因此，黄河流域仍是当时的经济、政治中心。

第三章 / 科技与文化

一、蔡伦改进造纸术，造福世界"蔡侯纸"

造纸术是我国的四大发明之一，这为全人类文化的发展起了重要作用。我们现在用的各种各样、形形色色的纸张都是从蔡伦造的纸演变而来的。

蔡伦（？—121年），字敬仲，东汉桂阳郡人。

蔡伦并非如张衡、张仲景般，为自己的理想而专注于某种事业的人，并且以蔡伦的身份也不允许他像一个平常人般去实现他的梦想。

蔡伦小的时候因家境贫寒，被卖入皇宫。当时在宫内除了皇上，只有两种"男人"，一种是轮勤的侍卫，一种则是太监，而蔡伦便是一个太监。

当时太监为祸还没有像东汉末年那般猖獗，虽然也掌实权，但大多都是为皇帝办事。所以在那些大臣、外戚的眼中，此时的太监地位还是很低下的。

当时在位的汉和帝十分喜欢蔡伦的机灵，于是逐渐提拔蔡伦为自己身边的近侍，升中常侍。

蔡伦是穷苦人家出身，皇帝对自己的恩宠，并未使他生出骄狂，反而更加勤恳。这一点得到了汉和帝的赞许。渐渐的，蔡伦的职务也越来越高，不仅获准参与国家机密大事，并且还负责为皇室监督制造宝剑、军械的工匠，做了管理宫廷用品的尚方令。通俗地讲，就是京师卫戍军区军火库总管。

因为职责所在，蔡伦不可避免地会经常和工匠们接触，看得多了，蔡伦也了解了一些制造方面的条件和要求。

工匠们制造的精湛技术给了他很大的影响，但蔡伦也发现，在制造器械时，师傅们通常会记录各种各样的数据资料，手中经常拿着成捆的笨重竹简、木简走来走去，不仅记录时麻烦，需要查找的时候，也十分烦琐。而用丝帛书写，显然不是这些劳动人民能够承受得起的。

就说有这么一天，蔡伦出宫办事，忙里偷闲，想四下逛逛。于是带着两个随从小太监到城外郊区游玩。

走着走着，蔡伦就来到了离城不远的缑氏县陈河谷。只见宽敞的河面上，波光粼粼，四周柳树成荫，鸟语花香，景象宜人。感受着暖暖的微风拂面而过，蔡伦陶醉在了这美丽的画卷之中。

沿着河岸游走间，蔡伦忽然看到，溪水中有一块突兀的薄片白色絮状物，于是他蹲下身去，把那丛物件捞了起来，

蔡 伦

才发现原来是一簇枯枝。只是枯枝之间如丝绵般的白色絮状物，却引起了蔡伦的好奇。

原来蔡伦的兵工厂并不只是铸铁这么简单，还有一些手工小作坊存在。蔡伦以前看过工场里制作丝绵时，茧丝漂洗完后，总有一些残絮遗留在篾席上。等到篾席被晾干，那上面就会附着一层残絮交织成的薄片，揭下来，写字十分方便。蔡伦就想，这溪中怎么也会有这种东西呢？难道茧丝已经这么不值钱了？于是蔡伦就去找河边的百姓询问。

一个打鱼的老人说，这是涨河时冲下来的树皮烂麻，泡得时间长了，就成了这烂絮了。

蔡伦一听，来了兴趣。如果是树皮，那自然能够批量生产，忙问这是什么树皮。

老人也没在意，随意指向岸边说，就是那构树啊。蔡伦一看，原来老人说的是楮树，一个想法就这样生了出来。

几天后，蔡伦带着几名宫里作坊的师傅来到了这里，并且把他的想法告诉了他们，让他们按照那老人的说法，先试着制造这种烂絮。

于是几个师傅就四处剥树皮，然后捣碎，再泡烂，再加入沤松的麻缕，

制成稀浆。之后用竹篾捞出，铺成薄薄的一层晾干。揭下后便成了最初的纸张。但是，在试用中发现，这种纸很容易破烂。

蔡伦已经看到了希望，自然不愿放弃。既然容易破损，那就把它造得更坚固一些。又将破布、烂渔网之类捣碎后，掺进浆中。这样，纸张制造的方法经过不断的改进，变得越来越结实和耐用了。

直到有一天，蔡伦觉得自己这"发明"能够试用了，便选出了其中的一些，献给汉和帝。汉和帝顿时龙颜大悦，不仅重赏了蔡伦，还全力支持他继续改进造纸术，并昭告天下，推广这种纸张。

等到元初元年时，蔡伦造的纸已经越来越好，不仅能厚能薄，而且质细柔软，韧性适中，所需材料又普通，价格自然十分便宜。

这时执政的邓太后见到天下书生都已经使用了这种代书材料，为了表彰蔡伦的功劳，封蔡伦为"龙亭侯"，并赐地300户，还加封"长乐太仆"。而蔡伦制造的这种新型的书写材料，也被当时的百姓们称为"蔡侯纸"。

邓太后还命蔡伦率人建立造纸的作坊，专门制作这种纸，供皇宫王孙子弟读书使用。

因为成本低廉，这种造纸方法很快流传到民间，木简逐渐地被蔡侯纸取代了。

蔡伦发明的纸先流传到离中国很近的朝鲜、日本，后来又通过阿拉伯人传到了欧洲，慢慢地，全世界都采用了中国的"蔡侯纸"。

蔡伦不仅被我国的造纸工人奉为造纸鼻祖"纸神"，还被日本等国的造纸工人尊为祖师，历代奉祀。我国大部分的产纸地区，都有为祭祀蔡伦而建造的庙宇。每年的阴历三月十六日是蔡伦的祭祀纪念日。元朝政府曾经在他的故乡耒阳重修蔡伦庙，蔡伦的墓地陕西洋县也有他的祠庙。

蔡伦发明的纸和造纸术，是中国文化乃至世界文化事业发展的一个里程碑，具有划时代的伟大意义，为人类文明与进步做出了巨大的贡献。它充分显示了中华民族古老悠久的历史和灿烂辉煌的古代科技成就，是中华民族的骄傲。

二、数术精仪穷天地，科圣张衡著千秋

张衡（公元78—139年），字平子。汉族，南阳西鄂（今河南南阳市石桥镇）人，南阳五圣之一，与司马相如、扬雄、班固并称汉赋四大家。中国东汉

时期伟大的天文学家、数学家、发明家、地理学家、文学家，在东汉历任郎中、太史令、侍中、河间相等职。张衡为中国天文学、机械技术、地震学的发展作出了杰出的贡献，发明了浑天仪、地动仪，是东汉中期浑天说的代表人物之一，被后人誉为"木圣"（科圣）。

1.人物生平

张衡的家族世代为当地的大姓。他的祖父张堪，自小志高力行，被人称为圣童，曾把家传余财数百万让给他的侄子。光武帝刘秀登基后张堪被任命为蜀郡太守，随大司马吴汉讨伐割据益州的公孙述，立有大功。其后又领兵抗击匈奴有功，被拜为渔阳太守。曾以数千骑兵击破匈奴来犯的一万骑兵。此后在他的任期内匈奴再也没有敢来侵扰。他又教人民耕种，开稻田 8000 顷，人民由此致富。所以，有民谣歌颂他说："张君为政，乐不可支。"张堪为官清廉。伐蜀时他是首先攻入成都的，但他对公孙述留下的堆积如山的珍宝毫无所取。蜀郡号称天府，但张堪在奉调离蜀郡太守任时乘的是一辆破车，携带的只有一卷布被囊。

张衡像他的祖父一样，自小刻苦向学，少年时便会做文章。16 岁以后曾离开家乡到外地游学。他先到了当时的学术文化中心三辅（今陕西省西安市一带）地区。这一地区壮丽的山河和宏伟的秦汉古都遗址给他提供了丰富的文学创作素材。以后又到了东汉都城洛阳。在那儿，他进过当时的最高学府太学，结识了后来著名的学者崔瑗，与他结为挚友。张衡兴趣广泛，自学《五经》，贯通了六艺的道理，而且还喜欢研究算学、天文、地理和机械制造等。但在青年时期，他的志趣大半还在诗歌、辞赋、散文上，尽管他才高于世，却没有骄傲之情。平常从容淡泊，不喜欢与俗人相交。

汉和帝永元（公元 89—105 年）年间，张衡被推举为孝廉，但他没

张衡雕像

有接受，公府几次征召也不到。当时，国家太平日久，自王侯以下，没有不奢侈过度的。张衡于是仿照班固的《两都赋》，殚精竭思10年，才作成《二京赋》，用以讽谏朝廷。大将军邓骘欣赏张衡的才华，多次征召他，张衡都不应命。

永元十二年（100年），张衡应南阳太守鲍德之请，做了他的主簿，掌管文书工作。8年后，鲍德调任京师，张衡即辞官居家。

张衡擅长机械，特别用心于天文、阴阳、历算。平常喜爱扬雄的《太玄经》，对崔瑗说："我看《太玄》，才知道子云（扬雄字）妙极道数，可与《五经》相比，不仅仅是传记一类，使人论辩阴阳之事，汉朝得天下200年来的书啊。再200年，《太玄经》就会衰微吗？因为作者的命运必显一世，这是当然之符验。汉朝400年之际，《玄》学还要兴起来的呢。"汉安帝早就听说张衡善术学，永初五年（111年），张衡被朝廷公车特征进京，被拜为郎中，再升任太史令。于是研究阴阳，精通天文历法，制作浑天仪，著有《灵宪》《算罔论》，写得较为详细明白。虽然在汉顺帝即位初年再调动他职，但后来又任太史令，张衡任此职前后达14年之久。他许多重大的科学研究工作都是在这一阶段里完成的。

张衡不慕当世的功名富贵，担任官职，往往多年都不得迁升。自从离开史官的职务五年后，又回到原职。于是设客问体，作《应问》来表明自己的心迹。当时，政事渐衰，宦官干政。张衡于是上疏陈事，劝谏顺帝。

阳嘉二年（133年），张衡升任侍中，顺帝任用他在自己身边对国家的政事提出意见。顺帝曾询问张衡天下所痛恨的人。宦官们害怕他说自己的坏话，都用眼睛瞪着他，张衡便用一些不易捉摸的话回答后出来了。但宦官还是担心张衡以后会成为他们的祸害，于是群起毁谤张衡。张衡常想着如何立身行事。认为吉凶祸福，幽暗深微，不易明白，于是作《思玄赋》，以表达和寄托自己的情志。

永和元年（136年），张衡被外调任河间王刘政的国相。刘政骄奢淫逸，不遵法纪；又有不少豪强之徒，纠集在一起作乱。张衡到任后，严整法纪，打击豪强，暗中探得奸党名姓，一时收捕，上下肃然，他为政以清廉著称。任职三年后，张衡上书请求辞职归家，被征召拜为尚书。

永和四年（139年），张衡逝世，享年62岁。

宋徽宗大观三年（1109年），张衡因算学方面的成就被北宋追封为西鄂伯。

后世称张衡为"木圣"（科圣）。为了纪念张衡的功绩，联合国天文组织于1970年将月球背面的一个环形山命名为"张衡环形山"，又于1977年将小行星1802命名为"张衡星"，2003年，国际小行星中心为纪念张衡及其诞生地河南南阳，将小行星9092命名为"南阳星"。

2. 发明成果

（1）地动仪。

132年（阳嘉元年），张衡在太史令任上发明了最早的地动仪，称为候风地动仪。据《后汉书·张衡传》记载：地动仪用精铜铸成，圆径八尺，顶盖突起，形如酒樽，用篆文山龟鸟兽的形象装饰。中有大柱，傍行八道，安关闭发动之机。它有八个方位，每个方位上均有一条口含铜珠的龙，在每条龙的下方都有一只蟾蜍与其对应。任何一方如有地震发生，该方向龙口所含铜珠即落入蟾蜍口中，由此便可测出发生地震的方向。经过试验，与所设制，符合如神，自从有书籍记载以来，是没有过的。曾经一龙机发，地不觉动，洛阳的学者都责怪不足信，几天之后，送信人来了，果然在陇西地发生地震，众人于是都服其神妙。自此之后，朝廷就令史官记载地动发生的地方。

世界上地震频繁，但真正能用仪器来观测地震，在国外，是19世纪以后的事。候风地动仪是世界上的地震仪之祖。虽然它的功能尚只限于测知震中的大概方位，但它却超越了世界科技的发展约1800年。

（2）浑天仪。

张衡在西汉耿寿昌发明的浑天仪的基础上，根据自己的浑天说，创制了一个比以前都精确、全面得多的"浑天仪"。

漏水转浑天仪是一种水运浑象。用一个直径四尺多的铜球，球上刻有二十八宿、中外星官以及黄赤道、南北极、二十四节气、恒显圈、恒隐圈等，成

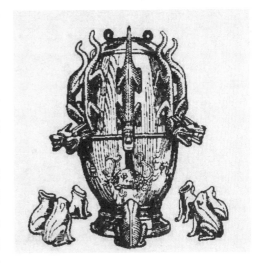

候风地动仪

一浑象,再用一套转动机械,把浑象和漏壶结合起来。以漏壶流水控制浑象,使它与天球同步转动,以显示星空的周日视运动,如恒星的出没和中天等。它还有一个附属机构即瑞轮冥荚,是一种机械日历,由传动装置和浑象相连,从每月初一起,每天生一叶片;月半后每天落一叶片。它所用的两级漏壶是现今所知最早的关于两级漏壶的记载。

张衡在创作了浑天仪之后曾写过一篇文章。此文全文已佚。只是在梁代刘昭注《后汉书·律历志》时作了大段引述而使之传世。刘昭注中把这段文字标题为《张衡浑仪》。称之为"浑仪"可能是刘昭所作的一种简化。在古代,仪器的定名并不严格。虽然后世将"浑仪"一词规范为专指观测仪器,但在隋、唐以前,"浑仪"也可用于表演仪器。

(3)瑞轮荚。

瑞轮荚是张衡别出心裁创造的自动日历,它模仿神话中奇树蓂荚的特征,靠流水作用,从每月初一开始,一天出现一片叶子,到满月出齐15片,然后每天再收起一片,到月末为止,循环开合。这个神话曲折地反映了尧帝时天文历法的进步。张衡的机械装置就是在这个神话的启发下发明的。所谓"随月盈虚,依历开落",其作用就相当于现今钟表中的日期显示。

(4)指南车。

张衡制造的指南车利用机械原理和齿轮的传动作用,由一辆双轮独辕车组成。车箱内用一种能自动离合的齿轮系统,车箱外壳上层置一木刻仙人,无论车子朝哪个方向转动,木人伸出的臂都指向南方。

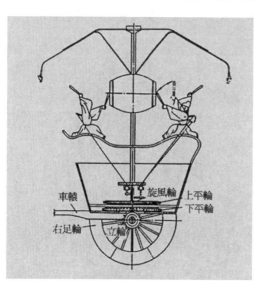

记里鼓车的原理

(5)记里鼓车。

张衡创造的记里鼓车是用以计算里程的机械。据《古今注》记载:"记里车,车为二层,皆有木人,行一里下层击鼓,行十里上层击镯。"记里鼓车与指南车制造方法相同,所利用的差速齿轮原理,早于西方

1800 多年。

3.历法成就

张衡曾参加过在汉安帝延光二年（123 年）的一次历法大讨论，据《后汉书·律历志》记载，张衡时任尚书郎。这次大讨论的起因是，有人从图谶和灾异等迷信观念出发，非难当时行用的较科学的东汉《四分历》，提出应改用合于图谶的《甲寅元历》。又有人从汉武帝"攘夷扩境，享国久长"出发，认为应该倒退回去采用《太初历》。张衡和另一位尚书郎周兴对上述两种意见提出了批驳和诘难，使这两种错误意见的提出者或者无言以对，或者所答失误，从而为阻止历法倒退做出了贡献。张衡、周兴两人在讨论中还研究了多年的天文观测记录，把它们和各种历法的理论推算进行比较，提出了鉴定，认为《九道法》最精密，建议采用。的确，《九道法》的回归年长度和朔望月长度数值比《太初历》和东汉《四分历》都精密。

而且《九道法》承认月亮运行的速度是不均匀的，而当时其他的历法都还只按月亮速度均匀来计算。所以，《九道法》所推算的合朔比当时的其他历法更符合天文实际。只是如果按照《九道法》推算，将有可能出现连着 3 个月是 30 天的大月，或连着两个 29 天的小月等的现象。而按千百年来人们所习惯的历法安排，从来都是大、小月相连，最多过 17 个月左右有一次两个大月相连，绝无 3 个大月相连，更无 2 个小月相连的现象。所以，《九道法》所带来的 3 大月或 2 小月相连的现象对习惯守旧的人是难以接受的。这样，张衡、周兴建议采用《九道法》本是当时最合理、最进步的，但却未能在这场大讨论中获得通过。这是中国历法史上的一个损失。月行不均匀性的被采入历法又被推迟了半个多世纪，直到刘洪的《乾象历》中才第一次得以正式采用。

《灵宪》是张衡有关天文学的一篇代表作，全面体现了张衡在天文学上的成就和发展。原文被《后汉书·天文志》刘昭注所征引而传世。文中介绍的天文学要点如下：

张衡认为宇宙是无限的，天体的运行是有规律的；月光是日光的反射，月蚀起因于地遮日光，月绕地行且有升降。他认识到太阳运行（应是地球公转）的某些规律，正确解释了冬季夜长、夏季夜短和春分、秋分昼夜等时的起因。他指出在中原可以见到的星有 2500 个，与今人所知略近。他

经过对某些天体运转情况的观测，得出一周天为三百六十五度又四分度之一的结论，与近世所测地球绕日一周历时 365 天 5 小时 48 分 46 秒的数值相差无几。

4. 文学成就

张衡对汉赋发展史具有巨大贡献，在他作赋的生涯中，较全面地继承了前代赋家的赋心与表现手法。大赋则远绍司马相如《子虚》、近取班固《两都》而有《二京赋》；骚赋则上追屈原《离骚》、下踪班固《幽通》作《思玄赋》；七体则步枚乘《七发》、傅毅《七激》作《七辩》；文赋则依东方朔的《答客难》、班固的《答宾戏》作《应间》。其他还有受扬雄《蜀都赋》启发作《南都赋》；效傅毅《舞赋》而再作《舞赋》等。以上所举，虽皆属模拟，成就又有高下之分，但也都确实不同程度地显现出了艺术上的创意。更突出的还在于张衡能融会贯通，极富创造性地以《归田赋》，实现了汉赋主体从铺采摘文、闳衍巨侈、重体物而淹情志，向清新爽丽、短小精练、情境相生的转变，而掀开了抒情小赋的创作时代，为述志赋注入巨大活力。张衡的大多数作品都表现出对现实的否定与批评，他探讨人生玄妙哲理，也探寻合于自己理想与性格的生活空间。张衡赋的代表作历来公认为是《二京赋》《思玄赋》和《归田赋》。

《文心雕龙》称："自扬（扬雄）马（司马相如）张（张衡）蔡（蔡邕），崇盛丽辞，如宋画吴冶，刻形镂法，丽句与深采并流，偶意共逸韵俱发。"又称："张衡通赡，蔡邕精雅，文史彬彬，隔世相望。是则竹柏异心而同贞，金玉殊质而皆宝也。"

张衡曾著有《周官训诂》，崔瑗认为与其他儒生的说解没有区别。他又想继孔子《易》补正《彖》《象》的残缺，始终没有完成。他所著诗、赋、铭、七言及《灵宪》《应间》《七辩》《巡诰》《悬图》（一作《玄图》）等作品，共 32 篇。

张衡还有一首《四愁诗》留于后世。它是一首抒情诗，抒发了张衡的政治抱负，而且，它也是我国最早、最完整的七言诗。

《汉诗》辑录有其诗歌九篇。《隋书·经籍志》有《张衡集》14 卷，久佚。明人张溥编有《张河间集》，收入《汉魏六朝百三家集》。《全后汉文》卷 52—55 辑录有其诗赋奏疏。上海古籍出版社出版有今人张震泽注《张衡诗文集校注》。

5. 思想成就

东汉谶纬之学风行于世，自东汉建国后，儒生争学图纬，更附以妖言。张衡认为图纬虚妄，不是圣人之法。于是上疏认为："国谶虚妄，非圣人之法。"并认为："此皆欺世罔俗……宜收藏国谶。一禁绝之。"翦伯赞在《中国史纲要》中称张衡为"反谶纬的思想家"。

6. 机械成就

张衡掌握高明的机械技术，据传他当时还制作过两件神奇的器物：一件是有三个轮子的机械，可以自转；一件是一只木雕，能在天上飞翔。《太平御览·工艺部九》引晋代葛洪《抱朴子》："木圣：张衡、马钧是也。"高似孙的《纬略》也说："张衡、马忠号'木圣'。"

7. 数学成就

《后汉书》提到，张衡曾写过一部《算罔论》。从《九章算术·少广》章第二十四题的刘徽注文中得知有所谓"张衡算"，因此，张衡写过一部数学著作是应该肯定的。从刘徽的这篇注文中可以知道，张衡给立方体定名为质，给球体定名为浑。他研究过球的外切立方体积和内接立方体积，研究过球的体积，其中还定圆周率值为 10 的开方，这个值比较粗略，但却是中国第一个理论求得 π 的值。

三、临床用药《本草经》，首部药物学经典

《神农本草经》，简称《本草经》《本经》，是我国现存最早的药物学专著。约成书于秦汉时期。首载于南朝梁阮孝绪《七录》。《神农本草经》撰者不详，托名"神农"，成书年代，有战国说、秦汉说、东汉说。一般认为，该书并非出自一人一时之手，大约是秦汉以来许多医药学家不断搜集药物学资料，直至东汉时期才最后加工整理成书。原书在唐初失传，现今传本是后人从《太平御览》《证类本草》等辑录而成。《神农本草经》辑复本的版本较多，其中以清顾观光辑本、日本森立之辑本以及清孙星衍、孙冯翼合辑本较为完善。

《神农本草经》3 卷，也有 4 卷本（"序录"或"序例"单立 1 卷），内容十分丰富，展现了我国东汉以前药物学的经验与成就。

1. 创药物三品分类法

龙眼《神农本草经》收载药物 365 种，其中植物药 252 种、动物药 67

种、矿物药 46 种。将药物按性能功效的不同分为上、中、下三品，开创以分类法研究本草之先河。"上药一百二十种为君，主养命以应天，无毒，多服久服不伤人，欲轻身益气不老延年者，本上经。中药一百二十种为臣，主养性以应人，无毒有毒，斟酌其宜，欲遏病补虚羸者，本中经。下药一百二十五种为佐使，主治病以应地，多毒，不可久服，欲除寒热邪气破积聚愈疾者，本下经"（森立之辑《神农本草经·序录》）。虽然三品分类法有分类过于笼统、划分标准界限不清等缺陷和不足，如瓜蒂是催吐药，应列入下品，却列在上品；龙眼是补养药，应定为上品，却列于中品等。但是提出的上品药物"主养命"，使人强壮，延年益寿；下品药物"主治病"，多毒，不可久服；中品药物介于二者之间的药物分类方法，已成为我国药物学最早的分类方法，对启迪后人研究药物分类和指导临床应用颇有意义。

2. 概述中药学基本理论

（1）论述方剂君臣佐使的组方原则。

《神农本草经·序录》指出："药有君臣佐使，以相宣摄合和，宜用一君二臣三佐五使，又可一君三臣九佐使也。"说明方剂按君、臣、佐、使的配伍原则组合，可以更好地发挥治疗作用，克服其毒性和不良反应。虽然该书所提君臣佐使各药的味数未免有些机械，但作为组方总则，却一直为后世医家所遵循。

（2）提出药物七情和合理论。

《神农本草经》指出：药物"有单行者，有相须者，有相使者，有相畏者，有相恶者，有相反者，有相杀者"。在这 7 类药物的配伍中，相须、相使是最常用的配伍方法，故提出"当用相须、相使者良"；相畏、相杀是应用毒、剧药物的配伍方法，故提出"若有毒宜制，可用相畏、相杀者"；相恶、相反是属于用药禁忌，故提出"勿用相恶、相反者"。该书对近 200 种药物的配伍宜忌作了说明，可以看到，药

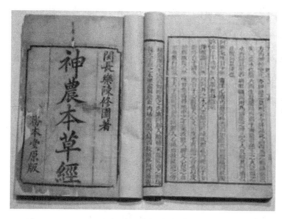

《神农本草经》书影

物之间的关系非常复杂，但只要配合得宜，便可奏效。

（3）完整提出四气五味的药性理论。

《神农本草经》明确指出："药有酸、咸、甘、苦、辛五味，又有寒、热、温、凉四气，及有毒无毒。"要求医者要明了药物四气五味和有毒无毒的情况，成为历代研究药性、指导中药应用的基本原则。对于有毒药物的应用，告诫须特别谨慎："若用毒药疗病，先起如黍粟，病去即止。不去，倍之；不去，十之；取去为度。"强调必须从小剂量开始，逐渐增加剂量，奏效即止，以免造成药物中毒的严重后果。

（4）阐述药物采集、加工、炮制和制剂。

《神农本草经》指出，药物"阴干暴干，采造时月，生熟，土地所出，真伪陈新，并各有法"，强调要选择适宜的采集时间，掌握药物的生熟程度，还要了解地理环境对药物的影响。收藏药物时，有的宜阴干，有的宜晒干。还要对药物真伪新陈及质量优劣进行鉴别。关于药物制剂，指出："药性有宜丸者，宜散者，宜水煮者，宜酒渍者，宜膏煎者，亦有一物兼宜者，亦有不可入汤酒者，并随药性，不得违越"，主张应根据药性和病情，采用不同的剂型。

3. 记载临床用药原则和服药方法

在临床用药实践中，该书强调："欲疗病，先察其源，先候病机，五脏未虚，六腑未竭，血脉未乱，精神未散，食药必活。若病已成，可得半愈。病势已过，命将难全。"指出药物并非万能，贵在可治之时尽早防治。关于临床用药原则，《神农本草经》认为："疗寒以热药，疗热以寒药，饮食不消以吐下药，鬼疰蛊毒以毒药，痈肿疮瘤以疮药，风湿以风湿药，各随其所宜。"体现其辨证用药和辨病用药结合的主张。

在服药方法上，《神农本草经》根据病位所在，对服药时间作了详细规定："病在胸膈以上者，先食后服药；病在心腹以下者，先服药而后食；病在四肢血脉者，宜空腹而在旦；病在骨髓者，宜饮食而在夜。"这些认识，虽略显机械，但对后世中医实践用药的研究与临床应用具有一定的启迪与指导意义。

总之，《神农本草经》集东汉以前药物学大成，系统地总结了秦汉以来的用药经验，是我国第一部药物学经典著作。限于当时的历史条件和科学水平，该书难免存在一些错误，例如水银"久服神仙不死"、赤箭"主杀鬼"

等。但瑕不掩瑜，《神农本草经》的药物学成就，对后世药物学的发展有着十分重要的意义。

四、苦著《伤寒杂病论》，"医圣"妙开"长沙方"

张仲景（约150—219年），名机，南郡涅阳（今河南邓州市穰东镇，一说今河南南阳市）人。东汉杰出的医学家，被尊为"医圣"。张仲景自幼好学，博学多才，曾经被荐举为孝廉，相传做过长沙太守，因此被人称为"张长沙"，他的方书亦被称为"长沙方"。但是，他是否做过长沙太守，史学界尚无定论。

张仲景的家境并不算太好，祖上为官，但到了他父亲这一代，官职已经越做越小，只能保持在家境殷实的地步。

因为家庭背景的特殊，张仲景从小看了许多祖上存下来的典籍，其中就有《史记》。他最感兴趣的就是《史记》中记载扁鹊为齐桓公治病的故事。他觉得一名医者能够预知人的生死，救死扶伤，是一件很了不起的事情，所以小小的年纪便有了当一名医生的念头。随着年龄的增长，张仲景看了许多关于医学的书籍，虽然临床经验还很少，但是理论在他心里已经不缺少了。

196年起，也就是汉献帝建安元年开始时的10年内，中国大地上爆发了一场持续时间很长的传染病。当时有近2/3的人死于这场漫长的疾病，而其中，伤寒病便占了70%。

张仲景塑像

张仲景看到越来越多的人死去，心里十分难受，于是发愤研究医学。当时在他们宗族中，有个人叫张伯祖，是个很有名气的医生。张伯祖看到张仲景对医书这么感兴趣，加上脑子又聪明还喜欢钻研，就问他想不想学医。

这话是背着张仲景的父亲问的，因为作为书香门第的子女，张仲景从医超出了书香门第的范畴，家里人并不会赞同。张仲景听后大喜过望，背着父亲就答应了下来，于是张伯祖就收他做了徒弟。

因为是自家的后辈，张伯祖把自己的医学知识和医术毫无保留地传授给了张仲景。

张仲景也十分刻苦，小小年纪，便有了名气。少年成名后，张仲景并没有满足，反而更加勤奋好学，经常四方拜访名医，登门求教。家里人见到张仲景学医的天赋，也只好认同了他走上从医救人的道路。

有一年，张仲景的一个兄弟出门做生意，临行前找到张仲景说：你看我这次要出远门，一两年也回不来，你给我瞧瞧，看我身体有没有什么隐患。

张仲景就给他瞧了瞧。这一瞧可不得了，瞧出毛病来了。张仲景叹息一声说：大毛病没有，要有，我也治不好，只是你明年会长一个瘩背疮。

兄弟一听，顿时大惊失色。在古时长个疮也是可大可小的事，要知道项羽的"亚父"范增，也是生背疮而死。这个兄弟十分害怕，生意也不想做了，说：这可如何是好呀，你不是常说，疮怕有名，病怕无名吗？看来我是完了，我还是留在家里交代后事，好好陪一年老婆吧。

张仲景哈哈大笑，忙说别急别急，这疮虽然我治不好，但是肯定会有人能治好的。我给你开个药单，先把这疮压下来，到时候发病了，你就服了这服药。日后谁认识这瘩背疮，你就叫谁医治。要是治好了，你就给我来个信。

兄弟得了张仲景的保证，这才提心吊胆地揣着药方出了远门。在第二年的时候，有一天他忽然感觉到脊背上痒痒的，还带着一股刺痛的感觉，知道瘩背疮发作了，急忙按照张仲景的方子去抓药吃了。

几日后，背部的刺痛消失了，但屁股上又痒痒的了，没几天就长出了一个烂疮。

虽然张仲景再三保证，这个疮不会影响到生命，他还是遍求当地的医生郎中，但有些人说这是疖子，而有些人又说是毒疮，却没一个人说得出它的名字。

最后他找到了同济药堂一个叫"王神仙"的名医，那王神仙看了看他的疮，就笑了说，原来是个瘩背疮啊！是谁把它给你挪到屁股上去的啊。

张仲景的兄弟说，是我老家的一个兄弟给挪的。

王神仙奇道，既然他能给你挪，为什么不给你治呢？

张仲景的兄弟就苦笑道，他也治不好啊，而且他远在南阳，一时也赶不过来，还望先生能给我治好啊。

王神仙见是如此，立即开了个药方，让他抓着吃，又找来几张膏药给他。不多久，疮就好了。

张仲景的兄弟很高兴，对王神仙千恩万谢后回到家，就给张仲景写了封信。说他的病已经给人治好了，还是你的方法好呀，好多人都不认识，不然差点被这些庸医给误了。

张仲景接到信，听说有人治好了这瘩背疮，十分高兴，立即准备盘缠，打点行装赶了过去。

这天清晨，就在张仲景兄弟就医的同济药堂门前，站着一个风尘仆仆背着行李，手上拿着雨伞的年轻人。年轻人等到医馆开门，便找到了掌店的管家。

管家看着这个后生，奇怪地问他有什么事。年轻人说自己是从河南来的，因为家境贫寒，生活没着落，所以想在店里应聘当一名伙计。

王神仙闻听他们的谈话，从药店走出来，问清原委后，看这后生长得干净利落，就答应了。于是，张仲景就这么待了下来。

古时的医术就好比现今的企业秘方，平常人是休想染指的，所以张仲景这么做，也就不足为奇了。从此，张仲景就卧底在了同济药堂里。

起先张仲景干的是负责抓药的伙计，他本来就药理纯熟，加上聪明好学，很多陌生的药方，一看就能记住。不久，就被王神仙调到了药铺当了司药。这司药又是干什么的呢，其实也是按单抓药的职务，只不过负责的是场外的工作，所以手法必须纯熟快捷。

别人司药只管抓药，但张仲景不一样，忙完了自己的活，没事还管别人看下病什么的，一些头疼发热的小毛小病，不用王神仙出手，他就给搞定了，后来大伙就戏称他为"二先生"。

王神仙一看这情况，知道张仲景还是有点底子的，也乐得多个帮手，于是又调他到自己身边做了助手。王神仙号脉看病的时候，张仲景就在旁边抄录药单。遇上一些疑难病症，王神仙还会叫他给摸摸，让他明白病理区别在哪里，该怎么医治。

张仲景十分肯学，那些疑难病症，每次都会记在心里，回去后就记到本子上。王神仙的医术确实了得，只过了一年,张仲景就记录了几大捆资料。

知道得越多，张仲景觉得自己懂得也就越少，他有个特点，就是喜欢"思精"。很多药方和病理发生过程，他都力求精简直接，合情合理。这个特点造就了张仲景对每种病症的发病过程心里都有一本账，什么阶段该怎么治，怎么疗养最好，都有一定的方法。

有一天，一个老人慌慌张张地赶到药房，对王神仙说他儿子得了急症，请王神仙快去救人。人命关天，王神仙二话没说就跟着去了。约莫半个时辰后，老人家拿着王神仙的药方来到药店，找张仲景取药。

张仲景摊开药方一看，发现方子里有毒药藤黄，知道病人应该是肚子里长了虫子，这味药就是治虫的，但当看到藤黄只开了五钱时，微微迟疑了一下，但还是抓了药给病人。

不一会儿，王神仙就回来了，进了门刚准备到后院歇歇。张仲景就走上前来说：先生慢走，病人很快还要来请您的。

王神仙丈二和尚摸不着头脑，问道：病人吃药就好了，还来做什么呢？

张仲景说：这藤黄虽然能毒死虫子，但恕学生直言，现在病已发作，说明肚子里的虫子已经很大，最少需要一两的量才能毒死。但先生只开了五钱，只是把虫子暂时毒晕，等它返醒，还会更加凶恶，到时再用藤黄毒，也就不灵了，只怕病人的生命都有危险。

王神仙一听，微微沉吟，心里拿不定主意。这种虫子也算是少有的杂疾，王神仙自己也没见过几次，听张仲景这么一说，又觉得有点道理，所以将信将疑地坐在大堂，看看张仲景说的是不是真的。

果然没多久，那老人家又心急如焚地跑了回来说：不得了啦，我儿疼得死去活来，比刚才的急症更严重了。

王神仙慌了神，这种情况是他始料未及的，他也不知该如何是好了。

这时张仲景站了起来，说让我去看看吧，说不定还有转机。王神仙便带着张仲景一起赶到了患者的家中。这个时候，病人已经疼得在地上打滚了。

张仲景让人脱掉病人的衣服，然后拿出随身携带的银针，在病人身上的各个地方都摸了一遍，找准了虫子的位置，猛地便扎了进去。只听得病人一声惨呼，便昏死了过去。

病者家人一见大惊，王神仙见到张仲景的银针手段也是讶然。

张仲景这时拍了拍手，说：好了，虫子已经被刺死了，等会他就会醒

来了。

看着张仲景娴熟的手法，王神仙拉过张仲景就问，二先生，您到底是什么人呀？

此时的张仲景偷学得也差不多了，当然不好再隐瞒，如实把自己的姓名和来意告诉了王神仙。王神仙听后，非但不怒，还被他孜孜不倦的学习精神所感动。

正说着，那名昏迷的病人呻吟两声，醒转了过来。

张仲景上前号过脉，确认没有问题后，又开了服泻药，让病人吃下。少顷，一只尺把长的细虫被排泄出来，病人也生龙活虎起来。

回到医馆，王神仙立即设宴款待张仲景，感谢他挽回了自己的名声。后来，两人成为医学上亦师亦友的好朋友，这种关系直到张仲景离开后，还一直延续着。

凭着虚心求教的精神，张仲景的医术越发的高明，并且不吝把自己所学传给同行。到了老年时，根据一辈子的临床经验，张仲景编写了《伤寒杂病论》。

张仲景年轻时随同郡张伯祖学医，经过多年刻苦钻研及临床实践，医术远超其师。张仲景生活在东汉末年，当时政治黑暗，社会动乱，民不聊生，各地纷纷爆发农民起义，统治者残酷镇压，战火绵延，天灾频繁，疫病流行，到处是"白骨露于野，千里无鸡鸣"的惨状。据张仲景《伤寒杂病论·序》记载，他的宗族原有200多人，可是自汉献帝建安元年（196年）以来，不到10年时间，有2/3的人死亡，其中死于伤寒的占7/10。张仲景目睹这种人间惨剧，心中悲痛欲绝，决心"勤求古训，博采众方"，深入研究《素问》《九卷》《八十一难》《阴阳大论》《胎胪药录》等医药古籍，结合自己的临床实践，摸索出治疗伤寒的规律。在不懈的努力下，约

《伤寒杂病论》书影

在建安十一年（206年），他终于著成《伤寒杂病论》这部临证医学名著。

张仲景继承了《黄帝内经》等古典医籍的基本理论，总结当时人们同疾病作斗争的经验，结合自己的临床实践，首倡对伤寒六经辨证和杂病的八纲辨证原则，奠定了中医辨证论治的基础。他的这一诊治原则和方法使中医学的基础理论与临床实践紧密结合。

《伤寒杂病论》原书16卷，对外感热病的发生和发展提出独创的见解，对40多种杂病的防治作了系统阐述。书成之后，由于兵燹战乱，原书散乱于世，其中伤寒部分经西晋王叔和收集、整理、编次，成为《伤寒论》。杂病部分由北宋翰林学士王洙在馆阁发现蠹简《金匮玉函要略方》，北宋林亿等人据此，删去伤寒内容，保留杂病和妇科病，并把方剂分列各证之下，整理编成《金匮要略方论》3卷，简称《金匮要略》。现今流传的《伤寒论》和《金匮要略》，实际上是在《伤寒杂病论》原著基础上分而编成。

张仲景为人谦虚谨慎，提倡终身坚持学习。他在序文中说："孔子曰：生而知之者上，学则亚之，多闻博识，知之次也。余宿尚方术，请事斯语。"张仲景引用孔子语录，在于说明自己不是天才，只能靠刻苦努力学习来获得知识。他特别表明自己从青少年时期就热爱医学，请允许他扎扎实实地按照孔子的话去做，因为医学没有止境，必须终身坚持学习，活到老，学到老。

张仲景还为后人树立了淳朴无华、勤恳踏实的学风。《伤寒杂病论》著述风格朴实简练，毫无浮辞空论，对后世中医著作影响甚大。他诊病和学习时遇到一丝一毫的疑问，即"考校以求验"，绝不放过，一定要弄清楚是怎么回事。

张仲景一生著作很多。据文献记载，除《伤寒杂病论》外，还有《疗妇人方》2卷、《五脏论》1卷、《口齿论》1卷等，可惜都已散佚。

五、汉字学开山鼻祖，语言学奠基之作

许慎（约公元58—约147年），字叔重，汝南召陵（今漯河市召陵区）人，东汉时期著名的经学家、文字学家。许慎历近30年时间编撰了世界上第一部字典《说文解字》，使中华汉字的形、音、义趋于规范和统一，研究《说文解字》的人，皆称许慎为"许君"，称《说文解字》为"许书"，称传其

学为"许学"。《说文解字》是许慎一生最精心之作，前后花费了他半生的心血。由于许慎对文字学做出了不朽贡献，后人尊称他为"字圣"。

《说文解字》不仅是我国语言学史上第一部分析字形、说解字义、辨识声读的字典，也是文献语言学的奠基之作。

《说文解字》全书共收单字9353个，另有重文（异体字）1163个，附在正字之末，把9353个字分别归在540个部首之中。

《说文解字》一书的突出贡献可以概括为以下四点：

（1）建立部首是许慎的重大创造之一。《说文解字》一共分540部，除了个别部首还可以合并与调整外，总体来说基本合理，都符合造字意图。许慎在安排540部的次序上颇费心思，把形体相近或相似的排在一起，这相当于把540部又分成若干大类，以便于义符通俗易懂，更准确地理解字义。这与后世从检字法角度的分部和按笔画多少分类截然不同。

（2）训释本义。许慎在《说文解字》中紧紧抓住字的本义，并且只讲本义，抓住了词义的核心问题，因为一切引申义、比喻义等都是以本义为出发点的。此外，许慎在训释本义时，常常增加描写和叙述的语言，使读者加深对本义的理解，扩大读者的知识面，丰富本义的内涵和外延。

（3）对汉字形、音、义三方面的分析。许慎在每个字下，首先训释词义，然后对字形构造进行分析。如果是形声字，在分析字形时就指示了读音；如果是非形声字，就用读若、读与某同等方式指示读音。

（4）以六书分析汉字。六书指象形、指事、会意、形声、转注、假借六种汉字构成方式。许慎发展了六书理论，明确地为六书下定义，并把六书用于实践，逐一分析《说文解字》所收录的9353个汉字，这在汉字发展史和研究史上有着承前启后的重要意义，从而确立了汉字研究的民族风格和民族特色。

《说文解字》问世以后，很快就引起当时学者的重视，在注释经典时常常引证《说文解字》。到了南北朝时期，《说文解字》已经为学者所熟知。到了唐代，《说文解字》已经纳入科举考试的范围之内。自唐代以后，一切字书、韵书及注释书中的字义训诂都依据《说文解字》。

清代是《说文》研究的高峰时期。清代研究《说文》的学者不下200人，其中最著名的著作是"说文四大家"——段玉裁的《说文解字注》、桂馥的《说文解字义证》、朱骏声的《说文通训定声》和王筠的《说文句读》。

此外，被称为文宗字祖的许慎所著的《说文解字》成汉字学的开山鼻祖，故后人研究汉字必先读《说文》。

六、封建神学《白虎通》，经学没落标志牌

《白虎通义》又名《白虎通德论》，或省称《白虎通》，是由班固等人根据东汉章帝建初四年（公元 79 年）在白虎观举行的经学辩论会的结果撰集而成，因辩论地点而得名。今传本 10 卷 44 篇，是今文经学的政治学说提要，广泛解释了封建社会一切政治制度和道德观念，成为当时封建统治阶级的神学、伦理学法典。

《白虎通义》书影

《白虎通义》继承了《春秋繁露》"天人合一""天人感应"的神学目的论，并加以发挥，把自然秩序和封建社会秩序紧密结合起来，提出了完整的神学世界观。它以神秘化了的阴阳、五行为基础，解释自然、社会、伦理、人生和日常生活的种种现象，对宋明理学的人性论产生了一定影响。

《白虎通义》全书共汇集 43 条名词解释，内容涉及社会、礼仪、风习、国家制度、伦理道德等各个方面。其中有很多条目汇集了不同的学术观点，有些条目还并列了不同甚至相反的观点。《白虎通义》融合今文经学、古文经学与谶纬迷信于一体，企图统一经学，建立神学经学，并将其奉为永恒的真理，要人们世代相沿学习，不许怀疑和批判。从这个意义讲，《白虎通义》宣告了经学的衰落，是经学走向没落与衰败的标志。但就中国经学史而言，它却属于继往开来的关键性著作，属于董仲舒、公孙弘以来今文经学的总结。

此书《隋书·经籍志》著录为六卷，没有作者，《旧唐书·经籍志》著录，题汉章帝撰，至《新唐书·艺文志》才题为班固等人撰写。清代学者对此书多有校勘，首出的是乾隆间庄葆琛本，稍后有卢文弨汲取众校所长的抱

经堂校本，而以道光间陈立的《白虎通义疏证》较完善。通行版本有1990年上海古籍出版社元刻本影印《白虎通德论》本。

七、宫廷演奏汉乐府，民间歌辞长歌行

"乐府"是汉武帝时设立的一个官署。它的职责是采集民间歌谣或文人的诗来配乐，以备朝廷祭祀或宴会时演奏之用。它搜集整理的诗歌，后世就叫"乐府诗"，或简称"乐府"。它是继《诗经》《楚辞》而起的一种新诗体。

汉乐府是继《诗经》之后，古代民歌的又一次大汇集，不同于《诗经》的是，它开创了诗歌现实主义的新风。汉乐府民歌中女性题材作品占重要位置，它用通俗的语言构造贴近生活的作品，由杂言渐趋向五言，采用叙事写法，刻画人物细致入微，创造人物性格鲜明，故事情节较为完整，而且能突出思想内涵着重描绘典型细节，开拓叙事诗发展成熟的新阶段，是中国诗史五言诗体发展的一个重要阶段。汉乐府在文学史上有极高的地位，其与诗经、楚辞可鼎足而立。

乐府始创于秦，与掌管庙堂音乐的"太乐"并立。汉初沿袭下来，有"乐府令"掌管音乐，汉武帝时大规模扩建乐府机构，对郊庙礼乐进行了重大改革，乐府的性质发生了变化。

汉武帝建立乐府，目的是改革传统的郊庙音乐，即用新声改编雅乐，以创作的歌诗取代传统的古辞。所以，乐府的任务就是采集各地的民歌来创设新声曲调；选用新创颂诗作歌辞；训练乐工、女乐进行新作的排练。

乐府设在帝王游幸的上林苑，乐工组织庞大，有上千人，演奏南北乐等。乐府还拥有李延年、张仲春和司马相如等一批优秀的音乐家和文学家。乐府大规模地采集、整理和改编了大量民歌。采集的民歌几乎来自全国各地。现今留存的乐府民歌，多是东汉作品，共有三四十首。由于乐府专事搜集、整理民歌俗曲，因此后人就用"乐府"代称入乐的民歌俗曲和歌辞。六朝时人们已将乐府唱的"歌诗"也称为"乐府"，与"古诗"相对并举，把入乐的歌辞和讽诵吟咏的徒诗两种诗歌体裁区别开来；宋、元以后，"乐府"又被借作词、曲的一种雅称。所以，作为文学体裁的"乐府"却流传了下来。

汉乐府民歌今存不足百篇，大部分保存在宋代郭茂倩的《乐府诗集》中，

分四类：

（1）郊庙歌辞：主要是贵族文人为祭祀而作的乐歌，华丽典雅。如《安世房中歌》十七章（楚音）、《郊祀歌》十九章等。音乐主要采用秦国音乐和楚国音乐。

（2）鼓吹曲辞：又叫短箫铙歌，是汉初从北方民族传入的北狄乐。歌辞是后来补写的，内容庞杂。主要是民间创作。

（3）相和歌辞：音乐是各地采来的俗乐，歌辞也多是"街陌谣讴"。其中有许多优秀作品，是汉乐府中的精华。

（4）杂曲歌辞：其中乐调多不知所起。因无可归类，就自成一类。里面有一部分优秀民歌。

《陌上桑》和《孔雀东南飞》都是汉乐府民歌，后者是我国古代最长的叙事诗，《孔雀东南飞》与《木兰诗》合称"乐府双璧"。汉代《孔雀东南飞》、北朝《木兰诗》和唐代韦庄《秦妇吟》并称"乐府三绝"。此外，《长歌行》中的"少壮不努力，老大徒伤悲"也是千古流传的名句。

汉乐府或为杂言诗，或为五言，标志着诗歌形式得到了更充分的发展，为后代杂言歌行及五言诗的繁荣奠定了基础。

八、太平五斗道教兴，佛教东来典籍传

1. 道教的兴起

道教是以道为最高信仰的宗教，是在中国古代宗教基础上，沿用了神仙方术、黄老思想等一些宗教观念和修持方法而逐渐形成的。道教大致产生于东汉中叶，太平道和五斗米道是早期道教的两大派。

五斗米道是天师道的前身，其创建者是张陵。张陵，字辅汉，东汉时沛国（今江苏省丰县）人，本来是太学生，精通五经。后来张陵归隐，于公元 141 年作了道书，自称"太清玄元"，以符水、咒法为人治病，创立了"五斗米道"。因为入道者必须缴纳五斗米以作酬谢，所以称作"五斗米道"。

张陵于公元 143 年到达青城山，在这里建立了 24 教区，并在各区设治头，张陵自称天师，掌管全教事务。张陵的五斗米道，其活动主要在巴蜀地区。张陵死后，由其子张衡承其业。张衡死后，五斗米道的领导权为张修所有，一时五斗米道声势甚大。黄巾起义失败后，张角被杀，张修也

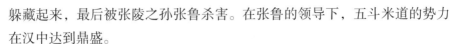

躲藏起来，最后被张陵之孙张鲁杀害。在张鲁的领导下，五斗米道的势力在汉中达到鼎盛。

几乎就在张陵父子忙于创立五斗米道的同时，在河北一带也有一个人在民间传道，同时着手组织道教教团的工作，他就是张角。两人一南一北，一文一武，不过结局却不尽相同。

东汉灵帝时期，由于外戚、宦官把持朝政，压制清议，豪强地主兼并土地，农民流离失所，加之灾疫流行，社会危机十分严重。信奉黄老道的巨鹿（今河北平乡西南）人张角利用《太平经》中某些宗教观念和社会政治思想，创立起一支庞大的宗教组织，并以此组织为基础，发动了中国历史上规模最大的一次以宗教形式组织起来的农民起义——黄巾起义。

黄巾起义是利用道教组织发动的第一次大规模农民起义，也是标志着道教开始登上历史舞台的一件大事。

2. 佛教东传

佛教发源于古印度。两汉之际，佛教主要经由西域传入中国内地。东汉初，汉明帝曾派秦景等使臣出使天竺（印度）求佛法。他们从大月氏（在今阿富汗、巴基斯坦北部）取回佛教的《四十二章经》，并译成汉语。他们还请来了两位天竺高僧，并用白马驮回了大量经书，促进了佛教在我国的传播。汉明帝还专门为在洛阳西门外两位高僧建造了我国第一座佛教寺院——白马寺。

东汉末年，佛教在民间流传开来。这时期，安息国僧安世高于桓帝年间来洛阳开始译经，在20多年中共译经34部40卷。

白马寺

印度僧人支娄迦谶于桓帝末年至洛阳，灵帝年间译出佛经14部27卷，如《般若道行品经》《首楞严经》《般舟三昧经》等，都是大乘佛教经典，首次向中国人介绍了印度大乘般若学的理论。

九、汉代教育新发展，独尊儒术兴太学

在汉朝时期，张骞出使西域，开辟了著名的"丝绸之路"，打通了东西方贸易的通道，中国从此成为世界贸易的中心。西汉是我国封建社会初期一个强盛、富饶的朝代，它继承和巩固了秦朝开始的统一国家，经济繁荣、国力强盛，呈现出一派太平盛世的景象。自秦始皇统一中国后，中华民族各地间的文化相互渗透融合。到西汉时期，我国大部分地区在典章制度、语言文字、文化教育、风俗习惯等多方面都逐渐趋于统一，形成了共同的汉文化，在各族的基础上，中华地区形成了统一的民族——汉族。

在汉朝，文化教育事业进入了新发展时期，这些新发展集中体现在以下三个方面：

1.罢黜百家，独尊儒术

汉朝初期，在政治上主张无为而治的道家治国理念；经济上实行轻徭薄赋，鼓励农业经济不断恢复；在思想上，主张清静无为的黄老学说受到统治者的重视。汉武帝即位后，为了进一步强化政治和经济上的专制主义，开始了罢黜百家，独尊儒术。

黄老学派主张清静无为、休养生息的政策难以满足当时的政治需要，加之汉武帝好大喜功，不太看重道家的治国理念。而儒家的大一统思想、仁义思想和君臣伦理观念深受汉武帝喜爱，因此在思想领域以儒家治国理念取代道家的统治地位成为大势所趋。建元元年（公元前140年），武帝继位后，丞相卫绾上奏建议，请求罢免信奉法家思想的官吏，得到了汉武帝的批准。随后，太尉窦婴、丞相田蚡推举儒生王臧为郎中令，赵绾为御史大夫，褒扬儒术、贬斥道家，鼓动武帝实行政治改革。建元六年（公元前135年），窦太后死，儒家势力渐渐开始崛起。元光元年（公元前134年），汉武帝召集各地贤良方正文学之士到长安，亲自策问考选。董仲舒在《举贤良对策》中指出：大一统是"天地之常经，古今之通谊"，而百家之言宗旨各不相同，使统治思想不一致，法治难以实施，政令难以统一，致使全国上下无所适从。因此，他提议："诸不在六艺之科孔子之术者，皆绝其道，勿使并进。"这就是独尊儒术的文教政策。汉武帝对董仲舒的政策大为赏识。随之，儒术治国成为我国封建王朝的统治思想，其他各家，如道家、法家等治国学说均在政治上受到了排斥和贬黜。

孔子像

为了将这一文教政策付诸实践，汉武帝采纳了董仲舒的三条建议——"推明孔氏，抑百家""兴太学以养士""重视选举，任贤使能"。汉武帝在中央官学中立五经博士，诸子百家的博士不置而废；大力兴办太学，专门学习儒家经典；确立了察举制，选拔人才，将高官厚禄送给精通儒学的人。至此，在文化教育领域彻底形成了独尊儒学的局面。

罢黜百家、独尊儒术政策的实施，确立了儒家思想在中国传统文化中的正统与主导地位，使得专制"大一统"的思想作为一种主流意识形态在封建社会中被定型。内圣外王、刚柔相济、人治社会的政治理想作为一种执政理念被初步确立。董仲舒等人推崇的儒术并非原初意义上的孔孟儒学，而是在吸收了法家、道家、阴阳家等各种不同学派思想基础上形成的一种新儒学，它与刑名法术相糅合，实现了儒法互补的"霸王道杂之"的统治手段，形成了一套全新的、更具生命力的儒家治国理念。

然而，独尊儒术也暴露出汉代统治的一些弊端。首先，它将专制集权统治推向了登峰造极的地步，这种专制制度深深嵌入了人们的心灵与思想，约束着人的自由思想，无形中给人们套上了一种思想枷锁。同时，"罢黜百家、独尊儒术"的政策违背了学术发展的规律。百家争鸣、百花齐放、包容互通、相互交流是学术繁荣的必经之道，是学术发展的内在规律。独尊一家，抑制百家，让学术发展孤军独行，其发展道路会越走越窄，最终会导致学术文化事业整体的没落与倒退。因此，可以说，"罢黜百家、独尊儒术"是汉武帝文化专制政策的集中体现，它束缚了文人的思想观念，对学术文化事业的整体推进产生了阻碍。

2. 太学与地方官学

（1）汉代太学的发展。

设立太学、崇尚儒学是汉代文教政策的重要内容之一。根据董仲舒的建议，汉武帝在长安开办了全国最高教育机构——太学。最初太学中只设五经博士，置博士弟子共 50 名。从武帝到新莽时期，太学中设置的科目及人数逐渐增多，开设了包括《易经》《诗经》《尚书》《礼记》《公羊传》《穀梁传》《左传》《周官》《尔雅》在内的各类课程。

太学的规模在汉朝得到了极大的发展。汉元帝时期，太学的博士弟子达到了 1000 多人，汉成帝时增加到了 3000 人。王莽秉政，为了树立自己的声望，笼络广大的儒生，在长安城南兴建辟雍、明堂，又为学者筑舍万间。此时，博士弟子竟达 10000 余人，太学规模之大，是前所未有的。武帝到王莽，还岁课博士弟子，入选的可补官。到了东汉建武五年（公元 29 年），汉光武帝刘秀在洛阳城东南的开阳门外兴建太学。之后，汉明帝刘庄还到太学行礼讲经。汉顺帝永建元年（公元 126 年)，对太学进行了重修和扩建，费一年时间，用工徒 112000 人，建成 240 房，1850 室。其后，太学生人数多至 30000 人。两汉时期，太学在培养人才和促进文化发展等方面都起到了重要的作用。

太学是培养封建统治管理人才的重要机构，太学生，即太学中的学生是汉朝悉心培养的官僚阶层的后备军，其素质的高低直接关系到两汉国家的发展，故两汉在选拔学生入太学时都非常慎重，有明确的资格规定。为了保证太学生安心学习，汉朝对入太学学习的学生给予免除徭役的优厚待遇。同时，为了保证培养质量，两汉都制定了较完备的考试制度，通过者方可授官，量才录用。太学生们深知通经即可入仕为官，因此在学校学习期间大都较为刻苦，致力于经学的钻研与研习，且洁身自好、志操清励。学习生活之余，太学生积极参与国家政治生活，"清议"朝政、联络官僚士大夫，共同反对宦官集团，推进国家统治的清明。在两汉时期，国家制定了以"四科取士"为标准的选举制度，尽管人人都有资格通过选举取得官职，但能达到"四科取士"标准的人非常少，要达到这一标准必须经过一定的培养和训练。因此，大部分太学生都达不到这个标准，只能学毕归乡。在太学的管理中，任一机构的设置都不能脱离国家的管理，都要由国家统一管理。国家不仅专门设置了管理太学的机构，同时也针对具体问题制定了具体的管理措施。从管理机构方面来看，太学由太常直接管理，其后勤保障由大司农和将作大匠来完成。从管理措施来看，太学通过确立学籍和制定请假制度对太学生进行严格管理，使其专事学业、不得分心。

（2）我国的第一所文学艺术专业学校——鸿都门学。

东汉末年宦官当权，朝政腐败，遭到儒家士大夫官僚集团的猛烈抨击，太学师生自然附和朝中的士大夫集团。在尖锐的斗争中，宦官集团为了维护在政治上的优势地位，企图培养依附于自己的知识分子队伍，来与士大夫集团相抗衡。他们利用汉灵帝刘宏对文学艺术的嗜好，于公元178年在洛阳鸿都门外建起学校，学生达千人之多。鸿都门学主要教授尺牍（即书信）、小说、辞赋和字画等，并从事各种创作活动，这些项目本是儒家士大夫所瞧不起的"雕虫小技"，然而鸿都门学的学生却因其创作受到皇帝赏识而多被破格提拔录用："或出为刺史、太守，入为尚书、侍中，乃有封侯赐爵者。"与当时太学生出路困难的状况形成鲜明对照。鸿都门学从酝酿成立之始就遭到朝中士大夫的群起反对，认为这是"斗筲小人"以微才末技时托权贵，而位至高官，士大夫耻于与其同列于朝，要求废除鸿都门学。鸿都门学虽是当时政治斗争的产物，只存在了短短的十余年，但它是中国第一所文学艺术专门学校，冲破了儒家经学对学校教育的垄断，也为后世各类专门学校的设立开辟了道路。

（3）汉代地方官学。

汉代最早兴办地方官学的，当推汉景帝时蜀郡太守文翁。文翁为改变蜀地文化落后于中原的状况，亲自挑选了10余名聪敏有材者，派到京城，有的随博士学习，有的学习法律。他节省府库开支，购买蜀中特产赠给博士以表酬谢。几年后这些人学成归蜀，文翁均予以重用。他又在成都建起学舍，招收下属各县的子弟入学，免除他们的徭役，弟子学成后，从中择优选拔录用。文翁平时巡视各县时，会让自己优秀的弟子随行，代为传达教令，以此给弟子增添荣耀。于是各地吏民争先恐后遣子求学，甚至不惜出重金谋取弟子资格，蜀地劝学重教的风俗从此形成。汉武帝即位后，大力推广文翁兴学的做法，"乃令天下郡国皆立学校官"。西汉末王莽执政时，于公元3年按地方行政系统设置学校。郡国一级设"学"，县、道、邑、侯国一级设"校"，各配备经师2人。乡一级设"庠"，乡以下的基层单位"聚"一级设"序"，各配备《孝经》师1人。东汉前期地方教育相当发达，班固《两都赋》中赞颂"四海之内，学校如林，庠序盈门"，正是当时地方学校昌盛的写照。

郡国文学掾史是汉代地云官学的教师。文学官多由学者名流担任，除作为郡国长官的学术顾问外，在有地方官学之处也从事教授诸生的活动。

汉代碑刻文学中有许多关于地方官学的记载。例如《蜀学师宗恩等题名碑》文中,除列有文学掾外,还有《易》掾2人《尚书》掾3人《诗》掾1人《礼》掾2人、《春秋》掾1人、文学孝掾（疑即掾《孝经》掾）1人,有专经教师从事教学的分工,已与太学相似,当然只是在文教事业发达的地区才能达到这种规模。地方官学是当地从事礼教活动的中心场所。如韩延寿在颍川（今河南禹县）"修治学宫,春秋乡射,陈钟鼓管弦,盛开降揖让"。李忠在丹阳（今安徽宣城）"起学校,习礼容,春秋乡射,选用明经"。卫飒在桂阳（今湖南彬县）"修庠序之教,设婚姻之礼"。都是以地方官学的礼教典范来推动社会风尚的转变,培养学术人才仅为其次。汉代地方官学师资的学术水平一般偏低,且兴衰无常,与中央官学没有衔接措施,朝廷对地方官学也没有考试升迁的专门措施,因此各地有志于求学上进的人,均力争赴京城太学去学习深造,或投拜于有学术造诣的私家大师门下。

3. 秦汉时期的私学教育

在秦汉之际,民间的私家学术活动就已经恢复。楚汉相争时,刘邦举兵围鲁,"鲁中诸儒,尚讲诵,习礼乐,弦歌之音为绝"。汉代吸取秦王朝覆灭的教训,意识到不能对私学采取摧残和取缔措施;只要善于引导,民间学术活动还可以起到维护社会秩序、促进教化和培养人才的作用。既然太学名额有限,地方官学又一时难以普及,私学的兴起可以补充官方教育

古代私塾

的不足，是两全其美的事。因此汉代统治者对私学采取开放政策，允许私人收徒讲学，对教学内容一般也不加限制，诸子百家及各类知识技能均可传授。独尊儒术后，政府则鼓励民间的经学教育活动，凡学者有所成者，均有可能通过选士的途径得以录用。杨仁为什邡（今属四川）县令时，鼓励子弟求学，凡通经术者，均录用到县署，或举荐到朝廷，于是境内出现了许多民众自办的义学。私学经师在学术研究和传授活动中声望卓著者，可被任命为博士而执教太学，或被地方当局聘为本地官学教师。而博士及其他有学术造诣的官员，也都会私人收一些弟子和门生。官方教育与民间教育相互沟通，这正是汉代经学教育昌盛的体现。

（1）儒学经学的私家传授。

汉代民间教育活动的主体便是儒家经学的私家传授。西汉时经学尚处于恢复兴起阶段，因客观条件的局限，特别是博士官学一时居绝对优势，故私学的规模不大。至东汉时，各经学学派繁衍滋盛，不仅博士之学发生分化，"在野"的今古文经学也不断发展。各派经师为了扩大学术影响，争取政治上的地位，都要在私家传授上下功夫。造纸术的广泛应用使书籍数量剧增，洛阳等大城市已有了出售书籍的市场，这样就为更多的人提供了学习条件。东汉私学数量和规模都有极大发展，一名经师常有数百乃至数千弟子，张兴有弟子10000人，蔡玄的门徒达16000多人。这些私学的规模不逊色于太学，而太学仅有一所，私学则遍布各地，可见私学承担着当时经学传授的大部分任务。

私学一般只有一名经师，而弟子成千上万，这样的比例显然不可能让经师遍教每一位学生。不过私学弟子有"著录"与"及门"之分，在弟子名册上有相当一部分是只挂名而不亲身前来受教的，即所谓"著录弟子"。这些人或是在家自学经师的著述，或是根本不学，仅谋取一个师生关系的名义而已，因这种师生关系在当时具有重要的社会作用。除去"著录弟子"外，东汉私学中及门求学的弟子也常有数百上千人，靠经师一个人仍难以遍教。从董仲舒开始，汉代私学多实施"次相授受"的教学法，即由经师先把学业传授给少数高足弟子，再由这些高足弟子分别传授给其他弟子，逐次相传，即可应付所有弟子的求学需要。以东汉经师马融为例，他有门徒400人，其中能得到他亲自教诲的仅50余人，其余的人则靠间接授受。郑玄在马融门下，最初竟3年未能得见其师一面。后因马融考论图纬遇到困难，有人推荐郑玄善算，于是叫他前来帮助计算，郑玄才有机会向马融当面请教。不过当时有一种"大都授"，就是经师总集诸生进行讲授。汉成帝时宿儒胡常采用这种方式，翟方进派自己的弟子门生前去听讲，可见"大都授"不限于自家私学，社会上一切有兴趣的学者都可以参加。

由于私学都是由学者在民间自办的，有较大程度的独立性和自主性。私学教学内容比较多样化，那些不被列入官方正宗学说的古文经学，就是在私学中得到传授和研究的，并以此获得广泛的社会影响。私学的学术色彩比较浓厚，师生多抱潜心治学的态度。桓荣遇两汉之际天下大乱，携经书与弟子隐居山谷，虽常遇饥困讲论不辍。孙期牧猎于大泽中，以奉养老母，远道来求学者手执经籍，追随他求教。孙林、刘固、段著等人仰慕经师张霸的博学，索性在其师宅舍附近购置房屋住下来，以便就学。私学的教学比较富于生气，学生可以自由择师，班固、郑玄等人甚至"学无常师"博取所长。教师也可以自由讲学，因此许多私学出身的学者，其经学造诣并不逊色于博士。例如戴凭公开向光武帝声称"博士经说皆不如臣"，光武帝让诸儒及群臣中能说经者与他辩论，竟无人能驳倒他。查《后汉书》中所载各类经学著述共百余种，90%以上是由非博士的私家经师所编纂的，由此可见，私家传授对经学发展的巨大推动力。

（2）其他学术的私家传授。

除经学的私家传授外，其他学术及技艺也有私家传授，而这些教学内容是当时官方教育所没有的。

即使在汉武帝独尊儒术后，道家学说依旧有较大的社会影响。也屡有私家传习的记载。汉成帝时严遵卜筮于成都，每日挣得百钱，足以谋生后便停业传授《老子》，著有《老子指归》十余万言，学术上颇有地位。安丘先生也是当时著名的道家学者，王莽堂弟王慑和东汉初名将耿弇之父耿况都曾跟随他学习《老子》。桓帝时杨厚辞官归家，修黄老之学，教授门生，著录者3000余人。这些人本多为儒生，他们传习《老子》，或者出于涉猎博学的兴趣，或是在政局动荡下作为"修身自保"的手段。东汉后期道教创立，《老子》成为宗教教义——《道德真经》，传授范围更广。张陵（道教徒后称为张道陵）在川汉一带创"五斗米道"，成为后来道教正统——天师道的本源。至其孙张鲁，三代传教，以《老子》教化民众。早期佛教在中国的传播也与儒生有关。鱼豢《魏略》记载公元前2年博士弟子景庐接受大月氏使者伊存口授《浮屑经》。佛教和道教后来形成以寺观为场所的宗教教育，仍属民间教育的一部分。

在汉代，还开展有各类专门知识技能的传授。刑律有私家传习，如郭躬继承父业，传习《小杜律》，教授门徒常有数百人之多。据《晋书·刑法志》记载，东汉时有关刑法的章句之学已有10余家，共数十万言，可见刑律的传授相当广泛。古代最重要的自然学科是天文和历法，传习者众多。《史记·日者列传》记载，汉初隐士司马季主与弟子讨论"天地之道、日月之运"，并有总括性讲论数千言，颇有条理。汉代张苍首治律历，一时研究律历者均以张苍之说为本。后有焦延寿的"六十律"历法，刘歆的"三统历"，均广为传习。东汉末年刘洪等考校王汉所上《月食注》的师法，可见律历已久有师传关系。汉代医学相当发达，医师行医同时也收徒传授。例如华佗有弟子吴普、樊阿等，他给吴普讲论运动能防治疾病的道理，并传给体操"五禽戏"，传给樊阿"漆叶青黏散"等方剂。汉代各种技艺、方术，如灾异、图谶、风角、卜占、推步、相术、武技等，也多有自己的私家传授，其中虽有不少荒诞、迷信的内容，但也并非全是无稽之谈。当时有"富为上，贵次之；既贵，各各学一伎，能立其身"的传语，古代的科学技术正是依靠这种私家传授才得以延续和发展的。

第四章 ／ 民族与外交

一、匈奴分裂划南北，经营西域都护府

1. 匈奴的南北分裂

东汉初年，匈奴内部接连发生旱灾、蝗灾，而且内讧不断。公元48年，八位亲汉的匈奴部落首领拥立日逐王比为单于，这八部首领的祖先曾追随呼韩邪单于降汉，他们拥立日逐王比时，又恢复了呼韩邪单于的称号，日逐王比于是成为第二位呼韩邪单于。呼韩邪单于率众降附汉朝，屯居于五原西部塞，后又徙于云中、美稷、朔方、定襄、雁门一带。这部分匈奴被称为南匈奴，留在原处的被称为北匈奴。北匈奴在力量有所强大之后，不

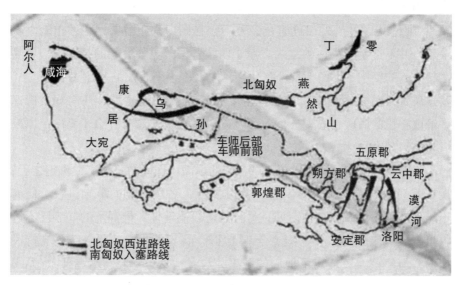

东汉灭北匈奴之战与北匈奴西迁图

时南下侵扰。

公元 73 年，刘秀之子汉明帝刘庄，采纳耿秉的建议，分兵四路出击北匈奴。最西一路，是奉车都尉窦固、骑都尉耿忠率领的酒泉、敦煌、张掖三郡的兵马和庐水羌胡的一万两千骑，击败了匈奴呼衍王，一直追到蒲类海（今新疆巴里坤湖），在当地置宜禾都尉，屯田伊吾（今新疆哈密）。

公元 74 年，汉明帝再命窦固、驸马都尉耿秉击平车师前、后王，重置西域都护，断了北匈奴的右臂。北匈奴陷入困境，南下降汉者越来越多。

到了公元 89 年时，窦固、耿秉的汉军得到南匈奴的帮助，再次大败北匈奴，追逐了 5000 里，在燕然山（今蒙古杭爱山）勒石记功而返。两年后，汉军又连续大破北匈奴，单于逃遁。此后鲜卑在匈奴故地兴起，北匈奴部分降于鲜卑，部分西迁。匈奴对汉朝的威胁，自此消失。

2. 经营西域

鄯善、于阗是西域的大国，他们结交了汉朝后，别的西域国，像龟兹（今新疆库车一带）、疏勒（今新疆喀什噶尔一带）等也都跟着与汉朝修好。汉朝于是重设西域都护一职，由班超长期担任。西域经过了王莽时期的混乱，此时重返中国版图，班超功不可没。

公元 102 年，班超卸任返回洛阳，职位由任尚接替。任尚向班超请教说："我初次担当这么大的责任，深感难以负荷。您在塞外 30 年，请赐指教。"班超说："塞外的汉朝官员，差不多在国内都犯过错误，才出塞立功求赎，并不都是小心谨慎之人。至于西域各国，更各有各的企图，很容易激起他们的反抗。你的性情严正，俗话说：'水至清则无鱼，人至察则无徒。'我建议你凡事求其简单，对小过错多加宽恕。"班超走后，任尚却没把这番语重心长的话放在心上，反而讥讽道："我以为班超有什么了不起，原来只是个平凡人物。"

只四年时间，任尚就激起西域各国的不满。任尚的总督府继班超之后，设在疏勒王国（今新疆喀什）。公元 106 年，各国联合向疏勒进攻，任尚不能阻挡。东汉政府把他召回，另行派遣段禧继任。但混乱的局势已不可收拾，段禧转战到龟兹王国（今新疆库车），不能再进。龟兹王是支持段禧的，但龟兹人民叛离了他们的国王，与温宿王国（今新疆乌什）、姑墨王国（今新疆阿克苏）组织联军，攻击段禧和龟兹王。段禧虽然把他们击败，不过整个西域却只剩下龟兹一座孤城与汉朝修好。勉强支持了一年后，东汉政府只得再撤销西域总督，撤回所有残留的屯垦区。

公元 119 年，敦煌太守曹宗试探着派遣部将索班再进入伊吾卢（今新疆哈密）屯垦，鄯善

北庭都护府遗址

王国（今新疆若羌）和车师前王国（今新疆吐鲁番）重又归附汉朝。不久，尚未向西移尽的北匈奴残余部落（今新疆阿尔泰山南麓）跟车师后王国（今新疆吉木萨尔）联合，攻陷伊吾卢，杀死索班。鄯善王国向汉朝求救，班超的儿子班勇担任西域长史，进驻敦煌，他率领 6000 人反击，生擒车师后王国国王，带到索班死难处斩首，并把其人头送到洛阳悬挂示众。北匈奴向北逃走，从此再没有出现。

继班勇之后，再没有一个像样的西域长史。最后一任王敬，在公元 152 年击斩于阗（今新疆和田）国王。于阗人民反攻，把王敬杀掉。这时，汉朝正陷于内争，不能再派出使节，西域遂再一次脱离，但其与中原在经济文化上的交往并没有中止。

3. 西域都护府

汉宣帝神爵二年（公元前 60 年），在西域设置都护府，行使对西域的全面管理。这一年九月，匈奴日逐王率其众投朝，骑都尉郑吉率西域诸国 5 万人迎之。封日逐王为归德侯。郑吉在西域，破车师归日逐，威震西域，遂并护车师以西北道，号称都护。郑吉在乌垒城（今新疆轮台）设置都护府，督察乌孙、康居等 36 国，使汉朝的号令更好地在西域得到执行。

二、外交制度承秦制，外交机关蛮夷邸

1. 政治外交

秦朝统一中国，汉朝进一步巩固扩大疆域，建立起多民族的封建大帝国。公元 2 年，西汉疆界东西 9302 里，南北 13368 里，人口近 6000 万。

汉初分封异姓诸侯王，只是对楚战争一种权宜之计。诸侯拥兵据地，"制同京师，皆如朝廷"。但汉朝汲取了周朝大分封而产生分裂的教训，经过几代人的"强干弱枝"，才把异姓和同姓诸侯的权力收归中央，避免了周朝分封制下"众国林立"的局面，汉朝外交有三层含义：

（1）汉朝同周边少数民族政权的关系（如西南列夷、夜郎侯、滇王等、西域三十六国、匈奴、鲜卑、东胡等）。

（2）汉朝同境外亚洲邻邦关系（如倭国、朝鲜、高句丽及三韩、安息、身毒、扶南、已不程、黄支等）。

（3）汉朝同罗马帝国的关系，即早期的中西方关系。

由于交通工具不是很发达，汉朝政治外交以前两种含义为主。而这两层含义在当时并没有严格的区别，因为第二类关系国除安息、身毒地区以外，其他邻国都在汉文化圈内，并受汉朝封赐。汉皇帝封倭国一部为"汉委奴王"，封高句丽统治者为"侯"，这与汉朝封夜郎国、匈奴、西域诸王以王侯地位是没有太大区别的。汉朝同邻国这种松散的宗主与藩属的关系，我们称之为"宗藩关系"。

汉朝内政外事的终决权掌握在皇帝手里。丞相（东汉尚书令）是皇帝的总管家，佐天子"外镇抚四夷诸侯，内亲附百姓"，重大对外政策，丞相参与制定。九卿之中，太常（秦称奉常）职掌礼仪，兼有外交官性质。礼官大鸿胪的官职在汉武帝太初元年（公元前104年）正式定名，此前沿秦之制称"典客"，汉初再改称"大行令"（张骞任过此职）。大鸿胪一职一直延续到清朝，主管"四夷"事务及朝廷迎送礼节。又因为汉的地方行政采用郡县与封国并行的制度，凡郡、国到京师的官员也都归大鸿胪负责接待。担任过大鸿胪的有田千秋、萧望之等（王莽当政时改大鸿

苍山东汉墓画像石《胡汉交战图》

胪为"典乐")。汉初设典属国(苏武等在被匈奴囚禁19年后,获释回朝,被任为典属国,冯奉世出使大宛后也担任此职),掌管臣属于汉帝国的小国,成帝时并入鸿胪。大鸿胪一职下属有行人(或叫大行令)、译令、邸长、主客等官职。

2. 外交机构

九卿少府机构中有两个部门是涉外机关,一是尚书令下属的"客曹",掌外国夷狄事务,东汉时分客曹为二:南主客曹与北主客曹;二是黄门令丞(东汉时称黄门侍中),亦管"赐贡"贸易,黄门之下有译长,是具体执行对外贸易的官员,从名称可以看出此官必懂外语。《汉书·地理志》云:"有译长,属黄门,与应募者俱入海市⋯⋯"

九卿还有光禄勋府(前称郎中令),下属众谒者中,有专管把帝王命令传达属国者(终军18岁任此职)。

汉朝的使节制度较为复杂。出使官员的地位依所往国的重要性和出使目的而定,使官不一定在大鸿胪下。例如终军以谏议大夫身份出使南粤,苏武以中郎将出使匈奴,唐蒙也是以中郎将出使夜郎,张骞以侍郎身份出使西域。使者持节,但持节者不一定就是使官,传令官、边境地方官和远嫁的公主也都持节。外出的使节不一定是中央政府直接派出的,如甘英出使大秦(未遂)是西域都护班超派遣的,冯嫽初次出使西域各国,持的是乌孙国王后(汉公主)的节。外交使团的规模也因事情大小而定,班超初使西域带36人;张骞二使西域,带去300多人;唐蒙使夜郎,"将千人,食众万余人"。简直是重兵压境,难怪夜郎侯立即归附。汉朝正使出访后有权派遣副使及随员分别前往他所认为可以交往的国家,张骞、郑吉、班超都行使过这种权力。

3. 外交驻所

汉朝外交活动,中央统得不死,边陲郡国,如西域都护府、南海郡、交趾郡都在对外政治、经济事务中保留了相当程度的外交自主权。这是古代交通不便的原因所致。

汉朝所说的"西域",不是一个很明确的地理概念。这在后人理解西域时发生了一些误会。综合各种场合下出现的"西域"一词,有三方面的含义:

(1)汉朝版图内的实际统治区,包括今新疆全境和中亚巴尔喀什湖以

南吉尔吉斯斯坦、塔吉克斯坦地区，即西域都护府管辖的诸郡国。我们称之为"汉西域"。由于汉朝与匈奴长期争夺这片地区，史书载：西域与汉"三绝三通"。

（2）中亚汗国如大月氏、大夏、康居以及安息、条支的波斯湾地区，这些地区除安息和条支一直同汉朝友好相处之外，其他游居的民族政权都同汉朝发生过战争和冲突。

（3）广义上的西域还指身毒（印度）及罗马帝国统治的东部地区，即大秦。这主要是张骞、班超等不熟悉远方地理的缘故造成的，而汉朝最高统治阶层更不了解"西方"更远的地方情况，派往西域的官员和使节把他们听说过的国外和风情传到国内时，国内就误认为这些地方也在西域附近（参见《汉书·西域传》）。这样，史书中的"西域"包括了南亚、西亚等地。

汉宣帝神爵二年（公元前60年），汉设置西域都护府，郑吉为西域都护，辖西域三十六国。该都护与郡王平级。汉西域都护是汉朝一个特别行政区，这是汉使者张骞、傅介子、冯奉世等人长期外交努力的结果。西域尽管与汉"三绝三通"，但长期在汉朝的有效统治之下，都护府作为"特区"。

汉朝南交趾长官也有一定的外交自主权。南越七郡统称为交趾，长官称交趾刺史（汉献帝时改称交趾牧），代表汉朝管辖南越七郡。由于远离

轮台古城遗址

京城,交趾刺史和七郡郡守分掌汉朝同东南亚、南亚古国的贸易。南海郡(广州)是当时亚洲地区最大的贸易中心之一。交趾诸郡不断派贸易团队,入南洋交换物产,然后把海外商品及珠宝珍奇运往京城。这些贸易十分危险,难免遭"风波溺死",还会遇海盗"剽杀人"。

汉代西域都护区和交趾地区之所以能享有部分对外决策权,客观原因是由于中央与边境地区相距甚遥,不宜事事出自中央,主观上是强大的汉朝有实力保障地方政权不致离心向外。

与外族外国交往,有语言不通、饮食习惯各异的困难,汉政府有两个部门解决这两个问题。

鸿胪之下有"译官":王光谦《汉书补助》说:"《尚书大传》:周成王时,越裳氏重九译而献白雉。故以官名。"周堪曾在宣帝时为译官令(见《汉书·儒林传》)。

少府之下有"别火":《汉书·百官公卿表》曰:武帝时"初置别火"。火,火食也。《礼记·王制》曰:"东方曰夷,被发文身,有不火食者矣。"别火一职,是从少府中分出来,专掌来朝"蛮夷"因饮食习惯不同而别开火食的官员。别火必须熟悉各国的饮食习惯,以便让外国使者有宾至如归的感觉。

4. 蛮夷邸

汉代的"蛮夷邸"是在中国古代外交史上第一次出现专为四方国、族来使单独设置的接待馆舍。从西周到战国时期的交聘馆舍,基本上是为以中原地区为中心、江河流域华夏文化圈范围内诸侯或在其基础上发展起来的列国之间的交聘而设置的,其接待对象主要是华夏文化圈内诸侯、列国的交聘使节。汉代首次以"蛮夷"命名这种馆舍,表明这种馆舍之属性有别于以往的交聘馆舍,是专门用以接待"蛮夷",即四方国、族来宾的。

汉代于京师设置三种"邸"舍:一为郡邸,二为国邸,三为蛮夷邸。

前两者通常被合称为"郡国邸",它们基本上是传统交聘馆舍基础上的延伸发展。而"蛮夷邸"的性质与"郡国邸"是不同的,它是汉王朝为接待四方国、族之宾客而设置之馆舍,其所反映的是汉王朝与四方国、族之关系,属于汉王朝之对外关系服务设施。和帝永元六年(公元94年),西域都护班超"发诸国兵讨焉耆、危须、尉黎、山国,遂斩焉耆、尉黎二王首,传送京师,县蛮夷邸"。李贤注曰:"蛮夷皆置邸以居之,若今鸿胪寺也。"因其为安置"蛮夷"宾客之邸舍，故称之为"蛮夷邸"。

三、友好交往往来频，岁奉贡献通有无

1. 与中亚、西亚诸国的交往

（1）大月氏与贵霜王朝。

大月氏人最初居住在中国西部的敦煌、祁连山一带。公元前 2 世纪初被匈奴击破，西迁至中亚阿姆河流域，有众 40 万，胜兵 10 万，并于公元前 126 年统有了大夏国，迁都阿姆河南的蓝氏城，成为中亚强国。在它攻灭大夏前两年，西汉使者张骞曾专程来访，但此后若干时期，大月氏与中国王朝来往不多。至公元 1 世纪中叶，大月氏五翕侯之一的贵霜翕侯丘就却攻灭其他诸部，建立了强大的贵霜帝国，它与中国王朝的接触也日渐增多。公元 78 年，班超到西域不久，就与贵霜建立了正式联系。嗣后 6 年，班超攻疏勒半年不下，康居国又派出精兵援救疏勒，贵霜在班超的要求下，劝康居撤回了援兵。贵霜并提出要以重礼聘娶汉朝公主，但未能如愿。公元 89 至公元 90 年，窦宪大败北匈奴，贵霜势力想乘机进入西域北部，取代匈奴的地位。公元 90 年 5 月，贵霜副王谢亲率 7 万大军越葱岭进入西域，为班超所败。此后，贵霜势力不断南下，很快便据有了恒河流域。但对东汉王朝却是"岁奉贡献"，保持着友好关系。

（2）大宛。

大宛为中亚古国，约在苏联费尔干纳盆地，都城贵山城，即苏联塔吉克加盟共和国的列宁纳巴德，是一个较发达的亦牧亦农国家，盛产稻麦，葡萄酒，且多良马，以汗血马为著。所属城邑 70 余，人口数十万，是中国通往西方的枢纽。张骞第一次出使西域时便到了大宛，沟通了两国关系，并且由大宛国王派专人引导至康居、大月氏诸国。张骞第二次出使西域时，遣副使访问了大宛，并与大宛使者一并返回汉朝。公元前 104 年，汉武帝派专使到大宛，愿以千金和金马换取大宛的汗血马，被大宛拒绝。大宛又依附匈奴，劫夺过路汉使财物，杀戮汉使，武帝任李广利为贰师将军，率军大举远征大宛。第一次出征，未至大宛，便被郁成国击溃。公元前 101 年，李广利再次西征，围困大宛城四十天，大宛被迫求和。汉朝取其良马数十匹，中马以下 3000 匹，又杀旧王，改立新王，并使其遣子弟至长安为质，与之结盟而还。这次远征虽然保障了中西陆路交通的畅通，

但也给大宛和汉朝人民带来了沉重的灾难。两汉之交，大宛一度被莎车所并，后复独立，仍与东汉有着比较频繁的往来。东汉后期，关系渐渐疏远。

（3）康居。

康居，分布在锡尔河下游及其以北地区（苏联撒马尔罕一带），为古伊兰人建立的中亚国家，其国在大宛西北约 2000 里，西汉时有户 12 万，口 60 万，胜兵 12 万人，亦有人认为它就是古代花剌子模或花剌子模的一部分。张骞第一次出使西域时也到达了康居国。第二次出使西域时，遣副使抵康居，并与康居使者返回汉朝。此后，康居与西汉王朝建立了友好关系。宣帝时代，匈奴郅支单于杀东汉使者，势力进入康居，康居王把女儿嫁给郅支单于。不久，郅支与康居王发生冲突，康居王女及诸贵人被杀，郅支控制了康居，并侵凌大宛、奄蔡等国，危及了西汉对西域的统治。公元前 36 年（元帝建昭三年），西域副校尉陈汤矫诏发西域诸国兵 4 万伐郅支。在康居土著酋长的协助下，顺利地攻下郅支城，斩单于。从此，康居国又恢复了与汉王朝的友好关系，西域都护常遣使节至其国中。成帝时，康居王又遣子入侍。至东汉时代，康居仍与汉频频往来。班超在西域的军事活动就曾使用康居军队。斯坦因在古楼兰遗址中发现了许多古宰利文木简，这种文字是"西元后起初几世纪流行于今撒马尔罕和布哈拉地方的古康居国一带的文字"。这说明东汉王朝与康居国有着频繁的交往。

（4）安息。

汉人称今天的伊朗一带为安息。秦汉时代，正是伊朗历史上的帕提亚时代，这一王朝的建立者阿尔萨息，被当时的中国人译为安息，故又径称其国为安息国。汉武帝时，安息国在密斯利得斯二世统治下，国势强盛，领有妫水之西、黑海之南的广大地区，是东西交往的枢纽。张骞第一次出使西域时，便对安息作了比较全面的了解。已知道安息在大月氏西约千里处，拥有大小数百城，地方数千里，北接康居，西连条支，东面乌弋山离，商贾车船行于邻国。公元前 119 年，张骞第二次出使西域时，遣副使出使安息，安息王遣将率二万骑迎于东界，又发使随汉使节至汉，并赠大鸟卵（鸵鸟蛋）及犁靬眩人于汉。此后汉王朝与安息帝国建立了正式联系，安息国在汉王朝与西方世界交往中充当重要媒介。东汉王朝建立后，继续与安息国保持着友好关系。章帝章和元年（公元87年）安息王佛罗格斯二世遣使到中国，并赠送狮子、符拔（独角兽）。和帝永元九年（公元97年），甘英西使大秦时，即至安息西界而返。永元十三年（公元101年），安息王满又遣使至中国，并赠送狮子及条支大鸟（时称安息雀）。世传安息国太子安世清，曾长期居住中国（公元148年到中国），博通汉文与梵文，译出佛经39部，为中西文化交流作出了贡献。由于中国与安息的友好关系，通过安息的丝绸之路就格外兴盛，许多商人沿着这条路把罗马帝国的青铜器、玻璃器、酒、油特别是黄金，从高卢运到中亚、中国与印度，来换取丝绸、象牙、香料与宝石，促进了中西间经济交流。当时中国与安息只有陆上交通，海路尚未开通。

2. 与朝鲜半岛的交往

（1）卫满入朝与两国人员往来。

秦汉时代，朝鲜半岛正处在阶级社会形成与国家建立的阶段。朝鲜半岛北部有传说中的箕子后裔箕准称王，后被卫氏取代。公元前后，半岛东北部的成镜北道居住着沃沮，东海岸的成镜南道居住着当地人，半岛南部又有马韩、辰韩、弁韩三个部落联盟，它们都与当时的秦汉王朝有着密切的关系与交往。

自古以来，中国与朝鲜半岛地区间的人口迁徙就十分多见。至陈胜起义爆发后，"天下叛秦，燕、齐、赵民避地朝鲜数万口"，朝鲜王准置之于西部，他们带去了先进的农业生产技术与铁器等生产工具。西汉初年，燕王卢绾叛汉入匈奴，燕人卫满率千余人渡浿水往依箕准，准拜其为博士，封地百里，后满取而代之，自立为王，都王险城（即今平壤），史称卫满

马踏飞燕

朝鲜。卫满朝鲜时代，它与汉朝的人员往来更加频繁，中国人依然不断地徙往朝鲜，史称卫满之孙右渠时，"所诱汉亡人滋多"。朝鲜居民亦不时有移徙中国地区者，武帝元朔元年（公元前128年）涉君南闾就曾"率二十八万口诣辽东内属"。两地间的人

口交流直接促进了中朝人民的经济交流与联系。

（2）西汉武帝与卫氏朝鲜。

卫氏朝鲜立国之初，与汉保持着密切的友好关系，汉惠帝与高后朝，辽东太守约卫满为外臣，并与之相约，使其"保塞外蛮夷，毋使盗边"。至武帝朝，值卫满孙右渠为王，武帝以其"未尝入见"，于元封二年（公元前109年）秋，遣楼船将军杨仆、左将军荀彘分两路进攻右渠，右渠率兵抵抗，汉军屡败，最后由于卫氏统治集团内部分裂，右渠为臣下所杀，卫氏朝鲜亡。武帝在其统治区内设置真番、临屯、乐浪、玄菟四郡，后渐以弛废。这一时期，中国王朝与卫满朝鲜的交往十分频繁，在故卫氏朝鲜范围内，多次出土西汉时代的铁器、铜器、漆器与丝织品，表明中国与朝鲜半岛密切的经济文化联系。

（3）辰韩、弁韩、马韩与东汉王朝。

西汉时代，朝鲜半岛南部存在着辰韩、弁韩、马韩等部落联盟。至东汉时代，三韩开始向阶级社会过渡，并开始与汉王朝建立联系。马韩人此时已知道种田、养蚕、织布，住草室土屋，与汉人接触较多，受汉化影响较大，其丹支部酋长称辰王，名义上是三韩的大君长。辰韩又称秦韩，相传秦朝人逃避徭役，逃亡到半岛东南部，与当地土著居民融合在一起，经济文化水平较高，人民种五谷，养蚕，织缣布，能制造铁器。弁韩最小，经济、文化比较落后。东汉初年，三韩廉斯人苏马提曾至东汉乐浪郡贡献，光武封之为汉廉斯邑君。至灵帝末，诸韩渐盛，而东汉所制郡县之民，苦于战乱，多流亡入韩。在东汉王朝的强烈影响下，三韩没有向奴隶社会发展，而是模仿汉族的剥削方式和政治制度走上了封建化的道路。

东汉时代，朝鲜半岛东北部与东海岸的沃沮等当地人与东汉有着友好的往来关系。沃沮等当地人使节常至东汉朝廷，当地特产文豹，果下马及海斑鱼亦多由其使节携至，促进了双方的经济文化交流。

3. 与日本列岛的交往

（1）徐福东渡的传说与秦汉时代的归化人。

徐福东渡的记载最早见于《史记》一书，《史记》卷六《秦始皇本纪》记道："齐人徐福等上书言海中有三神山，各曰蓬莱、方丈、瀛洲，仙人居之，请得斋戒，与童男女求之。于是遣徐福发童男女数千人，入海求仙

汉倭奴国金印

人。"《汉书·伍被传》则言：秦始皇使徐福"率男女三千人，五种百工而行，徐福得平原大泽，止王不来"。但徐福东渡的终止地则史焉不详。唐宋以后，中日双方多认为徐福是抵达了日本，现在日本的和歌山县就保存有徐福之墓，还有固定的祭祀。近代以来，又有不少学者对此提出疑问。不过，不论徐福当年是否东渡日本，秦汉时代确有大量中国居民迁居日本。日本人类考古学中将这一部分人称为"归化人"。根据日本发现的上古金属器具遗物，考古学者们推断，从公元前3世纪起，日本已有汉族归化人。大正年间（1911—1923年），日本西南海岸出土了大量的铜铎、铜剑等，与中国大陆及朝鲜出土的极为相似，有的甚至完全一致，这是公元前3世纪至公元前1世纪时的器物，其制作者多是大陆归化人。1958年，日本九州岛东南的种子岛出土了一批陪葬物，其中一些装饰物上写有汉隶或刻有汉代爬虫纹样的图案，由此可以推言，从战国后期至汉代，一定有不少的中国人向日本列岛移民，成为当地的归化人。对于汉族归化人的活动，日本记载颇多。日本第一部史书《日本书记》记道："应神天皇十四年（公元2世纪左右）融通王弓月君率秦人来归"，"应神天皇二十年，又有倭奴直祖阿知使主，其子都加使主并率己之党类十七县而来归焉。"公元9世纪成书的《姓氏录》甚至著录弓月君为秦始皇五世孙，阿知使主为汉灵帝三世孙等等，这皆可与地下出土文物相印证。大量的大陆居民移居日本，为当时的日本社会带去了先进的生产技术与劳动工具，其中尤以丝织技术的传入最为突出，并且，归化人的大量涌入也对日本国家的形成与建立产生了较大影响。

（2）两汉王朝与日本的交往。

西汉时代，即有了比较可靠的与日本交往的记载。《汉书·地理志》记道："乐浪海中有倭人，分为百余国，以岁时来献见。"两国始通时间当在武帝设置乐浪四郡后，故《后汉书·东夷传》称"自武帝灭朝鲜，使驿通于汉者三十余国"。武帝以后，汉王朝继续与日本诸国（诸部落）保持着友好关系。新莽时代，中国货币已较多地流入日本。丝岛小富士村海边遗址中就出土有王莽时代的货泉等物。东汉建立不久，日本的倭奴国于建武中元二年（公元 57 年）"奉贡朝贺……光武赐以印绶"。此印公元 1784 年在志贺岛出土，印文为"汉委奴国王"。至永初元年（107 年），"倭奴王师升等献生口百六十人"。这也是日本居民较早流入大陆的记载。桓灵之际，日本列岛战乱频仍，邪马台国兴起，东汉与之关系暂时中断。

4. 与东南亚各国的交流

（1）铜鼓文化的流传与南海洋流。

公元前 7 世纪前后，居住在云南高原上的濮、僚等部落，汲取中原与蜀中地区先进的青铜铸造工艺，在过去的陶釜与铜釜的基础上开始制作作为乐器的青铜铜鼓。在战国秦汉时代，铜鼓制作迅速发展，铜鼓纹饰多姿多彩，既有形象的画面，又有抽象的几何图案，其中以太阳纹、云雷纹、水波纹、山形纹、舞纹、船纹最为普遍，铜鼓形制也出现了万家坝、石寨山、冷水冲、遵义、麻江、北流、灵山、西盟等 8 个类型。铜鼓不仅在国内扩大到东南的百越，西南的川黔，而且还传布海外。在东南亚、南亚与西南太平洋地区形成了一条铜鼓文化的传播带。

考古发掘证明，源于云南高原的铜鼓，发展为形制较为稳定的晋宁石寨山型以后，分北、东、南三路逐渐外传，其中以东、南二路最为重要。东路沿南北盘江入红水河（古牂牁河），直下广东入海；或经句町、夜郎地区，向东推至广东的云浮和阳江，东南达海南岛，南传越南等地。南路自云南往南，缘元江（红河）穿过越南北路入海。铜鼓南经具有青铜文化基础的红河三角洲，在骆越人手中获得较为充分的发展，出现了东山铜鼓。这一地区又成为中国铜鼓外传的重要枢纽。铜鼓文化又由此传播至柬埔寨、马来亚、印度尼西亚的苏门答腊、甘尼安、土瓦等岛以及新几内亚的奎岛等地。

铜鼓外传的路径与这一地区季风洋流的活动规律一致。东南亚与中国南海介于太平洋与印度洋两洋季风的交替区，冬十一月至十二月间多行北风、夏五六月间多为南风，而南中国海与爪哇海底，又有完整的南北分流的河道系统，因此在这一水域就形成了单纯的季节性季风洋流。为这一地

区的人们的海上交往提供了便利，使中国铜鼓文化有可能远播海外。西汉武帝时代由官方船只开辟的南海航线，大致与铜鼓文化流传的走向相似，也是利用了这一地区的季风洋流条件。

（2）秦汉与越南地区的关系。

越南地区与中国很早就产生了经济文化的交流与联系，秦汉时代进一步加强。秦统一过程中，就与越南北部的雒越人有了直接接触；秦汉之际，秦派往南海的地方官赵佗建南越国，把处于部落联盟阶段的雒越人分为交趾、九真两郡；汉武帝时，又分其地为交趾、九真、日南三郡，并分别委派太守，东汉时代，一仍其旧。这样，中国的先进技术与文化源源不断地传入这一地区。南越政权阶段，就有不少铁器与牲畜传到越南，后汉任延为九真太守时，又传入牛耕，并令"铸作田器，教之垦辟田畴，岁岁开广，百姓充给"。促进了越南北部的进一步发展。不过，东汉王朝在这一地区的统治，与新兴的雒将等剥削者及当地人民存在着种种矛盾。公元 40 年，雒将诗索被交趾太守所杀，其妻征侧与妻妹征贰发动了"二征起义"，并自立为王，东汉政权派马援平息了这场事件后，一方面强化统治机构，另一方面又利用雒越的习惯法，对雒将也较为礼遇，并且继续兴修水利，穿渠灌溉，这在客观上促进了越南北部地区与中国的经济文化交流。此外，越南南部以及柬埔寨等地区也不同程度地受到了中国经济文化的影响。

（3）秦汉与马来半岛、印尼列岛的交往。

马来半岛与印尼列岛在秦汉时代尚处在原始社会阶段，但当地居民已直接或间接地与中国居民产生了交往与联系。马来半岛上就发现有公元前 3 世纪以来的中国青铜器，有些学者还以为汉武帝的南海航线上中国船队的重要抛泊港皮宗，就是马六甲海峡中的"毗宋屿"，位于今新加坡西南。今新加坡国家博物馆内还陈列有一件典型的"汉代罐鼓"，这对中国与马来西亚半岛的交往具有重要的意义。

印尼列岛居民也是在公元前 3 世纪以来，与中国有了较多的联系，在爪哇等地发现过许多汉代的中国陶器，中国青铜工具与铁工具技术也相继传入这一地区。印尼史学家卡连弗尔斯曾指出："公元前数世纪，制造青铜工具的技术，从中国南部（尤其是云南）和印度支那传入印度尼西亚。"另一位印尼史学家维明也指出："铁器加工技术从中国南部经过越南东京而传入印度尼西亚。"印尼列岛中的爪哇等岛屿，西汉以来一直是中国南海航线中官商船只的重要抛泊地。

四、对外贸易通世界，黄金商道丝绸路

秦汉王朝建立后，随着国家的统一，经济的发展，西通西域，南入南海，东连海东，与周边国家和地区建立起日益频繁的交往与联系，中外关系进入到初步发展时期。这一时期，随着秦始皇开拓海疆和秦汉时期丝绸之路的海陆齐开，我国的外贸事业冲出亚洲，走向世界，取得了举世瞩目的成就。

1. 对外贸易的发展

公元前 206 年，汉高祖刘邦创建了汉帝国。经过多年战争，社会经济遭到严重摧残，国弱民贫。汉初统治者为巩固其政权，采取了"轻徭薄赋，与民休息"的政策。经高祖、惠帝到"文景之治"，社会经济逐渐得到恢复发展并日益走向繁荣，农业和手工业生产水平空前提高，其中丝织、漆器、冶铁制造业更是有了长足进步。

深受中外人民喜爱的丝绸的生产，汉代时已高度发达，丝织工场规模庞大，如临淄的官营作坊"作工各数千人，一岁费钱巨万"。京师长安的东西织室，所需费用更高达数千万之多。民间也是"环庐树桑""女修蚕织"，因而丝织品产量大为丰富。前代"庶人耆老而后衣丝"的礼制被彻底打破，出现了"常民而被后妃之服"，一些富人家甚至使"犬马衣文绣"。丝织工具进一步改进，技术更加高超。比如，河北巨鹿人陈宝光之妻发明了 120 综和 120 蹑的提花织机，能织造各种各样的花纹。出土文物为这一时期的丝织业的发展水平提供了更为有力的佐证。1972 年，长沙马王堆汉墓曾发掘出土了大量汉代的丝织品，其种类众多，有平纹的绢、纱，提花的素色绮和罗，以及彩色的提花织锦。这些丝织品织造工艺之精湛令人叹为观止，如其中的纱，薄如蝉翼，丝的拈度，每米达 2500—3000 回，已接近今天电机拈丝每米 3500 回的水平。而锦是

东汉摇钱树

所有丝织品中最高级的，特别是其中的起毛锦（又称起绒锦、绒圈锦），色彩图案最为精美，工艺也极其复杂。据研究，这种锦"是三枚经线提花并起绒圈的经四重组织。……花型层次分明，绒圈大小交替，纹样具立体效果，因而外观甚为华丽"。此外，丝织品的染色及印花技术也十分惊人。出土的丝织品色泽亮丽，颜色繁多，大体上有20余种，且各种颜色都浸染得很深透，色调配合均匀。

兴起于春秋末年的漆器制造业，在汉代又有了进一步的发展。漆器制作工艺更加精细，种类更加多样，成为汉代人喜用的日用品，而其中的高级品则成为上层社会的装饰品或珍玩。前述长沙马王堆一号汉墓还同时出土了148件漆器，专家报告称："这些漆器纹饰细致、流畅。花纹除平涂外，大量使用线条勾勒……这批漆器色彩使用上，也达到了很高的水平。"

中国在春秋战国时代已出现了冶铁业。到汉代，铁器制造已达到一个新的水平，冶铁高炉体积增大，还出现了水力鼓风机。另外，在炼铁中开始使用石灰石做熔剂，使铁的质量大大提高。近代仍在应用的球墨铸铁法已经出现，并且已发明了由铸铁脱炭的百炼钢。

2. 丝绸之路及其路线

养蚕缫丝，织造绸绢，是我国劳动人民的发明创造，在古代世界久负盛名。古希腊罗马称中国为"丝国"，中国丝绸是古罗马贵族喜好的高级消费品，其价格几乎和黄金相等。所以古代中国和西方交往的商道被称为"丝绸之路"，这条非常艰险的商路的开通，与汉武帝时探险家张骞的活动关系密切。

汉宣帝神爵二年（公元前60年），匈奴右部兼管西域僮仆都尉的日逐王先贤掸与单于失和，便向汉王朝派驻西域的骑都尉郑吉接洽投降。郑吉率西域诸国军队迎护其部众万余人降汉。日逐王被封为归德侯，匈奴的僮仆都尉从此撤销，没有力量再和汉王朝竞争了。郑吉也封为安远侯，并被任命为西域都护，统领西域诸国。郑吉建立都护府于乌垒城（今新疆轮台西），这是中央王朝在新疆地区设置行政机构的开始。从此汉王朝政令通行西域，西域诸国王侯将相作为汉王朝委派的地方官员、接受汉王朝印信的共有376人。汉通西域使中原的先进生产技术得以传入，对西域经济发展有所帮助。原来西域有些地方还不知铸造铁器，汉人教他们冶铁和制作兵器。大宛原是从城外河流中取水，不懂得凿井利用地下泉水，汉人教他们凿井汲水。同时，西域许多生活用品如骏马、葡萄、石榴、苜蓿、芝麻、黄瓜、大蒜、蚕豆、核桃、胡萝卜以及毛纺织品等也得传入中原，丰富了汉人经济生活；而音乐、舞蹈、魔术等的传入，则充实了汉人的文化生活，其后佛学也由此传入，更对汉人精神生活产生极大影响。经此更往西的丝绸之路，远通中亚以至欧洲，更促进了中西经济文化的交流。

丝绸之路是东自我国西汉的长安（今西安），横贯亚洲大陆，西达地中海东岸的一条商路。全长 7000 多公里。

丝绸之路有南北两道之分。《汉书·西域传》称："自玉门、阳关出西域有两道：从鄯善，傍南山北，波河西行，至莎车为南道。南道西逾葱岭则出大月氏、安息。自车师前王庭，随北山，波河西行至疏勒为北道。北道西逾葱岭则出大宛、康居、奄蔡。"《后汉书·西域传》也有类似的记载："自鄯善逾葱岭出西诸国，有两道。傍南山北，陂河西行至莎车，为南道。南道西逾葱岭，则出大月氏、安息之国也。自车师前王庭随北山，陂河西行至疏勒，为北道。北道西逾葱岭，出大宛、康居、奄蔡焉。"可见，丝绸之路在我国境内，南道是由敦煌（今敦煌西）出阳关（敦煌西南古董滩附近），过鄯善（本名楼兰，都城为扜泥，今若羌县治卡克里克），沿昆仑山北西行，经且末（今且末县，塔里木盆地东南）、精绝（今民丰县北）、于阗（今和田一带）、皮山（今皮山县）至莎车（今莎车）；北道是由敦煌出玉门关（今敦煌西北小方盘城），越流沙，至车师前国（今吐鲁番），沿天山南西行，经焉耆（都城为员渠城，今焉耆西南四十里）、龟兹（今库车）、姑墨（今阿克苏）至疏勒（今喀什）。这条路之所以分南北两道，是因为在我国新疆境内有塔里木盆地、塔克拉玛干大沙漠的横隔，只能沿昆仑山北侧或天山南侧西行的缘故。

从阳关、玉门关向东，直至丝绸之路的起点——长安（今西安），是长安到新疆间我国国内交通的主要干线，又是丝绸之路在我国境内不可分割的一部分。这条商路又分为两段：一是从长安至河西走廊；二是河西走廊（即甘肃走廊）。

长安至河西走廊的这段商路，也分为南北两道。北道是自长安，经咸阳、兴平、礼泉、乾县、邠县、长武、泾川至平凉，再经固原、海原、靖远、景泰、古浪至武威。北道的开通，是在西汉时期。南道是从长安出发，经咸阳、兴平、武功、郿县、宝鸡、汧阳、陇县、陇城、秦安、通渭、陇西、渭源、临洮、临夏，至青海的民和、乐都、西宁，再往北过大通河（古浩门河），越祁连山过扁都口，经民乐至张掖，在此与北道汇合。南线的开辟，也始于西汉。张骞第一次出使西域，就是走的这段路程。其后，东晋的法显从长安经河西、新疆到印度去求法取经，也正是途经此道。由于南道位于黄河以南的农耕地区，自然条件优越于北道。以上是南北两条干线，此外，还有若干条支线，这里不赘言。

河西走廊，在古代中西交通史上具有重要的地位，是由中原抵达西域的最理想的通道。这段商路是从武威起，经永昌、山丹、张掖、临泽、高台、盐池、临水、酒泉、嘉峪关、玉门镇、布隆吉、安西至敦煌。自敦煌往西，便同上述的新疆境内的丝绸之路的南北两道相接。

越葱岭（今帕米尔）出国境后，是丝绸之路的东段，仍分南北两道。南道，一是从皮山西南行至乌秅（今叶尔羌河上游）而达罽宾（今克什米尔）；二是从莎车，经蒲犁（今塔什库尔干），沿帕米尔河过休密（今阿富汗境内的瓦罕），经兰氏城（今阿富汗境内瓦齐拉巴德）至木鹿（今土库曼斯坦境内），该商路抵达大月氏、大夏、安息等国。这是两汉时中亚境内的一段主要商路。北道，一是从姑墨越天山，过阗池（今苏联境内伊塞克湖），绕葱岭以北而达康居的郅支城（今苏联境内江布尔）；二是从疏勒西行越山道而达大宛、康居、奄蔡。两者相比，后者是一段主要的商路。奄蔡的西界是博斯普鲁斯王国。该王国是希腊殖民建立的，公元前1世纪中叶成为罗马的属国。其都城潘吉卡裴（今乌克兰刻赤）是转运东方商品往罗马的中间站。公元前1、2世纪，在安息控制经行伊朗高原和波斯湾的贸易情况下，该商路起了一定的作用。

再往西是横亘伊朗东西的一段商路，是丝绸之路的中段。它位于厄尔布尔士山脉与卡维尔沙漠之间，路途笔直而便捷。自木鹿西行经番兜（《后汉书》称和椟，希腊人称之为"百门"之城，即海克桐皮罗斯，今达姆甘附近）、拉盖（今德黑兰附近）、阿蛮（安息王的夏都艾克巴塔那，今哈马丹）、至太西丰（底格里斯河左岸的安息王冬都，又称斯宾国，今巴格达东南二十英里）和塞琉西亚（底格里斯河右岸的希腊商业城市，又称斯罗国）。这两城隔河相望，可视作一个整体。波斯萨珊王朝定此为国都，我国史籍称之为苏利城、宿利城及苏剌萨傥那等，阿拉伯人称之为"麦大因"。

丝绸之路经过安息，再往西，是从塞琉西亚为起点往西北行的，由多条支路所构成的一段商路，称其为西段。其主要的有如下三条：一是从塞琉西亚为起点，沿幼发拉底河左岸，或经幼发拉底河附近阿拉伯游牧部落的沙漠地带西北行，渡巴里赫河（今贝利赫河）至内塞佛立昂（今叙利亚的拉卡），再西北行至阿帕美亚城，过幼河至对岸祖格马镇，转西南行，抵达安都城（今土耳其的安塔基亚）。安都城在希腊化时期是塞琉西王国的首都，在罗马帝国时期是罗马"东方"总督的治所，也就是我国史籍所记大秦国的国都。中国的丝织品到达安都城后，一方面转贩欧洲各国；另一方面从安都城北上转西，越过小亚细亚的陶卢斯山（今托罗斯山）西去，至小亚细亚都城埃弗塞斯（今土耳其西部伊兹密尔一带）。这条路，称其为西段的中道。公元前 3 世纪至公元 2 世纪期间，它随着塞琉西王国的兴盛而繁荣。二是自底格里斯河的塞琉西亚出发，渡幼发拉底河西北行，至杜拉·欧罗普（今叙利亚的萨利希亚堡），再西行抵达帕勒米拉（今叙利亚的塔德漠尔），又西北行抵安都城，或西南行至大马士革，再转向地中海东岸的西顿、太尔、贝鲁特等港口。这条路，就是西段的南道。它是随着叙利亚沙漠北部商队城市的兴起而形成。到公元 3 世纪才逐渐衰落。地中海东岸出产骨螺，这种动物分泌的液体可制成紫色染料。太尔港以染紫工业和制作丝织品服装著称，从中国辗转而来的丝织品，便是在这里进行拆散和染紫，再织成当地喜用的轻纱。之所以染成紫色，是因为罗马人把紫色看成是最名贵和最高尚的。三是西段的北道，从太西丰出发，沿底格里斯河左岸北上，经古亚述都城尼涅微（今伊拉克的尼内韦赫），过河至摩苏尔（今伊拉克境内），西北行，经尼西比斯（今土耳其的努赛宾）、艾德萨（今土耳其的乌尔法）、阿帕美亚、祖格马镇至安都城。这条路因在北方，气候适宜，雨量充分，水草丰足，商队往来不绝于途。

以上是经由我国境内和出我国国境经中亚、西亚的丝绸之路。除此以外，还有一条是经行天山北路和东南俄草原的丝绸之路。两汉时期，天山以北就有路相通，但由于匈奴的侵扰受到了阻梗。《汉书·西域传》"车师后城长国"条称：

"元初中（115年），车师后王国有新道，出五船北，通玉门关，往来差近。戊己校尉徐普欲开以省道里半，避自龙堆之厄。车师后王姑句以道当为拄置，心不便也。"直到三国时，车师后部王内属魏国，这条路才得以畅通，称之为北新道，相对两汉的北道而言。北新道一词，始见于《魏略·西戎传》。三国时的北新道，是在康居西北同汉代的北道连接起来，经奄蔡到达罗马帝国在里海沿岸的领土。这条路对于罗马帝国来说，显得十分重要。罗马帝国在公元1至公元3世纪，先后同伊朗的安息朝和萨珊朝争夺两河中上游地区。为了摆脱安息朝对丝绸贸易的控制，力图开辟输入丝绸的新路。它一面利用印度洋上的季候风开展对东方的海路贸易；一面从黑海方面获得丝绸。北新道的开辟，正是满足了罗马帝国从陆路方面获取丝绸的需要。到了隋代，裴矩的《西域图记》也记述了这条路，称之为北道。到了公元13、14世纪，即元代时期，这条路的重要性更为突出。